Patrizia Pfister

Leben und Ernähren im Regenbogenzeitalter

Bitte fordern Sie unser kostenloses Verlagsverzeichnis an:

Smaragd Verlag
In der Steubach 1
57614 Woldert (Ww.)
Tel.: 02684.978808
Fax: 02684.978805
E-Mail: info@smaragd-verlag.de
www.smaragd-verlag.de

Oder besuchen Sie uns im Internet unter der obigen Adresse.

Deutsche Erstausgabe Juni 2006
Umschlaggestaltung: preData
Satz: Heuchemer, Smaragd Verlag
Printed in Czech Republic
ISBN 10: 3-938489-09-X
ISBN 13: 978-3-938489-09-3

Patrizia Pfister

Leben und Ernähren im Regenbogenzeitalter

Smaragd Verlag

Über die Autorin

Patrizia Pfister ist verheiratet und hat zwei Indigokinder, die sie vor große Herausforderungen stellten (und stellen), und ihr dadurch zu großem Wachstum verhalfen. Dies gipfelte darin, dass sie sich im November 1999 „zufällig" in einer Initiationsveranstaltung von Rand Rajinder Singh wieder fand, in der ihr, zu ihrer eigenen Überraschung, das Dritte Auge geöffnet wurde. Ab diesem Zeitpunkt befasste sie sich intensiv mit Esoterik, um herauszufinden, was da mit ihr geschah, denn bald begann sie die Chakren zu spüren und auch die Veränderungen, die der Lichtkörperprozess mit sich brachte. Sie gab sich diesem Prozess, den sie nicht wirklich verstand, voller Vertrauen intuitiv hin, und innerhalb von fünf Jahren hatte sie sich soweit gereinigt und geklärt, dass sie im August 2004 zum Channel der Weißen Bruderschaft erwachte. Sie fand ihre Aufgabe in ihrem Lebenskoffer und vermittelt nun Botschaften der spirituellen Hierarchie in ihren Büchern, Einzelchannelings und Seminaren. Sie hat bisher fünf Bücher veröffentlicht, zwei zu grenzwissenschaftlichen Themen, zwei zum Säure-Basen-Haushalt und eines als Channelmedium der Weißen Bruderschaft.

Von ihr sind bereits folgende Bücher erschienen:

4 Weltzeitalter – 4 Welten?
ISBN 3-934625-06-1, Asaro Verlag

Raumfahrt – Ein zeitloses Phänomen?
ISBN 3-89094-341-1, Bohmeier Verlag

Die Entsäuerung des Körpers
ISBN 3-89094-360-8, Bohmeier Verlag

Die Entsäuerung des Körpers in 10 Schritten
ISBN 3-89094-393-4, Bohmeier Verlag

Das Regenbogenzeitalter, die Menschheit erwacht
ISBN 3-934254-94-2, Smaragd Verlag

Inhalt

Vorwort

Liebe Leserin, lieber Leser,

ein großer Teil dieses Buches beschäftigt sich mit Ernährung, weil hier unbedingt ein anderes Bewusstsein entstehen muss. Wie immer jedoch, wenn ich ein Projekt beginne, ist das Endergebnis viel umfassender als ursprünglich (von mir) geplant, was darauf zurückzuführen ist, dass ich die Bücher nicht alleine schreibe, sondern in bewusster Zusammenarbeit mit der Geistigen Welt. Ich empfinde das immer als Bereicherung und erfreue mich an den neuen Informationen, die dabei in die Materie fließen, daher ist dies auch nicht nur ein Ernährungskonzept, sondern das Aufzeigen eines Weges in das Neue Zeitalter, das viel mehr umfasst als das Essen. Es ist im Grunde ein neuer Lebensstil, der hier vorgestellt wird.

Dieses Buch soll dir vor Augen führen, dass eine Bewusstseinsänderung der Menschheit beim einzelnen Menschen und seiner Verantwortung für seinen Körper, seinen Geist und seine Seele beginnt, und nicht irgendwo draußen bei den Politikern oder anderen in verantwortlichen Positionen. Diese Verantwortung beginnt in der Materie mit dem materiellen Körper, den man als Vehikel für das Da-Sein geschenkt bekommt und dementsprechend hüten und pflegen sollte. In einer Welt, die uns überall den Konsum einredet, ist das viel schwerer geworden als beispielsweise vor einhundert Jahren. Gleichzeitig jedoch ist durch die Vielzahl an Produkten eine große Auswahl derjenigen vorhanden, die du derzeit benötigst, und so fordere ich dich auf, Ausschau nach den für dich passenden (und auch finanzierbaren) Möglichkeiten zu halten, deinen Körper wieder „in Schuss" zu bringen, denn die körperlichen Mängel durch Alter und Krankheiten müssen wir nicht hinnehmen und als gegeben akzeptieren, da sie das nicht bzw. nicht mehr sind!

In dem Moment, in dem du die bewusste Entscheidung triffst, deinen Körper zu entgiften, weil du fühlst, dass dich diese Gifte klein, niedrig und in Angst halten, übernimmst du Eigenverantwortung. Damit nimmt eine Spiritualisierung ihren Lauf, die in einem gesunden und „frischen" Körper endet, wenn du konsequent dabei bleibst. Konsequenz heißt jedoch nicht, dich dafür zu verurteilen, wenn du wieder einmal „schwach" geworden bist, sondern bedeutet, dich in deinem Prozess immer in Liebe anzunehmen, denn vielleicht brauchst du ja gerade das, von dem du glaubst, es wäre Schwäche. Konsequenz bedeutet in meinen Augen, dich immer mit den gerade auftauchenden Themen zu beschäftigen, denn beginnst du eine Entgiftung des Körpers, so findet auch eine Entrümpelung im Geiste statt, die hilft, die großartige Seele freizulegen, die du bist. Konsequenz heißt also, sich alles anzusehen, was es anzusehen gibt, sei es durch den Spiegel, den andere dir vorhalten, sei es durch deinen Körper, der durch Schmerzen oder Krankheiten ganz eindeutig auf Themen hinweist, die bearbeitet werden müssen. Damit einher geht eine immer größere Klarheit im Geiste, denn wenn der Giftpegel im Körper fällt, wird er zunächst im Gehirn reduziert, bevor die anderen Körperteile an der Reihe sind. Eine größere Klarheit bei Entscheidungen bedeutet auch, keine Entscheidung mehr bereuen zu müssen, weil sie im Einklang mit beiden Gehirnhälften getroffen wurde, denn auch das ist Teil des Spiritualisierungs- bzw. Entgiftungsprozesses: Die Yin-Yang-Hälften werden ausgeglichen, was auch die männlichen und weiblichen Anteile jedes Körpers betrifft, also nicht nur das Gehirn.

Eine Entgiftung des Körpers zieht also eine Entgiftung des Geistes nach sich, und zwar ganz automatisch. Die Regenbogenernährung ist nur ein Teil dieses gesamten Konzeptes, aber ein äußerst hilfreicher. Die Energien, die seit einiger Zeit auf die Erde strömen, unterstützen den Reinigungs- und Heilungsprozess, denn Reinigung zieht wiederum automatisch Heilung nach sich. Dies ist im Körper jedes einzelnen Menschen bereits im Gange. Eine Änderung im Außen beginnt immer mit einer Änderung des Inneren! **Willst du im Außen etwas ändern, dann beginne bei dir, sowohl im Innen als auch im Außen, und es wird eine Wirkung auf das große Ganze haben!**

An dieser Stelle bat mich die Geistige Welt, ebenfalls ein Vorwort von jenseits des Schleiers einfügen zu dürfen:

Liebe Menschen, dies ist ein Buch, das durch gechanneltes Material unterstützt wird. Was früher Inspiration hieß, darf nun, in dieser neuen Energie, ganz offen als Informationen deklariert werden, die hinter dem Schleier gesammelt und von dort über einen Kanal in die materielle Welt geschleust werden. Wir dürfen nun zeigen, welche Werke stark von uns unterstützt werden. Auch für uns hat sich also in dieser Neuen Zeit schon viel geändert, was für uns eine große Freude, andererseits jedoch auch eine große Herausforderung ist. Jedes literarische Werk ist ein Werk voller Energien, denn jedes Wort enthält ein ganzes Paket davon, wobei schon

Buchstaben eine Bündelung bestimmter Energiegruppen sind. Als Beispiel möchten wir die Buchstaben „M“ und „A“ anführen. „M“ ist die Energie für Stärke und „A“ die für Schutz. Das Wort „Mama“ bedeutet also für ein Kind Schutz und Stärke. „Was ist nun mit dem Wort „Papa“, wenn in der „Mama“ die Stärke steckt?“, werden die Männer vielleicht nun fragen. „P“ ist die Energie für „Geborgenheit“, so dass das Wort „Papa“ Geborgenheit und Stärke für ein Kind ausdrückt. In anderen Sprachen gibt es hier Varianten, doch läuft es auf Ähnliches hinaus. Seht ihr nun, wie komplex ein einziges Wort sein kann? Liebe Menschen, geht bitte von nun an davon aus, dass wirklich jedes Buch ein enormes Energiepaket ist, was natürlich genauso für jeden gesprochenen Satz gilt. Das erlegt uns von der Geistigen Welt natürlich auf, darauf zu achten, dass auch genau die Energie zu euch gelangt, die ihr gerade benötigt, und darin besteht unsere Herausforderung bei der Unterstützung eines Autors, Redners oder Sängers.

In diesem Werk geht es um die Weckung eines neuen Bewusstseins für den Körper. Daher enthält es Informationen, die sich mit den Energiekörpern befassen, zumal es auch um die Weckung genau dieser Energiekörper geht, die wieder in Bewegung geraten sollen. Jeder, der dieses liest und/oder die Meditationen durchführt, wird von uns liebevoll begleitet, so dass alles in behütetem und geordnetem Rahmen erfolgen kann. Jeder, der solch ein Werk in die Hand nimmt, wird vorher auf die Wirkung vorbereitet, was in den nächtlichen Schulungen geschieht. So stellen wir gemeinsam mit euch sicher, dass ihr es erst dann in Händen haltet, wenn ihr auch mit den Energien darin fertig werden könnt. Hier ist genauste Planung von eurer und unsere Seite ge-fordert und er-fordert ein großes Team für die Ausführung der Planungen. Dieses Team steht für jeden Einzelnen bereit, bzw. ist längst an der Arbeit. Seid euch also gewahr, dass ihr immer in guter Obhut seid und nichts mit euch geschieht, was ihr bzw. euer Höheres Selbst nicht vorher gemeinsam mit uns geplant hat. Auf diese Weise kann nie etwas schief gehen, denn es gibt für alles, was geschieht, Helfer, und zwar immer in ausreichender Zahl.

In Liebe, die Kryon-Gruppe als Teilaspekt der Anasasi.“

TEIL I

Einführung

Eine Ernährung nach Farben hat viele Vorteile, die innerhalb kürzester Zeit spürbar werden. Dabei ist es zunächst nicht notwendig, das, was man zu sich nimmt, generell zu ändern und sich und seine Gewohnheiten völlig umzukrempeln. Im Gegenteil, eine zu schroffe Umstellung könnte zu Rückschlägen führen, da der Geist dann vielleicht willig ist, doch das Fleisch noch zu schwach. So wie der Spiritualisierungsprozess generell Schritt für Schritt und für jeden Einzelnen in seinem eigenen Tempo geschieht, kann und muss man auch seine Ernährungsweise peu a peu umstellen, will man den eigenen göttlichen Funken wieder deutlicher fühlen, oder überhaupt erst fühlen lernen.

Der erste Schritt in ein neues Leben kann also so aussehen, dass du, liebe Leserin und lieber Leser, deine Mahlzeiten einfach erst einmal farblich ordnest und nicht mehr alles „wild" durcheinander isst, sonst aber beim Gewohnten bleibst. Das bedeutet auch, dass du weiterhin tierische Nahrung zu dir nehmen kannst und sollst, wenn dies bisher auch so war. Die tierische Nahrung wurde eingeführt, um die Menschen in tiefere Schwingungen zu bringen. Da sie in diesen niedrigeren Schwingungen mehr durch körperliche Arbeit für ihr leibliches Wohl sorgen mussten, benötigten sie die Kraft aus der tierischen Nahrung. Es hat alles einen Sinn, auch dieses. Fleischesser zu verurteilen ist daher völlig sinnlos. Selbst wenn du schon längst Vegetarier bist, vielleicht schon dein Leben lang, warst du es in vielen früheren Leben nicht. Verurteilst du daher Fleischesser, verurteilst du dich selbst. Du bist daher auch keineswegs etwas „Besseres", sondern konntest dich durch deine persönlichen Umstände einfach nur früher umstellen. Es ist jedoch durchaus möglich, dass du dann auch noch die niedrigere Schwingung des Fleischessens in deinen Zellen hast. Diese Schwingung kann jedoch „gelöscht" werden, und erst dann bist du von diesen niedrigen Schwingungen frei. Dies gilt natürlich erst recht für die, die in diesem Leben Fleisch gegessen haben und noch essen.

Hast du dieses Buch in die Hand genommen, liebe Leserin und lieber Leser, dann bist du bereit, dich „farblich" zu ernähren, und daher deine geistige, sprich spirituelle Entwicklung voranzutreiben. Ob du es dann auch tust, liegt ganz allein bei dir. Im Zuge dieses Prozesses wird vermutlich der Zeitpunkt kommen, an dem du dich entschließt, doch auf Fleisch zu verzichten. Hierbei darfst du dich aber zu nichts zwingen, denn für alles gibt es den richtigen Augenblick, auch für solch eine Entscheidung. Vielleicht bedarf es auch gar keiner bewussten Entscheidung, und du gleitest von ganz allein in die fleischlose Ernährung und merkst es vielleicht nicht einmal sofort.

Es besteht auch die Möglichkeit, dass du dich bereits eine ganze Weile fleischlos ernährst und plötzlich wieder Gelüste nach einem Stück Wurst oder Fleisch erhältst. Dann kannst du dem nachgeben, denn steigen deine Schwingungen schneller, als der Körper folgen kann, ist eine zeitweise Senkung nötig, und die geht am schnellsten über die tierische Nahrung. Ein Stück Käse reicht da unter Umständen nicht aus.

Zu diesem Thema möchte die Geistige Welt etwas beisteuern:

Hier ist Kryon, und es ist mir ein Anliegen, genau hierzu einige Bemerkungen zu machen. Der eine oder andere Leser hat vielleicht in einem „meiner" Bücher gelesen, dass ich gesagt habe, die Tiere sind unter anderem hier, um von euch gegessen zu werden. Im Zuge des großen Planes sann man darüber nach, wie die Schwingungen noch tiefer gesenkt werden könnten, da auf der Erde (und auch anderswo) Erfahrungen in den tiefstmöglichen Schwingungen gemacht werden sollten. Schließlich verfiel jemand auf die Idee, dass eine andere Ernährung als das, was die Natur von sich aus gibt, eine passende Maßnahme wäre. Man probierte es aus, und siehe da: Durch die sich bildenden Säuren in den Körpern wurde ein Lebewesen „sauer", das heißt, es wurde aggressiv. Diese Aggressivität machte sehr viele leidvolle Erfahrungen möglich, wie ihr selbst sehr gut wisst. Die Menschen auf der Erde wurden durch klimatische Notwendigkeiten also „gezwungen", ihre Lebensweise zu ändern, und von da an änderte sich auch ihr Verhalten. Alle, die auf der Erde inkarnieren, akzeptieren, dass sie eventuell Fleisch essen müssen, wenn sie in der entsprechenden Kultur aufwachsen. Anfangs hatten die Seelen damit große Probleme, denn wer Fleisch isst, so wissen sie, isst einen Teil von sich selbst, könnte man sagen, denn alles, was ist, ist ein einziges großes Lebewesen. Äonenlange habt ihr euch an den Verzehr von Fleisch gewöhnt, und so ist es kein Problem mehr. Dafür stellt es nun ein Problem dar, diese unglaublich langen Gewohnheiten wieder abzulegen. Oh, der Mensch ist stark und kann sich mit reiner Willenskraft dazu zwingen, Fleischessen aufzugeben, weil er es ethisch für notwendig hält oder dieses „spiritueller" ist. Doch damit leugnet er etwas in sich, das noch da ist, und das wird ihn in seinem Prozess irgendwann auf der Stelle treten lassen, und er wird sich gar nicht erklären können, was da los ist.

Hier möchte die Engelebene sozusagen eine Klammer aufmachen, also:

(Liebe Menschen, der Grund, warum die meisten von euch uns nicht sehen können, liegt im Fleischkonsum, und so war es auch gedacht, denn unsere Schwingungen haben eine gewisse Bandbreite, und wenn ihr die (wieder) erreicht, könnt ihr uns sehen bzw. zumindest „hören". Stellt euch nun eine Welt vor, in der ihr uns immer sehen oder mit uns sprechen könnt. Glaubt ihr, dass es dann so viel Leid in eurer Welt gegeben hätte? Nein, hätte es nicht. Wie ihr jedoch wisst, sollten Erfahrungen gemacht werden, sollte Energie gestaut werden, die dann zu gegebener Zeit freigesetzt würde. Dieses wäre ohne diese tieferen Schwingungen nicht möglich gewesen.

Nun ist jedoch die Zeit gekommen, in der diese Staus freigesetzt werden dürfen (können/sollen), und so findet jeder „seinen" Zeitpunkt, an dem er anfängt, bewusst seine Schwingungen zu erhöhen. Hierfür gibt es viele Maßnahmen und viele Hilfen. Eine davon ist, den richtigen Zeitpunkt zu wählen, tierische Nahrung aufzugeben. Doch wie Kryon schon sagte, zwingt euch zu nichts, denn dann geht der Schuss „nach hinten" los bzw. steckt ihr irgendwann fest.

Eine Konsequenz des Spiritualisierungsprozesses ist, dass ihr wieder mit der Engelebene in Kontakt kommt. So wird es jedem Einzelnen möglich sein, mit „seinem" persönlichen Engel zu sprechen. Man nennt dies auch channeln. Du wirst also dein Höheres Selbst „channeln" können und den Engel, der am engsten mit dir zusammenarbeitet. Das gilt für jeden Menschen, der sich dem Aufstieg hingibt und gleichzeitig aktiv daran arbeitet, und da du dieses liest, bist du einer von ihnen. Möchtest du schnell mit deinen Ratgebern, also auch mit uns, und sogar mit deinem „Geistführer" in Kontakt kommen, so ist die Umstellung auf den Vegetarismus eine gute Maßnahme hierfür. Du musst jedoch wirklich innerlich dazu bereit sein und auch Geduld aufbringen. Gelegentliche „Ausrutscher" sind keineswegs schlimm, sondern vermutlich sogar dringend notwendig, um das Erwachen kontrolliert ablaufen zu lassen. Sei nachsichtig mit dir selbst, denn wir sind es auch.

Das war Erzengel Michael, dem sehr daran gelegen ist, dass die Menschen wieder zu ihrer „früheren" Ernährung zurückfinden, denn wenn du mit deinem Höheren Selbst oder einem Engel kommunizieren kannst, so kannst du die karmischen Angelegenheiten viel schneller erledigen, denn du bist dafür zuständig, die gestauten „Energiebälle" an leidvollen Erfahrungen von dir abzutrennen und die Energie dem dafür vorgesehenen Zweck zuzuführen. Das erleichtert auch mir die Arbeit, denn es gehört zu meinen Aufgaben, diese Energiebälle mit meinem Schwert zu durchtrennen.)

Hier ist nun wieder Kryon, der Michael für diese Ausführungen dankt.

Hat nun jemand nur durch Willensstärke den Fleischkonsum aufgegeben, wird in ihm irgendwann eine für ihn völlig unerklärliche Gier nach Fleisch aufflackern, und er wird ihr auch nachgeben müssen, weil sie so stark ist. Er wird dadurch gezwungen, sich damit auseinanderzusetzen. Er muss dann lernen, sich nicht zu verurteilen ob des vermeintlichen „Rückfalls." Und erst wenn er gelernt hat, sich trotzdem selbst zu lieben, kann er wirklich den Fleischkonsum loslassen, und von da an wird es wieder vorangehen.

Habt also Geduld mit euch und bewertet und verurteilt euch (und andere) nicht ständig dafür, dass ihr noch Fleisch esst. Die Tiere stellten sich freiwillig zur Verfügung, weil es Teil des Planes ist. Sie wussten, es würde der Tag kommen, an dem diese Maßnahme wieder aufgehoben werden kann.

Guten Appetit, wünscht euch Kryon."

„In der Weihnachtszeit des Jahres 2005, überkam mich eine Gier nach Fleisch, die ich mir nicht so recht erklären konnte, doch als ich von allen Seiten hörte, dass ein großer Sprung in der Veränderung der Schwingungen bevorsteht, wurde mir klar, dass es hier um Erdung ging, die gerade da besonders wichtig war.

„Generell gibt es die Möglichkeit der Erdung über die Ernährung. Wer merkt, dass er in seinem Leben keine wirkliche Bodenhaftung hat, sollte viel rote oder braune Nahrung zu sich nehmen, und das über einen längeren Zeitruam hinweg. Folgt da einfach wieder eurer Intuition."

An dem Tag, an dem ich dann das erste Mal wieder Weißwürste aß, konnte ich jedoch spüren, wie dadurch meine Oberschenkel „angegriffen" wurden. Falsche Ernährung führt zu Cellulite, wie ihr sicher wisst, und das konnte ich förmlich spüren. Außerdem fingen meine Lippen an, mir Schwierigkeiten zu machen, doch war mir noch nicht klar, warum. Ich gab also der Gier hin und wieder nach, doch konnte ich auch spüren, dass weder mein Körper noch meine Seele damit einverstanden waren, nur mein Geist verlangte den Fleischkonsum dringend. Ich haderte ständig mit mir selbst, hatte der Gier jedoch nichts entgegenzusetzen. Sie wollte wohl auch einfach noch mal gelebt werden. Am Weihnachtsabend dann aß ich mit meiner Familie eine Babypute und hatte ab dem nächsten Tag, völlig rissige, trockene Lippen. Sie spannten schmerzhaft, und als ich bei Loise Hay „Heile deinen Körper" nachlas, stand da: Ablehnung neuer Vorstellungen oder der Nahrung". Nun die Vorstellung, dass man immer noch Fleisch zur Erdung benötigt, mochte für andere gelten, doch ich wollte das auf keinen Fall mehr. Also fragte ich die geistige Welt, ob es nicht etwas anders für mich (und dann auch selbstverständlich für andere) gäbe und sie zeigten mir das Mantra „Aravi" (zu dem auch ein Symbol gehört), das von Erzengel Michael durch Natara gechannelt wurde. Es ist für die Erdung zuständig, um ganz im Körper anzukommen. Es lindert viele körperliche Symptome und wirklich sehr empfehlenswert. Singt dieses Mantra neun Mal in Dreierintervallen also zu je drei Mal mit kurzer Pause dazwischen, und das sieben Tage lang. Kombiniert mit der Meditation, um generell die niedrigen Schwingungen des Fleischkonsums aus den Zellen zu lösen, die ihr auf den ersten Seiten dieses Buches findet, habt ihr eine wirksame Methode, ohne Fleisch geerdet zu bleiben. Immer, wenn ihr das Gefühl habt, den Boden unter den Füßen zu verlieren, benutzt das Mantra wieder und folgt dabei eurer Intuition, wie oft ihr es benötigt."

Bin ich auf meiner Walking Tour durch den Wald, denke ich oft darüber nach, was bei all der Arbeit, die ich hier tue, eigentlich mein Ziel ist. Dabei habe ich dann immer wieder die gleiche Vision:

Ich sehe, wie die Menschen im Wald, oder sogar im Dschungel, spazieren gehen. Ich sehe, wie Tiere aller Arten zu ihnen kommen, um sie zu begrüßen und ein paar Streicheleinheiten und Leckereien zu kassieren. Die Tiere haben keine Furcht mehr vor den Menschen, und die Menschen keine mehr vor ihnen, denn keiner tötet mehr, um Fleisch zu essen bzw. zu fressen, auch die Tiere untereinander nicht.

Die Menschen können sich umstellen, das haben Millionen Vegetarier gezeigt, und auch die Tiere können sich umstellen, wie eine Löwin in Afrika beweist, von der ich in *Das Regenbogenzeitalter, die Menschheit erwacht* berichtet habe. Hierzu muss es weltweit einen starken Schwingungsanstieg geben, und wir sind mitten drin in dieser Phase! Wie lange sie dauert, liegt ganz allein bei uns. Bei jedem Einzelnen!

An dieser Stelle möchte ein Engel zu Wort kommen, der mich schon eine Weile begleitet und berät. Sie heißt Tanael:

Hier ist Tanael, und es ist mir eine Freude, meinen Beitrag hier zu leisten.

Liebe Menschen, Nahrung aufzunehmen bedeutet, Energie für die Stoffwechselvorgänge zu erhalten. Nahrung in jedweder Form ist also Energie. Das ist nichts Neues. Es gibt zahllose unterschiedliche Energiequalitäten. In euren Medien wird verbreitet, dass Fleisch ein Stück Lebenskraft ist. Und das ist es tatsächlich. Habt ihr euch schon einmal überlegt, warum Menschen andere Menschen verspeisten? Sie wussten, dass ein gewisser Teil der Kraft des Lebewesens auf sie überging, und sie hatten Recht! Dies geschah aus dem Bedürfnis heraus, sich selbst mehr Kraft zuzuführen. Sie wollten also einen Mangel an Energie ausgleichen.

Geht ihr weit genug zurück, so werdet ihr feststellen, dass jedes einzelne Problem auf der Erde aus einem Mangel heraus, einem Energiemangel, resultiert. Auch Liebe ist Energie, auch an ihr, so glaubt ihr, herrscht Mangel. Von der Liebe gibt es jedoch so unendlich viel, dass hier nie Mangel herrschen kann. Das Mangelgefühl generell ist also eine Illusion.

Das Bedürfnis nach Nahrung ist also auf Mangel zurückzuführen, oder genauer gesagt, aus dem Gefühl des Mangels heraus. Menschen, die sich wieder an die Quelle rückbinden bzw. sich bewusst machen, dass sie immer angebunden waren, nehmen nach und nach wahr, dass ihnen aus diesem Spiritualisierungsprozess heraus Energie zufließt: Liebesenergie könnte man sie nennen. Sie stellen nach und nach fest, dass ihre Gefühle des Mangels schwinden. Sie rennen dem Geld nicht mehr hinterher oder einem anderen Menschen, um etwas zu erhalten, das sie selbst nicht besitzen.

Die Gier nach der Energie des anderen, so könnte man es nennen, lässt nach, weil sie eine Energiequelle anzapfen, die in ihnen selbst liegt, so dass sie immer weniger auf äußere Energie angewiesen sind. Und zwar wirklich in jeglicher Hinsicht.

Das gilt auch für die Nahrungsaufnahme. Irgendwann braucht so ein Mensch die tierische Nahrung nicht mehr, weil er andere Methoden der Erdung findet. Das Bedürfnis nach dem Fleisch anderer Menschen ist ohnehin schon weitgehend ausgeschaltet. Solch ein Mensch stellt auch fest, dass er immer weniger an Speisen braucht. Stellt er zum Beispiel auf ökologische Rohkost um, enthält er viel mehr lichtvolle Nahrung, und damit besondere Energie, als in den künstlichen Speisen vorhanden sind. Er braucht dadurch sehr viel weniger zu essen!

Die künstliche Nahrung enthält so wenig Licht, dass ihr sehr viel davon braucht, um auch nur annähernd das Gefühl der Sättigung zu haben, nicht wahr?

Je weiter ein Mensch in der Spiritualisierung voranschreitet, desto mehr wird er von Energien genährt, die schon immer um ihn herum waren, die er wegen seines Panzers jedoch nicht wahrnehmen konnte. Durch Ablegen des Panzers an Ängsten, unangenehmen Erfahrungen und was der Dinge mehr sind, erhält er wieder Zugang zu diesen „sättigenden" Energien und benötigt daher immer weniger Speisen, bis er schließlich völlig auf Lichtnahrung umstellen kann. Das beweisen nun schon mehrere tausend Menschen, die genau so leben, wie es zum Beispiel Therese von Konnersreuth vorgemacht hat.

Es gibt jedoch keinerlei Verurteilung von der Geistigen Welt her, egal, wo du auf diesem Weg dich gerade befindest, weil alles seinen Sinn hat, wirklich alles!

Dieses war Tanael.

Und nun möchte Kryon noch etwas hinzufügen:

Liebe Menschen, es gibt keinen Maßstab dafür, wie spirituell jemand ist oder nicht, jedenfalls nicht von unserer Seite her. Ein Fleischesser kann durchaus schon viel weiter entwickelt sein als jemand, der schon Jahrzehnte kein Fleisch isst und sich sehr spirituell wähnt. Es gibt immer gute Gründe für eine Seele, sich so oder so zu ernähren. Jede Seele hat für dieses Leben einen Plan, und dazu gehört auch die Art der Energieaufnahme. In diesen Zeiten ändern sich jedoch auch Pläne, und so gibt es immer wieder Weggabelungen, an denen Entscheidungen möglich sind, und zwar solche, die vielleicht ursprünglich nicht vorgesehen waren. Ihr erhaltet dadurch eine unglaublich große Freiheit, und ihr nutzt sie, ihr nutzt sie gut!

Aus unserer Sicht ist jeder Einzelne von euch ein Funken Spirits, gleichgültig woher er seine Energie momentan bezieht. Jeder Funken erwacht irgendwann wieder zu dem lodernden Feuer, das er eigentlich ist, egal, durch welche Energie dieses Feuer genährt wird. Der Funken stellt Schritt für Schritt fest, welche Maßnahmen es ihm erleichtern, das Feuer zu schüren, das Feuer, das ein Teil Gottes ist, und er weiß auch intuitiv, wann es Zeitpunkte gibt, an denen er sich erst einmal an sein neues (altes) Feuer gewöhnen muss und daher eine Weile nur bestimmte Energien zu sich nimmt, damit das Feuer nicht so groß lodert, dass es ihn verbrennt.

Mein Rat und der der Geistigen Welt lautet immer gleich: Folgt eurer Intuition, folgt eurer Intuition, folgt eurer Intuition!

Dieses war Kryon.

Danke Tanael und Kryon.

Interessant ist, dass alle Religionen eine vegetarische Ernährung empfehlen, wie die Diplomarbeit von Gregor Wilz, einem Ernährungswissenschaftler, beweist. In seiner Arbeit von 1990, die den Titel: *Die vegetarische Rohkost, Heilnahrung für Körper, Seele und Geist* trägt, weist er auf Seite 2 darauf hin:

„Dabei darf ich vorwegnehmen, dass in allen alten Überlieferungen dem Menschen eine vegetarische Lebensweise empfohlen wird. In vielen Dokumenten sind sogar Hinweise über Rohkost als optimale Ernährungsweise zu finden."

Ich möchte dich nun nicht zur Rohkost überreden. Wie schon gesagt, findet jeder zu dem für ihn passenden Zeitpunkt die passende Ernährung. Ich selbst lebte vier Jahre lang fast völlig vegan, als ich für die Geistige Welt zu channeln begann. Die Einstellung auf viele verschiedene Aufgestiegene Meister, und damit auf unterschiedliche Schwingungsarten und -höhen, machte es für ein Vierteljahr nötig, immer wieder einmal Wurst zu essen, und an Weihnachten 2004 gönnte ich mir nach fast fünf Jahren Fleischfreiheit tatsächlich einen Braten und kurz danach eine köstliche Ente. Mit dem Braten im Bauch fühlte ich mich allerdings sehr merkwürdig und ich fragte mich, was das sei, und die Geistige Welt antwortete, dass ich die Schwingung des Todes wahrnehmen konnte. Die Ente aß ich dann trotzdem voller Genuss, weil ich wusste, dass dieses meine letzte Fleischmahlzeit sein würde!

Einen Tag vor Silvester dann naschte ich von einer Geflügelfleischwurst zwei Bissen und wurde danach so depressiv, dass mir jede Kleinigkeit etwas ausmachte. Ich floh aus dem Haus, um mir klar zu werden, was eigentlich mit mir los war. Ich kam an einigen Enten vorbei, die im Ort gehalten werden, und dachte mir: „Oh, die meisten leben ja noch, dann habt ihr Glück gehabt und seid nicht als Braten verspeist worden." Bei diesem Gedanken fing ich plötzlich an fürchterlich zu weinen, und das während der Autofahrt! Ich begriff erst gar nicht, was los war, doch dann wurde mir klar: Ich war deshalb so voll Kummer, weil ich die Leid-Schwingung des Tieres, von dem ich nur zwei Happen gegessen hatte, fühlen konnte, und die Begegnung mit dem lebenden Geflügel machte mir dieses klar. Ich fuhr ohne rechtes Ziel in der Gegend herum und weinte und weinte, und wusste nun: Dieses war der Zeitpunkt, Fleisch in jeder Form tatsächlich endgültig zu entsagen. Dieses Mal nicht aus gesundheitlichen Gründen, auch nicht wirklich aus ethischen Gründen (Ethik heißt „Ehrfurcht vor dem Leben"), sondern weil ich im Zuge meines Spiritualisierungsprozesses so empfindsam geworden war.

Noch am gleichen Tag teilte mir die Geistige Welt mit, dass vom Fleischkonsum wegzukommen für manche fast genauso schwierig sei, wie einer x-beliebigen Droge zu entsagen. Fleisch hat eine ähnliche Wirkung, weil mit dem ersten Genuss von Fleisch eine Schwingung im Körper installiert wird, die erhalten bleiben will. Man könnte fast sagen, sie hat ein Eigenbewusstsein, und damit einen Überlebenswillen. Diese Schwingung kann aus dem Mensch-System entfernt werden.

Hast du, liebe Leserin und lieber Leser, irgendwann in diesem Leben Fleisch gegessen, ganz egal, wie lange das schon her ist, dann hast auch du diese Schwingung noch in dir, und sie wird dir irgendwann bewusst gemacht werden. Du kannst diese Schwingung aber auch gleich entfernen, wenn du möchtest. Das gilt auch für all jene Leser, die bereits an dem Punkt angelangt sind, dass sie von nun an auf Fleisch verzichten wollen.

Hierfür stellt die Geistige Welt die folgende Meditation zur Verfügung:

Ab dem Tag, an dem du kein Fleisch mehr essen willst, nimm dir an vierzehn aufeinander folgenden Tagen morgens eine Viertelstunde Zeit für die folgende Meditation (bzw. frage kinesiologisch, per Pendel, Tensor, oder direkt die Geistige Welt), ob für dich andere Zeiten relevant sind, was durchaus sein kann:

Atme einige Male bewusst ein, um dich zu zentrieren. Visualisiere dann eine Zelle mit Zellkern und Zellmembran, als Stellvertreter für all deine Körperzellen. Lege um diese Zelle eine weiße Kugel. Die Farbe Weiß ist für alle Reinigungsvorgänge sehr gut zu gebrauchen. In diesem Fall soll sie jedoch die Farbe Schwarz, die durch den Fleischkonsum verursacht wird und bis in den Zellkern dringt, neutralisieren bzw. umwandeln. Dazu visualisiere einen schwarzen Farbstrahl, der aus dem Zellkern in die weiße Kugel fließt. Am Tag Nummer 14, bzw. dem letzten, stellst du dir in der

14. Minute bis zum Ende der 15. Minute vor, wie der schwarze Farbstrahl immer dünner und dünner wird, bis aus dem Zellkern keine schwarze Farbe mehr fließt. Der am Anfang dunkle Zellkern erstrahlt nun deutlich in hellerem Licht!

Isst du nach dieser Meditation aus irgendwelchen (vielleicht gesellschaftlichen) Zwängen heraus (oder weil du die Gier nach Fleisch, die in den Gasthäusern in der „Luft" liegt, nun durch den Spiritualisierungsprozess so deutlich wahrnehmen kannst, dass du ihr vielleicht wieder erliegst) doch noch einmal Fleisch bzw. Wurst jeglicher Art, kannst du diese Meditation wiederholen, denn dann hast du die Schwingung wieder etabliert. War es jedoch nur das eine Mal, so genügt es, dieses sieben Tage durchzuführen. Du wirst feststellen, dass dir nun der Verzicht auf Fleisch viel leichter fällt und der Übergang in die für dich passende Kost leichter wird.

Ständige Schwingungserhöhungen durch Bearbeiten deiner karmischen Erinnerungen, durch die Konfrontation mit „deinen" Themen, durch den Besuch von Seminaren, die Lektüre spiritueller Bücher usw., erfordern immer wieder einmal eine Anpassung der Kost. Dabei darf man sich nicht von Wertungen von außen beeinflussen lassen, denn die für dich momentan passende Nahrung kann in den Augen anderer, oder in deinen eigenen Augen, durchaus „verrückt" anmuten. Die ständige Schwingungserhöhung lässt auch die Intuition sich wieder besser entwickeln, und das betrifft natürlich auch die Ernährung. Letztlich kann es durchaus sein, dass du in bestimmten Phasen Nahrung benötigst, die normalerweise verschlackt, das aber auf dich nicht zutrifft, weil du sie genau jetzt zur Regulierung deiner Schwingung brauchst. Wer schließlich schon sehr hoch schwingt, wird letztlich tatsächlich von „Luft" (genauer gesagt, von „Prana") und Liebe leben können, wie inzwischen mehr als 5000 Menschen beweisen, die auf Lichtnahrung umgestellt haben.

Auch Zarathustra möchte zu diesem Thema etwas beisteuern:

Liebe Menschen, mit großer Freude verfolge ich, wie immer mehr Menschen zu dem Schluss kommen, dass nur ein reiner Körper die Verbindung zum göttlichen Funken, der in ihm wohnt, wieder aufnehmen kann. Eine der ersten Maßnahmen nach dieser Erkenntnis ist es, den Körper zu reinigen. Damit sind nicht die äußeren Waschungen gemeint, die sollten selbstverständlich sein. Nein, es hat mit „inneren Waschungen" zu tun.

Die Körper der Menschen stecken heute voller Schlacken, viel mehr noch als zu meiner Zeit, da es bei uns (vor ca. 9000 Jahren) kein Junk Food oder Nahrung aus der Fabrik gab. Es sind aber nicht nur die Schlacken der Ernährung, die in euch stecken, sondern auch die Karmaschlacken, die Niederschläge gemachter Erfahrungen. Von letzteren hatten auch wir schon sehr viele, weil die Geschichte der Menschen schon lange wärt. Angenehme Erfahrungen hinterlassen im Körper ebenfalls Spuren, doch keine, die man wieder loswerden müsste. Bei den unangenehmen liegt der Fall jedoch anders. Das gilt also nicht nur für dieses eine Leben, das ihr gerade führt, und da sind es für viele schon mehr als genug leidvolle Erinnerungen, die ihren Niederschlag als „Schlacke" gefunden haben. Nein, ihr tragt auch noch karmische Schlacken mit euch herum, und die müssen genauso aus dem Körper und dem Geist entfernt werden wie die, die auf Grund eurer merkwürdigen Ernährung und sonstiger Belastungen entstehen.

Der Spiritualisierungsprozess ist daher größtenteils ein Reinigungsprozess, einer, der sehr lange wärt, da ihr nicht innerhalb kurzer Zeit den Müll all eurer Leben loswerden könnt. Das ist völlig unmöglich, egal welche Hilfen ihr dazu in Anspruch nehmt. Selbst die, die karmafrei geboren werden oder um das neutrale Implantat bitten und es erhalten, müssen zumindest noch einen Teil des Mülls loswerden, der sich in Äonen angesammelt hat. Selbst der Strahl der Gnade kann den Müll aus eurem Körper nicht mit einer einzigen Maßnahme entfernen, weil er ja bis in die Zellen, sogar bis in die Gene (karmisches Wissen!) reicht.

Wie wird man den Müll nun aber los? Der erste Schritt besteht darin, erst einmal in Frieden mit allen Situationen, Entscheidungen und Menschen dieses Lebens zu gelangen. (Wie das geht, könnt ihr zum Beispiel im ersten Band dieser Reihe oder in anderen Büchern nachlesen.) Die sich dadurch lösenden Schlacken müssen dann aus dem Körper entfernt werden. Hierfür gibt es viele verschiedene Möglichkeiten. Der nächste Schritt besteht darin, die „Müllabfuhr" zu rufen, die in Form von geistigen Helfern schon bereit steht, denn diese wissen, dass sich aus diesem „Müll" durch ihre Hilfe Großartiges manifestiert. Dann bist du aufgefordert, dir die geistigen Schlacken alle (bzw. eine kritische Masse) anzusehen (nutze die Angelina-Meditation hierfür), und auch die werden sich als materielle Schlacken niederschlagen (was sich in Gewichtszunahme äußern kann), und müssen somit wieder entfernt werden. All dies wird im Regelfall Jahre in Anspruch nehmen, und so ist hier viel Geduld gefragt. Die Mühe lohnt sich jedoch, denn mit dem Entfernen des Mülls werdet ihr „leichter". Mit dem Leichterwerden stellt ihr die Verbindung „nach oben" wieder her bzw. werdet euch bewusst, dass diese immer besteht, bzw. bestanden hat. Und so nimmt mit der Müllentsorgung ein Weg seinen Anfang, der euch wieder zurück zur Quelle führt, und damit zu euch selbst. Eine weitere gute Nachricht ist, dass euer „Müll" in wundervolle Energie umgewandelt wird, die allen zugute kommt und genau aus diesem Grunde gebildet wurde.

Mit großer Freude sehe ich all jene, die bereits auf diesem Wege sind, und die, die noch auf ihren Weg gelangen werden. Man nennt sie Lichtarbeiter, doch das sind sie nicht. Es sind „Müllmänner" und „Müllfrauen", die die unglaubliche Fähigkeit haben, aus Müll etwas Wundervolles zu schaffen! Nur wer seinen Körper wieder als den Tempel Gottes betrachtet, der er ist, und ihn entsprechend behandelt, kann den Gottesanteil darin erstrahlen sehen, nämlich dann, wenn der meiste Müll fortgeräumt bzw. in Energie verwandelt worden ist. All jene Menschen, die dieses bewusst tun, sind Kanalarbeiter, „Channels", denn sie schaufeln den Dreck in ihren Kanälen fort, so dass die Kommunikation nach oben wieder in Gang kommen kann.

Meine Aufgabe ist es, diese Müllentsorgung zu überwachen und euch zu den richtigen Schritten zu leiten, weil mir schon, als ich noch unter euch weilte, sehr an der Reinerhaltung der Körper gelegen war. Ich habe mich bereit erklärt, all jene zu führen, die erkannt haben, dass der Körper das Vehikel ist, durch das die Verbindung zur Quelle wieder hergestellt (erinnert!) werden kann. Und so bin ich nun bei jedem, der dieses in Angriff nimmt.

In Liebe, Zarathustra!

Um aufzuzeigen, wie und was ihr genau tun könnt und welche Wirkungen das hat, werden wir uns (noch einmal) das Chakrensystem ansehen, weil darauf der ganze Spiritualisierungsprozess aufbaut. Zu den „alten" Kenntnissen kommen nun neue Informationen, so dass alles zu einem kompletten Bild abgerundet wird. Da die Ernährung eine so große Rolle für den Aufbau des Körpers, und damit auch für die Reaktionen des Geistes, spielt, möchte die Geistige Welt eine für das Neue Zeitalter passende Ernährungsform vorstellen, die die *Regenbogenernährung* genannt wird. Also wird diese erst theoretisch erörtert und dann durch Rezepte praktisch dargestellt werden, denn dies alles soll ja keine Theorie bleiben, sondern in die Praxis umgesetzt werden!

Wenden wir uns also nun dem Energiesystem des Menschen zu.

Das Energiesystem des Menschen

a) „Alte“ Energiefelder: Ätherfeld, Emotionalfeld, Mentalfeld, Spiritualfeld

In der esoterischen Literatur werden die Energiefelder meistens als Energiekörper bezeichnet, weil es sich um Teile einer Person handelt. Aber unter Körper versteht der Laie den physischen Leib, und daher möchte ich eher das Wort Feld benutzen, denn das trifft die Natur der Sache ohnehin am ehesten, wie aus den Ausführungen der Geistigen Welt noch ersichtlich werden wird. Wenn ich hier den Begriff „Alte Energiefelder“ benutze, meine ich altbekannte, über die etwas Neues gesagt wird, und so sind die „Neuen Energiefelder“ auch nicht neu, sondern nur die Informationen über sie, die nun in die materielle Welt fließen, sind brandneu.

Man unterscheidet bisher in der Literatur fünf verschiedene Felder. Da ist natürlich der physische Körper, der ebenfalls ein Energiefeld ist, denn Materie ist nichts anderes als verdichtete Energie bzw. „Licht“. Ihn kann man anfassen, und ihn benötigen wir auch, um uns in dieser Realität ausdrücken zu können. Der Körper ist die dichteste Form der Einheit Mensch. Darüber hinaus existieren aber auch noch feinstoffliche Felder, von denen die meisten Menschen nichts wissen oder wissen wollen, und die daher für sie unsichtbar bleiben. Und dennoch sind sie da und entfalten ihre Wirkung auf uns, manchmal unmittelbar (zum Beispiel durch Bauchgefühle), und manchmal nur mittelbar durch Intuition. Von diesen weniger dichten Körpern unterscheidet man vier Teile. Man könnte sie als geistige Ebenen des Menschen betrachten.

Man unterscheidet also:

- Physischer Körper
- Ätherkörper
- Emotionalkörper
- Mentalkörper
- Spiritueller Körper

Zusätzlich zu diesen Energiefeldern gibt es noch einige andere, von denen zum Teil erstmals überhaupt berichtet wird. Eines, das schon bekannter ist, wird Merkabah genannt. Alle Energiefelder schwingen auf Frequenzen. Je entwickelter ein Wesen ist, desto höher sind diese Frequenzen. Diese höheren Frequenzen beeinflussen die niederen. Je mehr Menschen also höher schwingen, umso mehr andere können höher schwingen und sich somit weiter entwickeln.

Du kannst es dir so vorstellen: Jedes Atom, jedes Molekül hat eine bestimmte Drehgeschwindigkeit, eine Rotation. Diese Rotation erhöht sich nun bei allen Menschen, und bei denen, die bewusst in ihren Spiritualisierungsprozess eintreten, geht die Erhöhung schneller vonstatten. „Höher" hat hier keinerlei Wertung, sondern ist nur ein verbaler Versuch, etwas darzulegen, was man schwer in Worte fassen kann.

Und, liebe Leserin und lieber Leser, macht bitte nicht den Fehler, euch für etwas Besseres zu halten, nur weil ihr vielleicht „höher" schwingt als ein anderer, denn ihr könnt nicht wissen, mit welchem Auftrag der andere hier ist und was genau dieser andere trotz „niedrigerer" Schwingung in den Prozess der Erde einbringt.

Auch einige der Energiefelder um den Menschen sind in Rotation. Sie sind nicht „starr". Durch die vielen Inkarnationen jedoch machten wir Erfahrungen, die wir als unangenehm empfanden, und dies führte zu einer Verlangsamung der Bewegung und zur beinahen Erstarrung dieser Rotationen. Das ist der „Panzer", die „Rüstung" um die Menschen, wie Kosmonati es im ersten Band nennt.

Trittst du nun in den bewussten Spiritualisierungsprozess ein, klappst du das Visier deiner Rüstung hoch. Du schaust dich um und stellst fest, dass die Welt gar nicht so ist, wie du die ganze Zeit dachtest, als du nur durch die Schlitze deines Helmes schauen konntest. Auf Grund dessen, was du siehst, legst du irgendwann deine Waffe ab, denn du fängst an, die Welt nicht mehr als den feindlichen Ort anzusehen, der er für dich lange Zeit war. Also musst du auch nicht ständig gewappnet und gerüstet sein, um Angriffen zu begegnen, denn du begreifst nach und nach, dass alles, wirklich alles (!), was dir zustößt, in deiner Verantwortung liegt.

Dir wird nun bewusst, dass du eine Rüstung trägst, weil du sie das erste Mal „sehen" bzw. „fühlen" kannst, und indem du einen Blick auf ein Rüstungsteil wirfst, löst dieses sich in diesem Moment auf bzw. wird an dieser Stelle durchscheinend. Und was du dann siehst, haut dich fast um, denn es scheint Licht aus diesem Loch in deiner Rüstung, göttliches Licht! Du kannst nicht glauben, was du da siehst, also siehst du dir eine andere Stelle an (das kann ein Glaubensmuster, ein beschränkter Blickwinkel, eine gemachte Erfahrung aus diesem oder anderen Leben sein usw.) und wieder wird dir das Licht bewusst, was da aufscheint. Nun wirst du neugierig und willst wissen, ob dieses Licht überall zum Vorschein kommt, wohin du deinen Blick richtest, und, oh Wunder, es ist so! Das Licht kann nur bedeuten, dass sich hinter der Rüstung aus „negativen" Gefühlen und Denkmustern eine Lichtgestalt verbirgt, ein Engel, wenn du so willst.

Du kommst auch zu dem Schluss, dass sowohl deine Gefühle als auch deine Gedanken erst durch Bewertung zu etwas „Gutem" oder „Schlechtem" werden und sie eigentlich neutral und sehr nützlich sind. Das gilt auch für Wut und Ähnliches. Deine Wut könnte ja einem anderen aufzeigen, dass er etwas gemacht hat, was verletzt, oder? Ist sie dann schlecht gewesen, oder nützlich? Das Problem ist die Starrheit der Emotionen, die nur geringe Bewegung im Emotionalkörper, denn dadurch bleiben wir in diesen Gefühlen stecken. Bringen wir wieder Bewegung in unsere Gefühle, lassen wir also den Damm brechen und sie durch uns hindurchfluten, bis kein Stau mehr vorhanden ist, können die Gefühle kommen (eben, um Nützliches zu bewirken), und sie gehen dann auch schnell wieder. Sie sind noch da, oh ja, das gehört zur Menschlichkeit dazu, aber wir stecken dann nicht mehr in ihnen fest. Das ist ein großer Unterschied! Und das ist der Gleichmut, der in esoterischen Schulen gelehrt wird. Es hat nichts mit Gleichgültigkeit zu tun, denn auch der Meister weint! Die Gefühle dürfen kommen, und dann wieder gehen! Wer seine Gefühle negiert, nur um sich für spirituell zu halten oder vor anderen so zu erscheinen, der hat einen Blickwinkel, den man ändern kann, denn Gefühle gehören zum Menschen und machen gerade seine Stärke aus.

Hier möchte Kryon einige Bemerkungen anführen:

Liebe Menschen, seid ihr euch eigentlich bewusst, dass ihr von außerirdischen Rassen um eure Gefühle beneidet werdet? Das, was ihr so gerne loswerden wollt, gerade oder trotz des Spiritualisierungsprozesses, ist etwas, das sich andere herbeisehnen, weil sie erkennen können, dass die Gefühle euch eine Qualität verleihen, die ihnen verloren gegangen ist. Genau genommen haben sie keine Sehnsucht, denn das ist wieder ein Gefühl, das sie gar nicht kennen, sondern sie sehen, was ihr habt, und suchen nach Wegen, dieses ebenfalls zu erlangen, allerdings in kalter Gleichgültigkeit. Ihre Versuche sind nicht von großem Erfolg gekrönt, denn die Hybridrasse, die sie aus sich und den Menschen züchten, ist auf Dauer nicht überlebenstüchtig (Anmerkung der Autorin: In zahlreichen Büchern über das UFO-Phänomen wird davon berichtet, dass eine Rasse von Außerirdischen, die Greys, menschlichen Müttern Embryos entnehmen, die sie zuvor eingesetzt haben, oder Männern Samen abgenommen wird und Ähnliches, so dass es so aussieht, als ob da ein Zuchtprojekt läuft). *Versteht mich nicht falsch. Ich ver- und beurteile diese armen Wesen nicht, denn ihnen gehört mein Mitgefühl. Sie haben selbst zu einem bestimmten Zeitpunkt ihrer Evolution ihren Emotionalkörper zerstört, und auf herkömmliche Weise, also durch technischen Fortschritt, lässt sich so etwas nicht wieder herstellen. Sie müssen gemeinschaftlich durch ihren dunklen Tunnel gefühlloser Erfahrungen hindurch. Doch wer genügend Mitgefühl für diese Wesen entwickeln kann (obwohl, oder gerade weil er sich vielleicht als eines ihrer Opfer wähnt), könnte etwas für sie tun.*

Ihr wisst ja, dass nun viel Energie durch euch freigesetzt wird, die in den Aufstiegsprozess der Erde fließt, und dazu gehört gerade auch die Energie des Leides, die dadurch nach und nach von der Erde verschwinden wird. Ihr habt auch gehört, dass euer Emotionalfeld wieder in größere Bewegung gebracht wird. Dadurch werden niedrig schwingende Energien sozusagen herausgeschleudert und stehen zur Verfügung. Manche sind so niedrig in der Schwingung, dass selbst die Erde in ihrem Aufstiegsprozess nichts mehr damit anfangen kann, und so ist eine gewisse Schwingungshöhe sozusagen überflüssig. Wie ihr jedoch wisst, geschieht nichts im Universum ohne Sinn, und so möchten wir euch vorschlagen, einen Teil eurer Energien, eben die, die niemand mehr braucht, für diese armen Wesen zu „spenden“, könnte man sagen, denn sie müssen, was ihre Emotionen betrifft, tatsächlich wieder von unten bzw. von vorne anfangen. Es gibt eine Meditation, die ihnen dazu verhilft, neue Emotionalkörper zu „bauen“ bzw. ihre alten wieder einzufangen und mit neuer Energie wiederzubeleben. Dazu ist es noch nicht notwendig, dass ihr wisst, wer genau diese Energien empfängt. Ihr könnt euch darauf verlassen, dass wir sie dorthin leiten, wo sie gebraucht werden.

Erhalten diese Wesen die nötige Energie, so werden sie damit aufhören, sie euch gewaltsam entziehen zu wollen, denn das funktioniert nicht, obwohl sie das noch nicht so recht einsehen wollen. Sie können ohnehin in der hohen Schwingung, die die Erde nun bereits hat, fast nicht mehr interagieren und wären völlig verzweifelt, wenn sie dieses Gefühl kennen würden, denn ihr entzieht euch nun ihrem Wirkungsbereich, und das ist gut und richtig so. Auch hier wart ihr keine Opfer, denn es gab Vereinbarungen zwischen ihnen und euch, auch wenn ihr diese mit eurem Wachbewusstsein nicht kennt. Es wurde ihnen gestattet, ihre Versuche durchzuführen, damit sie selbst einsehen konnten, dass sie sinnlos sind. Hätte man es ihnen nur erzählt, hätten sie es nicht geglaubt, und so stellten sich einige Menschen für diese Versuche zur Verfügung, um ihnen die Sinnlosigkeit direkt vor Augen zu führen. Ihr seht, eure Interaktionen mit Außerirdischen sind schon jetzt äußerst wichtig, und davon gibt es mehr, als ihr denkt.

Eure Gefühle sind viel wichtiger als ihr glaubt, denn nur über sie könnt ihr den Spiritualisierungsprozess bewusst durchführen, denn es gilt, neue Fähigkeiten zu entwickeln, und das geht nur über den physischen Körper und seine Energiefelder. Dazu müsst ihr lernen, mehr auf eure Körperwahrnehmungen zu achten und sie auch intuitiv zu interpretieren. Dieses Channel bemerkt zum Beispiel durch ein Kitzeln im Ohr, dass jemand sie sprechen will; das Jucken am Klarheitschakra zeigt an, dass Energie einfließt; der folgende Druck auf dem Dritten Auge beweist, dass dort die Energie übersetzt wird, und dann muss sie zulassen, was in ihren Gedanken auftaucht, und das ist dann das, was ihr übermittelt wurde. Hierzu ist zum Beispiel also das Körper-Gefühl der Schlüssel, und so gibt es viele Ebenen, für die eure Gefühle von Wichtigkeit sind. All das Leid, das ihr als Panzer mit euch herumtragt, ist Energie. Energie, die nun gehen kann, darf und muss, denn dafür wurde sie geschaffen. Klärt ihr euch also, so entfernt ihr Leidenergie, könnte man sagen. Dazu dient unter anderem die Angelina-Meditation, denn sie verhilft dazu, euch Zugang zu den gemachten Erfahrungen zu verschaffen, so dass sie danach entlassen werden können. Die Kunst dabei ist jedoch, sich gefühlsmäßig nicht zu sehr einbinden zu lassen, denn letztlich ist alles Maya, alles Illusion. Andererseits jedoch muss man durch einen Teil der Gefühle noch einmal hindurch, um sie letztendlich gehen lassen zu können und zu dürfen. Für diesen Balanceakt wird all die spirituelle Literatur geschaffen, um euch da hindurchzuhelfen, und es funktioniert hervorragend! Nebenbei könnt ihr noch anderen Rassen helfen, und nicht nur eurer, und dazu dient die folgende Meditation:

Meditation

Begebt euch an euren Meditationsplatz. Stimmt euch mit meinem Namen, KRYON, auf mich ein (indem ihr diesen Namen wie ein Mantra immer wieder wiederholt) und äußert gedanklich den Willen, nun überflüssige Energien den Wesen zuzuführen, die sie benötigen. Stellt euch dann vor, dass sich vor euch eine rote Energiekugel formt, die etwa die Größe eures Kopfes hat. Sie schwebt nun vor euch in Höhe eurer Augen.

Visualisiert nun, dass ein roter Energiestrahl aus eurem Wurzelchakra bis zur roten Kugel in Augenhöhe fließt, und lasst dieses so lange fließen, bis euch eure Intuition sagt: Es ist genug. Dann visualisiert einen Engel, der die Kugel mit sich nimmt und die Energie seiner Bestimmung zuführt.

Führt dieses nun entweder konsequent mit allen anderen elf Chakren durch, oder mit denen, von denen ihr wisst, dass sie Energiestaus enthalten, also blockiert sind. Ihr löst somit selbst Blockaden, die sonst vielleicht nur ein Heiler lösen könnte oder für die ihr erst mühsame Lernlektionen durchmachen müsstet. ***Seid euch bewusst, dass hier ein Akt der Gnade geschieht, und zwar sowohl für euch als auch für die Wesen ohne Emotionalkörper.***

Ihr lasst also dann eine orangefarbene Energiekugel entstehen, wenn die rote verschwunden ist, und schickt aus dem Sakralchakra einen orangefarbenen Energiestrahl. Dann ist Gelb an der Reihe, Grün, Blau, Purpur, Weiß, Perlmutt, Aquamarin, Gold, Magenta und Rosa.

Wie ihr aus Band 1 schon wisst, sind das Sakralchakra, das Herzchakra und das Stirnchakra bei fast allen Menschen noch zweigeteilt, das heißt, hier gibt es eine zweite Farbe, die benutzt werden kann, was dazu führt, dass die Zweiteilung mit der Zeit behoben wird. Für das Sakralchakra ist die zweite Farbe Weiß (nämlich für das gegengeschlechtliche Milzchakra), für das Herzchakra ist die zweite Farbe Rosa (für die bedingungslose Liebe) und für das Stirnchakra Indigo (dieses stimuliert das Dritte Auge, das für „Erkennen" zuständig ist). Eine Übersicht findet ihr weiter unten. Es gibt somit fünfzehn Farbenergien (wobei Rosa doppelt vorkommt), die ihr den Wesen schicken könnt. Seid unbesorgt, es geht nur die Energie, die für die Erde und die Wesen auf ihr wirklich nicht (mehr) gebraucht wird.

Was genau geschieht nun damit?, fragt ihr euch vielleicht, und ich finde, ihr habt das Recht zu erfahren, was mit eurer Spende gemacht wird, so wie ihr im Irdischen auch wissen wollt, wohin eure (Geld- oder Kleider-)Spende geht. Wie ihr wisst, bin ich der magnetische Meister. Das beinhaltet auch den Bau von Toren, hier und anderswo. Mit eurer Energie wird ein Tor gebaut, und jedes Wesen ohne Emotionalkörper, das den erforderlichen Reifegrad hat, wird zu diesem Tor gelenkt werden, weil es dort einen Emotionalkörper empfangen wird. Es ist nur ein rudimentärer, doch durch weitere Evolution werden die betreffenden Völker, – ja, es sind mehrere –, diesen Emotionalkörper weiter entwickeln können und dürfen, so wie ihr auch. Der Platz im Weltraum, den wir dafür ausgesucht haben, wird zu einer Art Pilgerstätte werden, weil dort in den Augen dieser Wesen

Wunder geschehen, Wunder, die ihr ermöglicht, geliebte Wesen! Seht ihr nun einen weiteren Grund, warum ihr unendlich geliebt seid? Ihr bewirkt Großes, hier und anderswo!

In Liebe, Kryon.

Ich begreife gerade, wie umfassend meine Ausbildung allein in diesem Leben war, denn nur weil ich mich auch viel mit dem UFO-Phänomen beschäftigt habe, konnte ich das Konzept hinter dieser Durchgabe überhaupt erst begreifen und somit auch wiedergeben. Danke, lieber Kryon.

Die besondere Stärke der Menschen sind also gerade ihre Gefühle, und doch halten wir diese oft für unsere Schwäche. Sie sind aber nur so lange unsere Schwäche, wie wir an ihnen festhalten und in ihnen verharren. Lassen wir sie durch uns hindurchfließen, und zwar wirklich alle, auch die, die wir für unangemessen halten oder für die wir uns gar schämen, können sie uns zum Leitfaden für ein freud- und letztlich friedvolleres Leben werden, denn unsere Gefühle spiegeln natürlich auch unser Wesen. Akzeptieren wir dieses Wesen in all ihren Facetten, geschieht Heilung auf allen Ebenen, und um Heilung geht es in diesem Zeitalter.

Welche Kraft die Gefühle haben, möchte ich an einem Beispiel erläutern. In Band 1 habe ich eine Möglichkeit geschildert, wie man das Gefühl des sexuellen Höhepunkts zu seinem Nutzen einsetzen kann. Man leitet die Energie des Höhepunkts bis zum Herzchakra und schickt sie sozusagen zu diesem Tor hinaus. Die Energie fließt dann durch eine Pranaröhre über den Kopf und gelangt über das Wissenschakra wieder in den Körper, so dass der Energiefluss insgesamt einem Ankhzeichen ähnelt, und es war auch Thoth, der dieses Drunvalo Melchizidek in seinen Büchern *Die Blume des Lebens* vorschlug, weil sie zu Zeiten der ägyptischen Hochkultur praktiziert wurde. Das Gefühl des Höhepunkts ist sehr stark, weshalb die Menschen diesem ja so oft hinterher jagen. Um diese Energie nun nicht einfach verpuffen zu lassen, kann man sie eben auf die früher genauer beschriebene Methode verwenden. Was geschieht nun dabei? Durch den Weg, den diese besondere Energie über den Kopf nimmt, werden feinstoffliche Kristalle im Kronenchakra angeregt, die dadurch ihren Inhalt freigeben. Das können zum Beispiel Informationen sein, die zu neuen Heilmethoden führen, oder solche, die sich mit dem Ackerbau beschäftigen. Je nachdem, worin die Aufgabe des betreffenden Menschen besteht, wird also etwas sonst Verschlossenes freigegeben. Das geschieht auch, wenn die Energie zum Wissenschakra wieder in den Körper eintritt, so dass hier Ebenen des Wissens erschlossen werden, die sonst erst später erreicht werden könnten. Wer seine Wahrnehmung schon gut geschult hat, kann diese Aktivierung der feinstofflichen Kristalle sogar spüren. Und noch etwas geschieht, wenn man die Höhepunkts(gefühls)energie auf diese Weise nutzt: Es wird das gesamte Chakrensystem zur Beschleunigung angeregt. Diese Energien führen wiederum dazu, dass die Zellen ihre Regenerationsfähigkeiten immer mehr verbessern, so dass ein Verjüngungseffekt eintritt, da die „dichten" Stellen des Körpers von den Energien durchflutet und die darin enthaltenen Themen an die Oberfläche gespült werden, und somit angesehen und schließlich erlöst werden können. Das können sogar Themen des Partners sein, da man sich ja mit ihm verbindet, daher sollte man mit der Sexualität nicht leichtfertig umgehen, sondern die Partner mit Bedacht und Sorgfalt aussuchen.

Meine Aufforderung an dich, liebe Leserin, lieber Leser, lautet daher: Mache dir alle deine Gefühle in jeder Hinsicht zunutze, anstatt sie zu unterdrücken und somit nicht zuzulassen!

Es wird nun viel Bewegung in den Emotionalkörper gebracht, und zwar allein schon durch die Energien, die von außen auf die Erde einströmen. Dieses kannst du durch eigene Aktivitäten sinnvoll unterstützen. Das gilt natürlich auch für den Mentalkörper, also unsere Denkstruktur. So können wir uns von alten Mustern lösen, die uns nun nicht mehr dienlich sind. Fangen wir beispielsweise an, uns mit neuen Dingen zu beschäftigen, vergrößern wir also unseren Blickwinkel, bringen wir genau diese Bewegung hinein, bringen wir das Denken in Fluss, und somit lösen wir starre Stellen auf. Dieses geschieht zum Beispiel beim Lesen spiritueller Literatur, denn dadurch weiten wir unser Denken sphärisch in alle Richtungen aus. Gleichzeitig hat dieses natürlich Auswirkungen auf den Spiritualkörper, und auch Emotionen kommen in Gang, und genau für diese umfassenden Prozesse wird diese Art Literatur geschaffen. Aber auch, wenn du das Gefühl hast, dass du zum Beispiel in Richtung Heiler tendierst und dich mit alternativen Heilmethoden beschäftigst oder gar ein Medizinstudium anfängst, obwohl dir das früher nie in den Sinn gekommen wäre, kommt Bewegung in dein Denken. Das gilt natürlich für alle anderen Bereiche auch. Ich nehme die Heiler und Ärzte nur als Beispiele, weil die derzeitige Erweckungswelle einen Schwerpunkt bei den Heilern verzeichnet. Das liegt daran, dass durch die immer höheren Schwingungen alle Menschen mehr und mehr mit den dichten Stellen in ihren Körpern konfrontiert werden und sie daher glauben, krank zu sein und Hilfe zu benötigen. Damit diese Hilfe auch ausreichend zur Verfügung steht, werden nun verstärkt die Heiler geweckt, wobei jeder die ihm eigene Methode entwickelt und zu jedem Heiler auch genau die Menschen gelangen, die dessen Art der Hilfe benötigen. Konkurrenzdenken ist daher völlig sinnlos und Zeit- und Energieverschwendung.

Dieses Bewusstwerden der dichten Stellen im Körper ist gleichbedeutend mit dem oben genannten Betrachten der Teile deines Panzers. Mit jedem betrachteten und erlösten Panzerteil stellst du fest, dass du leichter, beweglicher wirst. Sowohl vom Körpergefühl als auch von der Denkweise her. Dein Leben wird dadurch erst etwas unangenehmer, weil du ja die „dunklen" Stellen ansiehst, doch führt dieses schließlich dazu, dass es zunehmend freud- und friedvoller wird, weil du feststellst, dass jeder schon Täter und Opfer war und all das tatsächlich einen höheren Sinn hatte und es daher sinnlos ist, es zu bewerten. Mit der gesteigerten „Beweglichkeit" stellst du fest, dass du nun Dinge vollbringst, die du nicht für möglich gehalten hast, denn auch die Intelligenz steigt damit an. Dieses und das Licht, das du hinter der Dunkelheit siehst, spornt dich an, immer weiterzumachen und den Panzer ganz abzulegen, weil du wissen möchtest, was dir alles möglich ist, und du sehen willst, wie du wirklich aussiehst, wer du wirklich bist.

Hierzu möchte Erzengel Oriel etwas sagen:

Dieses ist Oriel, und ich bin ein Engel, der sozusagen für die Klarheit zuständig ist, denn ich arbeite auf dem aquamarinfarbenen Strahl, dessen Lenker Maha Cohan ist. Ich möchte zu diesem Thema ein wenig beitragen, denn es ist außerordentlich wichtig, dass ihr Klarheit darüber erhaltet, was im Spiritualisierungsprozess eigentlich vorgeht. Es gab nun schon einige Erweckungswellen, und die betroffenen Menschen mussten mit relativ wenigen Informationen auskommen. Sie mussten sich ganz auf ihre Intuition und ihr Vertrauen verlassen. Da habt ihr, liebe Leserinnen und Leser, es besser.

Die Energiefelder der meisten Menschen rotieren im Moment noch relativ langsam, obwohl durch das Neue Zeitalter bereits eine Beschleu-

nigung erfolgte, die alle Menschen betrifft. Diese Beschleunigung nimmt nun immer mehr zu (mit jedem Tor, das geöffnet wird, wird diese intensiver, und die Tore öffnet ihr von der einen Seite aus), und so werden viele Menschen unruhig und unstet, weil sie nicht wissen, was mit ihnen geschieht. Sie fühlen, dass etwas vor sich geht, und auch, dass sie handeln müssten, doch ist ihnen oft nicht klar, was der nächste Schritt ist. Hier komme nun ich zum Einsatz, denn Meister Maha Cohan schickt mich und meine Helfer zu den Menschen, die bereit sind, nun aktiv in den Spiritualisierungsprozess einzutreten. Wir können das anhand der Farbzusammensetzung eurer Felder erkennen und auch daran, dass ihr von allein bereits anfangt, sie selbsttätig nochmals zu beschleunigen, einfach indem ihr nach Mehr fragt, nach dem Mehr, das hinter dem Dasein steht. Und nun beginnt eine Arbeit, die uns ausgesprochene Freude bereitet, denn wir geben euch nun Impulse, die zu euren nächsten Schritten führen. Das Befolgen der Impulse, also das Zulassen der Intuition, setzt nun wiederum eine Beschleunigung in Gang. Es kommt Bewegung in die Energiefelder. Diese Bewegung lässt die Farben in ihnen aufstrahlen, und je intensiver ein Mensch sich in die Spiritualisierung stürzt, also entsprechende Bücher liest oder an Kraftorte geht, Seminare besucht usw., desto kräftiger, leuchtender und strahlender werden seine Farben. Derzeit leuchten uns schon viele dieser Felder entgegen, und es werden immer mehr.

Die Trägheit der Energiefelder früherer Zeiten machte es den Engeln sehr schwer, Kontakt zu den Menschen aufzunehmen. Nur wer schon eine gewisse Beweglichkeit der Energiefelder erreicht hatte, konnte uns hören, sehen oder anders wahrnehmen. Und diese Menschen wurden prompt als etwas Besonderes angesehen, und sie waren es auch. Doch diese Fähigkeit könnt ihr in diesen besonderen Zeiten alle wieder erwerben, denn ihr hattet sie schon einmal. Es ist nur ein Wieder-erinnern, keine neue Fähigkeit. Dieser Kontakt kommt automatisch, indem du in deinen Reinigungsprozess eintrittst. Der Spiritualisierungsprozess ist im Grunde ein Großreinemachen, sowohl im Körper, als auch in den feinstofflichen Feldern. Der angesammelte Müll von Äonen, der eigentlich kein Müll ist, sondern Energie, die genau für diese Zeit aufgehoben wurde, wird nun freigegeben. Und es ist genau diese Müllenergie, die dann für die weitere Beschleunigung sorgt, sowohl persönlich, als auch generell.

Die Einteilung in Ätherkörper, Emotionalkörper, Mentalkörper und Spiritualkörper früherer Zeiten ist etwas grob und soll nun verfeinert werden.

Und auch die Terminologie muss geändert werden, denn die „Körper" nehmen mehr und mehr die Eigenschaften von Feldern an. Das liegt am Spiritualisierungsprozess, denn die relative Starrheit, die zum Ausdruck „Körper" führte, ist nun schon nicht mehr gegeben, bei niemandem mehr. Was macht die Eigenschaft eines Feldes aus? Von der Rotation haben wir schon gehört, aber es geht um mehr. Felder können sich ausdehnen und zusammenziehen. Sie können ihre Struktur verändern und sich somit neuen Gegebenheiten anpassen. Durch die größere Beweglichkeit erfolgt auch eine größere Interaktion mit anderen Feldern. Außerdem können bewegliche Felder mehr Energie aufnehmen und halten als starre. Mit dem Mehr an Energie fließt auch ein Mehr an Informationen ein, denn die Energie ist Träger von Informationen. Mit anderen Worten, ihr erhaltet dadurch Zugriff auf ein Wissen, das ihr mit herkömmlichen Mitteln nicht erworben haben könnt. Mit zunehmender Spiritualisierung wächst also auch euer Wissen. Wissen darum, wie die Dinge funktionieren, und Wissen darum, wer ihr seid, wer ihr wart, welche Fähigkeiten ihr mitgebracht habt und welche Tätigkeiten ihr ausüben könnt.

In den Spiritualisierungsprozess einzutreten bringt also nur Vorteile, auch wenn es eine Zeit des dunklen Tunnels gibt, durch den man erst einmal hindurchmuss und die für viele nicht so ganz einfach ist. Und doch habt ihr alle nun den großen Vorteil, dass es bereits Menschen mit einem großem Vorsprung gibt, die euch da schneller hindurchhelfen können, da sie selbst bereits durch sind und wissen, worum und wie es geht. Sie haben eine Lichtschnur an eigenen Erfahrungen gespannt, die euch leiten kann, so dass ihr euch in dem Tunnel nicht zu verirren braucht und euch entsprechende Erfahrungen erspart bleiben. Es sind also nun viele Heiler erwacht, die mit dem silbernen Strahl der Gnade arbeiten. Das heißt, dass alle, die den erforderlichen Reifegrad erreicht und vor allem den Willen haben, zurückzukehren, nun die Gnade erfahren können, ihren Weg abzukürzen und die ursprüngliche Lebensplanung für dieses und die folgenden Leben abändern zu dürfen. Es steht also sehr viel Hilfe zur Verfügung, sowohl in der materiellen Welt, als auch in der feinstofflichen.

Doch kehren wir zu den Feldern zurück. Die Einteilung in vier Felder ist noch immer gültig. Unsere Informationen ergänzen lediglich das, was früher „durchkam". Doch diese vier Felder sind nochmals unterteilt in zwölf „Schichten", von denen jedoch nur jeweils drei beleuchtet werden sollen, weil diese drei ihre unmittelbarste Wirkung auf euch entfalten. Die anderen neun sind in ihren Wirkungen feiner und subtiler, also mehr indirekter

Natur, so dass wir uns auf die „innersten" drei Schichten beschränken wollen.

Beginnen wir beim ***Ätherfeld****, das den physischen Leib durchdringt und etwas darüber hinausragt. Die drei Schichten dieses Feldes sind folgendermaßen unterteilt:*

Die innerste Schicht bildet die Ausstrahlung der Zellen, wobei jede Zelle ein winziges Chakra, ja sogar ein winziges Tor ist, durch das Energie in die physische Welt fließt und das auch Energie aufnimmt. Bisher waren dies hauptsächlich die Energien, die auch durch die sieben Hauptchakren fließen. Diese Energien werden symbolisch mit Farben gleichgesetzt, so dass um die Zellstruktur bis zu sieben Farbschichten liegen konnten, je nach Entwicklungsgrad des Menschen. Nun kommen die fünf neuen „Farben" hinzu, so dass mit steigender Spiritualisierung diese Farbschichten der innersten Schicht des Ätherfeldes immer „dicker" werden. Veranlasst wird dieses durch die erwachende 12-Strang-DNS. Diese Farbschichten interagieren also direkt mit der Erbsubstanz des Menschen, und je weiter dieser sich entwickelt, desto mehr verändert sich auch sein Körper. Der Alterungsprozess wird rückgängig gemacht, Krankheiten ausvibriert, das Zellwasser von den gestockten Abfällen befreit, usw. Es können sogar Haltungsschäden korrigiert werden oder Körpermerkmale sich völlig verändern bzw. verschwinden. Hier können tief greifende Veränderungen auftreten, die aber alle zum Wohle des Menschen geschehen und ihm niemals zum Nachteil gereichen. Welche Korrekturen vorgenommen werden, bestimmt das Höhere Selbst und nicht der Wille des Menschen! ***Es wird nur das verändert, was für die vorgenommene Aufgabe notwendig ist. Alles andere bleibt und muss in Liebe angenommen werden!***

Die zweite Schicht des Ätherkörpers umfasst das gesamte Nadisystem, also das System der Energieverbindungen. Sie interagiert natürlich eng mit der innersten Schicht und auch mit der äußeren, denn in der äußeren Schicht der drei hier vorgestellten liegen die Chakren, die Energietore des Menschen. Sie sind aber nicht nur Wirbel, die Energie ansaugen, sondern gleichzeitig Stellen, die die durchfließende Energie auch gezielt verteilen, also abgeben, was mit Hilfe des Nadisystems geschieht, das direkt an die Chakren angeschlossen ist.

Das Ätherfeld hat einen Ankerpunkt im Wurzelchakra und somit direkt mit dem Sein und Verwurzeln auf der Erde zu tun. Es ist auch das Gestalt bildende Feld, und kommt hier Bewegung hinein, wie in alle anderen

Felder in der heutigen Zeit auch, so kann die Gestalt, also die äußere Erscheinung eines Menschen, so verändert werden, wie es nun neu im Ätherfeld vorgegeben wird, und die Anregungen dazu kommen wiederum aus der 12-Strang-DNS, die mit dem Höheren Selbst interagiert.

Wir stellen an dieser Stelle nur die ersten drei von 12 Ätherfeldschichten vor, weil die anderen neun im Prinzip so mit dem Emotionalfeld „verschweißt" sind, dass man kaum von einzelnen Schichten sprechen kann, und dennoch haben sie eigene Funktionen. Diese Funktionen haben damit zu tun, dass der Körper heiß und kalt unterscheiden kann, die Streicheleinheiten eines Partners spüren kann (was ja direkt Emotionen auslöst). Auch die Schmerz auslösenden Prozesse finden in diesen Schichten statt. Es gehören noch eine Reihe von weiteren Funktionen hinzu, die für unsere Betrachtungen jedoch nicht so relevant sind.

Das nächste Feld ist das ***Emotionalfeld****. Die innerste „Schicht" (wobei man sich das nicht wirklich räumlich getrennt vorstellen darf, denn alle „Schichten" aller Felder sind miteinander, ineinander verwoben, und zwar durch zahlreiche Minichakren), ist Träger der „dichtesten" Emotionen. Hier sind Wut, Hass, Trauer, Angst, tiefstes Glücksgefühl usw. in ihren stärksten Ausprägungen angesiedelt, denn nur diese Schicht ist in der Lage, diese Intensität an Emotionen „auszuhalten". Sie wurde so konzipiert, dass sie die starken „negativen" Gefühle speichern kann. Glück kann man in dem Sinne nicht festhalten, wie wohl jeder in seinem Leben schon festgestellt hat.*

Dieser Teil des Emotionalfeldes ist am unbeweglichsten, weil die Menschen in diesen Gefühlen haften bleiben können, denn weil diese am stärksten spürbar sind, definieren die Menschen darüber ihr Sein. Hierüber können sie spüren, dass sie lebendig sind. Dabei unterliegen sie jedoch einer Illusion, denn durch das Verhaftet-sein in diesen Gefühlen (leider ist es ja nicht das Glück), wissen sie nicht, was „darüber" in den anderen Schichten des Emotionalfeldes vorhanden und somit möglich ist. Genau genommen gibt es von all diesen Gefühlen, auch vom tiefsten Glücksgefühl, jeweils zwölf Abstufungen, wobei das Glücksgefühl allerdings mit seinen zwölf Graden sozusagen obenauf liegt und der Mensch sich erst durch den Panzer der anderen Gefühle „nach oben" hindurcharbeiten muss, um an das Glück heranzukommen. Doch ist es möglich, „Löcher" in den Panzer zu bohren, so dass schon ein wenig Glück „herabtropfen", also durch die Panzerschichten hindurchkann. Das geschieht immer dann, wenn du eine wichtige Erkenntnis gewonnen hast, die sozusagen nachträglich erklärt, warum du so bist, wie du bist. Dadurch erklärt sich dein Sein, und das ruft Glücksgefühle hervor.

Da das „Löcherbohren" jedoch eine enge Interaktion mit den anderen beiden Schichten erfordert, die auch „durchdrungen" werden müssen, dauert es eine Weile, bis man im Spiritualisierungsprozess an die „Glücksschicht" herankommt, doch es geschieht! Werden die Löcher groß genug, findest du deine Aufgabe für die Neue Zeit und beginnst, diese auszuüben. In diesem Moment empfindest du tiefes Glück, und dieses Glücksgefühl wiederum öffnet weitere Tore, um mehr davon einfließen zu lassen, was den Panzer weiter abbaut, und so geht es immer weiter.

Die mittlere Emotionalschicht umfasst die „flacheren" Gefühle, die den Menschen tagtäglich durchströmen, ohne dass er recht davon Notiz nimmt, da sie den Panzer der starken Gefühle kaum durchdringen können. Zufriedenheit gehört zum Beispiel dazu. Die kann der Mensch oft nicht spüren, weil sie von Trauer oder anderem „überlagert" ist. Auch die Freude über die Schönheit der Natur gehört hierzu, obwohl weit entwickelte Menschen diese bis in die unterste Schicht „herabziehen" können, also beim Anblick eines Sonnenuntergangs beispielsweise tiefes Glück empfinden, ihnen wortwörtlich das Herz (nämlich das Herzchakra) aufgeht.

Die dritte Schicht umfasst die subtileren Gefühle, die bei der Interaktion mit Menschen entstehen und für euch kaum noch wahrnehmbar sind, und dennoch große Wirkungen im gesamten Emotionalfeld entfalten können (kleine Ursache, große Wirkung!). Sie sind fast ausschließlich im so genannten Unterbewusstsein angesiedelt, doch verstärken sie ihre Tätigkeit und auch ihre Wahrnehmbarkeit, wenn du in der Spiritualisierung weiter voranschreitest.

Auch hier gilt, dass die nächsten neun Schichten so eng mit dem Mentalfeld verwoben sind und interagieren, dass eine Trennung nicht wirklich vorhanden ist, und dennoch ist sie da.

Das ***Mentalfeld*** *nun ist der Spielplatz der Gedanken. Ohne Gedanken keine Gefühle, denn erst der Gedanke löst ein Gefühl aus, aber man kann durchaus denken, ohne zu fühlen. Und dieses wurde in der westlichen Zivilisation kultiviert, nicht wahr? Aber auch das unterliegt keiner Bewertung von unserer Seite aus, nur von eurer, denn auch das musste sein, denn wie sonst könntet ihr feststellen, was ihr nicht wollt, wenn ihr das, was ihr nicht wollt, nicht kennen gelernt habt?*

Die innerste mentale Schicht liegt dem Emotionalfeld am nächsten und interagiert auch am engsten mit ihm. Das heißt, was hier gedacht wird, wird sofort in ein Gefühl umgewandelt. Dieses ist eine eher weibliche Schicht könnte man sagen, denn Frauen sind ihren Gefühlen oft „näher" als Männer. Dieser Unterschied wird durch die Spiritualisierung jedoch wieder ausgeglichen. Dementsprechend ist die mittlere Schicht eher eine männliche Schicht, denn was hier gedacht wird, wird erst verzögert in ein Gefühl umgesetzt, wenn überhaupt. Bitte, das soll keine Wertung sein, denn ihr alle, egal ob männlich oder weiblich, benötigt all diese Schichten, denn nicht immer ist es ratsam, aus einem Gefühl heraus in kopflose Handlungen zu stürzen, nicht wahr?

Die dritte Schicht ist reines Denken, das keine Gefühle mehr zulässt. Es ist die Schicht, die ihr rationales Denken nennt. In ihr sind viele Menschen heute zu Hause und stolz darauf, dass sie bei all ihren Entscheidungen die Gefühle beiseiteschieben können und nur mit dem Kopf ein Problem angehen. Das hat zu dem geführt, was ihr Kopflastigkeit nennt.

Kommt nun Bewegung in all eure Felder, durch Ausdehnung, Umstrukturierung und Energieerhöhung, verschwimmen die Unterschiede dieser Schichten mehr und mehr, und sie verschmelzen tatsächlich zu der einen, die euch aus den älteren Büchern her bekannt ist.

Es geschieht jedoch noch mehr. Mit zunehmender Spiritualisierung verschwimmen auch die Unterschiede zwischen den einzelnen Feldern. Je mehr also jemand seine Schwingungen erhöhen kann, desto weniger Schichten gibt es, und desto geringer sind die Unterschiede in den Feldern. Man kann es ein wenig mit dem Herstellen des Gleichgewichts zwischen linker und rechter Gehirnhälfte vergleichen, denn auch dieses geschieht in der Spiritualisierung.

Auch hier gilt wieder, dass die weiteren neun Schichten mit dem Spiritualfeld eng verwoben sind und derzeit nicht erläutert werden brauchen, doch fließen darüber auch noch Informationen in die Materie, und zwar zur gegebenen Zeit.

Auch das ***Spiritualfeld*** *ist dreigeteilt. Die innerste Schicht des Spiritualfeldes ist die, die die momentane Spiritualisierung leitet, ist also die erdgebundene Spiritualschicht. Die mittlere hat mit der Interaktion zwischen verschiedenen Planeten zu tun, während die dritte mehr mit den unterschiedlichen Realitätsebenen befasst ist. Wenn ihr nun noch bedenkt, dass im Grunde jede der zwölf „Schichten" nochmals in zwölf Schichten* *unterteilt ist, so könnt ihr ermessen, was für ein kompliziertes Gebilde ein einziger Mensch ist. Die Kompliziertheit tendiert jedoch zur Einfachheit, denn die Quelle ist einfach. Die Kompliziertheit musste aufgebaut werden, um das Inkarnationsspiel überhaupt erst zu ermöglichen. Und je tiefer die Frequenzen sanken, umso komplizierter wurde alles. Je höher sie nun wieder steigen, umso einfach wird wieder alles. Das gilt auch für euer Leben.*

Dieses war Oriel

Der physische Körper ist, bildlich gesprochen, wie die Spitze eines Eisberges, wie die Ausführungen von Oriel deutlich aufgezeigt haben. Wie viel entgeht uns Menschen, wenn wir nur diese Spitze sehen und glauben, dass das alles ist? Die große Masse, die „unter dem Wasser", also im Unsichtbaren, hinter dem Schleier, verborgen ist, macht einen Großteil unserer Eigenschaften aus. Wie könnte diese Spitze also die ganze Definition sein? Der Teil des Eisberges, der unter Wasser liegt, gewinnt nun in zunehmendem Maße an Bedeutung und rückt somit in den Fokus vieler Menschen, da sie immer deutlicher seinen Einfluss wahrnehmen können. Man könnte sagen, jemand (und nicht nur einer) rammt unter Wasser ständig unseren Eisberg, damit wir uns mehr bewusst werden, dass er da ist und erforscht werden will. Mit zunehmender „Erforschung" wird immer mehr von diesem Eisberg sicht-, aber vor allem spürbar.

Metatron zur Merkabah

Wir haben nun schon einiges über die Energiefelder gehört, doch zu diesen gehört auch die Merkabah, wie schon erwähnt. In Band 1 erläuterte Metatron, dass diese kristalline Struktur eine besondere Aufgabe hat und erst dann aktiviert wird, wenn der Mensch einen bestimmten „Wachheitsgrad" erreicht hat. Sie wird dann in Rotation versetzt, was dazu führt, dass das Höhere Selbst immer näher an den physischen Körper herangezogen wird, bis sich beide schließlich vereinen.

Die Merkabah gehört nicht zu den zwölf Hauptenergiefeldern, denn sie hat eine Sonderstellung, weil sie so etwas wie einen Wagen (Übersetzung des Begriffes Merkabah) darstellt und weniger ein Feld. Gleichzeitig hat sie jedoch auch Eigenschaften von Feldern. Es ist sozusagen ein Fortbewegungsfeld, wohingegen die anderen Felder mehr statische Felder sind, oder, genauer gesagt, stationäre, obwohl sie sich ausdehnen und zusammenziehen können. Den Mittelpunkt der anderen Felder bildet der einzelne Mensch, dagegen ist der Mittelpunkt der Merkabah die Erde. Unsere Merkabahs sind Teile der ErdMerkabah, was gerade in der heutigen Zeit sehr wichtig ist. Frühere Erleuchtete konnten nur aufsteigen, indem sie ihren Merkabah-Anteil von der Erde lösten, aus dem Verbund ausscherten, könnte man sagen, und mit ihr „davonflogen", also gen Himmel fuhren. Die meisten mussten dafür ihren physischen Körper zurücklassen. Dazu waren gigantische Anstrengungen nötig, und doch mussten sie sein, denn es war Teil der Entwicklung, der zur jetzigen Zeit beitrug.

Heute wirkt jeder, der seine Merkabah anschiebt, also in Bewegung bringt, dabei mit, dass auch die ErdMerkabah zumindest in Wallung kommt. Niemand muss sich mehr von ihr lösen, um aufzusteigen (obwohl das auch noch vorkommt), da wir gemeinsam dafür sorgen, dass die ErdMerkabah in Bewegung kommt, und zwar in Richtung höherer Dimensionen. Die immer noch sehr großen Anstrengungen aller Erwachten und Erwachenden des Neuen Zeitalters haben dazu beigetragen, dass die ErdMerkabah bereits in Bewegung gekommen ist. Sie „fährt" bereits, obwohl gleichzeitig noch an ihr gebaut wird. Man könnte sich das bildlich wie den Bau eines Raumschiffes vorstellen: Es wird an vielen Stellen gleichzeitig gearbeitet, da jedoch die Notwendigkeit einer Fortbewegung besteht, haben die Lichtarbeiter verstärkt am Lichtantrieb gearbeitet und diesen nun fertig gestellt, so dass er in Betrieb genommen werden konnte und das Schiff schon fliegt, obwohl es noch nicht fertig ist. Michael nannte dieses den Motor der Schöpfung. In diesen Motor wurde nun Gang eins eingelegt, sodass sich das Raumschiff namens Erde nun langsam in Bewegung setzte, dabei hat sie am 7. April 2005 den Schleier der Fünften Dimension passiert, der wie ein Schild um die Erde lag, bzw. haben die gemeinschaftlichen Anstrengungen der Menschen an diesem Tag dazu geführt, dass die Schichten der Dritten und Vierten Dimension zum größten Teil aufgelöst wurden, sodass die „Masse" der Erde sich nun in der Fünften Dimension befindet. Dass dieses alles nur Metaphern sind, wird schon dadurch deutlich, dass Teile der Erde noch in anderen Dimensionen verharren bzw. andere sogar schon in höhere Dimensionen hineinragen. (Was an diesem Tag so Besonderes geschah, wird weiter unten von Sanandá klargelegt.)

Der Lichtantrieb wurde also angeworfen und ein Gang eingelegt. Um sich schneller fortzubewegen, muss jedoch ein höherer Gang eingelegt werden, genau wie beim Auto auch, und dazu bedarf es der Anstrengung eines jeden einzelnen Lichtarbeiters auf der Erde. Die Lichtarbeiter sind nichts Besseres oder Besonderes, sie machen nur ihren Teil der Arbeit, während die anderen an anderen Stellen des Raumschiffes arbeiten, und deren Arbeit ist genauso wichtig wie die der anderen. Jeder, der anfängt, bewusst in seine Klärungsarbeit zu gehen, stellt seinen Teil des Raumschiffes schneller fertig, als wenn er unbewusst, also unerwacht, bleibt. Für manche Teile des Raumschiffes ist dieses jedoch nötig, und so gibt es hier keinerlei Wertung. Jeder erhält dann seinen Weckruf, wenn er dazu bereit ist, bewusst am Aufstiegsgefährt der Erde zu arbeiten. Er kann ihn ignorieren und an anderer Stelle neu anfangen und dort weiter arbeiten, sozusagen die Stellung wechseln (also ein neues Leben beginnen, weil er an der früheren Stelle nicht mehr weiterkommt oder einfach fertig ist). Jeder ist hier frei in seiner Planung, und da alles mit dem Kollektiv abgestimmt wird, gibt es auch keine zwei Menschen, die genau an der gleichen Stelle dieselbe Arbeit verrichten. Jeder kann seine speziellen Talente dort einbringen, wo sie benötigt werden.

Während des Erweckungsprozesses stellen viele fest, dass sie eine andere Arbeit erledigen können und auch wollen und beginnen dann auch damit, sobald sie ihren Weg zu ihrem neuen Arbeitsplatz zurückgelegt haben, der vielleicht zeitweise durch einen dunklen Teil (Tunnel!) der Wegstrecke führt. Sie müssen dafür nicht sterben und einen neuen Körper kreieren, sondern sie benutzen den, den sie haben, und das ist der Unterschied zu denen, die nicht aufwachen.

Was ist nun der Sinn des Ganzen? Es wird ein Fahrzeug konstruiert, es wird in Gang gebracht, doch wohin steuert es, warum ist es unterwegs? Es ist unterwegs, um herauszufinden, was auf dem Weg noch alles liegt. Wir Menschen haben nun Erfahrungen in allen Variationen durch unzählige Leben hindurch dort gemacht, wo wir sind: auf einer „stationären" Erde. Als wir davon genug hatten, wollten wir wissen, ob es da draußen noch ein Mehr gibt. Wir wollen wissen, was jenseits unserer bisherigen Erfahrungen liegt. Dabei ist es gar nicht wichtig, wohin die Reise letztlich führt, denn die Antwort ist klar: Nach Hause, nach dort, woher wir gekommen sind. Doch bis dahin gibt es noch so viel zu sehen, so viel Neues zu erleben, da wir auf dieser Reise auch anderen und anderem begegnen werden, und deshalb wollen wir nun Folgendes: Raus aus dem alten Trott, hinein in ein neues Abenteuer, um es salopp zu formulieren. Das Kollektiv weiß, was vorgeht, doch die Einzelteile des Kollektivs müssen erst noch davon erfahren, damit sie die Reise auch richtig genießen und bewusst daran teilhaben können.

Das Leben bekommt dadurch einen höheren Sinn, und das ist es, was die Menschen schon seit jeher gesucht haben: Den Sinn ihres Lebens!

Die Merkabah der Erde ist das Christusgitternetz. Es hat Äonen gedauert, es zu bauen. Jeder einzelne Lichtarbeiter ist ein Lichtpunkt auf diesem Netz. Am 11.7.05 nun wurde dieses Netz vollkommen geschlossen und zwar durch die Energie, die ein bestimmtes Paar kreierte, als es sich liebte. Die geistige Welt nennt das „Vereinigungsenergie feiern". Am 14.07.05 nun taten sie das wieder und diesmal wurde die freigesetzte Energie dazu verwendet, das Christusgitternetz in Bewegung zu versetzten.

Ihr könnte euch das so vorstellen: Als das Gitternetz geschlossen wurde, sah es in etwa so aus, wie das Muster auf einem Fußball, das heißt, dass die Linien zwischen einzelnen Lichtarbeitern bzw. deren energetischen Signaturen nun nicht mehr unterbrochen sind und nur hier vorhanden, sondern es bildet eine geschlossene Struktur. Millionen von Lichtarbeitern haben durch ihren Erweckungsprozess (und somit mit ihrer aktivierten Merkabah) dazu beigetragen, dass es überhaupt genügend Erweckte gibt, die diese Energie halten und tragen können. Als sich alle Linien ausbildeten, legte sich um jede der „Waben" ein Lichtdeckel, so dass nichts mehr von außen hindurch oder von innen hindurchkann. Das ganze Gebilde wurde dann in Drehung versetzt. Das heißt, der Aufstieg der Erde ist nicht mehr aufzuhalten, weil die ersten Schichten der Merkabah sich bewegen. Erst langsam noch, aber immerhin.

Metatron möchte nun seine Ausführungen aus Band 1 zur Merkabah vervollständigen, damit noch klarer wird, was derzeit geschieht:

Dieses ist Metatron, die Energie, die ihr die Verbindung zur Quelle nennt. In Wahrheit habt ihr selbst die Verbindung zur Quelle. Sie muss nur wieder aktiviert bzw. erinnert werden, und euch dieses zu ermöglichen gehört zu meinem Aufgabenbereich. Jedes „Aktivieren" ist ein Erinnern, jedes!, liebe Menschen! Ihr habt nun schon gehört, dass Bewegung in eure Energiefelder kommt und kommen muss, und ein Teil dieser Bewegung wird durch die Merkabah verursacht und angeregt. Aber bevor dieses geschehen kann, muss erst eine gewisse Bewegung von euch kommen. Ihr habt nun schon sehr viele Hilfsmittel erhalten, um dieses zu ermöglichen. Die Regenbogenernährung ist nur ein Teil dieser Hilfe, doch ein wichtiger Teil. Da es in diesem Buch auch um die Ernährung geht, möchte ich euch ein wenig darüber erzählen:

Um den Wagen des Aufstiegs (die Merkabah) anzuschieben, gibt es inzwischen zahlreiche Methoden, doch die wenigsten davon werden bis zu euch vorgedrungen sein, und so möchte ich euch Hilfen mit auf den Weg geben, Hilfen, die viele erreichen und nicht nur eine ausgewählte Minderheit, denn es gibt in diesen Zeiten keine so genannte Minderheit mehr. Es findet ein Massenaufstieg statt, wie ihr ja schon wisst.

Eine dieser Hilfen ist mein Name. Die Schwingung „Metatron" ist die Schwingung der Verbindung. Daher könnt ihr diesen Namen für eure Meditationen nutzten. Wiederholt diesen Namen immer wieder, so kommt ihr in diese Schwingung, das heißt, damit stärkt ihr die Verbindung zur Göttlichen Quelle, die ihr ohnehin habt. Dieser dürft ihr euch nun wieder mehr bewusst werden. Ihr werdet durch diese Meditation die Verbindung spüren, indem ihr an eurem Kronenchakra eine Wahrnehmung habt, ein Ziehen könnte man es nennen, denn dadurch, dass ihr euch dieser Verbindung nach oben wieder erinnert und diese damit stärkt, zieht ihr euch selbst „stärker" in Richtung Quelle. Die Verbindung war schon immer da, doch habt ihr selbst die einzelnen Lichtfäden, aus denen diese Verbindung besteht, sozusagen verdunkelt, damit ihr sie nicht „sehen", nicht spüren könnt. In der dunkelsten Zeit eurer Welt blieb nur ein einziger „Faden" übrig. Der Kontakt zur Quelle war nie ganz abgerissen, obwohl ihr es geglaubt habt. Dieser eine Faden war so dünn, dass er praktisch nicht mehr wahrnehmbar war, und das ließ euch glauben, völlig verlassen zu sein. Hinzu kam noch, dass ihr zur gleichen Zeit eine große Schuld auf euch geladen habt, bzw. glaubtet, dem wäre so. Dieses Verlassenheitsgefühl in Verbindung mit Schuld lastet seitdem auf eurer Seele, doch wart ihr nie verlassen, und es gibt auch keinen Grund für Schuldgefühle, niemals, und für nichts, was ihr tut. Alles hatte immer einen guten Grund und war immer geplant, und zwar von euch selbst.

In den letzten Jahrtausenden habt ihr einige dieser Lichtfäden, die eure Verbindung darstellen, wieder von der Dunkelheit befreit. Man könnte auch sagen, ihr habt Karma abgetragen, obwohl das die Wahrheit nicht ganz trifft, ihr aber sehr nahe kommt. Von der Dunkelheit befreien heißt aber nicht, gegen irgendwelche Kräfte einen Kampf auszutragen, sondern sich Stück für Stück wieder erinnern, dass die Lichtfäden da sind. Man könnte sagen, ihr schaltet diese Lichtfäden wieder online, wenn ihr das wünscht. Hierzu gebe ich euch die folgende Meditation:

Meditation

Begebt euch an euren Meditationsplatz, nehmt einige tiefe Atemzüge und lasst das Prana tief in den ganzen Körper einströmen. Lasst dann meinen Namen durch alle (zwölf!) Chakren wandern, indem ihr ihn in jedem Chakra zwölfmal wiederholt und dabei mit eurem Bewusstsein erst vom Wurzelchakra aufwärts in das Sakralchakra, Sonnenchakra, Herzchakra, Halschakra, Stirnchakra über das Kronenchakra und dann wieder abwärts ins Veränderungschakra, Klarheitschakra, Wissenschakra, Harmoniechakra bis zum Polaritätschakra alle Chakren besucht.

Je öfter ihr das durchführt, umso kräftiger wird die Verbindung nach oben. Ihr werdet ein Kribbeln am Kronenchakra bemerken, das für das Fühlen der Verbindung steht. Je öfter ihr diesen warmen Windhauch spüren könnt, desto stärker bindet ihr euch wieder an die Quelle. Dieses führt dazu, dass ihr die Impulse eures Höheren Selbst, eurer Geistführer oder anderer Partner stärker erkennt und spürt, bis es zu direkten Gesprächen kommt, also eine direkte Kommunikation stattfinden kann.

Ihr verbindet mit dieser Meditation gleichzeitig (wieder) die einzelnen Fäden zu einem dicken Strang. Dieser Strang kann auf Aurafotos durchaus zu sehen sein. Möchtet ihr ihn sehen, dann bittet darum. Dadurch findet ein Zug in Richtung Quelle statt, das heißt, indem ihr die Verbindung stärkt, zieht ihr euch selbst an eurem Gummiband wieder stärker zur Quelle zurück. Dadurch kommt ihr immer mehr in die Freude an eurem Leben und in die Lösung der Aufgabenstellungen, die ihr euch vorgenommen habt.

Die Regenbogenernährung nun zielt darauf ab, alle Chakren zu einem harmonischen Ganzen zu verbinden, so dass die Energie frei fließen kann. Dieser Energiefluss wiederum trägt ebenfalls zur Aktivierung der Verbindungsfäden bei.

Die Energien der sieben Farben, die hierfür verwendet werden, „branden" sozusagen an die Blockaden in den Chakren, damit sie angesehen und aufgelöst werden können, und Ähnliches geschieht mit dem Namen Metatron. Auch er sorgt für die Beseitigung von Blockaden. Um dies alles zu unterstützen, möchte ich euch eine weitere Meditation mit auf den Weg geben, die ihr durchführen könnt, wenn ihr euch entschließt, völlig auf diese Art der Ernährung umzusteigen. Sie kann auch von denen durchgeführt werden, die schon umgestiegen sind.

Was bewirkt diese Meditation? Sie bewirkt eine Steigerung der Farbwirkung in euren Chakren, was wiederum zur Beschleunigung der Mer-

kabah beiträgt. Eure Merkabah wird dadurch sozusagen „angeschoben", in mehr Bewegung versetzt, – zumindest die Schichten, für die derzeit die Erlaubnis bei euch vorliegt. Eine Merkabah hat – korrespondierend mit den zwölf Schichten der feinstofflichen Energiefelder – ebenfalls zwölf Schichten, und wer die folgende Meditation durchführt, hat mindestens die ersten beiden Schichten bereits von alleine aktiviert und erhält nun die Berechtigung, in einem bewussten Vorgang die nächsten „anzuschieben". Zuvor macht euch erst einmal bewusst, wie viele eurer Merkabahschichten bereits aktiviert sind. Hierzu schwingt ihr euch mit meinem Namen, wie oben beschrieben, auf mich ein und stellt dann die Frage: „Wie viele Merkabahschichten sind bei mir bereits aktiviert, also beschleunigt worden?" Hört die Zahl in eurem Geist und fragt dann nach: „Wie viele Schichten darf ich nun beschleunigen?" Hört die Zahl, und dann beginnt mit einem anderen Bewusstsein den Vorgang. Diese Meditation könnt ihr wiederholen, wenn ihr das Gefühl habt, dass es richtig für euch ist.

Meditation

Bitte begebt euch an euren Meditationsplatz. Legt Meditationsmusik auf, wenn euch das hilft. Tut alles, um euch entspannen zu können. Wichtig ist auch, nicht gestört zu werden, weil ihr bei dieser Meditation eine sehr hohe Schwingung annehmt, und wenn ihr darin zu abrupt unterbrochen werdet, könntet ihr eine Art Energieschock erleiden. Dieser wirkt sich durch ein rasches Sinken eurer Körpertemperatur aus, wie beim Schock nach einem Autounfall. Ist dieses jemals der Fall, so legt euch rasch in eine heiße Badewanne, das mindert den Schock.

Atmet nun in alle zwölf Chakren zweimal tief ein, sodass vermehrt Prana in euch einfließt . Stellt euch nun das Wurzelchakra als roten Ball in der linken Hand vor. Dieser rote Ball ist völlig fehlerfrei, hat keinerlei dunkle Stellen. Bitte stellt euch nun vor, wie dieser rote Ball mit der Tiefe eurer Atmung so groß aufgeblasen wird, dass euer ganzer Körper hineinpasst. Lasst euch ausreichend Zeit, um das Bild auch wirklich halten zu können. Nun stellt euch einen orangefarbenen Ball in der Linken vor. Auch dieser wird nun mit eurem tiefen Atem zur Körpergröße aufgeblasen. Jede „Ballschicht legt sich über die andere, so dass am Ende zwölf Schichten um euch herum übereinander liegen. Nun ist das gelbe Sonnenchakra oberhalb des Nabels an der Reihe. Auch dieser Ball hat keinen Makel, ist von sonnengleicher Schönheit und Ausstrahlung. Auch dieser wächst aus eurer linken Hand und wird immer größer, bis er euch einschließt. ***Diese***

__Sonne versetzt ihr nun bitte in eine Rotation.__ Diese Drehung veranlasst auch die beiden unteren Chakren, sich zu drehen, so dass sich um euch herum nun drei „Bälle“ in Drehbewegung befinden. Nun ist das Herzchakra an der Reihe. Bringt euer Bewusstsein in diese Region und legt dann den grünen Ball ebenfalls in die Linke. Sprecht nun die Worte: __„Metatron, ich bin bereit zur Aktivierung der Merkabah. Ich bitte um das Einfließen hilfreicher Energien.“__

Nur wer wirklich dazu bereit ist, wird zu dieser Meditation geführt ,also macht euch bitte keine Sorgen. Es ist der richtige Zeitpunkt, alles geschieht zum richtigen Zeitpunkt, denn es werden alle entsprechend vorbereitet, bevor sie diese Meditation zu sehen bekommen. Hier ist ein riesiges Planungs- und Ausführungsteam an der Arbeit, und sie machen ihre Sache ausgezeichnet.

Nun wird auch das Herzchakra zu einem grünen Ball, der durch euren Atem zur Körpergröße anwächst und sich ebenfalls zu drehen beginnt. Das gleiche geschieht mit dem blauen Halschakra, dem purpurnen Stirnchakra und dem weißen Kronenchakra. Verbleibt nun für cirka eine Viertelstunde bei diesem Bild der sich um euch drehenden Chakren. Es ist nicht schlimm, wenn das Bild durch Gedanken immer wieder gestört wird. Das Meditieren ist angesichts eurer Strahlenbelastung wirklich schwierig. Kehrt nur immer wieder zu dem Bild zurück. Seht die rote rotierende Kugel, darüber die orangefarbene, usw. Bis die Zeit um ist.

Beendet die Meditation mit einem heißen Bad oder einer Dusche, um den Energielevel langsam wieder herunterzufahren. Er ist wirklich extrem hoch, und wenn ihr danach Hunger verspürt, esst etwas, um euch wieder zu erden, oder stellt euch vor, dass ihr förmlich Wurzeln in die Erde schlagt und zu einem großen starken Baum heranwachst.

Diese Meditation bewirkt auch, dass die Wirkung der Farben, die ohnehin schon sehr stark ist, noch um einiges verstärkt wird. Die Ernährung nach diesen Farben erlaubt das Anschieben der Merkabah, und wer schon eine „angeschobene“ hat, bei dem wird sie beschleunigt.

Hast du dich etwa ein Vierteljahr nach diesen Farben ernährt bzw. die Farben, die du nicht als Essen zu dir nimmst, getrunken oder farbige Gläser für das Wasser benutzt, also wirklich konsequent sieben Mal am Tag alle sieben Chakren stimuliert, wirst du eine deutliche Änderung in deinem

Energiesystem wahrnehmen, und zwar unabhängig von deinem Entwicklungsstand. Jeder wird eine Veränderung bemerken!

Die Farben der rückwärtigen Chakren werden für diesen Prozess nicht unbedingt gebraucht. Ihre Energien, ihre Farben sind indirekt in den sieben Chakrenfarben schon enthalten, da ja Verbindungen „nach hinten" bestehen. Bist du jedoch nachts wach und musst ohnehin essen, dann nutze die Tabelle für die nächtlichen Farben auch, denn dann bist du deshalb wach (unabhängig von der Tätigkeit), damit du auch diese Farben nutzen kannst. Das kann natürlich auch unabhängig vom Essen geschehen, also mit farbiger Kleidung, Wassergläsern usw. Es sind zwölf Chakren, für die jeweils zwei Stunden zuständig sind, auch in der Nacht, zweimal zwölf macht vierundzwanzig!

„Was haben die Farben nun mit der Merkabah zu tun?", werdet ihr fragen, „warum ist dieses möglich?" Ich werde es euch sagen: Die Merkabah besteht aus diesen Farben, könnte man sagen. Euch ist sicher klar, dass die Farben nur Symbole für bestimmte Energien sind. Diese Energien werden von den Chakren ausgeströmt, wenn sie in Harmonie gebracht werden. Das Vereinte Chakra führt zur Aktivierung der Merkabah. Es symbolisiert nämlich die Erreichung einer bestimmten Harmoniehöhe, könnte man sagen, wobei nicht jeder bemerkt, dass das Vereinigte Chakra aktiviert wurde. Nur wer dieses „Spüren" für seine Arbeit benötigt, hat diese Fähigkeit auch. Das Erstrahlen der sieben Farben ist eine Steigerung der Energie der Harmonie. Diese innere Harmonie ist das Startzeichen für das Mehr, nach dem ihr sucht. Wird die Merkabah also durch diese Harmonieenergie beschleunigt, besteht sie in diesem Moment genau aus diesen Farben. Von diesen Vorgängen werden die meisten von euch nichts bemerken, weil ihr die Hauptarbeit an euch in der Nacht ausführt. Die Auswirkungen machen sich in eurem täglichen Leben jedoch mit der Zeit bemerkbar – zuerst langsam, und dann immer deutlicher.

„Was unterscheidet nun die Merkabah von den anderen Energiefeldern?", werdet ihr vielleicht fragen, und ich sage es euch: Der eine Unterschied liegt darin, dass die Merkabah erst in diesem Leben in Bewegung versetzt wird, während die anderen Energiefelder immer in (wenn vielleicht auch wenig) Bewegung sind. Der andere darin, dass in der Merkabha zwar in jeder Schicht ein Schwerpunkt auf einer Farbe liegt (wie in den Chakren und anderen Energiefeldern auch), aber außerdem auch noch Knotenpunkte aller anderen Farbenergien enthalten sind. Es ist ein wenig schwierig zu erklären, doch so ist es. Diese Knotenpunkte sind Energieballungen

bestimmter Schwingungen. Auch die Merkabah hat Chakren, doch die sind hiermit nicht gemeint! Beginnt nun die Merkabah sich zu drehen, so drehen sich diese Knotenpunkte wie die Elektronen um einen Atomkern und bewirken durch Zentrifugalkraft, dass sie sozusagen nach draußen an die Außenseite der Merkabah „gedrückt“ werden. Dieses Drücken wiederum wird von anderen Menschen wahrgenommen, auch wenn sie nicht wissen, was es ist. Man könnte sagen, an ihre Energiefelder wird „angeklopft“ mit dem Ziel, auch da Bewegung hineinzubringen, denn die Knotenpunkte der bewegten Merkabah bringen die Knotenpunkte von nicht drehenden in Vibration, so dass als letztliche Wirkung im Menschen eine innere Unruhe sich breit macht, die ihm anzeigt, dass etwas im Gange ist, dass es Zeit ist, etwas zu tun. Diese Unrast wiederum bewirkt, dass der Mensch auf die Suche geht, auf die Suche nach der Ursache für die Unruhe, auf die Suche nach dem Mehr, das er zu spüren bekommt, und auf die Suche nach dem, was er denn tun soll, kann und wird. Und dadurch möchte er auch automatisch mehr in seinem Leben als das, was bisher erreicht wurde.

Diese Vibration in den Knoten der nicht bewegten Merkabah bringt schließlich die anderen Energiefelder ebenfalls dazu, sich mehr zu bewegen, und so bedingt eines das andere, wirkt das eine auf das andere, und umgekehrt.

Jeder Mensch, der eine bewegte Merkabah besitzt, stößt also allein durch sein Da-sein die von anderen an. Diese gehen aber nur dann in Resonanz, also in diese Vibration, wenn die betreffende Seele auch den dazu passenden Entwicklungsstand erreicht hat. Es gibt hier also weder eine manipulative noch vorzeitige Aktivierung und Beeinflussung!

Durch das Aktivieren der Merkabah wird das Höhere Selbst schließlich in den menschlichen Körper integriert, und dann geht es eigentlich erst richtig los, denn ab da beschleunigt sich die Entwicklung immer mehr, denn nun steuert das Höhere Selbst den Umbauprozess des Körpers direkt. Umbau bedeutet auch Reinigung bis in die Zellen. Gereinigte Zellen können sich wieder vollständig regenerieren. Diese Reinigung hat also weitreichende Folgen. In eurer Zellstruktur sind feinstoffliche Kristalle, die die Erinnerung an frühere Leben beinhalten. Die DNS ist der Träger dieser Informationen, und die Zellen sind sozusagen der Spiegel, in dem man diese Informationen ansehen kann. Solange jedoch das Zellwasser getrübt ist, kann man nicht gut in diesen Spiegel sehen. Je weiter also der Reinigungsprozess fortschreitet, desto mehr der eigenen Fähigkeiten kommen zum Vorschein, könnte man sagen. Mit dem Erwachen dieser

Fähigkeiten geht gleichzeitig eine Ermächtigung der Anwendung dieser Fähigkeiten einher, denn sonst wären sie ja nutzlos. Ihr habt nun den Reifegrad erreicht, um sie wieder zum Wohle aller einzusetzen, und nicht nur zu eurem Wohl. Das Wohl aller beinhaltet allerdings euer eigenes Wohl, daher müsst ihr euch darum nicht mehr direkt kümmern, denn von nun an wird automatisch für euch gesorgt sein, weil ihr das tut, was ihr am besten könnt, und dies im Einklang mit der Quelle.

Das heißt nicht, dass ihr auf der faulen Haut liegen werdet und euch von nun an alles, wie im Schlaraffenland, in den Mund fällt, oh nein! Es bedeutet, dass euch bei euren Taten eure Verbindung zur Quelle immer deutlicher wird und ihr wisst, dass jeder „Fehler" sich letztlich als sinnvoll herausstellen wird. Es bedeutet auch, euch immer noch selbst um die weltlichen Angelegenheiten zu kümmern, zum Beispiel die Rechnungen zu bezahlen, dieses jedoch in einem neuen Bewusstsein geschieht. Handeln müsst noch immer ihr in der Materie, denn dafür seid ihr auch da. Ihr seid aktive Ausführungsorgane der Quelle, könnte man sagen, und nicht passive Zuschauer eures Lebens. Also handelt von nun an im Bewusstsein der Verbindung zur Quelle, und alle Unannehmlichkeiten werden sich auflösen!

Diese Informationen werden zum geeigneten Zeitpunkt wiederum ergänzt werden.

Dieses war Metatron.

In dieser besonderen Zeit ist es wichtiger denn je, genügend Lebensenergie aufzunehmen, um die Umwandlungsprozesse, die im Gange sind, optimal zu unterstützen. Dafür kann man das Ka, wie es die Ägypter nannten, das Chi, die Lebensenergie, stärken, und zwar mit einer Übung, die die Geistige Welt durchgegeben hat.

Zunächst muss ich jedoch etwas ausholen:

In jedem Körper existiert eine senkrechte Pranaröhre, die im Kronenchakra eintritt und zwischen After und Damm ihren Austrittspunkt hat. Sie reicht weit bis in den Erdboden und auch weit über das Kronenchakra hinaus. Je nachdem, wie weit jemand entwickelt ist, kann diese Röhre die Höhe von mehreren Metern oder vielen Kilometern aufweisen.

Wie ihr vermutlich wisst, kann man mit Mantren Verstärkungen erreichen. Jeder Name ist ein Mantra, und im Grunde jedes Wort. Jedes Wort ist mit Energie beladen, und Namen im Besonderen. Das gilt für den

Namen, den du gerade trägst, genauso, wie für die Namen aus früheren Leben, die, wenn du sie erfährst, die Erinnerung an dort gewonnene Fähigkeiten freisetzen. Und es gilt auch für die Namen von Aufgestiegenen Meistern und Engeln.

Für die bedingungslose Liebe, für die Herzebene, gibt es nun einen Namen, den wir als Verstärkung in der Übung verwenden können. Es ist der Name eines Engels. Es ist der Engel des Herzens, und er heißt Muriel. Im ersten Band berichtete Kryon vom Tor der Harmonie der Achten Dimension, das am 24. Dezember 2004 über Deutschland geöffnet wurde und auch, dass ein Ausgleich zwischen dem Mangel an Harmonie und der einströmenden Harmonieenergie geschaffen werden muss, wovon die Seebebenwelle am 26. Dezember 2004 eine Auswirkung war.

Im gleichen Augenblick, als das Tor geöffnet wurde, wurde ein neuer Engel geboren. Sowohl Erzengel Michael als auch Erzengel Uriel gaben dem neuen Engelwesen Anteile von sich mit, und somit auch ihr Wissen, Können und ihre Erfahrungen. Dieser Engel ist Muriel. Er ist ein Mitarbeiter von Sanandá/Jesus, der zuständig für die einströmende Harmonieenergie ist. Muriel bat nun darum, dass sein Name als Verstärkung für die folgende Atemübung Verwendung finden möge. Diese Stärkung bewirkt, dass der ganze Energiefluss rund um und in den Chakren eine Beschleunigung erfährt, und hier ist nun die Übung.

Atemübung zur Stärkung der Lebensenergie

Bitte begib dich an deinen Meditationsplatz. Wenn du ein großes fließendes Gewässer in der Nähe hast oder einen anderen Kraftort, dann führe sie dort aus, weil diese Orte verstärkten Pranas sind. Aber auch dein Wohnplatz ist bereits ein Ort der verstärkten Lebensenergie, sonst würdest du das hier nicht lesen. Werde dir deines Atmens bewusst. Lasse ihn in dich einströmen in dem Bewusstsein, dass nun vermehrt Prana in dich gelangt, denn indem du dein Bewusstsein darauf richtest, wird das Prana zu mehr Aktivität erweckt, es entfaltet somit eine stärkere Tätigkeit. Nun konzentrierst du dich auf den Namen Muriel. Sage ihn immer wieder vor dich hin. Er bringt dich in die Schwingung der bedingungslosen Liebe, in die des Annehmen- und des Gebenkönnens. Konzentriere dich nun auf deine Pranaröhre und atme die Lebenskraft zuerst oben am Kopf in die Pranaröhre hinein. Dann halte die Luft kurz an, konzentriere dich auf die Pranaröhre innerhalb deines physischen Körpers, und lasse die Luft dann entweichen. Du kannst dir das so vorstellen, dass diese Röhre völlig durchlöchert ist und das Prana nun durch jedes dieser Löcher in den Körper gedrückt wird und dabei jeden Körperteil, jede Zelle durchflutet. Beim nächsten Atemzug „ziehst" du die Lebensenergie von unten aus der Erde in deinen Körper und lässt sie dann durch die Löcher wieder entweichen. Führe dieses für etwa fünf Minuten durch. Entweichen dir dabei Töne, dann lasse sie hinaus, denn diese Töne unterstützen den Vorgang. Vergiss nicht, dabei immer den Namen Muriel im Kopf ablaufen zu lassen, wie an einem unendlichen Band.

Diese Übung kann nun eine andere Qualität annehmen, wenn du deine Intuition bzw. dein Höheres Selbst oder deine Geistführer fragst, welche Farbe das einfließende Prana haben soll, also welche Farbenergie du gerade benötigst. Also, vielleicht lässt du das grüne Licht der Heilung einfließen oder die Farbe der Kraft, nämlich Rot. Folge da dem Bild, das in deinem Inneren auftaucht. Vielleicht nimmt das Prana sogar eine andere Farbe beim Ausatmen an. Es können auch Bilder, Gedanken und Gefühle auftauchen. Lass sie einfach kommen und folge dabei deiner Intuition und sieh, wohin sie dich führt.

Die Qualität des ausgeatmeten Pranas kann nun gesteigert werden zu „qualifiziertem" Prana. Das ist vor allem, aber nicht nur, für Heiler interessant, denn sie können damit ihre Therapieräume vor dem Eintreffen der ersten Kunden mit diesem Prana füllen, was die Heilungen verstärken wird.

Hierfür machst du die Übung, wie oben beschrieben, konzentrierst dich nach etwa fünf Minuten dann jedoch auf dein Herzchakra. Auch das Herzchakra kannst du dir als farbigen Ball voller Löcher vorstellen, denn nun atmest du das Prana nicht mehr durch die Röhre aus, sondern durch dein Herzchakra. Es wird die Farbe auftauchen, die du (und deine Kunden) heute benötigen. Taucht ein Symbol innerhalb deines Herzchakras auf, so benutze dieses auch. Zunächst atmest du also von oben ein. Beim Ausatmen schickst du die Lebenskraft durch diese Löcher im Herzchakra in deinen gesamten Körper hinein. Beim nächsten Atemzug atmest du die Lebensenergie von unten ein und atmest sie dann durch die Löcher im Herzchakra wieder aus. Auch hier können verschiedene Farben und/oder Symbole auftauchen. Lass sie einfach zu. Atme dieses qualifizierte Prana so weit hinaus, wie du glaubst, dass es richtig ist. Vielleicht bis an die Grenzen deines Grundstücks, die Wohnung, oder was auch immer.

In der Pranaröhre und in den Chakren sind natürlich nicht wirklich Löcher, aber dieses Bild, dieses Symbol, hilft dir, die Energie dorthin zu schicken, wohin sie gelangen soll. Je mehr Kanäle offen sind, je weniger Blockaden die Chakren haben, umso größer ist die Wirkung dieser Übung. Vielleicht spürst du diese Wirkung nicht gleich, aber du wirst Auswirkungen bemerken. Sie sind bei jedem Menschen anders, weil der körperliche Zustand bei jedem unterschiedlich ist. Die Zufuhr qualifizierten Pranas setzt nun wieder Prozesse in Gang, die mit der Beschleunigung des Abbaus von Blockaden zu tun haben. Das kann bedeuten, dass Blockaden in Form von Schmerzen spürbar werden. Wenn es mehrere sind, notiere sie und sieh sie dir zu einem passenden Zeitpunkt mit der Angelina-Meditation an, dann werden sie vergehen, oder schicke das qualifizierte Prana dorthin, um den Ort niedriger Schwingung aufzulösen.

Muriel äußerte sich im ersten Band in letzter Minute und bat darum, dass möglichst viele Menschen mit seinem Namen meditieren sollten, denn dadurch wird Karma abgebaut, so dass bei zukünftigen Schüttelbewegungen der Erde, die zur Reinigung gehören, weniger Menschen gehen müssen und mehr Menschen jetzt schon den Aufstieg mitmachen können, ohne erst noch einmal zurückkommen zu müssen.

Führst du also die obige Übung durch, hat das mindestens zweierlei Effekte: Zum einen stärkst du deine eigene Lebenskraft, und zum anderen wird die Karmaenergie der Menschheit verringert. Ich habe die Erfahrung gemacht, dass die Geistige Welt äußerst effektiv arbeitet. Das bedeutet, dass mit einer Maßnahme oft mehr als ein oder zwei Dinge erledigt werden. Du kannst also davon ausgehen, dass bei allem, was hier an Meditationen vorgeschlagen wird, du nicht nur das erledigst, was im Vordergrund steht.

Hier ist Uriel, und dazu möchte ich einige Takte sagen: Die Menschen denken in linearen Strukturen, oh ja, und das ist richtig und gut so, denn es wurde so eingerichtet. Gleichzeitig ist aber jeder Mensch ein multidimensionales Wesen, so dass eine durchgeführte Maßnahme einfach mehr als einen Effekt haben muss! Hinzu kommt noch Folgendes: Euer Höheres Selbst weiß, was in eurem Leben abläuft, und so kann es rückwirkend erkennen, dass eine Maßnahme erforderlich ist. Es weiß nun, was ihr in eurem Leben so „treibt“ und kann im passenden Augenblick, in dem ihr die Schwingung dafür habt, diese zusätzliche Maßnahme „mit draufpacken“. Es sieht also aus der Zukunft heraus, was in der Vergangenheit noch mit erledigt werden kann, so dass es später nicht mehr erledigt werden muss.

In Hochachtung, Uriel.

Um dieses zu verdeutlichen, möchte ich ein Beispiel aus meinem Leben geben. Wir waren im Jahre 2003 am Bodensee zelten. Dabei lag ich so unbequem, dass einige Halswirbel verrutschten und ich monatelang Probleme damit hatte. Nun hat das Kollektiv Menschheit zu irgendeinem Zeitpunkt (ich vermute in der Zukunft, von uns aus gesehen) beschlossen, den Aufstieg zu beschleunigen. Mein Höheres Selbst beschloss deshalb, dass diese Wirbelgeschichte eine Beschleunigung meines Prozesses hervorrufen könnte, daher entwickelte sie sich anders, als ursprünglich geplant war. Woher weiß ich das? Es ist schwer zu erklären. Aber ich ging zwei Wochen lang durch die Hölle, als meine Energiebahnen im Kopf von Landstraßen zu Autobahnen umgebaut wurden, und schwebte ständig zwischen Leben und Tod. Dabei war diese Initiation vom Zeitpunkt her so passend gewählt, dass das nur aus der zukünftigen Perspektive heraus geschehen konnte: Mein Mann hatte Urlaub, er konnte sich um die Kinder kümmern, so dass ich mich ganz darauf konzentrieren konnte, diese Initiation zu überleben. Wäre es wie geplant abgelaufen, hätte das alles über einen jahrelangen Zeitraum geschehen können und wäre für mich zwar auch unangenehm, aber doch wesentlich harmloser verlaufen. In diese Halswirbelgeschichte wurde also zusätzlich etwas hineingepackt, was mit dazu beitrug, dass ich nun diese Bücher schreiben und meine Arbeit als Channel und Chakraarbeiterin ausführen kann.

Obenstehende Übung wurde von den Hathoren gegeben, einer bereits aufgestiegenen Rasse, die in Ägypten und Tibet tätig war und uns beim derzeitigen Evolutionssprung hilfreich unterstützen kann, weil sie selbst ihn auch vollzogen hat. Wer mehr über sie wissen möchte und/oder sich mit ihrer Energie verbinden will, kann dieses über das Buch *Die Hathor-Zivilisation* von Tom Kenyon und Virginia Essene tun.

Die Hathoren haben mich gebeten, nun noch folgende Botschaft an die Leserinnen und Leser zu richten:

Liebe Menschen, wir sind die Hathoren, und wir sind Aufgestiegene Meister, die mit Licht und Klang arbeiten. All die Mantren, die durch dieses Channel in die Welt gebracht werden, wurden von uns mit Energie geladen und mit entwickelt, könnte man sagen, denn wir sind ebenfalls Mitglieder der Weißen Bruderschaft und sehr an eurer Entwicklung interessiert, ähnelt sie doch sehr der unseren, und doch gibt es da sehr eklatante Unterschiede, denn ihr bringt Fähigkeiten in euren Aufstieg mit, von denen viele in der Geistigen Welt nur träumen können. Ja, ihr habt richtig gelesen, ihr werdet Dinge vollbringen können, die wir „hier oben" nicht können. Erstaunt euch das? Es ist doch Evolution im Gange, das heißt, Fortschritt! Also, alle, die nach uns kommen, müssen zwangsläufig wieder fortgeschrittener bei ihrem Aufstieg sein als wir! Und das gilt für die euch folgenden Rassen ebenfalls. Das kommt auch daher, weil die Vorangegangenen ihre Erfahrungen den Nachfolgenden weitergeben, so dass diese schneller durch bestimmte Phasen hindurchkönnen und schon damit einen Vorsprung haben. Aber es werden ja auch durch Schulungen und Weitergabe bzw. Neumischung der Erbmassen neue Fähigkeiten entwickelt, und genau das geschieht hier und heute, und es geschieht immer wieder.

Ihr, liebe Menschen, seid eine Bereicherung für alles, was ist. Seid selbstbewusst, denn ihr habt allen Grund dazu.

Wir, die Hathoren, lieben euch und unterstützen euch!

b) „Neue“ Energiefelder

Das Klarheitsfeld

Wir haben über einige Energiefelder bereits Interessantes erfahren, und Kryon möchte dieses durch neue Informationen ergänzen.

Liebe Menschen, auch eure Energiefelder basieren auf der Zahl 12. Es gibt also zwölf Hauptenergiefelder, von denen jedes von den anderen unterschiedliche Eigenschaften hat und damit auch verschiedenen Funktionen ausübt, und doch sind alle (natürlich) miteinander verbunden. Es gibt also die bekannten vier Felder (der physische Körper nicht gerechnet) plus die Merkabah. Soweit waren sie bisher bekannt. Den Erleuchteten war zwar klar, dass es noch mehr Felder geben muss, einfach weil sie deren Wirkungen an sich und anderen feststellten, doch sie erhielten keine Informationen darüber, weil dafür die Zeit noch nicht reif war, und sie konnten auch wenig über ihre Wirkungsweise erkennen, weil die Schwingungen der Umgebung die Tätigkeiten dieser „neuen“ Felder auf ein Minimum reduzierten und sie so schwer fassbar waren.

Die bekannten fünf Felder plus das Klarheitsfeld machen also erst die Hälfte der Felder aus, die die Grundlage eurer Existenz bilden, sowohl auf der Erde, als auch auf anderen Ebenen oder in anderen Dimensionen, wobei die Merkabah jedoch eine Sonderstellung hat.

So ist die Merkabah zwar auf der einen Seite auf der dritten Ebene des Spiritualfeldes verankert und doch ein eigenständiges Feld, das wiederum einen Ankerpunkt im Ätherfeld hat. Jedes Feld braucht mindestens zwei Ankerpunkte in den „niedrigsten“ Körpern, sonst würde es „wild durch die Gegend flackern“. Genau genommen hat jedes Feld jedoch zwölf Ankerpunkte, diese jedoch alle zu erläutern, würde zu mehr Verwirrung als Klarheit sorgen. Die Merkabah ist insofern auch etwas Besonderes, als sie noch einen dritten Ankerpunkt in den niedrigen Feldern hat, was sonst bei keinem anderen Feld der Fall ist, nämlich im Dritten Auge. Mit niedrigen Feldern meine ich solche niedrigerer Schwingung, was keinerlei Wertung mit sich bringt. Das Feld mit der niedrigsten Schwingung ist das Ätherfeld. Ihr könnt die „Höhe“ der Schwingung ungefähr daran ablesen, in welchem Chakra des Ätherkörpers die einzelnen Felder Ankerpunkte besitzen. Die Schwingungshöhe der Felder kann also ungefähr durch die zwölf Chakren-Nummerierung nachvollzogen werden, doch da diese Felder nicht wirklich voneinander getrennt sind, sondern ineinander überfließen, ist das wirklich nur eine ungefähre Vorstellung, die helfen soll, euch ein Bild der Kompliziertheit eurer Energiestruktur zu vermitteln. Als „niedrige Felder" bezeichne ich die Felder, die den ursprünglichen sieben Chakren zugeordnet sind, oh ja, auch das Spiritualfeld gehört noch zu den niedrigeren Feldern, denn mit der Spiritualisierung nimmt die eigentliche Entwicklung erst ihren Verlauf.

Das Klarheitsfeld nun ist auf der vierten Ebene des Spiritualfeldes verankert, hat aber auch einen Ankerpunkt im Ätherkörper, und zwar im Klarheitschakra. Damit gehört es schon zu den höheren Feldern. Es hat mit der Zahl 11 zu tun, die wiederum meine Energie darstellt. Eine meiner Aufgaben besteht darin, für Klarheit zu sorgen, weshalb es auch immer mehr Kryon-Bücher von verschiedenen Channels gibt, denn jedes Channel bringt andere Voraussetzungen mit, und so können auch Informationen der verschiedensten Arten auf die Erde gelangen. Jedes Channel muss das Konzept hinter der Information begreifen, bevor die Information in die Materie gelangen kann, und da jeder Kanal einen anderen Schulungsweg hinter sich hat, kann auch nicht jeder alles channeln, sondern hier besteht Arbeitsteilung, ausgerichtet auf die jeweiligen Fähigkeiten, wie ihr das aus eurem Berufsalltag ja ebenfalls kennt.

Das Klarheitsfeld ist ein magnetisches Feld. „Aber Kryon", wird der eine oder andere sagen, „jedes Feld hat doch magnetische Eigenschaften, da der Magnetismus die Grundlage für Formen und Funktionen bildet." Das ist richtig, und doch gibt es so etwas wie ein übergeordnetes magnetisches Feld, das Impulse für die Bildung aller anderen Felder aussendet. Diese Impulse sorgen für Bewegung, für Wachstum und für das Einspeisen von Mehrenergie, wenn die erforderliche Schwingungshöhe erreicht ist.

Jedes eurer zwölf Energiefelder ist mit einem der zwölf Hauptstränge der DNS verbunden, obwohl sie auch Einfluss auf die anderen ausüben. Das Klarheitsfeld ist mit dem Strang verbunden, zu dem ich euch durch Lee Caroll einen Namen nannte: ***Urim ve Tumin****, der vierten DNS-Schicht. Ist euch schon einmal der Gedanke gekommen, dass ihr mit diesen Worten auch etwas anderes anfangen könnt, als „nur" ihre Energie in meinen Botschaften wahr- und aufzunehmen? Diese Namen werden euch gegeben, damit ihr mehr damit tun könnt. Möchtet ihr das Klarheitsfeld in euch aktivieren, so benutzt die Worte* ***Urim ve Tumin*** *als Mantra in euren Meditationen. Damit wird diese Schicht der DNS, dieses Energiefeld, in* *euch aktiviert bzw. beschleunigt, also in schnellere Bewegung versetzt. „Ja, aber was bewirkt das nun, Kryon?“, werdet ihr fragen, und ich sage es euch: Indem ihr diese magnetische Schicht in euch, dieses Feld in und um euch, in Vibration versetzt, erklingt in euch ein besonderes Lied: „Das Lied des Aufstiegs“ könnte man es nennen. Bisher habt ihr in eurer Entwicklung nur einzelne Töne für euch angeschlagen, selbst mit Beschleunigung der Merkabah, obwohl dies schon ein gutes Stück des Aufstiegsliedes ausmacht. Benutzt ihr* **Urim ve Tumin** *in den Meditationen, erklingt das vollständige Lied, die Bereitschaft für das Mehr, von dem ich euch schon so oft erzählte. Dieses Lied wird mit steigender Schwingung immer klarer, immer reiner in seiner Ausdrucksform, und mit jeder aktivierten weiteren DNS-Schicht kommt eine weitere Strophe zu diesem Lied dazu, könnte man metaphorisch sagen.*

Das Lied, das dann erklingt, ist das Lied dessen, was ihr seid, was euer Wesen ausmacht, die Großartigkeit eurer Existenz. Jeder, der seine „Gitarre“ in die Hand nimmt und dieses Lied zum Erklingen bringt, wird von anderen Menschen sehr merkwürdig angesehen werden, denn alle können das Lied hören, ob sie sich dessen nun bewusst sind, oder nicht. Der Blick zeigt: Sie „hören“ etwas, sie bemerken, dass da etwas anders an euch ist, und sie werden neugierig werden und wissen wollen, wie sie ihr eigenes Lied anstimmen können, und **du** *wirst ihnen das zeigen, vorleben.*

„Gibt es auch eine DNS-Schicht, die mit der Merkabah korrespondiert?“, wird nun der eine oder andere fragen, da ich ja sagte, dass die anderen zwölf Felder mit der 12-Strang-DNS zusammenhängen, und ich sage: JA, oh JA! „Welche ist das?“, möchtest du nun natürlich wissen, und meine Antwort lautet noch einmal: „JA, oh JA“.

Das war, mit einem Lächeln auf den Lippen, Kryon.

Das Veränderungsfeld

Hier spricht erneut Kryon, und wir haben nun schon sechs Felder beleuchtet, von denen eines jedoch sozusagen außerhalb steht, wie ihr ja gehört habt. Trotzdem kommen wir nun zu Feld 7. Dieses Feld trägt in gewisser Weise tatsächlich die Energie der Zahl 7.

Feld 7 könnte man das Veränderungsfeld nennen, denn es wird immer dann aktiviert, wenn eine Veränderung ansteht, sowohl in gesellschaftlicher als auch in persönlicher Hinsicht. Dieses Channel denkt gerade dar-

über nach, dass es doch eigentlich die Zahl 12 tragen müsste, weil auch im Ätherkörperchakrensystem das Veränderungschakra die Nummer 12 ist. Dennoch trägt das Veränderungsfeld die Energie der 7, obwohl, es tatsächlich im Veränderungschakra verankert ist, also schwingt die 12 ebenfalls mit.

Jedes der zwölf Hauptfelder (plus der Merkabah) hat mindestens eine Verankerung im Ätherfeld und eine Zahl, die spezifisch zu den Energien passt. Die Zahl hat nicht unbedingt etwas mit der Nummerierung der Chakren zu tun, obwohl deren Nummern ebenfalls eine große Bedeutung haben. Zur Merkabah gehört die Energie der Zahl 5, und sie ist im Dritten Auge, also im vorderen Teil des geteilten Stirnchakras, verankert. Das ist auch der Grund, warum in den esoterischen Schulen so viel Wert auf die Öffnung des Dritten Auges gelegt wird, denn sie ist gleichbedeutend mit einer Beschleunigung der Merkabah. Da jedoch um jedes Chakra wiederum zwölf Schichten liegen, die mit der Zeit alle aufgelöst werden müssen, ist dieses ein komplizierter Vorgang.

Die Veränderung, die in diesem Jahr (2005 = Quersumme 7!) in Gang kommen soll und wird, ist die stärkere Rückbindung zur Quelle, und daher trägt es die Zahl 7, eine heilige Zahl, weil sie die Rückbindung zur Quelle beinhaltet. Diese Jahreszahl (2005) wird nicht so schnell wieder auftauchen, nicht wahr? Daher werden diese Energien auch genutzt. Natürlich haben andere Völker ein anderes Datum, aber es leben viele Menschen mit der christlichen Zählweise, also in der Energie dieser Zahlen, und so können und werden diese Energien auch ge- und benutzt.

Jedes Jahr, das mit der 7 zu tun hat, besitzt also verstärkte Rückbindungsenergien und damit Veränderungsenergien.

Veränderung ist etwas, nach dem überall gerufen wird, doch Veränderung kann nur von dir selbst ausgehen. Willst du im Großen etwas ändern, beginne im Kleinen, also in deinem Innern. Dabei wirst du feststellen, dass das eigene Innere sehr viel größer ist, als du dir vorgestellt hast, und dementsprechend ist auch die Wirkung eines Einzelnen auf das große Ganze. Es gibt Perioden, in denen die persönlichen Veränderungsfelder kaum in Bewegung sind, und es gibt Zeiten, da ist die Bewegung so schnell und die Veränderung so groß, dass man kaum mithalten kann, und in solchen Zeiten lebt ihr, liebe Menschen. Immer, wenn es Zeit ist, etwas zu ändern, werden besondere Energien auf die Erde gesandt, um die Veränderung herbeizuführen. Solch eine besondere Energie stellte Jesus/Sanadá dar, oder Buddah, oder Mohammed, oder wie die Religionsstifter alle hießen.

Ähnliches ist heute im Gange, denn im Grunde geht es wieder um den Glauben, aber den Glauben an dich selbst. Es geht wirklich darum, dich so zu verändern, dass du an deine eigene Kraft, an deine eigene Macht und die Engelwesenheit in dir glaubst. Das heißt nicht, dass du nicht so in Ordnung bist, wie du jetzt bist, sondern es geht um die Veränderung, also Erweiterung deines Blickwinkels dessen, was du bist, dessen, wer du bist, und dessen, was du in diesem Leben für die Gemeinschaft der Menschen einbringen kannst, und zwar so, dass du in deiner größten Freude lebst. Einen größeren Blickwinkel einnehmen bedeutet, die Augen mehr aufzumachen, also das, was wir Erwachen nennen, durchzuführen. Dazu muss man sich sozusagen erst einmal den Schlaf aus den Augen reiben, um einen klaren Blick zu erhalten, und das ist gleichbedeutend mit dem dunklen Tunnel, durch den man muss, um am Ende das Licht, die Klarheit der Erkenntnisse, zu erhalten.

Wir von der Geistigen Welt haben diesem Chanel für jedes Chakra des Ätherkörpers, und damit für jedes einzelne Feld, einen Engelnamen gegeben, der dafür sorgt, dass das Chakra, und damit auch das Feld, aktiviert, das heißt, beschleunigt werden kann. Willst du also in deine Erweiterung des Blickwinkels eintreten, so nimm den Namen für das Veränderungschakra und meditiere mit ihm, so oft du nur kannst. Das kann im Hintergrund mechanischer Arbeiten geschehen, beim Autofahren (sonst denkst du ja beim Autofahren auch über irgendetwas nach), bei hausfraulichen Tätigkeiten, wo auch immer du ein wenig Raum in deinen Gedanken hast, nutze die Engelnamen, denn sie sind mit besonderen Energien geladen, die dir durch deinen dunklen Tunnel hindurchhelfen. Trotz aller erdenklicher Hilfe geht die Durchquerung nicht schnell und erfordert Geduld, denn ein in Äonen aufgebauter Panzer kann nicht in Monaten abgebaut werden. Das heißt, er könnte schon, aber damit wäre niemandem gedient, am allerwenigsten dir selbst, denn die Erkenntnisse, die du Stück für Stück gewinnst, müssen ja auch verarbeitet und in dein Denken integriert werden, sonst nutzen sie dir nichts, und dafür bekommt jeder sein eigenes Tempo, und es ist auch für jeden ausreichend Zeit vorhanden. Es gibt keinen Grund zur unnötigen Hast, aber auch keine Ausreden mehr für Trödelei.

Auch zu den „alten" und bekannten Feldern gibt es dazu gehörige Zahlen. Das Emotionalfeld trägt die Zahl 3 und ist auch im dritten Chakra, also dem Sonnenchakra, verankert, hat aber gleichzeitig auch noch einen

Ankerpunkt im Sakralchakra. Das Emotionalfeld ist nicht das einzige, das zwei Ankerpunkte im Ätherfeld hat, aber das einzige, deren Ankerpunkte so nahe beieinander liegen. Lösen sich aus irgendeinem Grund beide Ankerpunkte (und da sie beide im leicht erreichbaren Ätherfeld nebeneinander liegen, ist das auch tatsächlich möglich), so verliert das betreffende Wesen all seine Emotionen. Wie aus anderen Büchern hervorgeht, gibt es tatsächlich Rassen, die glaubten, ohne Emotionen besser dran zu sein. Sie führten diese Loslösung durch, und nun suchen sie schon seit Jahrhunderten eine Möglichkeit, diese rückgängig zu machen, weil sie ohne ihre Emotionen eben doch nicht besser dran sind.

Das Mentalfeld trägt die Zahl 8 und ist im hinteren Stirnchakra verankert, sozusagen hinter der Merkabah. Das Spiritualfeld ist natürlich im Kronenchakra verankert, und zwar in einem bestimmten Bereich davon. Es trägt ebenfalls die Zahl 7.

Das Schöpferfeld

Das Sakralchakra zeichnet sich durch mehrere Besonderheiten aus. Eine davon ist, dass es der Ankerpunkt für zwei sehr verschiedene Felder ist, die jedoch auch wieder eng miteinander interagieren, weshalb sie hier zusammengeführt wurden. Dieser Bereich des Körpers gilt auch deshalb als heilig, weil ausgerechnet hier das Schöpferfeld mit dem Emotionalfeld zusammengeführt wird. Das Schöpferfeld beherbergt logischerweise die Schöpferkraft. Diese wiederum hat zwei Pole, nämlich Yin und Yang, oder Männlich und Weiblich, so wie das Sakralchakra ja auch zweigeteilt ist in genau diese Pole. Das bedeutet, dass jeder Mensch, egal in welchem Körper er gerade steckt, die männliche als auch die weibliche Art der Schöpfung in sich trägt, und somit auch beide Formen der Energie. Sie sind wie zwei Seiten der gleichen Medaille. Das heißt nun nicht, dass auch die Männer Kinder bekommen können, aber durchaus, dass auch Männer zum Beispiel ein Buch schreiben können, also etwas Neues schöpfen. Insoweit ist das (natürlich) keine Neuigkeit. Man sagt ja auch „Jemand geht mit einer Idee schwanger". Das liegt daran, dass Neuschöpfungen, in welcher Form auch immer, tatsächlich hier beginnen, bevor sie sich im Mentalfeld einklinken und die Idee dadurch ausgearbeitet werden kann.

Welche Zahl kann die Schöpfung tragen? Es ist die 2, für eure Ebene gesehen, da ihr in der Polarität lebt. Für uns hier oben hat sie eine andere

Zahl. Nur wer es schafft, seine männlichen und weiblichen Anteile zu einer Ganzheit zu vereinen, also die Polarität in diesem Bereich aufzuheben, der erhält Zugriff auf sein volles Schöpferpotenzial, denn er öffnet ein besonderes Tor, von dem weiter unten noch die Rede sein wird.

„Wie", werdet ihr vielleicht fragen, „schaffe ich es, die unterschiedlichen Anteile in mir zu vereinen?" Und da gibt es immer nur die gleiche Antwort: Mit Liebe natürlich. Mit Liebe zu dir selbst. Für das, was sich in dir männlich ausdrücken will, genauso wie für das, was sich weiblich ausdrücken will, wobei Männlich mehr die aktive ausführende, treibende Kraft ist und Weiblich mehr die zulassende, nachgiebige. Beides ist in einem Körper möglich, gleichgültig welches Geschlecht er hat. Liebe alles an dir, dann bist du auf dem Weg der Vereinigung. Man könnte auch sagen, feiere Hochzeit mit dir selbst. Entlasse alle Abhängigkeiten im Außen und sei mit deinem Innenleben völlig in Frieden und im Einklang. Das heißt, dass du irgendwann niemand anderen mehr „brauchst", um Erfüllung zu finden. Natürlich macht es mehr Spaß, mit anderen zu interagieren, doch ist es ein Unterschied, ob du jemanden für deine Erfüllung brauchst oder dir selbst genügst, nicht wahr?

Hast du beide Anteile in dir vereinigt, so wirst du bemerken, dass du auch für die sexuelle Erfüllung niemanden mehr benötigst, sie geschieht von selbst und kreiert eine Energie, die du für dich nutzen kannst. Auf welche Art du dann trotzdem mit anderen zusammen bist, einfach aus der Freude daran, liegt ganz bei dir.

Eine weitere Möglichkeit, diese Vereinigung beider Pole voranzutreiben, sind die bereits erwähnten Engelnamen und die Ernährung nach den Farben. Wobei generell für das Sakralchakra die Farbe Orange gilt. Bist du jedoch ein Mann und hast Probleme damit, deine nachgiebige, intuitive Seite anzunehmen, kannst du dich darauf konzentrieren, viele weiße Dinge zu essen, und zwar zu der Tageszeit, die für Orange angesetzt ist, und zusätzlich bei der, die für Weiß gilt (also zwischen 08.00 Uhr und 10.30 Uhr und 18.00 Uhr bis 20.30 Uhr). Weiß ist nämlich auch die Aktivierungsfarbe für den gegengeschlechtlichen Pol bzw. für die andere Hälfte des Sakralchakras. Bist du eine Frau mit Schwierigkeiten, ihre männlichen Anteile anzunehmen und zu leben, kannst du das Gleiche tun.

Das Liebesfeld

Die ganze Spiritualisierung hat mit der Steigerung der Liebesfähigkeit zu tun, und so wird es dich nicht überraschen, dass es auch ein Liebesfeld gibt, das als zentralen Verankerungspunkt natürlich das Herzchakra hat. Auch das Liebesfeld hat zwei entgegengesetzte Pole, nämlich das der bedingten und das der bedingungslosen (ohne Erwartungen) Liebe. Das Liebesfeld hat, genau genommen, vier besonders wichtige Ankerpunkte, von denen zwei im Herzchakra liegen, und da dieses ebenfalls zweigeteilt ist, jeweils einen Punkt in jedem Teilchakra. (Stellt es euch wie das Yin-Yang-Zeichen vor, das auch jeweils einen hellen und dunklen Punkt besitzt.) Die anderen beiden Ankerpunkte liegen im göttlichen Bewusstsein, in der Quelle, im „Alles-was-ist", wie ihr diese oberste Instanz auch nennen mögt.

Über diese direkten Ankerpunkte in der Quelle fließt beständig Liebe in euer Energiesystem, da ihr jedoch mit einem Panzer aus unangenehmen Erfahrungen versehen seid, könnt ihr diese Liebe kaum spüren. Fangt ihr an, diesen Panzer abzulegen (und ihr seid ja gerade dabei), dann mag es etwas dauern, aber irgendwann kommt der Augenblick, an dem ihr bemerkt, dass ihr eine immer größere Liebe zu Allem-was-ist entwickelt, und das ist genau die Liebe, die in euch hineinfließt und nun spürbar wird.

Die bedingte Liebe ist das, was ihr die ganze Zeit lebt, zumindest die meisten von euch. Hier ist sozusagen der Kanal zur Quelle etwas weiter offen. Was ist der Unterschied zwischen einem spirituellem Meister und euch? Der Meister hat den Kanal der bedingungslosen Liebe weiter geöffnet als andere Menschen. Doch nun wird auch der andere Kanal mehr geöffnet, und zwar bei allen Menschen, bis schließlich beide Kanäle zusammengeführt werden und nur noch einen bilden, und das ist gleichbedeutend mit der Vereinigung beider Teile des Herzchakras. Möchtet ihr auf diesem Weg vorankommen, so geben wir euch jetzt gleich den Engelnamen dafür, der Muriel lautet. Ihn kennt ihr schon, er ist der Engel des Herzens und der Engel des Harmonietors der Achten Dimension. Mit diesem Namen könnt ihr nun, so intensiv ihr das möchtet, meditieren, und er wird euch in die Vereinigung führen. Bei all den Engelnamen und Meditationen, die wir euch geben, wird jedoch auch das betreffende, noch zu erledigende Thema in eurem Leben auftauchen, so dass ihr da hindurchgehen könnt. Die Meditationen lösen also die Herbeiführung des entsprechenden Themas aus. Seid euch dessen bewusst und erledigt nur so viel, wie ihr auch verkraften könnt. Meditiert ihr also mit Muriel, so wird euch immer mehr bewusst werden, wo ihr keine Liebe hineingebt, oder wo ihr keine erhaltet. Euch werden Lektionen erteilt werden (von eurem Höheren Selbst in Verbindung mit euren geistigen Führern), die euch mit der bedingten oder bedingungslosen Liebe konfrontieren. Es ist also nicht mit der Meditation getan, sondern ihr müsst die entsprechenden Veränderungs- bzw. Blickwinkeländerungsprozesse ebenfalls erledigen.

Folgt euer Intuition, welcher Engelname gerade der ist, den ihr benötigt. Vielleicht erkennt ihr es auch gleich anhand der derzeitigen Lebenssituation. Seid euch auch bewusst, dass ihr allein die Verantwortung für euren Weg und die aufkommenden Lernlektionen tragt, – nicht die Geistige Welt, und auch nicht die Autoren spiritueller Bücher!

Welche Zahl trägt nun die Liebe? Und hier möchte ich das Buch „Per Anhalter durch die Galaxis“ zitieren, in dem die Frage gestellt wird: „Welchen Sinn hat das Universum?“ Und die Antwort lautet: „42“. Das ist jedoch nicht die ganze Antwort, die ein Computer auch nicht kennen kann, denn die Antwort müsste lauten: 44. Diese Zahl hat nur mit Liebe zu tun, und zwar sowohl die bedingungslose als auch die persönliche, wobei es, wie gesagt, aus höherer Warte betrachtet, hier keinerlei Unterschied gibt. Liebe sollte immer bedingungslos, aber auch immer persönlich sein, und sie ist es auch.

Taucht also verstärkt die Zahl 44 auf, indem ihr sie sehr oft auf den Uhren oder an anderer Stelle seht, dann setzt euch damit auseinander und überlegt, wo es an Liebe mangelt, wo ihr sie gerade empfangen habt, oder wo generell das Thema Liebe ansteht. Vielleicht seid ihr gerade in einem Gespräch und ihr seht diese Zahl (vielleicht auch nur in euren Gedanken), dann überlegt, was es bedeuten könnte.

Das Kommunikationsfeld

Es gibt auch ein Kommunikationsfeld, und weil es so wichtig ist, hat es ebenfalls zwei Verankerungen, eines im vorderen Halschakra und eines im hinteren, dem Nackenchakra. Kommunikation schafft Klarheit, und deshalb hat sich auch die Kryonenergie für die Nachrichtenübermittlung durch Lee Caroll, und dann auch durch andere, entschlossen. Je mehr ihr in Kommunikation mit euch selbst und euren geistigen Führern gelangt, desto mehr Klarheit erhaltet ihr, und die ist auch nötig, gerade in dieser „ver-rückten“ Zeit. Ohne Kommunikation wäret ihr immer noch Keulen schwingend in der Steinzeit, und es gäbe keinen Fortschritt. Je mehr ihr also in Kommunikation geht, sowohl mit euren Mitmenschen als auch mit der Geistigen Welt und euch selbst, desto mehr Fortschritt gibt es in der Entwicklung. Je weiter also jemand in der Entwicklung ist, desto mehr kommuniziert er, jedoch erst einmal mit sich selbst, denn dadurch tritt Heilung ein, und mit der Heilung geht der Fortschritt einher. Es geht um ständige Selbstanalyse. Beginne also, dich selbst zu beobachten, wie und was du denkst, wie du fühlst, wie du reagierst, vor allem natürlich in der Interaktion mit anderen, dann kommunizierst du mit dir. Es geht also nicht darum, andere für deine Gefühle zu bewerten oder in die Verantwortung zu nehmen, sondern nur dich selbst. Du trägst die Verantwortung dafür, wie du dich fühlst, egal, was andere sagen oder tun. Du analysierst dein Verhalten und überlegst, wo du etwas ändern könntest, und dann tust du es auch, Schritt für Schritt. Bei aller Analyse vergiss aber nicht, dich genauso in Liebe anzunehmen, wie du bist, denn es gibt gute Gründe für jede deiner Eigenschaften, egal, wie diese beschaffen sein mögen, egal, wie du oder andere diese bewerten mögen.

Sieh dir an, was dir alles in der Vergangenheit widerfahren ist und liebe es, du bist dadurch gewachsen. Das gilt erst recht für die Vergangenheit früherer Leben. Auch das ist Kommunikation, so kommt Bewegung in dieses Feld. Je mehr Bewegung, desto leichter ist es für die Geistige Welt, dich zu erreichen. Um euch die Kommunikation mit den Informationen der früheren Leben zu erleichtern, die in der DNS gespeichert sind, gaben wir euch die Angelina-Meditation. Nutzt sie, auch wenn es vielleicht nicht angenehm ist, was ihr zu sehen bekommt. Setzt euch damit auseinander: Das ist Kommunikation. Diesen Sinn hat das Feld, zumindest solange, bis ihr durch euren Tunnel hindurch seid, und dann gibt es weitere Funktionen, die euch zum Nutzen gereichen.

Die Zahl für das Kommunikationsfeld lautet 10, die 1 steht für das Nackenchakra und die 0 für das vordere Halschakra.

Das Zeitfeld

Welches Feld hat nun mit dem zehnten, dem Wissenschakra, zu tun? Es ist das Zeitfeld, wenn ihr es so nennen möchtet, denn dieses Feld schafft die Illusion von Vergangenheit, Gegenwart und Zukunft, und aus diesen drei Seinsbereichen, die es faktisch eigentlich nicht gibt, wird das Wissen gesammelt und im Zeitfeld verankert, bis der ***Zeit****punkt gekommen ist, das gesammelte Wissen auch anzuwenden, und das ist genau jetzt der Fall.*

Welche Zahl könnte nun der Zeit zugeordnet sein? Nun, es sind zwei Zahlen, und zwar sowohl die 6 als auch die 9. Beide haben mit Zeitqualitäten zu tun. Die Zahl 6 mit der Vergangenheit und die 9 mit der Zukunft, doch lassen sich beide Zahlen herumdrehen und ergeben jeweils die andere, nicht wahr? Was sagt dir das?

Die Gegenwart gibt es eigentlich nicht, denn es reiht sich ein Augenblick an den anderen. Entweder ist er schon vorbei oder liegt noch vor dir. Darum rät die Geistige Welt auch immer, im Jetzt zu leben, um diese Aneinanderreihung bewusst steuern zu können. Was wir genau damit meinen, wird euch erst mit der Zeit klar werden, doch hat jeder von euch schon einmal seltsame Erlebnisse mit der Zeit gehabt, nicht wahr? An Kraftorten scheint sie anders zu fließen als anderswo, und manchmal findet ihr euch an einem Ort, den ihr, nach der Zeit, die auf der Uhr ist, noch gar nicht erreicht haben könnt. Was sagt euch das? Dass auch die Zeit veränderbar, eine Variable ist. Sie ist auch eurem Willen unterworfen, hast du das gewusst? Solange du glaubst, sie funktioniert auf eine gewisse Weise, tut sie es auch. Fängst du aber an, Zweifel zu hegen, so wirst du immer wieder feststellen können, dass diese Zweifel berechtigt sind. Wie schon Einstein sagte, ist Zeit dehnbar, aber auch fähig, zusammengeschoben zu werden. Das geschieht derzeit, denn ihr erledigt im Moment in kürzester Zeit Dinge, für die früher Jahre Zeit war. Seht euch doch nur euer bewegtes Leben an. Die Beschaulichkeit früherer Zeiten ist vorbei, nicht wahr? Ihr erlebt so viele heftige Interaktionen mit Menschen (zum Beispiel in Beziehungen) wie nie zuvor, und es scheint immer schneller zu gehen. Man könnte auch sagen, ihr leistet in einem Leben so viel Karma ab wie sonst in mehreren zusammengenommen.

Hier findet eine gesellschaftliche und persönliche Komprimierung statt. Warum gab es in einem einzigen Jahrhundert zwei Weltkriege? Etwas, was nie zuvor da gewesen ist. Weil hier Volkskarma abgebaut wurde. Oh ja, es wurde auch welches aufgebaut, aber es wurde wesentlich mehr ab- als aufgebaut, und nur deshalb fanden sie statt! Und so sind all die heftigen Ereignisse um euch herum, die noch eine ganze Weile nicht an Heftigkeit verlieren werden, das Ergebnis der Zeitkomprimierung, die ihr selbst vornehmt! Das kommt nicht von uns. Ihr selbst habt entschieden, dass eine Beschleunigung angebracht ist, und ihr führt sie durch, ihr führt sie durch, ihr führt sie durch!

Das Polaritätsfeld

Nun gibt es noch etwas, das könnte man das göttliche Feld nennen, aber es ist auch das Polaritätsfeld. Dieses Feld ist dafür zuständig, dass ihr in einer polaren Welt lebt und sie auch weiterhin polar erschafft, weil ihr es so wollt! Es ist im Polaritätschakra verankert, das eigentlich „Überwindung der Polarität" heißt. Mit der inneren Überwindung der Polarität, also dem Überwinden von Gut und Böse, Schwarz und Weiß, Männlich und Weiblich, tretet ihr ein in das Halo der Zentralsonne, könnte man sagen. Auch die Quelle oder Zentralsonne ist kugelförmig aufgebaut, ist gleichzeitig ein Wirbel, ein Tor und noch einige andere Dinge. Sie hat eine Ausstrahlung, einen Halo, wie eure Chakren auch. Solange ihr in der Dualität verhaftet seid, befindet ihr euch zwar innerhalb der Schöpfung, natürlich (!), aber außerhalb dieses Halos, metaphorisch gesehen. Auf eurem Weg der Spiritualisierung kommt der Moment, an dem ihr die Polarität um euch herum zwar noch sehen, aber einfach nicht mehr ernst nehmen könnt. In diesem Moment wird das Leben wieder zu einem Spiel, das Spaß macht und bei dem nichts wirklich ernst ist. Ihr werdet wieder zu unschuldigen Kindern, die große Freude am Spiel des Lebens haben und genau wegen dieser Freude auch daran teilnehmen. In diesem Moment seid ihr wieder in den Halo Gottes, in die nähere Ausstrahlung Gottes, zurückgekehrt. Um dieses überhaupt erst möglich zu machen, gibt es das göttliche Polaritätsfeld, das euch mit der Quelle verbindet und euch nach und nach wieder in Richtung Quelle zurückzieht, aus der ihr gekommen seid.

Je mehr Menschen nun nicht mehr an das Wirken von Gut und Böse glauben können und die Liebe hinter und in allem entdecken, desto schneller wird die ganze Erde wieder zurückgezogen in die Einheit, und das gilt natürlich auch für die betreffenden Menschen. Ihr lebt noch in der Polarität, aber ihr steht dann dennoch sozusagen über ihr. Diese Menschen können immer öfter das goldene Licht der Schöpfung in und um jeden Menschen, jedem Lebewesen und um jeden Gegenstand sehen und erkennen erst recht das Licht in sich selbst.

Welche Zahl kann nun der Polarität zugeordnet sein? Oh, im gewissen Sinne ist es natürlich die Zahl 10, aber in diesem Fall ist es die 0. „Die

Null?“, werdet ihr fragen, „warum denn das?“ Weil sie die Einheit von Allem-was-ist symbolisiert und ihr schon immer darin gelebt habt, immer darin lebt und immer darin leben werdet. Dieser in die Länge gezogene Kreis zeigt genau die Situation auf, in der ihr steckt. Das Leben ist ein Kreis, diesen Ausspruch habt ihr schon gehört, nicht wahr? Genau genommen ist es eine Null und wird in dem Moment zum Kreis, in dem ihr in die Quelle zurückkehrt und für einen neuen Kreislauf daraus wieder hervortretet und den Kreis damit wieder etwas in die Länge zieht.

Das Gleichgewichtsfeld

Nun bleibt uns nur noch ein Feld anzusprechen, und das ist das Feld des Gleichgewichts, oder auch der Resonanz. Besteht irgendwo ein Ungleichgewicht, so besteht immer die Tendenz, das Gleichgewicht wiederherzustellen, das ist ein grundlegendes Gesetz des Universums, ja sogar aller Universen. Selbst wenn Chaos herrscht, kommt dieses Chaos irgendwann in die Ordnung, ins Gleichgewicht zurück, und oft scheint das Chaos nur auf einer gewissen Ebene zu herrschen und schaut man tiefer, ist doch ein Gleichgewicht, eine Ordnung dahinter. Gleichgewicht ist also auch mit Ordnung gleichzusetzen, und Ordnung mit dem Wiederherstellen von Gleichgewicht. Das führt letztlich zu Harmonie, und daher ist das Gleichgewichtsfeld auch dem Harmoniechakra zugeordnet.

Welche Zahl hat nun Harmonie? Die Antwort lautet: Ja! Eine Antwort, die euch oft zum Schmunzeln veranlasst und doch auch ihren Sinn hat. Letztlich könnte man nämlich der Harmonie mit großer Berechtigung jede einzelne Zahl zuordnen, und es wäre nie falsch, je nach Blickwinkel. Harmonie, Ordnung, Gleichgewicht sind alles Metaphern, natürlich! Dieser speziellen Energie ist keine Zahl zugeordnet oder alle, könnte man sagen.

„Aber Kryon“, wird nun der eine oder andere Leser sagen, „wo ist denn die 12 geblieben?“ Nun, sage ich dann, sie ist die Grundlage von allem und benötigt in diesem Fall keine spezielle Zuordnung. „Außerdem sind es ja dreizehn Felder“, wirst du noch sagen, und es stimmt: Es sind 12 +1 und bildet somit wiederum eine heilige Zahl, nicht wahr? Denke nur an Jesus und seine zwölf Jünger. Sagt euch das etwas?

Dieses war Kryon, der für Klarheit sorgt, aber auch, zumindest zeitweise, für Verwirrung, nicht wahr?

Um ein wenig Klarheit in all die Informationen zu bringen, hier eine Übersicht über die zwölf Chakren und Felder. Weiter unten findest du sie noch einmal als Tabelle.

Die zwölf Chakren auf einen Blick

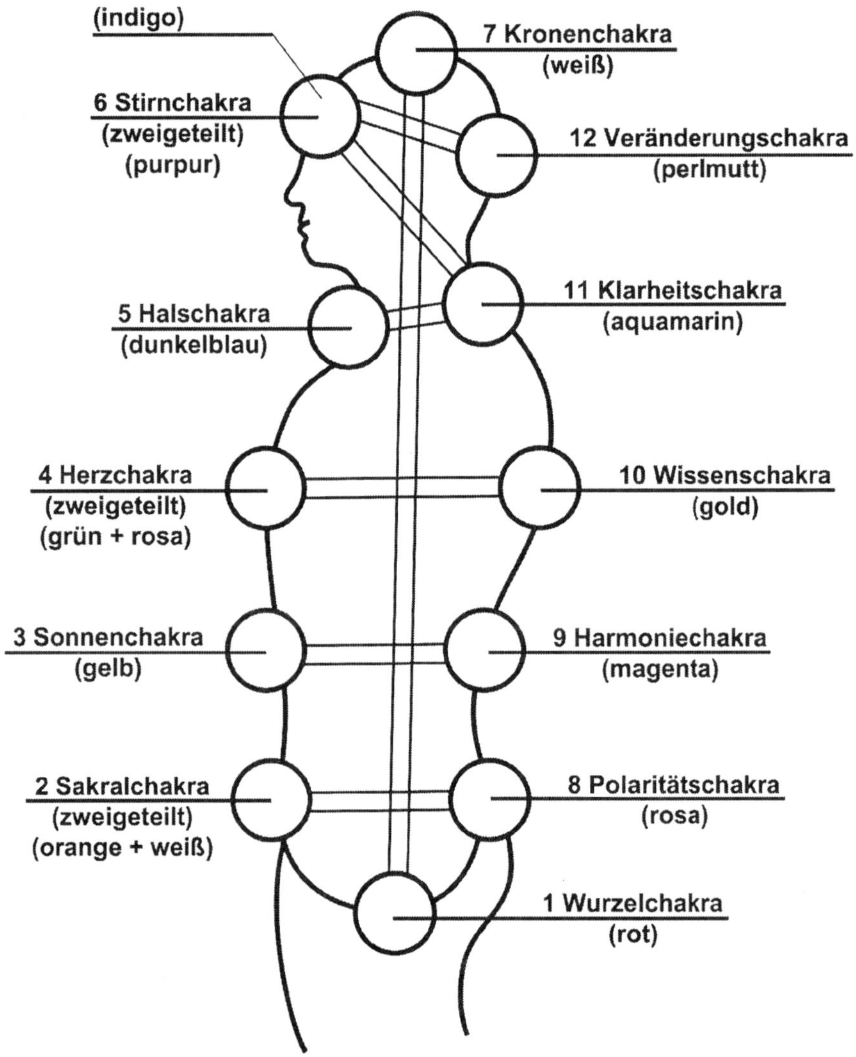

Die Engelnamen zu jedem Chakra-Meditationsnamen

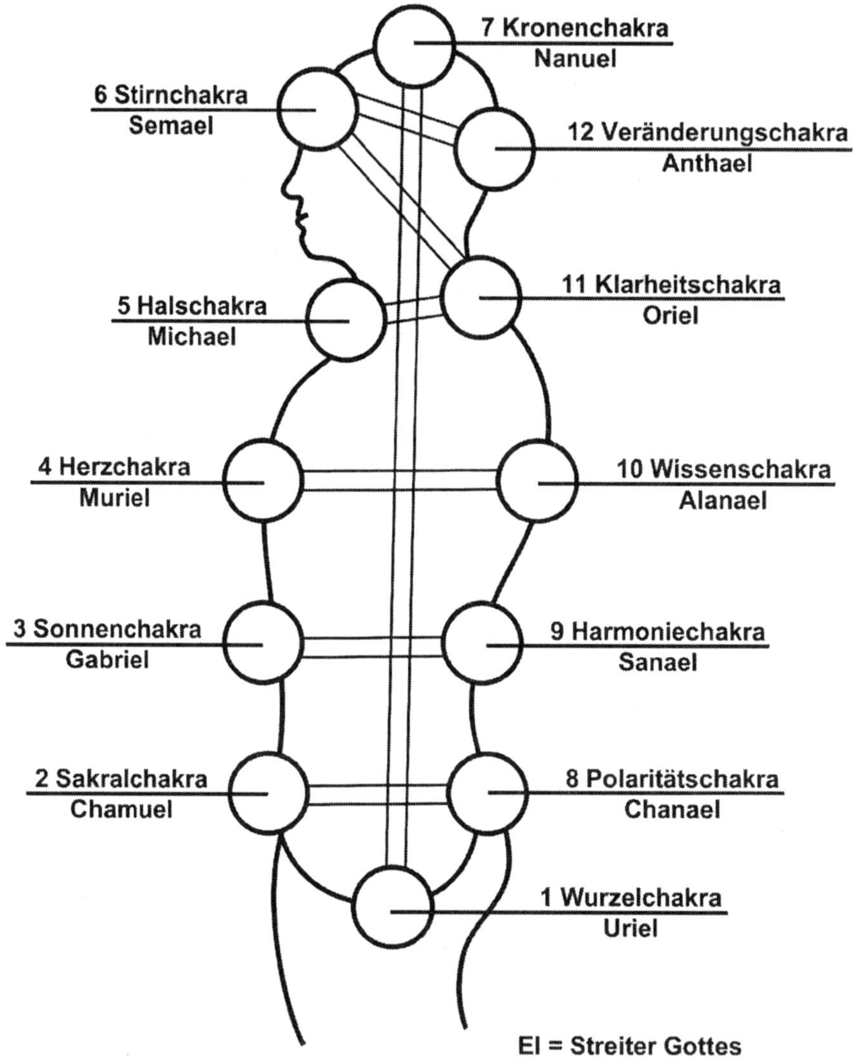

El = Streiter Gottes

Die Felder auf einen Blick

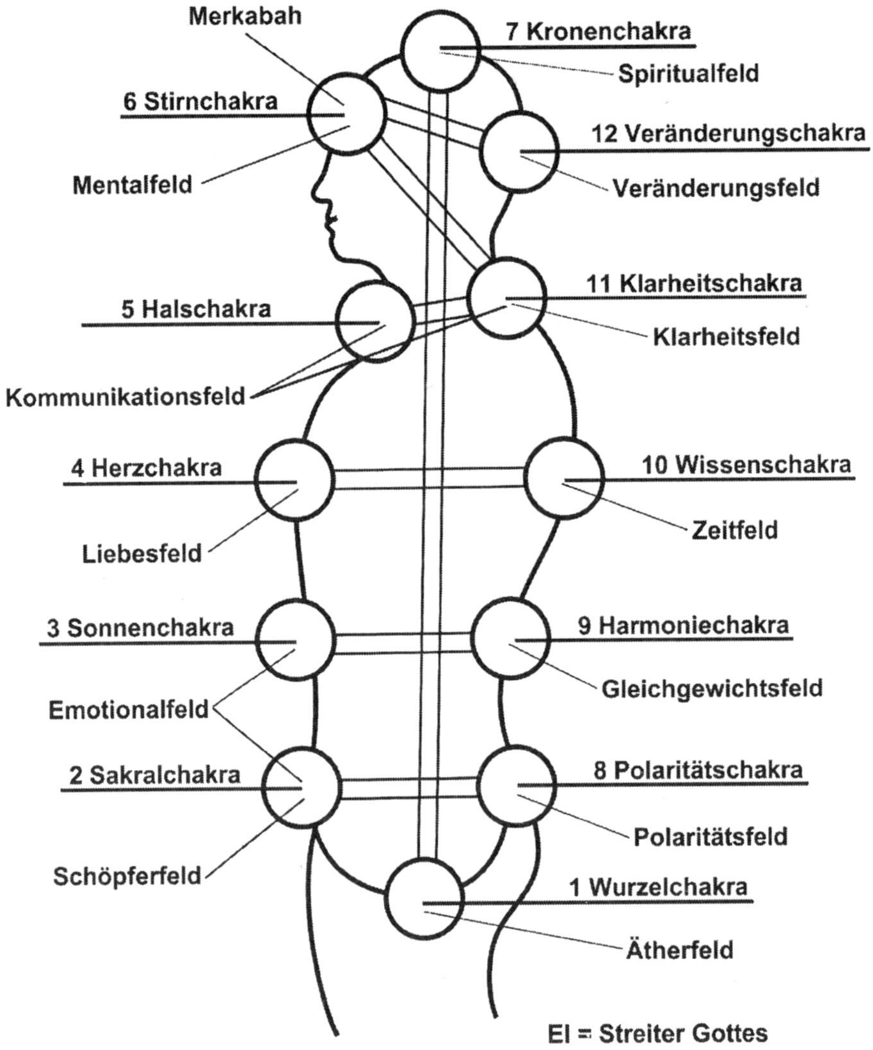

c) Das Zwölf-Chakrensystem des Ätherfelds

In den meisten Büchern über Chakren (= Rad) findet man Ausführungen zum Sieben-Chakren-System. In neueren Büchern sind bis zu fünfzehn Chakren aufgeführt, und es gibt noch einige andere Systeme, so dass hier einige Verwirrung herrscht. Nachdem ich viele dieser Bücher studiert und nebenbei meinen Körper beobachtet habe, kam ich zu dem Schluss, dass einige der „höheren" Chakren, also solche, die sich räumlich und funktionell gesehen nicht im Ätherfeld befinden, im Laufe des Spiritualisierungsprozesses ihre Kraft so verstärken können, dass es den Anschein hat, sie gehörten zum Ätherfeld.

Wie wir in den vorherigen Ausführungen gehört haben, bauen sich die Energiefelder der Menschen alle auf der Zwölf auf. Das Energiesystem ist also sehr viel komplizierter als meist dargestellt. Dadurch ist es wohl kein Wunder, wenn die Anzahl der Chakren variiert. Das Faszinierende dabei ist, dass jedes System irgendwo „Recht" hat. Es kommt wohl immer auf den Blickwinkel an, von dem aus man etwas betrachtet. Ich konzentriere mich auf das Zwölf-Chakrensystem im Ätherfeld, weil wir dessen Wirkung am unmittelbarsten spüren können. Darüber hinaus gibt es jedoch tatsächlich einige Chakren anderer Felder, die nun eine stärkere Aktivität entfalten und bis zu uns „hineinreichen". Als Beispiel möchte ich hier eines aufführen, das bei mir eine große Rolle gespielt hat, und zwar das Chakra zur Egoüberwindung, das mit der Farbe Hellblau stimuliert werden kann. Dieses höhere Chakra muss aktiviert werden, damit sich das körperliche Zwölf-Chakrensystem überhaupt erst voll entwickeln kann, und so gibt es hier ständig Zusammenhänge und Wechselwirkungen, die wir erst zu einem Bruchteil verstehen. Ich nenne diese zwölf Chakren die körperlichen, weil sie im Ätherfeld sitzen, das den physischen Körper durchdringt und wie eine zweite Haut umgibt. In ihm sind die Gestaltungskräfte unseres physischen Körpers enthalten, und wenn hier eine große Tätigkeit (sprich Beschleunigung) entfaltet wird, dann hat das Auswirkungen auf unseren physischen Körper, die wir sogar sehen und spüren können, und das, was wir mit eigenen Augen sehen, überzeugt uns immer noch am meisten, nicht wahr?

„Wo sitzt nun dieses Chakra der Egoüberwindung?", wirst du mich vielleicht fragen, und ich antworte dir, es ist ein Chakra des Spiritualfeldes. Und es ist nicht irgendein Chakra des Spiritualfeldes, sondern das dortige Kronenchakra. Welche Chakren in den vielen Feldern, die wir nun schon kennen gelernt haben, sitzen und welche Funktionen sie erfüllen, wird zur Zeit noch nicht enthüllt, doch wir können gespannt sein, was da noch alles an Informationen in die Materie strömt.

Die ersten sieben Chakren sind die, die schon oft in anderen Büchern beschrieben wurden, und doch möchte ich auch auf sie ausführlich eingehen, da in der neuen Energie sich hier doch einiges verändert. Außerdem möchte ich noch einmal die fünf neuen erwähnen, auch wenn sie im ersten Band bereits vorgestellt wurden. Dieses geschieht, um die neue Ernährungsform, und damit einhergehend sogar eine neue Lebensweise, verdeutlichen zu können.

An dieser Stelle bat mich die Geistige Welt, folgendes Channeling einzufügen:

Liebe Menschen, hier sind die Anasasi, eine Unterabteilung der Weißen Bruderschaft, und somit eine Gruppenenergie. Wir möchten nun einiges über das Energiesystem der Menschen enthüllen, das so noch nirgendwo veröffentlicht wurde, obwohl in esoterischen Schulen zumindest einiges davon durchaus bekannt ist. Doch dürfen die Geheimnisse nun keine mehr bleiben, Aufklärung ist gefragt, denn die Menschen entwickeln sich zu mündigen Bürgern des Universums, und mit steigender Reife lernen sie auch, mit tieferen Informationen umzugehen und sie richtig anzuwenden. Die Energiefelder hat Kryon schon dargelegt, da sie in seinen Arbeitsbereich fallen. Chakren nun sind so etwas wie Knotenpunkte in diesen Feldern, also Energiekonzentrationen, in denen Energie eintritt, umgewandelt wird, und somit andere Energie wieder austritt. Man könnte sagen, dass diese Energien zwölf Schleier passieren müssen und in jeder Schicht transformiert werden, und zwar so lange, bis der Körper mit der einfließenden Energie direkt fertig werden kann.

Im Spiritualisierungsprozess geschieht nun etwas Wunderbares: Zum einen wird von jenseits der Schleier eine höhere Energiemenge und auch höhere Schwingungen in die Chakren eingespeist. Von eurer Seite her werden nach und nach die zwölf Schichten aufgelöst, so dass aus zwei Richtungen gearbeitet wird. Zum einen führen die stärkeren Energien von unserer Richtung dazu, dass ihr überhaupt in der Lage seid, diese Schichten aus unangenehmen Erfahrungen aufzulösen, und gleichzeitig führt jede aufgelöste Schicht dazu, dass der Körper die höheren Energien auch verarbeiten kann. Die zwölf Schleier lösen sich also auf, so dass irgend-

wann keine Transformation mehr nötig ist. Das ist der Moment, in dem ein Chakra keine Energie mehr ansaugen muss und diese somit das Chakra unverändert passieren kann. In diesem Moment wird das Chakra zu einem Tor und nimmt damit eine andere Funktion auf. Genau genommen gibt es in jedem Chakra sogar zwölf Tore, da ja jedes Chakra zwölf Schichten aufweist, von denen jede mit einer der zwölf göttlichen Farben korrespondiert. Die „dickste" Schicht bestimmt die Art des Chakras. Das Sakralchakra hat also eine sehr dicke orangefarbene Schicht und elf andere dünnere Schichten der anderen Farben.

Wo beginnt das nun? Es ist ganz einfach: Solange keine der zwölf Schichten aufgelöst wurde, können auch die höheren Energien nicht wirken. Du bist nicht in Resonanz damit. Das heißt: Du musst den Anfang machen, und wie das geht, ist in diesem und vielen anderen Büchern ausreichend besprochen worden. Fange an, dich mit dir selbst zu beschäftigen, reduziere die Tätigkeiten im Außen auf ein Minimum und kümmere dich um dein Innenleben. Das ist die Richtschnur und der Beginn.

Die zwölf Engelnamen, die wir euch gaben, wirken folgendermaßen: Jeder Engel ist zuständig für eine Chakraschicht. Nehmen wir als Beispiel Gabriel. Er ist für das Sonnenchakra zuständig. Gleichzeitig hat aber auch jedes andere Chakra eine „Sonnenchakraschicht". Jedes Chakra hat also auch mit den Energien der anderen elf zu tun, besitzt dabei aber einen eigenen Schwerpunkt. Meditierst du nun mit dem Namen Gabriel, so kommen die Themen der Macht und Ohnmacht in dein Leben, und zwar aus allen zwölf Chakren, also aus allen Schichten, und nicht nur aus dem einen. Natürlich nicht alle auf einmal, sondern genau so, wie du sie verarbeiten kannst, also in der richtigen Reihenfolge und in „deinem" Tempo. Bisher mussten die Lichtarbeiter da hindurch, ohne diese Mechanismen zu kennen, in vollem Vertrauen darauf, dass alles einen Sinn und seine Richtigkeit hat. Ihr seid im Vorteil, denn ihr werdet auch mit dem Verstand darauf vorbereitet, bzw. erhaltet nachträglich eine Erklärung, so dass alles, was geschieht und geschah, klarer und verständlicher wird.

Um die fünf „neuen" Chakren am Rücken „ausbauen" zu können, denn in unterentwickelter Form sind sie schon immer vorhanden, müssen die anderen sieben so weit geklärt, also gereinigt und damit beschleunigt, werden, dass die drei Knoten, von denen immer wieder die Rede ist, „gelöst" werden können. So war es bisher. Mit Hilfe der Engelnamen jedoch könnt ihr mehrere Prozesse parallel laufen lassen, so dass sie ineinander übergreifen können. Das spart enorm viel Zeit, und durch die zur Verfügung stehenden verstärkten Energien ist es auch möglich, diese Beschleunigung „durchzuziehen".

Die Knoten sind besondere Sicherungssysteme vor dem Sakral-, dem Herz- und dem Stirnchakra. Erst wenn sie aufgelöst wurden, können die fünf „neuen" entwickelt werden. Entwickelt ist jedoch nicht das richtige Wort. Den fünf rückwärtigen Chakren werden von den Knoten besondere Energien übermittelt, die sie zu vermehrter Drehung „verführen", könnte man sagen. Diese schnellere Drehung bringt ein Wachstum mit sich, da sie noch „mehr" Energien „durchlassen" können. Chakren sind Energiewirbel, die Energie aufnehmen und wieder abgeben können. Genau genommen wandeln sie ständig Energie um. Sie sind Transformatoren. Mit steigender Energie, die durch die Chakren gelangen, weiten sich diese auch. Das gilt für alle Erdchakren sämtlicher „Dimensionen", ein besserer Ausdruck ist Bewusstseinsebenen, ebenfalls. Chakren können also wachsen. Allerdings galt das bisher nur für vereinzelte Menschen, die sogenannten Lichtarbeiter. Doch das hat sich nun geändert. In der neuen Energie, in der ihr nun alle lebt, ist eine Ermächtigung für Wachstum enthalten, eine Ermächtigung, die auf vielen Ebenen wirkt, und so auch auf der Chakrenebene. Die Chakren dürfen sich nun ausdehnen, dürfen wachsen, und sie tun es, liebe Wesen, sie tun es!

Bei den Erleuchteten früherer Zeiten wurden ebenfalls die Rückenchakren aktiviert, doch es wurden nie alle zwölf Schichten abgebaut, denn das war in der niedrigen Schwingung einfach unmöglich. So gewinnt auch die Erleuchtung in der Neuen Zeit eine noch größere Qualität. Wobei das heute nicht mit einem einzigen Ereignis erlebt wird, nach dem du dann weißt: Du bist erleuchtet. Nein! Durch das enorme Tempo, das die Menschheit nun vorlegt, ist es notwendig, viele kleine Lichtfunken, Erleuchtungserlebnisse, zu setzen, denn ihr sollt nicht nach der Erleuchtung die Erde verlassen, wie es meist der Fall war, sondern den Willen entwickeln, zu bleiben und eure Erkenntnisse in die Welt zu bringen und sie, vor allem, auch vorzuleben, als Ansporn für die anderen. Das ist die Aufgabe der Lichtarbeiter, der Erleuchteten heute, eine von vielen!

Sind nun die sieben ehemaligen Hauptchakren soweit gereinigt und beschleunigt, dass auch die Knoten gelöst sind und die fünf rückwärtigen Chakren bereits eine gewisse Schwingungshöhe erreicht haben, kommt es zu einem Phänomen, das wir im ersten Band „Das Vereinigte Chakra" genannt haben. Hier schließen sich diese Energien zu einem mehr als körpergroßen Chakra zusammen und versetzen damit der Merkabah einen besonderen Schubs, der sie zur Beschleunigung anregt, was wiederum dem Höheren Selbst erlaubt, sich tiefer in den physischen Körper herabzusenken. Mit dieser Herabsenkung wiederum wird eine Energie freigesetzt, die die fünf rückwärtigen Chakren noch mehr beschleunigt, was schließlich zunächst zu einer Verschmelzung der beiden Sakralchakren führt, dann der beiden Herzchakren, dann der beiden Stirnchakren.

Das Vereinigte Chakra ist so etwas wie ein dreizehntes Chakra, das erst dann permanent existiert, „geboren" wird, wenn die vorderen sieben Chakren sich mit den „Knoten" zusammenschließen (genauso genommen wäre es dann eigentlich ein achtes Chakra). Es ist das Verbindungschakra zur Merkabah und steht in enger Wechselwirkung mit diesem besonderen Energiefeld, und dieses wiederum mit dem Dritten Auge. Wenn man es ganz genau nimmt, ist das bisher bekannte Sieben-Chakrensystem eigentlich eines mit zehn Chakren, nämlich die sieben zuzüglich der jeweiligen Hälften der geteilten drei. Da die Knoten jedoch auch chakraähnlicher Natur sind, sind es sogar dreizehn. Wie gesagt, es kommt auf den Blickwinkel an. Nun könnt ihr die Verwirrung über die Zahlen allmählich verstehen, nicht wahr? Sind jedoch alle Chakren soweit gereinigt und geklärt, dass alle Knoten aufgelöst (also Sicherungen entfernt) wurden, alle Verschmelzungen durchgeführt sind, liegt uns ein reines, zwölfteiliges Chakrensystem vor. Jeder Mensch, der bis dorthin gelangt, lebt von nun an im Gewahrsein Gottes. Er kann in all seinen Taten und in den Geschehnissen seiner Umwelt Gottes Plan spüren und sehen und gelangt so zu immer größerem Frieden mit sich und Allem-was-ist bzw. allem, was geschieht. Damit ist die Entwicklung jedoch noch lange nicht abgeschlossen, doch davon wollen wir euch ein anderes Mal berichten

Die Anasasi.

Chakren haben verschiedene Aufgaben. Zunächst einmal speichern sie die energetische Information aller Erfahrungen, die wir in diesem und allen anderen Leben gemacht haben. Sie speichern auch die prägenden Erinnerungen unserer Vorfahren, so dass es vorkommen kann, dass wir uns mit einem Problem herumschlagen, das vielleicht zu unserer Mutter, und nicht zu uns selbst gehört, da wir auch die Verpflichtung übernehmen, die Generationen vor uns von karmischem Ballast zu befreien, so dass sich die Generationen danach nicht mehr mit den alten Familienthemen herumschlagen müssen.

Willst du also in deinem Prozess vorankommen, dann kannst du dieses Karma auf dich nehmen. Gerade für Eltern ist das interessant, da sie ihren Kindern und Nachfahren dadurch einiges ersparen. Das bedeutet allerdings, dass die Familienthemen ebenfalls auftauchen, ohne dass du unterscheiden kannst, ob sie mit dir oder mit deinen Ahnen zu tun haben.

Bist du bereit für diesen Schritt, so sprich die einfachen Worte laut aus: *„Ich nehme das Karma meiner Familie auf mich, das der vergangenen Generationen, wie auch das der künftigen."* Sei dann aber auch bereit, durch die auftauchenden Themen hindurchzugehen.

Jedes Chakra besteht aus zwölf „dicken" Schichten, die mit entsprechenden Schichten der gesamten Aura korrespondieren. Die Aura ist die Ausströmung aller Chakren, könnte man sagen. Jedes Chakra hat einen Farbschwerpunkt, der dann auch in der Aura ersichtlich ist. Es legt sich also von jedem Chakra die überwiegende Ausströmung als Aura um den physischen Körper. Diese Aura ist also nicht das gleiche wie die Energiefelder, von denen schon die Rede war. In der Aura jedoch spiegeln sich die Unausgewogenheiten jeden Chakras. Ist also das Sakralchakra voller „Erfahrungsschlacken", so ist die orangefarbene Ausströmung entsprechend gestört. Das Ganze wird nun richtig kompliziert, wenn man bedenkt, dass jedes der Energiefelder zusätzlich seine eigene Aura aufweist, die wiederum den Menschen umgibt.

Hier möchten die Anasasi Klarheit schaffen:

Liebe Menschen, das Ätherfeld, das dem Menschen am nächsten ist, weil seine Ausdehnung oft nicht sehr weit reicht, verströmt nun aus allen zwölf Chakren die Farben, die dort schwerpunktmäßig hindurchfließen. Im Idealfall wären das zwölf klare Schichten mit den Farben, wie wir sie weiter oben angegeben haben, die perfekt ineinander fließen, keine Verwirbelungen aufweisen, keine dunklen Stellen, sondern eine reine, klare Ausstrahlung besitzen. Dazu müsste jedoch alles Karma geklärt und alle Erfahrungs-Schichten um die Chakren herum abgebaut sein. Diese klare Schichtung mit völlig reinen Farben haben nur Meister. Ihr seid jedoch alle auf dem Weg zur Meisterschaft und dabei, die Unreinheiten in den Chakren, und somit auch in der Aura, zu entfernen. Das ist es, was alle Erleuchteten vor euch getan haben, zumindest bis zu einem gewissen Grad. Die höchsten Meister, die je auf Erden waren (zumindest seit der dunkelsten Stunde dieser Welt) haben „nur" einen Reinheitsgrad von ca. 60 Grad erreicht, was für ihre Zeit und für ihre Verhältnisse eine unglaubliche Leis-

tung war, denn sie hatten mit viel mehr Dichtigkeit zu kämpfen als ihr. Sie mussten immense Mühen auf sich nehmen, um dorthin zu gelangen, und diese Mühen wurden auch belohnt, immer! Ihr, liebe Menschen, seid gerade auf einem Evolutionssprung, das heißt, ihr könnt es schaffen, einen Reinheits- und damit Erleuchtungsgrad zu erlangen, der hundert Prozent beträgt! Könnt ihr ermessen, was das bedeutet? Vermutlich noch nicht. Das heißt beispielsweise, dass ihr eure Hirnkapazität enorm erweitern könnt, und damit auch die intellektuellen Leistungen. Diese hundert Prozent gelten jedoch zunächst nur für das Ätherfeld, und schon das wird eine großartige Entwicklung in Gang setzten. Wenn ihr nun noch bedenkt, dass ihr ja noch weitere Energiefelder besitzt, so könnt ihr ermessen, welche Entwicklungsmöglichkeiten in einem einzigen Menschen stecken. Und ihr könnt vielleicht auch verstehen, warum so viele verschiedene Informationen über die Bedeutung der Farben in der Aura herumgeistern, denn was Aurasichtige sehen können, hängt zum einen von ihren Fähigkeiten, also von ihrem eigenen Reinheitsgrad, ab. Zum anderen kommt es darauf an, auf welches Energiefeld sie sich spezialisiert haben. Oft wissen sie selbst nicht, welches der zwölf Energiefelder sie eigentlich betrachten, da die Informationen über diese ja nun erst jetzt die Materie erreichen. Die meisten jedoch können „nur" die Farben des Ätherfeldes und seine Chakren sehen. Die Merkabah zählt hier nicht, weil sie sich entweder noch fast gar nicht bewegt, oder so schnell, dass man keine Einzelheiten mehr erkennen kann. Sie hat in fast jeder Hinsicht eine Sonderstellung. Ist jemand nun aurasichtig, weil er in anderen Leben schon einen gewissen Reinheitsgrad erreicht hatte, hat nun aber in diesem Leben seinen Körper und/oder die Energiefelder noch nicht ausreichend gesäubert, so kann es sein, dass er beispielsweise nur zwei Farben sehen kann. Der eine Mensch erscheint ihm dann mit braunem Energiefeld, der andere mit blauem. Das sagt weniger etwas aus über den anderen Menschen, dafür aber über die Notwendigkeit der Reinigung des Aurasichtigen. (Saunagänge, im Meer baden, Reinigungsmeditationen und Ähnliches würden hier sehr helfen, die Fähigkeiten zu verbessern.) Der Reinheitsgrad der Farben hängt auch von der Schnelligkeit ab, mit der die Energiefelder rotieren. Je reiner, desto schneller, und umso klarer und strahlender die Farben.

Die Aurasicht ist also wirklich eine Kunst und erfordert große Meisterschaft und große Klarheit.

In Liebe, die Anasasi.

Danke für diese Ausführungen, die mir nun einiges verständlicher gemacht haben.

Jedes Chakra besteht also aus zwölf Schichten. Jede dieser zwölf Schichten ist wiederum unterteilt in zwölf Schichten, und so geht es immer weiter. Die Schichten werden jedoch immer „dünner", weil sie immer mehr in den Mikrokosmos hineinreichen, bis hin zur DNS, die, laut Kryon, ja ebenfalls in zwölf Schichten existiert, von denen nur zwei die bisher bekannte DNS bilden und die anderen zehn rein feinstofflicher Natur sind. Steigt die Kundalinienergie auf, so werden alle Blockaden, die in diesen Schichten gespeichert sind, angegangen. Da kommt einiges zusammen, was man sich ansehen und auflösen muss. Daher dauert dieses auch eine Weile.

Bittet man um das neutrale Implantat, von dem Kryon in seinen Büchern mit Lee Caroll berichtet, so kann dies in drei Monaten abgeschlossen sein. Es werden jedoch nur die darum bitten, deren Karma tatsächlich innerhalb dieser Zeit erledigt werden kann. Das heißt nicht, dass sie in Zukunft nicht mehr vor Herausforderungen, also Lernaufgaben stehen werden, das heißt jedoch, dass sie dabei nicht leiden müssen, was einen großen Unterschied macht.

Die Kundalini wird in der Literatur als eine weibliche, eine spiritualisierende Kraft angesehen, die im Wurzelchakra schläft, bis der Zeitpunkt der Erweckung gekommen ist. Es wurden viele Lehren und Methoden entwickelt, um diese Kraft vorzeitig zu wecken, eine Kraft, die in Indien als göttlich angesehen wird. In der neuen Energie erwacht diese Energie bei vielen Menschen von ganz allein, ohne dass sie direkt etwas dazu tun müssen, und sie stehen daher oft vor einem Rätsel und wissen gar nicht, was mit ihnen geschieht. Sie können die Kraft auch oft nicht direkt spüren, sondern nur indirekt, durch Schmerzen an verschiedenen Körperstellen oder durch Themen, die im Leben auftauchen und zu bearbeiten sind, oder durch die Bücher, zu denen sie geführt werden usw. Es kann nur derjenige die Chakren spüren, der diese Fühligkeit auch benötigt, dennoch sind sie bei allen in Tätigkeit und in Beschleunigung!

Jeder wird immer zu den Informationen geführt, die er gerade in diesem Moment benötigt, um die nächsten Schritte tun zu können. Dazu muss er sich nicht einmal mit Esoterik beschäftigen. Neben jedem Menschen steht ein Wecker, könnte man sagen, der zum passenden Zeitpunkt, an dem man aufwachen soll (und vergiss nicht, du hast selbst den Wecker gestellt!), klingelt. Du hast nun mehrere Möglichkeiten: Du haust auf den Wecker, stellst ihn ganz ab und schläfst weiter. Dann bekommst du in einem anderen Leben die nächsten Möglichkeiten, aufzuwachen. Eine weitere Möglichkeit ist: Du drückst auf die Schlummertaste, so dass du noch einmal einschlafen kannst, aber kurze Zeit später wieder geweckt wirst, und zwar so lange, bis du endlich aufstehst. Die dritte Möglichkeit ist, dass du sofort aus dem Bett springst und dir ansiehst, was dich geweckt hat, warum du (durch dich selbst) geweckt wurdest und was es zu tun gibt, nun, da du schon einmal wach bist.

Spirituelle Literatur wird für die geschrieben, die beschlossen haben, aufzuwachen und sich die Welt ansehen, die ganz anders aussieht als während ihres Schlafes („normalen Lebens"). Wie hat dein Weckruf ausgesehen? War es der Tod eines geliebten Menschen? War es eine Krankheit? War es dein Partner, der dich geweckt hat? Oder war es sonst ein „Schicksalsschlag", der dir aufgezeigt hat, dass alles, was geschieht, irgendeinen Sinn haben muss? Sonst würde das Leben völlig willkürlich ablaufen, und das erscheint dir nun völlig unmöglich.

Wie dein Weckruf auch ausgesehen haben mag, wenn er heftig genug war, um nicht überhört zu werden, dann befasst du dich mit dem, was hinter der Wirklichkeit steckt, was du mit deinen normalen Sinnen nicht wahrnehmen kannst. Dabei entwickelst du ganz nebenbei weitere Sinne, denn auch von diesen haben wir eigentlich zwölf, und nicht nur fünf. Doch davon wird an anderer Stelle gesprochen.

Diese Wirklichkeit, nämlich nicht die Spitze des Eisbergs, die wir mit unseren Augen sehen können, sondern der ganze große Rest, ist das, was du nun erfahren, erleben, wahrnehmen möchtest, und das ist möglich, und zwar mit deinem physischen Körper. Oh, damit sind nicht unbedingt die Augen gemeint, obwohl manche Menschen mit der Zeit die feinstoffliche Welt auch sehen können, nein, es ist eher unser ganzer physischer Körper im Zusammenspiel mit allen anderen Feldern, der es uns ermöglicht, diese feinstoffliche Welt zu erleben. Die Wenigsten können jedoch etwas mit den physischen Augen sehen. Warum ist das so? Nun, das hat mehrere Gründe. Einer der wichtigsten ist wohl, dass uns das, was es alles zu sehen gibt, so sehr ablenken würde, dass wir nicht mehr mit der vollen Aufmerksamkeit in unserer physischen, materiellen Welt wären. Stellt euch nur mal vor, jeder könnte das Wechselspiel der Energien sehen, das bei einer Begegnung zweier Menschen stattfindet. Irgendwann, wenn wir gelernt haben, mit der Fülle der Informationen umzugehen, werden wir das sicher können. Doch im Moment würde das bei den meisten Menschen die Kapazität bei weitem überschreiten.

Es gibt aber noch einen Grund, warum wir nicht sehen sollen: Es hat mit Vertrauen zu tun. Es ist sehr leicht, zu seinem Schutzengel Vertrauen zu entwickeln, wenn man ihn sehen kann, nicht wahr? Aber es ist sehr viel schwieriger, das gleiche Vertrauen zu entwickeln, wenn man nichts sieht, sondern nur auf andere Weise wahrnimmt. Man könnte es als Prüfung ansehen, und das ist es wohl auch.

Welche andere Weise ist das nun? Wenn wir lernen, wieder mehr auf unsere Körpersignale zu hören, wird sich dadurch eine Kommunikation zwischen uns und der Geistigen Welt entwickeln, selbst wenn wir sie (noch) nicht direkt hören können. Und welche Körpersignale sind das, auf die du hören und achten sollst? Wie ich im ersten Band schon ausführte, ist ein wichtiges Instrument, um mit der Geistigen Welt in Kontakt zu kommen, zum Beispiel unsere Körperbehaarung. Die Haare sind unsere Antennen, mit denen wir die feinstofflichen Energien spüren können. Engel und andere Wesenheiten schicken uns eine besondere Energie (Liebe, Beifall), so dass sich die Körperhaare aufrichten, was deutlich spürbar wird (Gänsehaut). Bist du beispielsweise deiner Intuition gefolgt und aus einem Impuls heraus in eine Kirche oder an einen anderen Kraftort gelangt, so kann sich das durch das Aufrichten der Körperhaare bemerkbar machen, denn dann bist du zur richtigen Zeit am richtigen Ort, nämlich an dem, der für dich nun passend ist und die Schwingungen, sprich die Rotation deiner Atome und Moleküle, beschleunigen wird, und auch die Chakren erhalten sozusagen einen Schubs, was zur weiteren Klärung deines Lichtkörpers beiträgt. Vielleicht kannst du den Energieschub sogar spüren, indem es dich schüttelt wie bei einem Schock, oder du spürst irgendwo einen Schmerz im Körper, da dir die neue Beschleunigung eine Stelle (mehrere Stellen) im Körper bewusst macht, die noch in der niedrigen Schwingung verharrt (verharren), bis diese Stelle(n) betrachtet wurde(n) und damit Licht in das Dunkel gefallen ist. Aber auch wenn du nichts spürst, geschieht es dennoch. Die erste Zeit deines Prozesses ist dadurch gekennzeichnet, dass du nichts spürst (weil der Panzer noch dick ist), du aber dennoch an dir arbeitest und von vielen geistigen Helfern an dir gearbeitet wird. Gerade diese Zeit erfordert sehr viel Vertrauen in das Ganze, und vor allem in dich selbst.

Es gibt nun verschiedene Methoden, um Licht in das Dunkel zu bringen. Lernst du wieder auf deine Körpersignale zu hören, zum Beispiel eine schmerzende Stelle im Leib, die du sonst nicht spürst, kannst du die folgende Meditation anwenden. Du kannst dir mit ihrer Hilfe alle ungewöhnlichen Körpermerkmale ansehen oder auch Charaktereigenschaften, über die du mehr wissen willst.

Die folgende Meditation wurde von Angelika/Angelina übermittelt. Angelika ist eine Aufgestiegene Meisterin der Transformation der Vergangenheit. Dunkle Stellen auf deinem Lichtkörper sind nichts anderes als Plätze für die Erinnerung an unangenehme Erfahrungen, und zwar sowohl dieses Lebens, mehr jedoch noch die vergangener Leben, und sie sind somit Orte niederer Schwingung. Benutzt du nun diese Meditation, so hilft dir Angelina mit ihrer rosafarbenen Energie, alte Erfahrungen, Verletzungen und Wunden zu heilen. Wir werden so lange mit ihnen konfrontiert, bis wir sie auflösen. Angelina hilft, die unaufgelösten Energien in aufgelöste zu verändern, so dass die Energie frei wird und somit genutzt werden kann (und nicht mehr blockiert wird), und zwar sowohl von dir, als auch von der Erde! Der Übergang auf die Regenbogenernährung und andere Maßnahmen können solche Erfahrungen an die Oberfläche schwemmen, daher an dieser Stelle (noch einmal) die Meditation:

Angelina-Meditation

Begib dich an deinen Meditationsplatz und atme einige Male tief ein. Stelle dir nun vor, wie du mit jedem Ausatmen eine rosafarbene Blase „aufbläst", und zwar so lange, bis sie groß genug ist, um von dir betreten zu werden. Betritt sie nun. In dieser Blase findest du einen Sitzsack. Werde dir der Farbe des Sitzsackes bewusst. Es ist die Energie, die nun gebraucht wird. Lasse dich auf ihm nieder. Er passt sich perfekt deinen Konturen an, so dass du nun bequem sitzt. (Wenn du die Kraft hast, kannst du dir mehrere „Filme" früherer Leben ansehen, nimm dir aber nicht zu viel vor, denn die erhöhte Schwingung, die du anschließend erhältst, muss sich in deinem Körper integrieren, und das dauert eine Weile und kann auch zu Müdigkeit führen.)

Nun bemerkst du einen Flachbildschirm an der Wand dir gegenüber. Er ist groß und breit, so dass du alles darauf deutlich erkennen kannst. Wenn es dir leichter fällt, begib dich mit deinem Bewusstsein in die Fläche des Bildschirms und sieh dir an, was es dort zu sehen gibt. Dort nimmst du die Ursache dessen wahr, was dich konkret veranlasst hat, diese Meditation durchzuführen.

Hast du nicht gleich Zugang zu den Erfahrungen, wende den Kopf, sieh einen Augenblick zu einem Fenster hinaus, das nun aufgetaucht ist, und dann sieh wieder auf den Bildschirm. Dort findest du in weißer Schrift vor schwarzem Hintergrund einige Silben. Es ist ein Öffnungsmantra, das du dir vor langer Zeit selbst kreiert hast, um es zum passenden Zeitpunkt zu benutzen. Sprich dieses Mantra neunmal laut aus. Dann wende dich wieder dem Fenster zu, sieh dort den Sonnenschein und blicke wieder zurück auf den Bildschirm. Nun wirst du dort sehen können, was du sehen wolltest. Sind alle Bilder betrachtet, blicke wieder zum Fenster, falls du noch andere „Filme" sehen willst, und dann wieder auf den Bildschirm.

Bist du fertig, danke Angelika, verlasse die Blase und ziehe draußen an einem Stöpsel, der die Luft aus der Blase ein- und auslässt, so dass sie schließlich nicht mehr zu sehen ist. Atme noch einige Male tief ein und aus und schlage dann die Augen wieder auf.

Eine optimale Vorbereitung für diese Meditation ist, zumindest einen Tag lang nach den Farben des Regenbogens zu speisen und ca. eine Stunde vor der geplanten Meditation ungefähr einen Liter Quellwasser (oder stilles Wasser) zu trinken. „Warum das?", wirst du fragen. Wasser hat die Eigenschaft, sehr hohe Schwingungen halten zu können. Diese Meditation bringt dich in sehr hohe Schwingung, auch wenn du es vielleicht nicht gleich schaffst, deine „Filme" zu betrachten. Mit Hilfe des Wassers fällt es deinem Körper auch leichter, die hohe Schwingung, die sich nun an den Stellen erlöster Energie manifestiert, zu halten und zu integrieren. Sie strahlt auf den ganzen Körper aus und „zieht" ihn mit nach „oben", könnte man sagen. Zunächst ist da also eine Stelle niedriger Schwingung, unerlöster Energie, ein dunkler Fleck auf dem Lichtkörper, und nach der Meditation ist es ein Platz, der so hell strahlt, dass er die Schwingung der Umgebung überstrahlt, da so viel Energie freigesetzt wurde. Dieses helle Strahlen gibt nun solange seine Energie ab, bis der ganze Lichtkörper sich angeglichen hat und nun insgesamt höher „strahlt" bzw. schwingt als vor der Erlösung der Energie. Verstehst du nun diesen Mechanismus? Verstehst du, was den Spiritualisierungseffekt auslöst? Die aufsteigende Kundalini ist ein Teil dieses Mechanismus. Sie transformiert niedrige Schwingungen in höhere, bis zu einer gewissen Ebene, und dann muss die bewusste Arbeit beginnen, wie oben beschrieben. Je mehr dunkle Stellen du dir also ansehen kannst, desto schneller geht der Aufstiegsprozess bzw. die Freilegung deines Lichtkörpers. Das heißt aber auch, dass du umso mehr „Themen" zu bearbeiten hast wie Eigenliebe, Nächstenliebe, Überwindung der Polarität, Überwindung der Angst vor der eigenen Kraft,

Überwindung der Wut auf dich selbst, Herstellen von Harmonie in der eigenen Seele, Überwinden von Schuldgefühlen, Wiederentdecken der bedingungslosen Liebe, usw.

Wie du siehst, gibt es sehr vieles, was das Licht in dir verdunkelt, und die Liste ist längst nicht vollständig.

So ist es kein Wunder, dass all das Jahre benötigt, doch gibt es zahllose Helfer, die alles Nötige tun, um jeden Suchenden in seinem Tempo zu führen. Der Spiritualisierungsprozess ist für einige Zeit wie der Gang durch einen langen Tunnel, dessen Wände aus den unangenehmen Erfahrungen, Verletzungen und Wunden bestehen und an dessen Ende erst kein oder nur ein vages Licht scheint. Je mehr „Wände" du dir ansiehst, selbst wenn es vielleicht manchmal unangenehm erscheinen mag, desto mehr näherst du dich dem Licht am Ende des Tunnels. Aus dem vagen Schein wird ein immer kräftigeres Licht, und wenn du durch den Tunnel hindurch bist, hast du deine Bestimmung im Koffer deines Lebens gefunden. Sie wird dich nähren, mit allem versorgen, was du benötigst, und vor allem Glück und Erfüllung bringen. Auch ich bin durch meinen langen Tunnel gegangen, und das Licht am Ende, meine Aufgaben im Sinne der Quelle, ist, spirituelle Bücher zu schreiben, Seminare zu geben, Einzelchannelings durchzuführen und noch einige Dinge mehr. Du wirst im Zuge deines Prozesses erstaunt feststellen, welche Qualitäten und Fähigkeiten sich in dir befinden, die entdeckt werden wollen. Du wirst herausfinden, welche großartige Seele du bist und warum du ausgerechnet zu dieser Zeit wieder hier bist und was du für den Aufstieg der Erde tun kannst. Du wirst deine Liebe zur Schöpfung entdecken und auch, dass genau diese Liebe der Grund ist, warum du all das auf dich genommen hast.

Das Energiesystem des Menschen ist das Hilfsmittel, das mit all dem verbunden ist. Die Kundalini hat ihre Aufgaben ebenso darin wie die Chakren. Das wichtigste Hilfsmittel ist jedoch dein Geist, dein Wille, dein Wille zur Veränderung deines Lebens, und damit der Veränderung des großen Ganzen. Dein Geist, deine Seele, dein Höheres Selbst, wie immer du den unsichtbaren Teil deines persönlichen Eisbergs auch nennen willst, bestimmt letztlich, was geschieht, und zwar immer im Einklang mit der Quelle. Und dieser Einklang ist es, den du suchst, den Kontakt mit der Quelle. Er ist das Licht am Ende des Tunnels und du wirst feststellen, dass der Kontakt nie abgerissen war, sondern dass du dich nur wieder daran erinnerst musstest, ihn zu haben.

Sehen wir uns nun die Aufgaben der Chakren innerhalb des menschlichen Energiesystems an, denn sie spielen eine große Rolle bei der Rückbindung an die Quelle. Über sie wird die Energie dafür zur Verfügung gestellt, die dafür benötigt wird.

Jedes Chakra hat schwerpunktmäßig eine Regulationsfunktion für den Bereich, in dem es liegt, wobei die Wirkung natürlich nicht auf diesen Bereich beschränkt bleibt. Außerdem kommunizieren die Chakren ständig, und zwar untereinander genauso wie mit Energien außerhalb von uns. Die Lichträder wirken wie Linsen und leiten nicht sichtbares „Licht", das heißt, Energie, in den Körper.

Hierzu möchten die Anasasi etwas beisteuern:

Liebe Menschen, in einigen Büchern werden die Chakren Lichträder genannt, und das trifft den Kern der Sache, obwohl nicht nur das, was ihr als Licht anseht, in die Chakren einfließt, sondern feinstoffliche Energie, die ständig aus der Quelle, die oft Zentralsonne genannt wird, ausfließt. Wegen dieses Begriffs „Zentralsonne" assoziiert ihr die von dort kommende Energie mit „Licht" und auch, weil das Wort „Licht" Göttliches verspricht. Das sichtbare Spektrallicht ist jedoch nur ein kleiner Teil dessen, was an Energien existiert, und das, was aus der Quelle ausströmt, ist auch nicht wirklich „hell", wie ihr es impliziert, sondern es ist neutral, weder hell noch dunkel. Es ist eine Ausstrahlung, die alles beinhaltet und viele „Spektren" umfasst, viel mehr, als ihr derzeit mit dem menschlichen Verstand erfassen könnt. Das, was aus der Quelle strömt, ist reines „Sein". Es ist auch nicht Liebe, wie es oft genannt wird, sondern eine Bejahung von Allem-was-ist. Diese Bejahung kommt der Energie, die ihr „Liebe" nennt, jedoch sehr nahe, und so ist der Unterschied nicht wirklich wichtig.

Die Bejahung allen Seins ist es, wonach ihr sucht, wenn ihr auf die Suche geht. Ihr fühlt, dass da etwas an eurer Sichtweise der Wirklichkeit, und vor allem an dem Gefühl für diese Wirklichkeit, „nicht stimmt", es fehlt etwas. Also geht ihr auf die Suche nach dem fehlenden Teil in euch. Eine Zeit lang mögt ihr glauben, dass dieses ein anderer Partner ist, eine andere Arbeit, usw. Was ihr aber wirklich sucht, ist das Bewusstsein, dass alles in Ordnung mit euch ist, und zwar genau in diesem Moment, genau so, wie ihr seid. Ihr möchtet Bestätigung dafür, dass ihr wertvoll seid, dass ihr Teil dessen seid, was als wertvoll angesehen wird. Niemand möchte ohne Wert sein, niemand. Das ist der Antrieb für die Suche, denn ihr wisst, dass es da einen Wert gibt, besondere Fähigkeiten, einen Auftrag, oder wie immer ihr es nennen möchtet. Im tiefsten Inneren wisst ihr, dass ihr mehr seid, als es nach außen hin scheint. Dieses Mehr möchtet ihr erfahren, und die gute Nachricht lautet: Jeder darf diesen Wert für sich finden, jeder, denn du bist unendlich geliebt, wirst bejaht in deiner ganzen Erscheinung, und zwar genauso, wie du bist. Um in dieses Bewusstsein zu gelangen, in das Kollektiv einzutauchen, von dem du ein Teil bist und das dich in deiner Erscheinungsform so sehr liebt, sind die Chakren ebenfalls da, denn sie verhelfen dir dazu, dich wieder bewusst einzubinden in alles, was ist.

Hier bat mich Erzengel Gabriel, eine Klammer aufzumachen:

(Da die Erzengel so etwas wie Verwalter dieser ausströmenden Energien sind, möchte ich an dieser Stelle ein wenig von unseren Aufgaben erzählen. Diese Energie, die aus der Quelle strömt, wird nicht wahllos einfach sphärisch ausgestrahlt, sondern es gibt schon kurz nach ihrem Austritt aus der Quelle so etwas wie Chakren, Tore, die die Energien bündeln und heruntertransformieren, da die Schwingung direkt aus der Quelle extrem hoch ist, wie ihr euch vielleicht denken könnt. Kein derzeit existierender menschlicher Körper, und nicht mal der darin wohnende Geist, könnte diese Schwingung ertragen, und so werdet ihr (bzw. euer Geist), wenn ihr die Zentralsonne aufsucht, und das tut ihr oft in dem Zustand, den ihr Schlaf nennt, oder in Meditationen, in eine Schutzhülle gepackt, so dass euch die Schwingung nicht schaden kann. Es sind diese nächtlichen Besuche, die in euch die Sehnsucht nach der Quelle, nach dem Erreichen eines bestimmten Zustandes, immer wieder von neuem weckt, und es sind auch diese Besuche, die euch die Kraft geben, das lange Fernbleiben von der Quelle durchzustehen. Und es sind auch diese Besuche, die euch veranlassen, den Spiritualisierungsvorgang willkommen zu heißen (obwohl er phasenweise unangenehm sein kann~~, oft~~ durch die Konfrontation mit zu erlösenden Erfahrungen), denn durch diesen wird eure Schwingung ständig erhöht, bis sie letztendlich wieder so hoch ist, dass ihr in die Quelle zurückkehren könnt, weil die Schwingung nun übereinstimmt. Von dort seid ihr herabgestiegen in der Schwingung, und dorthin kehrt ihr auch wieder zurück.

Was haben die Engel nun dabei zu tun? Wie ihr schon wisst, gibt es auch „im Himmel" eine Hierarchie, aber es ist lediglich eine Hierarchie der Schwingungsunterschiede, und so gibt es, je nach dem Stand der Schwingung, Aufgabengebiete zu bewältigen. Ein Engel ist so etwas wie ein Chakra, also eine energetische Wesenheit, die Energie der Quelle heruntertransformiert auf eine „untere“ Ebene. Er ist also eine Zwischenstation, ein Verbindungsglied zwischen unterschiedlichen Schwingungen. Er transformiert Schwingungen herunter oder herauf. Wenn du erwachst, hilft er dir, deine Schwingungen heraufzutransformieren. Daher wurden nun so viele Engel für die Erde abgestellt, und jeder Mensch, der wieder erhöht wird in der Schwingung, hat eine ganze Schar davon bei sich, nicht nur einen oder zwei. Man könnte sagen, dass ihr zusätzliche Chakren in Form von Engeln bei euch habt, die genau die Energien zu euch leiten und transformieren, die ihr benötigt. Da jeder einen eigenen Entwicklungsprozess hinter sich hat, ist die Zusammensetzung dieser Helferschar auch bei jedem anders, individuell.

Es gibt viele dieser Schwingungs-Ebenen, und damit auch viele verschiedene Engelebenen. Erzengel arbeiten direkt mit den Lenkern der zwölf göttlichen Hauptstrahlen. Diese Hauptstrahlen strömen aus den ersten zwölf „Chakren“ der Quelle. Diese zwölf Strahlen werden symbolisch mit bestimmten Farben gleichgesetzt, doch ist dieses eine sehr, sehr starke Vereinfachung dessen, was wirklich ist.

Es gibt noch einige „Unter- und Nebenstrahlen“. Man könnte sagen, jeder der zwölf Hauptstrahlen hat wieder zwölf Unterstrahlen und auch zwölf Nebenstrahlen. Ihr seht also, hier gibt es noch viel zu entdecken. Die „Türkise Flamme von Atlantis“ beispielsweise ist ein „Nebenstrahl“, der sowohl blaue als auch grüne Anteile besitzt. Genau genommen ist dieser türkise Strahl noch einmal aufgeteilt. Der eine Teil hat mehr Blauanteile und der andere mehr grüne, so dass die beiden Hauptstrahlen Blau und Grün jeweils einen türkisen Nebenstrahl haben. Zurzeit wirken aber diese beiden türkisen Strahlen als gemeinsame Energie, da, was Atlantis betrifft, erst noch viel Heilung geschehen muss, bevor die Aufteilung der beiden Strahlen wieder gestattet werden kann.

Ein Nebenstrahl der roten Energie ist der kupferne Strahl. Hier arbeitet die Wesenheit, die ihr als Kryon kennen gelernt habt. Unterstrahlen sind die verschiedenen Abstufungen der zwölf göttlichen Farben (Rot, Orange, Gelb, Grün, Blau, Purpur, Weiß, Perlmutt, Aquamarin, Gold, Magenta, Rosa). Ein weiterer Nebenstrahl ist der silberne, der Strahl der Gnade. Er ist in gewisser Weise etwas Besonderes, denn er ist ein Nebenstrahl von allen zwölf Hauptstrahlen, steht also gewissermaßen in der Mitte und kann und wird dementsprechend von allen zwölf Lenkern benutzt.

*Den Lenkern der Göttlichen Strahlen vorgelagert, also „näher" an der Quelle, sind die zwölf Elohim, die keiner bestimmten Farbe zugeordnet sind, aber Energien auf alle zwölf Lenker abstrahlen. Auch hier gibt es bereits eine Aufteilung der Energien. Dieses zu erläutern ist aber im Moment nicht möglich, da euch noch die überdimensionalen Konzepte hierfür fehlen. Diese Elohim sind so etwas wie Schöpfergötter. Sie planen gemeinsam die Schöpfungen der Quelle. In gewisser Weise seid ihr alle Abspaltungen dieser Elohim und habt dadurch eure Schöpferkraft erhalten. Weil der silberne Strahl der Gnade so wichtig ist, sind hier Elohim einer „niedrigeren" Schwingung tätig und werden Gnadenelohim genannt. Das Wort „EL" bedeutet „Streiter Gottes", wie ihr vielleicht wisst. In dieser besonderen Zeit sind zwei Elohim auf der Erde inkarniert und haben sich selbst noch einmal aufgeteilt, so dass also je zwei „Hälften" zweier Elohim hier wirken, und sie haben zahlreiche Helfer mitgebracht, **euch!***

Jeder der zwölf Lenker der zwölf Hauptstrahlen hat nun zwölf Erzengel an der Seite, die wiederum die Farbstrahlen in niedrigere Schwingung bringen, indem sie sie durch ihre „Körper" leiten. So arbeitet Erzengel Michael zum Beispiel auf und mit dem blauen Strahl, und ich, Gabriel, arbeite mit dem gelben. Man könnte sagen, obwohl es den Kern nicht ganz trifft, dass es zwölf Dimensionen bzw. Hauptebenen gibt, und auf jeder Ebene muss es Engelwesenheiten geben, die die Energie der Quelle wieder in niedrigere Schwingungen bringen. Genau genommen sind diese zwölf Ebenen wieder aufgeteilt in zwölf Ebenen, usw., das ganze Band der „Frequenzen entlang". Und dieses Band der Frequenzen ist im Grunde ein Möbiusband, wie auch die 12-Strang-DNS eigentlich ein Möbiusband ist, ohne Anfang und ohne Ende.

Und nun wird etwas offenbart, das noch nirgendwo abgedruckt wurde, denn für diese Nachricht war die Zeit noch nicht reif: Die Lenker von 144 Strahlen, einschließlich der 12 Hauptstrahlen, sind in dieser wichtigen Zeit inkarniert und einige davon auch schon erwacht und an der bewussten Arbeit! Diese Meister hätten es nicht nötig, wieder zu inkarnieren, doch ist das Projekt Erde so wichtig, dass sie sich alle entschlossen haben, direkt vor Ort zu arbeiten, und jeder hat auch für sich persönlich eine besondere Lernaufgabe mitgebracht, da es immer noch etwas zu lernen gibt und die Entwicklung im Grunde nie ein Ende haben braucht, wenn man das nicht will.

Auf jeder Ebene, egal, wie viele es nun letztlich sein mögen, gibt es also Engelwesenheiten, die Chakren besitzen und damit Energie heruntertransformieren. Und wenn wir sagen auf jeder Ebene, meinen wir auf jeder, also auch auf der euren. Hier kann man nun unterscheiden zwischen Engeln, die nie auf den niedrigsten Frequenzen gearbeitet haben, und solchen, die bereit waren, auf den untersten Ebenen zu arbeiten, damit es diese untersten Ebenen überhaupt gibt und die Quelle sich so weit verdichten kann, wie es geht. Diese Engel auf den untersten Ebenen seid ihr, liebe Menschen. Ihr machtet die Erfahrungen auf der Erde und auf anderen Planeten erst möglich. Das war eure Aufgabe! Und hier hat sich nun etwas geändert! Durch eure Chakren floss hohe Schwingung ein, ihr transformiertet sie herunter, so dass die Materie um euch herum sich verdichten konnte. Seit einigen Jahrtausenden nun schon fließt immer noch die gleiche Energie in eure Chakren hinein, aber, was wieder herausfließt, sind keine niedrigeren Schwingungen mehr, sondern höhere, und zwar höhere als hineinfließen, und so kommt der Aufstieg zustande. Auf diese Weise „zieht" ihr euch selbst nach oben, wieder in Richtung Quelle. Das ist schon einige Zeit im Gange, doch geschah es nur langsam. Doch nun, da so viele Menschen auf der Erde sind (so viele wie nie zuvor, möchten wir anmerken), erfährt dies alles eine Beschleunigung, und das ist es, was ihr gerade erlebt!

Jede Ebene transformiert also Energie herunter, bis hinunter in die dichteste Materie. Was aber hat das alles für einen Sinn? Durch die Erfahrungen, die in der Dichte der Materie möglich wurden, wurde nun Energie aufgehäuft, angesammelt, gestaut. Diese Energie wird während des Spiritualisierungsprozesses freigesetzt. Ihr erhaltet also einerseits Energie aus der Quelle, immer weiter heruntertransformiert, und andererseits lasst ihr nun Energie frei, die durch eure Chakren nach „oben" wandert, durch ihre Kraft durch alle Chakren sämtlicher Ebenen saust und an oberster Stelle wieder in die Quelle eingeht, wodurch ein Wachstum der Quelle möglich wird. Die Quelle hat also eine Möglichkeit gefunden, aus einer bestimmten vorgegebenen Energiemenge mehr Energie zu machen, ohne Zufuhr von außen, nur aus sich selbst heraus! Und dadurch wird es möglich, dass das Universum wächst, sich ausdehnt, denn die Quelle behält dieses Mehr an Energie nicht für sich, sondern sie baut damit sich selbst weiter aus, könnte man sagen.

Wisst ihr nun, warum wir euch so sehr lieben? Weil ihr das Endglied dieser langen Kette seid, weil von euch dieses „Mehr" ausgeht, es kommt von euch, die ihr bereit wart, die schmerzliche Dichte auf euch zu nehmen. Indem ihr dieses Mehr abgebt, erhöht ihr wieder eure eigene Frequenz und könnt zur nächsten Engelebene aufsteigen, ihr seid auf dem Weg nach Hause! Das ist es, was geschieht! Damit dieses überhaupt möglich ist, habt ihr bei eurem Abstieg in die Materie in jeder Dimension, jeder Ebene, Chakren aufgebaut, die euch mit der jeweiligen Dimension verbinden. Über diese Chakren seid ihr, über alle Zeiten hinweg, weiterhin mit der Quelle verbunden gewesen, durch sie flossen die von den Engeln transformierten Energien in euer Energiesystem ein, und das ist noch immer so. Im Spiritualisierungsprozess werdet ihr euch dieser Verbindung „nach oben" wieder bewusst und räumt mit der Zeit auf jeder Ebene mit dem „Müll" auf, der die Verbindung stört. In Wahrheit ist es natürlich kein Müll, sondern einfach gestaute Energie in Form von Erfahrungen. Ihr empfindet es jedoch als Müll. Indem ihr nun wieder lichtere Körper schafft, die Dichte aufhebt, indem ihr höhere Energien aus euren Chakren fließen lasst, die zum Teil der Erde zugute kommen, löst ihr die untersten Ebenen, die dichtesten Dimensionen um euch herum wieder auf und setzt dabei erneut Energie frei, die wieder letztlich bis in die Quelle fließt. Das ist ein großartiges Konzept, findet ihr nicht auch?

Dieses war Gabriel.)

Die Bejahung des Seins, das aus der Quelle strömt, ist es, die ihr in eurem Spiritualisierungsprozess wieder entdeckt. Ihr entdeckt die Liebe wieder (die Liebe zu euch selbst, zu den Mitmenschen, zur Erde, zur ganzen Schöpfung), ihr erhöht eure Liebesfähigkeit. Je mehr ihr in und mit der Liebe zur ganzen Schöpfung wachst, umso höher wird eure Schwingung, und umso höher wird die Schwingung von Allem-was-ist. Je größer eure Liebesfähigkeit wird, desto schneller drehen sich die Chakren; je schneller sich die Chakren drehen, desto höher wird eure Liebesfähigkeit. Eines bedingt das andere. Also strömt durch eure Chakren eigentlich nicht Licht, sondern Liebe, nämlich die Bejahung von Allem-was-ist! Müsst ihr nicht sogar alles bejahen, was ist? Ihr seid doch die Schöpfer von all dem! Liebt eure Schöpfung, und wenn euch daran irgendetwas nicht gefällt, dann habt ihr doch Schöpferpotenzial! Ändert, was euch nicht gefällt, aber liebt trotzdem alles Geschaffene!

Eure Anasasi.

Wenn ich mich mit anderen unterhielt, konnte ich immer wieder feststellen, dass sie, trotz Spiritualisierungsprozess, mit der Kundalini oder den Chakren kaum etwas anfangen und sie kaum oder gar nicht spüren konnten. Warum ist das bei mir so anders? Diese Energiewirbel sind für mich so stark spürbar wie eine Ohrfeige, nur wesentlich angenehmer. Erst mit dem Schreiben spiritueller Literatur kam ich hinter das Geheimnis: Ich hatte mir einen Körper geschaffen, der ungewöhnlich hellfühlig war. Ich kann generell energetische Prozesse viel stärker spüren als andere (zum Beispiel, ob ein Sturm mit feinstofflichen Energien „bepackt" oder ein ganz gewöhnlicher Sturm ist), und beim Schreiben dieser Zeilen wurde mir auch klar, warum: Auf diese Weise kann ich dir (und Seminarteilnehmern) klar machen, was genau geschieht, auch wenn ihr es nicht in diesem Ausmaß spüren könnt. Ich kann dadurch Zusammenhänge erkennen, die mir sonst unklar bleiben würden. So fiel mir zum Beispiel auf, dass sehr oft die Chakren morgens aktiv waren, die ein Thema betreffen, das am Vortag im Alltag aufgetaucht war. Durch die Bearbeitung wurden Blockaden beseitigt, die eine schnellere Drehung behindert hatten, also drehten sie sich in der Folge schneller, und diese Beschleunigung nahm ich dann wahr.

Ich werde immer wieder gefragt, wie das alles bei mir seinen Lauf nahm, und im Nachhinein betrachtet wurde ich anscheinend nicht nur dieses, sondern auch die Leben davor durch Lernlektionen darauf vorbereitet, nun diese Arbeit zu tun.

Die Beschleunigung dieses Prozesses kam für mich, als ich „zufällig" in eine Initiationssitzung mit einem indischen Weisheitslehrer (Rant Rajinder Singh) geriet, die das Dritte Auge öffnen sollte. Bis dahin (am 11.11.1999, ob da wohl Kryon seine Finger im Spiel hatte?) hatte ich mich überhaupt noch nicht mit Esoterik beschäftigt. Sie tangierte mich einfach nicht.

Wir lernten fünf Gottesnamen auswendig und wiederholten sie im Geiste, und nach ca. einer Viertelstunde (ich hatte überhaupt nicht damit gerechnet, dass irgendetwas geschehen würde), fuhr mir ein Blitz in das Kronenchakra, durch sämtliche Chakren hindurch, bis in den Boden. Es war eine sehr merkwürdige und sehr intensive Erfahrung, zumal auch eine sexuelle Komponente in diesem Energiestrahl enthalten war. Das verstand ich aber erst, als ich mich daraufhin erkundigte, was da passiert war und ich zum ersten Mal von Chakren und der Kundalini erfuhr.

Cirka zwei Monate später spürte ich das erste Mal, wie sich im Bereich des Schambeins etwas zu drehen schien, und war darüber sehr verwundert. Ich kaufte mir daraufhin jede Menge Bücher über Chakren und Kundalini und studierte sie. Ich hörte auch immer wieder im Geiste die Aufforderung: Studiere! Mir war lange nicht klar, was das sollte, daher erkundigte ich mich nach Studiengängen, die ich besuchen könnte, doch hätte mich das ein Vermögen gekostet, da ich schon ein Studium hinter mir habe und ein Zweitstudium bezahlt werden muss. Irgendwann kam ich dann dahinter und verstand, was gemeint war: Ich sollte mich selbst studieren, nämlich genau diesen Spiritualisierungsprozess, dem ich nun unterlag und der mein ganzes Leben verändern sollte. Der Kern der Veränderungen war das Aufsteigen der Kundalini und die Beschleunigung der Chakren, und damit die Auseinandersetzung mit den auftauchenden Themen.

Was hatte mein Höheres Selbst und die Geistige Welt veranlasst, mich in diese Initiationssitzung zu „schicken"? (Ich wusste im Grunde gar nicht, warum ich dort war, dachte, es wäre reine Neugierde, doch war ich damals schon intuitiv genug, um zum richtigen Zeitpunkt am richtigen Ort zu sein.) Ich hatte begonnen zu begreifen, dass ich für mich und meinen Körper selbst verantwortlich bin, und damit auch für alle Schäden, die er, durch meine nicht gerade gesunde Lebensweise, bereits erhalten hatte. Ich hatte angefangen, die angesammelten Gifte durch Auslaugebäder aus dem Körper zu schwemmen, um mein Wohlbefinden und meine Gesundheit wieder herzustellen. Ich war nicht schwerkrank, aber kaputt genug, um festzustellen, dass ich mit 38 Jahren noch keine alte Frau sein wollte! Das war der entscheidende Wendepunkt. Das war mein Weckruf, könnte man sagen!

Durch die Beobachtung dieser mir am Anfang sehr merkwürdig anmutenden Chakrengeschichte stellte ich fest, dass zwar in der ersten Phase ein Chakra nach dem anderen bearbeitet wird, aber es, wenn das Dritte Auge das erste Mal erreicht wird, nicht mehr linear weitergeht; dass auf den Chakren scheinbar wahllos, wie auf einer Flöte sozusagen, „gespielt" wird und man nicht immer erkennen kann, warum genau dieses oder jenes Chakra aktiviert wird. Die Oberhoheit über diesen Prozess hat das Höhere Selbst, und das ist auch gut so, denn wir können gar nicht wissen, welche Erfahrungen in den einzelnen Schichten der Chakren gespeichert sind, und vor allem nicht, wann wir zu welchem Zeitpunkt bereit sind, uns den einzelnen Wunden (Stellen niedriger Schwingung in Chakren und Körper) zu stellen.

Hier möchte die Geistige Welt eine Anmerkung machen:

Hier sind wieder die Anasasi als Gruppenbewusstsein:

Der Normalfall heutzutage ist der, dass die Kundalni die Chakren dann aktiviert, wenn der richtige Zeitpunkt gekommen ist. Dazu ist in vielen Fällen keine Initiationssitzung bei einem Meister mehr nötig, da ihr selbst die Meister seid! Es finden im Laufe des Spiritualisierungsprozesses Initiationen statt, ja, aber ihr könnt diese selbst meistern, wenn ihr euch klar macht, was da geschieht. Da die Erde die Dichte der Dritten Dimension im Grunde schon fast völlig verlassen hat, stellt euch bitte der Tatsache, dass bei allen heute noch lebenden Menschen die Kundalini zumindest die ersten drei Chakren (Wurzelchakra, Sakralchakra, Sonnenchakra) bereits beschleunigt hat. Woran könnt ihr das sehen? Seht euch um in eurer Gesellschaft. Werdet ihr nicht derzeit mit Macht und Ohnmachtsthemen förmlich „überschüttet", also mit Themen des Sonnen- bzw. Machtchakras? In den 70ern war das Sakralchakra „dran", nämlich mit der „sexuellen Revolution". Hier fand eine Beschleunigung statt, die sich ebenfalls in der Gesellschaft widerspiegelte. Auf einmal konnte man offen über Sex reden, das war vorher nicht der Fall!

Seit dem Jahr 2000 ist eine nur geringe Beschleunigung geschehen, und zwar der Herzchakren. Woran könnt ihr das sehen? Die Scheidungsrate steigt rapide an, nicht wahr? Wohin ihr auch seht, Scheidungen, Trennungen, Suche nach neuen Partnern! Das ist völlig normal, denn mit der Aktivierung der Herzensebene hinterfragt ihr automatisch euren derzeitigen Stand, und viele sind dann so konsequent und ändern, was nicht mehr zusammenpasst. Die vierte Schicht (die Herzchakraschicht) um alle Chakren wird nun weltweit angegangen, und bald ist die Kommunikationsebene dran bzw. ist auch das bereits im Gange, denn vieles geschieht gleichzeitig und nicht linear, eins nach dem anderen. Die Auswirkungen zeigen sich Schritt für Schritt. Das ist auch völlig in Ordnung so, sonst würde ein schreckliches Chaos auf der ganzen Welt herrschen. Im Jahre 2006 wird es vier Schübe geben, in denen die Herzensebene aller Menschen gleichzeitig „angestoßen" wird, so dass viele Herzensthemen, die bis dahin noch nicht angegangen wurden, nun betrachtet werden müssen.

Der Unterschied zwischen den Regenbogenkämpfern (oder auch Lichtarbeitern) zu diesem allgemeinen gesellschaftlichen Trend liegt darin, dass sie schon bei „tieferen" Schichten ihrer Bearbeitung angelangt sind, also einen gewissen Vorsprung vor den anderen besitzen und es für alle übrigen daher erst ermöglichen, ihre Schichten um die Chakren zu bearbeiten.

Auch unter den Lichtarbeitern gibt es noch sehr große Unterschiede. Während die einen vielleicht schon bei Schicht sieben angelangt sind, arbeiten andere noch an Schicht neun, usw. Hier geschieht in den nächsten Jahren eine gewisse Angleichung, das heißt, die einen werden etwas gebremst und die anderen etwas, oder vielleicht sogar viel, beschleunigt. Es soll ein Morphogenetisches Feld von den Regenbogenkämpfern erzeugt werden, das eine einheitliche Energie ausstrahlt, eine homogene Masse, könnte man sagen, denn die bewirkt Veränderungen an den Erdchakren und ermöglicht die Öffnung weiterer, noch höherdimensionaler Tore, die wiederum vielen Menschen ermöglichen, in tiefere Schichten ihrer selbst vorzudringen, denn die Bearbeitung der Chakrenschichten ist nichts anderes als ein Eintauchen in die eigene Existenz, ein Wiederentdecken dessen, wer man ist, was man für Fähigkeiten besitzt, welche Erfahrungen man gemacht hat und warum man überhaupt zur Zeit hier ist. Mit dem Eintauchen in diese Schichten werden die Wunden und Verletzungen bewusst gemacht, die geheilt werden müssen, und jeder tut dieses auf die ihm eigene Weise. Mit jeder Heilung geschieht Beschleunigung, weil wieder ein Teil mit niedriger Schwingung „erhöht" wurde. Mit jeder Beschleunigung, die im Einzelnen stattfindet, findet auch eine Beschleunigung des Ganzen statt. Eines bedingt das andere, das andere ist vom einen abhängig.

Eure Anasasi.

Um in diese Schichten des eigenen Seins einzudringen, müssen oft erst Energiebarrieren beseitigt werden. Das kann große Angst, große Wut, große Trauer, usw. sein. Mir wurde klar gemacht, dass ich zunächst einmal meinen Wutpegel abbauen muss. Ich bekam immer wieder Entzündungen (entflammt sein!) in den Armen, und Entzündungen haben mit Wut zu tun. Also musste ich mich damit auseinandersetzen, warum ich eigentlich wütend war, und auf wen! Das war sehr schmerzlich, denn ich musste erkennen, dass ich im Grunde immer wütend auf mich selbst war, weil ich unzufrieden war. Ich baute die überschüssige Wutenergie ab, indem ich sie beim Laufen in der Natur über die Hände ausleitete, doch teilte mir die Geistige Welt mit, dass es (natürlich) auch andere Möglichkeiten gibt. Die Notfallmeditation stelle ich im Kapitel „Reinigungsmöglichkeiten" vor. Es gibt aber auch ein Mantra, mit dem du sofort arbeiten kannst. Es lautet: „Om Waran" und baut generell die Wut ab.

Im ersten Buch habe ich eine neue bzw. alte Art des Gehens vorgestellt, das Peter Greb „Godo, mit dem Herzen gehen" nannte. Als ich anfing, im Ballengang zu gehen, ging mir buchstäblich das Herz, nämlich das Herzchakra, auf. Wir haben gehört, dass die Menschen im Moment allgemein an der Herzensebene arbeiten, und diese Art des Gehens ist ein Beitrag hierfür. Es gibt aber noch mehr Hilfen, die das Herzchakra aktivieren können. Eine von ihnen ist eine neue/alte Art der Atmung. Wer sich schon mit Esoterik beschäftigt hat, und das werden die meisten von euch sein, weiß, dass in allen esoterischen Schulen viel Wert auf die Atmung gelegt wird. Warum ist das so? Im Gegensatz zu der Meinung der meisten Ernährungswissenschaftler werden wir nicht nur durch unsere Nahrung mit Energie versorgt. Auch wenn man die Chakren hinzuzieht, ist das noch nicht das vollständige Versorgungssystem. Erst wenn man sich ansieht, was der Atem (auch der über die Haut) im Menschen bewirkt, versteht man, dass auch über den Atem eine bestimmte Energie in den grobstofflichen Körper gelangt. Diese Energie wird als Prana, Chi, Ka oder als Lebensenergie bezeichnet und ist allen alten Völkern bekannt und wird schon lange genutzt.

Von dieser Lebensenergie erhalten wir nur einen Bruchteil dessen, was wir nutzen könnten, und das liegt daran, dass wir nicht mehr über den Bauch atmen. Aus welchem Grund die Menschen von ihr abkamen, ist mir nicht bekannt. Vermutlich war auch das Teil des großen Plans, uns noch mehr in die materielle Dichte zu bringen, nämlich indem die Energiezufuhr gedrosselt wird. Heute, in der Neuen Zeit, ist es uns wieder erlaubt, die zusätzliche Energie erneut zu beschaffen, uns wieder näher an die Quelle anzubinden.

„Wie geht das?“, wirst du fragen. „Muss ich nun komplizierte Atemtechniken lernen und dafür viel Zeit opfern?“ Nein, sage ich, und die Geistige Welt bestärkt mich darin. Werde dir einfach immer wieder einmal bewusst, dass dir der Atem Lebensenergie zuführt und diese Energie sich potenziert, wenn du bewusst atmest. Wie geht das? Den Ballengang gewöhnt man sich an, indem man so oft wie möglich an ihn denkt und ihn dann auch durchführt, und zwar solange, bis er zur normalen Gangart geworden ist. Das erfordert Geduld und Zeit. Mit der bewussten Atmung ist das nicht anders. Werde dir einfach im Alltag immer öfter der Atmung bewusst. Du wirst sehen, dass dich das mit der Zeit dazu bringen wird, anders zu atmen.

Als ich durch das Buch *Wir fressen uns zu Tode* von Galina Schatalova (wieder) auf eine andere Atmung aufmerksam wurde, führte ich das zunächst im Liegen während des Lesens durch, und schon da konnte ich spüren, wie der Energiefluss in Gang gesetzt wurde. Ich legte das Buch weg, zog mich an (es war 23.35 Uhr) und ging bei -6 Grad Celsius draußen spazieren, um eine Bewusste Atmung, gekoppelt mit dem Ballengang, auszuprobieren. Ich war danach so munter, dass ich nicht gleich wieder einschlafen konnte, und später beim Aufwachen war zunächst das Herzchakra aktiviert, aber in einer so starken Weise, wie ich es bisher nur selten erlebt habe. Das Herzchakra fühlte sich so groß an wie mein ganzer Brustkorb. Später dann wurde auch noch das Sakralchakra genauso stark aktiviert. Diese Kombination ist also sehr wirkungsvoll für das Lichten der Schleier um die Chakren.

Spürst du Schmerzen irgendwo beim Praktizieren einer bewussten Atmung, so sieh dir die Geschichten darin mit Hilfe der Angelina-Meditation an.

Auch zu diesem Thema möchten die Anasasi ihren Beitrag leisten:

Liebe göttliche Wesen, indem ihr wieder auf die Bewusste Atmung zurückgreift, macht ihr keine Rückschritte, sondern enorme Fortschritte in Richtung Quelle, und damit den Aufstieg. Ihr werdet euch schneller eurer göttlichen Natur bewusst, und Beschleunigung ist nun für alle diejenigen erlaubt, die sie auch durchführen wollen und können. Die Bewusste Atmung energetisiert alle eure Körper und beschleunigt die Drehung eurer Chakren, und zwar aller!

Dadurch kommen umfangreiche Vorgänge in Bewegung, die euch den Spiritualisierungsprozess erleichtern werden. Die Konfrontation mit „Themen" kann schneller ablaufen und wird dadurch gleichzeitig weniger heftig sein. Der vermehrte Pranazufluss liefert euch die Hilfsenergien, den Lichtkörper freizulegen, das heißt, niedrigere Schwingungen stellenweise und insgesamt zu erhöhen.

Die Bewusste Atmung ist eine sakrale Atmung und sendet eine besondere Energie in euer Sakralchakra. Dort wird nach der Vereinigung der beiden Sexualchakren ein besonderes Portal geöffnet, das im gewissen Sinne auch ein Chakra ist, aber außerhalb des Zwölf-Chakrensystems liegt. Dieses Portal hat einen Kanal, der eine Abkürzung zur Quellenergie darstellt. Es ist ein besonderer Verbindungsweg, der aus guten Gründen geschlossen wurde und nun wieder geöffnet werden darf. Dieser Kanal ist das Gummiband, mit dem ihr euch in Richtung Quelle „zieht", eine Art Bungeeseil, das euch schnellere Fortbewegung ermöglicht als eure her-

kömmliche Art, zur Quelle zurückzukehren. Der Kanal ist von silberner Farbe, hat also mit der Gnade zu tun. Auf diesem silbernen Pfad gibt es zwölf Pforten, die ihr durchqueren müsst, wozu jeweils eine Initiation nötig ist. ***Die Gnadenelohim sind nun zeitgleich mit euch inkarniert, denn sie sind es, die euch auf diesem silbernen Pfad geleiten und jeden Einzelnen betreuen, der gewillt ist, ihn zu gehen, und das werden sehr viele sein.*** *Jeder Einzelne, der diesen silbernen Pfad betritt, zieht solch ein Bungeeseil hinter sich her, und damit die nächste Welle, die bereit ist, mitgezogen werden kann, und so geht es immer fort, bis alle Wesen wieder vereint sein werden. Das bedeutet nicht, dass sich alle Materie auflöst und nur noch die Quelle als Einheit existiert, sondern es bedeutet eine materielle Welt innerhalb der Göttlichen Quelle, in der alle Wesen wissen und fühlen, dass sie göttlicher Natur sind. Nicht, dass eure Welt im Moment außerhalb ist, sondern es bedeutet, dass sie sich wieder daran erinnern muss, immer innerhalb des Göttlichen Bewusstseins zu existieren, und so immer existiert hat, selbst in den dunkelsten Stunden, die keineswegs heute ablaufen, sondern schon weit in der Vergangenheit liegen. Die dunkelste Stunde brach an, als ihr diese Welt zerstörtet und sie nur noch als Bruchstück eines größeren Planten durchs All irrte…"*

Hier muss ich die Übertragung für einen Moment unterbrechen, denn ich möchte dir einen Eindruck vermitteln, was gerade hier bei mir los ist: Ich sitze vor dem Computer und zittere am ganzen Leib vor Kälte, weil ich einen Schock durchleide. Eigentlich dürfte die Mitteilung über die zerstörte Erde keinen Schock mehr in mir auslösen, denn ich habe in meinem allerersten Buch über die Mythen verschiedener Völker berichtet, die davon erzählen, dass die Erde einst aus einem größeren Wasserplaneten herausgesprengt wurde und eine Zeit lang als Eisbrocken durchs All flog, bevor dieser sich auf der Dritten Bahn einpendelte und die Sonnenwärme die gefrorene Atmosphäre wieder aufsteigen und die Meere wieder auftauen ließ.

Was den Schock in mir auslöste, war die Erkenntnis, dass ich schon durch mein allererstes Buch *4 Weltzeitalter – 4 Welten?* auf die heutige Arbeit vorbereitet und ich schon damals so geführt wurde, dass ich wesentliche Erkenntnisse herausarbeitete, obwohl ich die Geistige Welt da noch nicht „hören" konnte. Mir war zwar schon damals bewusst gewesen, dass da eine gewisse Führung vorlag, da ich „zufällig" immer genau die Information erhielt, die ich gerade brauchte, doch machte ich mir nicht wirklich Gedanken darum. Eine Leserin schrieb mir, sie vermisse das göttliche Element. Nun, es war vielleicht nicht in den Worten zu erkennen, aber es war dennoch da.

Es gibt bereits einige Bücher über den Planten, der einst auf der Fünften Bahn, dort wo heute das Asteroidenfeld ist, seine Kreise zog. Die Information ist also nicht wirklich neu, nur hat sie sich nicht auf die breite Masse verteilt, sondern blieb im Kreise von Menschen, die sich mit den Rätseln der Vergangenheit beschäftigten. Und soweit mir bekannt ist, wurden über diese Geschichte bisher auch noch keine gechannelten Informationen bekannt gegeben.

Das ist die große Wunde, von der im ersten Band berichtet wurde. Nur wenn wir wissen, dass sie existiert, können wir sie auch heilen. Sie existiert im Körper von Gaia genauso wie in uns. Seid also nicht überrascht, liebe Leserinnen und Leser, wenn ihr mit euren karmischen Erinnerungen auch auf dem früheren Wasserplaneten landet (bzw. in den folgenden Ereignissen), und niedrige Schwingungen, die mit den dortigen Erlebnissen zusammenhängen, nun aus eurem Körper erlöst und in höhere umgewandelt werden können. Ich selbst habe etliche Szenen „gesehen", die aus verschiedenen Leben stammen, die mit diesem schrecklichen Ereignis zusammenhängen, und so können nun auch diese Dinge erledigt werden, was bisher nicht erlaubt und auch nicht möglich gewesen ist.

Sehen wir uns an, was die Geistige Welt noch weiter dazu sagen möchte:

... Die große Wunde, die die Erde im Bewusstsein und auch im physischen Körper davongetragen hat, kann und wird durch Gruppenarbeit geheilt werden. Hierzu möchten die Gnadenelohim eine helfende Meditation durchgeben, die einzeln und in Gruppen durchgeführt werden kann:

Meditation

Nehmt einige Atemzüge mit der Bewussten Atmung, um euch zu zentrieren. Stellt euch dann die Erde in ihrer ganzen Pracht vor: Die Meere, die Wolken, das Land, seht die Schönheit dieser Welt. Vor euren Augen nimmt nun dieser Planet einen immer heller werdenden Glanz an. Er strahlt immer heller und heller, bis er so hell wie ein Stern im All funkelt. Er ist nun so hell, dass er die Helligkeit auch wie ein Stern nach außen abgibt. Er ist ein in allen Farben funkelndes Juwel im All. Sendet nun all eure Liebe zu diesem Stern, auf dem ihr lebt. Ihr könnt hier den Namen „Muriel", der ein Mantra für die Liebesenergie ist, zu Hilfe nehmen. Begebt euch dann mit dem Bewusstsein in diesen funkelnden Stern. Er ist eins mit euch, ihr seid wie er, und er ist wie ihr. Ihr wart immer vereint mit ihm, in guten wie in schlechten Zeiten, und das ist noch immer so! Kehrt nun wieder in das Hier und Jetzt zurück.

(Als ich diese Meditation durchführte, und mich im Inneren der Erde befand, sah ich alle Menschen, die durch ihre Energiefelder zu einem einzigen Lebewesen verbunden sind. Wenn eines sich durchlichtet, strahlt dieses Licht auf alle anderen aus. Dann sah ich an vielen unterschiedlichen Orten Wesen sich durchlichten, so dass diese einzelnen Lichtpunkte zu einem Ganzen zusammenflossen und die nicht durchlichteten ebenfalls mit Licht durchstrahlten, so dass schließlich nur noch ein einziges Licht übrig blieb, das so stark wurde, dass es nach außen hin abstrahle und die Erde in die strahlende Energiekugel verwandelten, die sie sein kann und wird.

Die Gnadenelohim möchten euch auch noch folgende Hilfestellung für euren Lichtkörperprozess geben: Ruft immer, so ihr möchtet, den silbernen Strahl der Gnade an, wenn es gilt, Unerlöstes zu erlösen.

Warum wird die Erde in dieser Meditation als funkelnder Stern gezeigt? Weil sie genau das ist. Es gibt diese Wunde, aber sie war nötig. Alles, was geschehen ist, ist geschehen, um die Erde und euch genau zu dem zu machen, was ihr seid bzw. euch daran zu erinnern, wer ihr seid, nämlich großartige Wesen, die im Einklang mit der Quelle handeln, ob sie das nun wissen oder nicht. Eure Welt und auch ihr habt euch von den dunklen Zeiten erholt, und nun kann die Heilung erfolgen, und sie geschieht bereits. Jede Heilung setzt Schwingung erhöhende Energien frei, und darum lasst sie geschehen, und darum geschieht sie.

Die Anasasi, die euch nun dieses zweite Buch präsentieren, sind Mitarbeiter der Gnadenelohim, denn jede Heilung ist eine Gnade, die euch widerfährt. Und jede Information, die euch zufließt und zu Heilung führt, ist ebenfalls eine Gnade, nicht wahr?

Eure Anasasi.

Ich stelle immer wieder fest, dass ich selbst überrascht bin über das, was die Geistige Welt zu sagen hat, und mit jeder Botschaft wächst mein Staunen! Ich möchte nun hier eine Mail einfügen, die ich zu einer Freundin sandte, die etwas über die Wurzelrassen wissen wollte, weil sie genau das angeschnitten hat, was in der obigen Botschaft angedeutet wird.

„Liebe Solea, die Menschheit wurde durch vier große evolutionäre Schübe zur heutigen Form ausgebildet. Immer wenn es Zeit für eine Veränderung war, kam durch die Kinder eine neue Rasse zur Welt. Diese vier Rassen werden Wurzelrassen genannt. Es gab auch Zwischenstufen, daher schwanken die zahlenmäßigen Angaben, aber die wirklich entscheidenden Schritte wurden von diesen vier gebildet.

Die erste Wurzelrasse war ein Volk, das noch sehr ätherisch war, könnte man sagen, es war noch nicht so materiell wie ihr heute, es hatte einen physischen Körper, ja, aber er war längst nicht so dicht wie euer heutiger. Er war noch von viel mehr Licht durchdrungen, denn ihre Kanäle zur göttlichen Kraft waren völlig offen. Man könnte sagen, sie waren materiellere Engel. Ihre Aufgabe war es, durch ihre Chakren die Energien so herunterzutransformieren, dass eine dichtere Welt geschaffen werden konnte, denn sie wollten Erfahrungen machen und sehen, ob durch diese Erfahrungen in einer weit entfernten Zukunft eine Steigerung der Schwingung des Universums erreicht werden könnte, und andere auf anderen Welten dachten ebenso. Also wurden Pläne geschmiedet, wie das zu erreichen wäre.

Die zweite Wurzelrasse kam mit Energie-Kanälen auf die Welt, von denen einige bereits geschlossen waren, und das war auch nötig, denn die nun „dichtere" Welt wäre mit völlig offenen Kanälen zur Quelle gleich wieder lichter geworden, und das war ja zu diesem Zeitpunkt nicht erwünscht. Auch diese Rasse schuf eine dichtere Welt als die davor, ebenfalls durch die Chakrenenergien. Und bei der nächsten geschah das Gleiche. Es wurden immer mehr Kanäle geschlossen, bis im Grunde nur noch ein einziger offen war, und da geschah etwas, das die ursprünglichen Planer nicht eingeplant hatten: Es gab zwar eine potenzielle Möglichkeit dafür, aber sie sollte eigentlich nicht real werden. Sie war nur als Notfallplan gedacht, doch dieser Plan musste realisiert werden:

Durch das Gefühl der fehlenden Verbindung zur Göttlichkeit verfiel die menschliche Rasse in ein Chaos der Gewalt, für das es in den letzten Jahrtausenden keinerlei Vergleich gibt, keinen! Seht euch „Herr der Ringe an" und ihr bekommt eine ungefähre Vorstellung davon. Aber diese Geschichte ist nur ein Abklatsch dessen, was wirklich geschah. Die Schwingung war so niedrig geworden, wie es überhaupt nur möglich ist, und es wurden so viele und so unangenehme Erfahrungen gemacht, dass die Planer beschlossen, es wäre genug, denn wenn nicht eine Veränderung eintrat, würden die Menschen nie mehr aus ihrer niedrigen Schwingung herauszuholen sein. Dafür war eine drastische Maßnahme erforderlich, aber es ging buchstäblich nicht mehr anders, und dafür wurde das nicht sehr wahrscheinliche Potenzial, das wir gerade erwähnten, in die Realität geholt. Hierfür waren ein paar besondere Beauftragte der Quelle unterwegs, die es auf sich nahmen, dieses durchzuführen, weil sie wussten, dass die Menschen sonst unrettbar verloren wären. Sie traten dadurch in den Karmakreislauf ein und mussten ihn durchstehen wie alle anderen auch, bis in die heutige Zeit. Was mussten diese Boten Gottes nun so Schreckliches tun, dass sie nicht mehr in den Himmel zurückkehren durften, sondern erst ihr Karma ableisten mussten?

Nun, um es etwas grob zu sagen: Sie sprengten den Planeten (er zog damals auf der Fünften Bahn seine Kreise, heute ist sein Bruchstück auf der Dritten Bahn), so dass die Bevölkerung zum größten Teil vernichtet wurde. Der größte Brocken ist heute die Erde, und es gab auf ihm nur eine einzige Gruppe von Überlebenden, die so stark gesichert waren, dass sie all das überstehen konnten. Sie waren in einer Art Bunker untergebracht, denn die Atmosphäre gefror, genauso wie die Meere. Sie waren völlig autark von der Außenwelt, sonst hätte keiner überlebt. Mit dieser Sprengung leisteten alle beteiligten Seelen bereits einen guten Teil ihres riesigen Bergs an Karma ab, das sie selbst produziert hatten. Nur so war es möglich, genug Energie zu erhalten, um einen lichteren Planeten zu schaffen. Der kollektive Tod schuf diese Energie! „Niemand hat größere Liebe als der, der sein Leben gibt für seinen Nächsten." In diesem Fall beschloss das Menschheitskollektiv den Massentod, damit ein Neuanfang möglich wurde. Hierzu wurde Hilfe angefordert, Hilfe direkt aus der Quelle, denn die Menschen konnten dieses nicht selbst tun. Den Planeten sprengen, das hätten sie schon geschafft und das war ohnehin schon im Gange, doch wurde beschlossen, die frei werdende Energie sinnvoll zu nutzen, und darin liegt ein gewaltiger Unterschied! Das Projekt Erde wäre sonst einfach zu Ende gewesen. Die Energie wurde also dazu benutzt, den größten Brocken erneut zu einem lebensfähigen Planeten aufzubauen, einen, der nicht mehr in dieser enormen Dichte schwang. Es war die Erde in der heutigen Form.

Die Gnadenelohim waren also bei der Sprengung anwesend und daran beteiligt, weil nur sie in der Lage waren, die frei werdenden Energien durch ihre Chakren zu leiten und sie so zu halten, dass mit ihr die Erde aufgebaut werden konnte. Dazu bedurfte es unzähliger helfender Hände, wie ihr euch sicher vorstellen könnt. Diese Elohim bauten ein Tor, in dem diese Energie gespeichert und dann nach und nach von dort auf den „neuen“ Planeten transferiert wurde. In dem Moment, in dem aus diesem Tor keine Energie mehr auf die Erde floss, der Speicher also leer war, musste etwas geschehen. Diese Energie bewirkte ja zum einen die Neugestaltung der Erde und zum anderen ein Lichterwerden der Erde. Als die Energie also verbraucht war, wurde umgeschaltet, nämlich auf die Chakren der Menschen. Doch war es nicht möglich, sofort alle Menschen „umzuschalten“; das musste Schritt für Schritt geschehen. Also wurden Seelen mit Erleuchtungsaufträgen auf die Erde geschickt, denn sie waren die ersten, die ihre Schwingungen selbstständig erhöhten, so dass aus ihren Chakren höhere Energie floss als hineingelangte. Es begann mit einem „Erleuchteten“, und es wurden immer mehr. Ihr könnt euch das so vorstellen, als würde eine Pyramide auf dem Kopf stehen, und die Spitze dieser Pyramide war der erste Erleuchtete und der Boden der Pyramide, das seid ihr, liebe Leserinnen und Leser! Ja, ihr! Ihr, liebe Menschen, baut direkt am Lichtkörper der Erde mit. Ihr seid dafür zuständig, dass sie immer lichter wird, dass sie in immer höhere Dimensionen aufsteigt!

Die genannten Boten Gottes mussten aber noch mehr tun. Eine Gruppe Überlebender flüchtete auf den Mars, und da es dort genauso weiterging wie auf dem Fünften Planeten, musste auch der Mars verwüstet werden. Und auch von dort gab es Flüchtlinge, die auf die Erde, die sich langsam erholte, zurückkehrten. Es ist alles noch ein wenig komplizierter, aber das ist der grobe Rahmen. Das wahre Atlantis liegt nämlich auf der Erde, die sie auf der Fünften Bahn war, allerdings hatte sie damals einen anderen Namen. Der Atlantis-Untergang, an den ihr euch noch erinnert, war eine kleine Welle im Vergleich zu der großen Katastrophe, hatte aber indirekt immer noch mit Restenergien aus dieser Zeit zu tun.

Die große Erbsünde, die in eure Religion eingeflossen ist, ist die Schuld, den eigenen Planeten in die Luft gesprengt zu haben bzw. all die Ereignisse davor, die darin mündeten! Und es ist diese größte Schuld, an der alle, die aufwachen, zu knabbern haben und die sie trotzdem annehmen müssen, denn alles geschah im Einvernehmen und im Auftrag der Quelle. Es musste sein!

Um die ganze Entwicklung der Schwingungssteigerung überhaupt erst möglich zu machen, also letztlich eure Rasse da wieder herauszuholen, mussten einige aus der ersten Wurzelrasse und zweigeteilte Gnadenelohim diese Entwicklung komplett mitmachen. Ihre Aufgabe war es, unter anderem, Tore zur Quelle, quasi im Auftrag aller anderen, offen zu halten, damit die göttliche Energie, trotz aller schrecklichen Geschehnisse, immer noch einfließen konnte. Nur so war ein Umkehrpunkt möglich, denn diese wenigen „zogen" zum richtigen Zeitpunkt an ihren göttlichen Kanälen, könnte man sagen, und zogen auf diese Weise alle anderen mit sich nach oben. Zusätzlich zu den vier Teilen der beiden Gnadenelohim gab es noch eine kleine Gruppe an Wesenheiten, die ebenfalls Tore offen hielten. Es sind acht Wesenheiten, also wieder insgesamt zwölf, und jede dieser zwölf Wesenheiten, die insgesamt gesehen eigentlich nur sechs sind, sich jedoch wegen der Schwere der Aufgabe teilten, ist „zuständig" für eine bestimmte Sorte an Toren. Sie stellen selbst auch Tore dar, sind aber auch Öffner von Erd-Toren. Die eine Hälfte der zwölf verabschiedet sich nun langsam, da ihre Tore bald alle aktiviert und somit offen sind. Sie haben dann ihr Karma abgeleistet und dürfen zurück ins Licht. Die anderen nehmen gerade ihre Arbeit auf, was mit der Öffnung der acht-dimensionalen Tore demonstriert wird.

Diese wenigen aus der ersten Wurzelrasse gingen also freiwillig immer wieder in die Karmakette, denn eine Sorte Tore musste offen gehalten und eine andere erst geschaffen werden. Es gibt also zwei Gnadenelohim, die sich in viele Teile aufspalteten, um an vielen Stellen gleichzeitig agieren zu können, die sich aber nun wieder zusammenfinden. Diese spezielle Vereinigungsenergie wurde benötigt, damit der Aufstiegsstatus eine neue Qualität und ein neues Tempo annehmen kann. Die Gnadenelohim sind also nun beide wieder komplett und müssen nur noch aufeinandertreffen, um dann gemeinsam arbeiten zu können. Dies wird nun bald geschehen. Damit sollen diese nicht besonders hervorgehoben werden, sondern nur erklärt werden, was abläuft. Sie sind auch nicht mehr wert als andere, sie haben nur besondere Aufgaben, aber liebe Menschen, jeder Einzelne der über 6 Milliarden Menschen hat eine Aufgabe in seinem Lebensgepäck, die die Welt verändern wird, jeder!

Es waren die beiden Gnadenelohim, die die größten Zerstörungen verursachten, denn ohne sie wäre die Rasse völlig untergegangen. Sie erwiesen den Menschen also die Gnade des Überlebens und des Weiterentwickelns, könnte man sagen. Wären sie nicht gewesen, hätten alle Wesenheiten, die auf der Erde ihre Entwicklung begonnen haben oder dort zeitweise inkarniert waren, auf anderen Planeten ihren Weg weiterführen und beenden müssen. Alles wäre also ganz anders gekommen.

In dem Moment, in dem die jeweiligen Hälften der Gnadenelohim wieder aufeinandertreffen, wird eine Energie der Vereinigung geschaffen, die das Christusgitternetz in eine höhere Ebene der Einheit hebt, und in dem Moment, in dem alle vier anfangen, zusammenzuarbeiten, wird die Evolution der ganzen Erde einen weiteren gewaltigen Sprung machen. Und dieser Augenblick steht kurz bevor.

Die Vereinigungsenergie bei beiden Paaren wurde kreiert und somit das Chistusgitternetz, das die Merkabah der Erde darstellt, in Bewegung versetzt, und zwar inzwischen mehrere der zwölf Merkabahschichten. Dies geschah im Juli 2005, und wenn du, lieber Leser, mal nachsiehst, was in diesem Monat alles los war, von ungewöhnlichen Stürmen bis politischen Ereignissen, dann kannst du das auch nachvollziehen.

Die Anasasi

Diese Botschaft in einer Mail, die hier erweitert wurde, vertieft noch einmal, was schon angedeutet wurde.

Zur Bewussten Atmung möchte ich noch anmerken, dass sie keineswegs neu ist. In vielen esoterischen Schulen wird sie praktiziert, und in Japan, wo Atemtechniken schon Jahrhunderte lang angewendet werden, gibt es über 9000 Hundertjährige, was auch der Bewussten Atmung zu verdanken ist! Ein Mann, der verschiedene Techniken zusammenfasste und durch sein eigenes Leben bezeugt, dass es funktioniert (er ist über 90 und erfreut sich guter Gesundheit), ist Dr. Shioya. Seine Forschungen zeigen, wie wichtig es ist, den Sauerstoff in jede einzelne Zelle zu transportieren, um einen gesunden Körper zu erhalten. Mit der normalen Atmung wird das nicht vollständig erreicht. Mit der Bewussten Atmung dehnen sich die Lungenflügel aus, und das Zwerchfell senkt sich automatisch. Mit jedem dieser bewussten Atemzüge nimmt der Organismus mehr als fünfmal so viel Sauerstoff und auch Prana auf als mit der normalen, oberflächlichen Atmung, da der Sauerstoff das Trägermedium für das Prana als Lebensenergie ist.

Doch nun zurück zum Energiesystem des Menschen. Durch Beobachtung meines Spiritualisierungsprozesses konnte ich feststellen, dass die Bearbeitung der äußersten „Chakren-Schicht“, die von der Kundalini vorgenommen wird, in linearer Reihenfolge geschieht. Zunächst konnte ich also in großen Abständen das Wurzelchakra (über dem Schambein) fühlen, dann wurden die Abstände immer kleiner, und bald war die Drehung jeden Morgen wahrnehmbar. Dann kam das Sakralchakra (unterhalb des Nabels) hinzu, wo es ähnlich zuging, und dann das Sonnenchakra (oberhalb des Nabels). Dieser Name erscheint mir passender als Solarplexuschakra, weil hier das Sonnengeflecht liegt. Um das Sonnenchakra zu aktivieren, mussten die unteren beiden Chakren soweit geklärt sein, dass sie sich zu einem größeren vereinigen konnten (zumindest für kurze Zeit), und damit wurde die Energie für das Dritte Chakra generiert. Als diese drei eine gewisse Zeit der beschleunigten Drehung erfahren hatten, vereinigten sie sich wiederum zu einem temporären größeren Chakra, und dabei wurde das gelöst, was man einen Knoten nennt, der zwischen dem Sonnen- und dem Herzchakra liegt. Das Herzchakra selbst spürte ich in dieser ersten Bearbeitungsschicht nur sporadisch, doch am Halschakra wurde sehr viel gearbeitet, was sich durch ständige Halsschmerzen und hin und wieder Ausbleiben der Stimme bemerkbar machte. Da ich wusste, was geschieht, ließ ich alles zu und unterstützte den Vorgang, so gut ich konnte, denn es tauchten auch die entsprechenden Themen in meinem Leben auf, so dass ich auch aktiv daran arbeiten konnte und nicht nur passiv alles hinnehmen musste. Um diese Klärungsarbeit für mich zu erledigen, ging ich viel in den Wald. Ich lief und lief, und lernte dabei meine Umgebung besser kennen als in den vierzig Jahren zuvor. Bei diesen Wanderungen wurde ich auch immer wieder „zufällig" an Orte erhöhter Schwingung gebracht, wie Kapellen, Kreuze, Quellen, alte Bäume, Höhenzüge, besondere Felsen, die jeweils ihren Beitrag zur Erhöhung meiner Schwingung leisteten, obwohl ich das viele Jahre nicht wusste oder gar bemerkte.

Dann wurde auch das Stirnchakra bearbeitet, indem ich begann, spirituelle Literatur zu lesen. Dabei wurde zum einen dieses Chakra, zum anderen aber auch das Kronenchakra angeregt, und das ist auch kein Wunder, denn das Stirnchakra ist ein besonderer Teil des Kronenchakras, weshalb auch die Lilatöne meist als generelle Aktivierungsfarben für das Kronenchakra gelten, was nicht falsch ist. Zusätzlich hat jedoch für das gesamte Kronenchakra die Farbe Weiß, die die Farben der ersten sechs Chakren enthält, stimulierende Wirkung.

Da das Stirnchakra zweigeteilt ist, braucht es auch zwei unterschiedliche Farben, um die beiden Teile zu beschleunigen. Indigoblau für das Dritte Auge vor der Stirn und die Lilatöne für den dahinter liegenden Teil. Welcher

Lilaton gerade benötigt wird, hängt von dir ab. Folge da deiner Intuition.

In der Spiritualisierung werden feinstoffliche Kristalle aktiviert, was am Kopf als winzige Stellen warmen Hauches oder als Drehbewegung von Minichakren spürbar wird. Das Kronenchakra besteht ja aus fast tausend Einzelchakren, von denen jedes zwölf „dicke" Schichten besitzt, die wiederum in zwölf dünnere usw. unterteilt sind, so dass es eine Weile dauert, bis alles aktiviert und das komplette Wissen darin freigegeben wird. Das ist auch völlig in Ordnung so, denn wir würden mit der Informationsflut sonst auch gar nicht fertig werden, wobei es hier wohl zunächst um die kristalline Schicht des Ätherfeldes geht. Ich habe den starken Verdacht (obwohl ich dafür noch keine Bestätigung erhalten habe), dass jedes einzelne Feld im Kronenckakra eigene Ebenen des Wissens gespeichert hat, so dass hier ein riesiger Schatz liegen muss. Das ist auch kein Wunder, wenn man bedenkt, dass wir ja auf mehr als einer Realitätsebene tätig sind und auf viele Inkarnationen zurückgreifen können.

Wie äußert sich dieses Mehr, zu dem du nun Zugang erlangst? Zum einen in der Steigerung der Erkenntnisfähigkeit, und zum anderen taucht ein Wissen auf, das du nicht aus Büchern oder der Schule hast. Je nach der Aufgabe, die du schon erledigst oder erst noch erledigen sollst, werden die Chakren schwerpunktmäßig gereinigt. Bei Menschen, die mit der Landwirtschaft oder Gartenarbeiten zu tun haben (sollen), wird es das Wurzelchakra sein. Bei Künstlern das Sakralchakra, bei Menschen in Führungspositionen das Sonnenchakra (und das Halschakra), bei Kindergärtnerinnen das Herzchakra, bei Channelmedien, Sängern und Rednern liegt die Betonung auf den Halschakren, bei Wissenschaftlern auf dem Stirnchakra, und bei (spirituellen) Lehrern auf dem Kronenchakra, um nur einige Beispiele zu nennen.

Wie geht es dann weiter? Irgendwann sprang bei mir die Hypophyse an, was ich durch einen grellen Blitz in meinem Gehirn wahrnahm, der so viel Energie freisetzte, dass ich meine Aura noch in einer Entfernung von vielleicht 30 cm von der Haut spüren konnte. Ich fühlte mich „aufgeplustert", könnte man sagen, also viel „dicker", – weiter passt eigentlich besser. Von da an ging die Bearbeitung der Schichten nicht mehr linear vor sich, und ich habe den Überblick verloren. Jedenfalls aktivierte sich immer das Chakra, das von meinem Höheren Selbst dirigiert wurde und „dran" war. Hätte die Kundalini nur einen Kanal, durch den sie aufsteigen kann und durch den die Chakren verbunden sind, wäre vermutlich nur eine lineare Bearbeitung möglich. In den meisten Büchern ist jedoch von drei Kanälen die Rede. Der Hauptkanal ist die Sushumna, die entlang der Wirbelsäule verläuft. Doch in dieser besonderen Zeit werden noch mehr Kanäle geöffnet

Während die (rote mit der Erde verbundene) Kundalini von unten nach oben steigt, dringt von oben, durch das Kronenchakra, die Sushumna hinunter, die Energie (goldene Kundalini) des reinen göttlichen Seins, das Prana, und hilft ebenfalls, Blockaden in den Chakren aufzulösen. Je nachdem, wo die beiden Energieströme zusammentreffen, geschieht dort eine Aktivierung. Das bedeutet eine Beschleunigung der Drehung, eine Ausdehnung und eine Erhöhung des Energiepotenzials im betreffenden Chakra.

In der Literatur werden noch zwei weitere Energiekanäle erwähnt, die Ida und Pingala genannt werden. Pingala ist der Träger der feurigen, solaren Energie. Er beginnt rechts im Wurzelchakra, windet sich die Sushumna entlang, an den Chakren vorbei, und endet im rechten Nasenloch. Ida ist der Träger der kühlenden, lunaren Energie, beginnt links im Wurzelchakra und endet im linken Nasenloch. Über die Atemluft wird durch diese beiden Hauptnadis direkt Lebensenergie ins System geschleust, weshalb die Atmung bei spirituellem Aufblühen so wichtig ist. Auf dem umgekehrten Weg scheiden diese Öffnungen Giftstoffe aus.

Hast du dir schon einmal Gedanken darüber gemacht, warum so viele Menschen beim Autofahren ihre Finger in der Nase haben? Sie spüren intuitiv, dass da beschleunigtes Prana in den Körper einfließt und legen daher die Öffnungen dafür frei. Also auch das hat einen höhern und gar nicht ekligen Sinn!

Der Äskulapstab ist nichts anderes als eine Darstellung dieser drei Energiekanäle, denn ein Aufsteigen der Kundlalini verändert die DNS-Struktur, weckt die 12-Strang-DNS.

Hierzu möchten die Anasasi etwas ergänzen:

Liebe Menschen, wir haben schon andernorts davon gesprochen, dass nun mehr Kanäle geöffnet werden. Diese zusätzlichen Kanäle dürft ihr euch nun nicht senkrecht durch euren Körper vorstellen wie die Pranaröhre. Es ist zwar richtig, dass zwei weitere senkrechte Kanäle geöffnet wurden (also insgesamt fünf), doch sie sind eher sekundärer Natur. Was wirklich wichtig ist, sind nun die horizontalen Kanäle, die geöffnet werden. Jedes Chakra ist ein Portal und gleichzeitig ein Wirbel. Zusätzlich ist jedes Chakra aber auch der Endpunkt eines Wurmlochs, könnte man sagen. Bisher sammelten und kumulierten diese Wirbel die von überall eintreffende kosmische Energie, doch hier ändert sich nun etwas. So, wie wir euch schon davon berichteten, dass das Nabelchakra (Sakralchakra) einen besonderen Kanal direkt zur Quelle öffnet, wenn der richtige Zeitpunkt gekommen ist, gilt das für jedes Einzelne der anderen elf Chakren ebenfalls! Das heißt, die Chakren transformieren nicht nur die Energie, die sie durch die Drehbewegung aus dem Kosmos „saugen", sondern sie erhalten nun auch einen besonderen Energiestrom aus der Quelle, und zwar bei Erreichen einer bestimmten Geschwindigkeit, oder, genauer gesagt, Vibrationsfrequenz. Das Öffnen des Nabelchakra-Kanals ist das Signal dafür, dass die menschliche Merkabah nun ebenfalls eine weitere Beschleunigung erhalten darf. Dieses bewirkt eine spezielle Energie, die die Mechanismen in Gang setzt, die nach und nach dazu führen, dass diese elf weiteren Kanäle geöffnet werden können. Was dieses für den Einzelnen und für alle zusammen bedeutet, werdet ihr nach und nach feststellen. Eines ist jedoch gewiss: Es bedeutet Veränderung! Und es bedeutet einen mächtigen Zug in Richtung Quelle!

Obwohl manche Chakren sich praktisch genau gegenüberliegen, teilen sie dennoch nicht den gleichen horizontalen Kanal, da jeder auf einer eigenen „Ebene" liegt und auch sehr unterschiedliche Energien transportiert. Über diese Energien erfahrt ihr mehr bei den einzelnen Chakren.

Eure Anasasi.

Hier ist es nun vielleicht angebracht, noch einmal näher auf den Unterschied zwischen Tor, Wirbel und Kanal einzugehen. Ein Chakra ist also einerseits ein Wirbel, der Energie ansaugt, durch die verschiedenen Schleier transformiert und dann in veränderter Form wieder „ausspuckt". Ab einer gewissen Frequenzhöhe wandelt sich das Chakra von der Scheibenform zur Kugelform, wie wir im ersten Band schon hörten, da nur die Kugelform die hohen Geschwindigkeiten halten kann. Und auch hier verändert sich etwas: Ab einer bestimmten Vibration (nämlich dann, wenn alle Schleier entfernt wurden), bildet das Chakra ein Tor. Was ein Tor genau ist, erläuterte Kryon in einer Mail an meine Verlegerin:

In dieser besonderen Zeit werden viele Tore geöffnet, daher sollte man eine ungefähre Vorstellung davon haben, was das ist. In jedem menschlichen Körper sind zwölf Tore, sprich Chakren. Sie sind zunächst Energiewirbel, die Energie ansaugen, umwandeln und dann wieder ausstoßen. Jedes Chakra entwickelt sich jedoch ab einer bestimmten Schwingungshöhe auch zu einem Tor. Das bedeutet, dass die Energie nicht mehr durch Drehung angesaugt werden muss, sondern von der Quelle und ihren Helfern direkt durchgeschickt werden kann. Dieses ist dann durch Vibration im Körper spürbar und nicht mehr durch eine Drehung. Das gilt nun auch für die Erdchakren. Die Erde hat Chakren in zwölf Dimensionen, die alle aktiv sind und schon immer waren, wenn auch in unterschiedlichen Qualitäten und Geschwindigkeiten. Diese Geschwindigkeiten werden nun immer mehr erhöht, so dass aus den Energiewirbeln ebenfalls Tore werden. Die Öffnung von Toren, von denen in einigen Büchern berichtet wird, ist also genau genommen eine Beschleunigung bereits vorhandener und aktiver Energiewirbel. Die zwölf besonderen Mitarbeiter der Quelle hielten genau diese Tore über die Äonen offen, indem sie innerhalb der Tore inkarnierten und ihre spezielle Energien dort (unbewusst) einbrachten. Sehr oft war dazu der Opfertod nötig, weil dieser sehr große Energien beinhaltet. Gerade diese zwölf Toröffner mussten also sehr viel mehr dieser Tode erleiden als die anderen Menschen. Sie taten es, nicht weil sie etwas Besonderes im Vergleich zu den anderen sind, sondern weil sie es von den Fähigkeiten her verkraften konnten und ihre enorm große Liebe zu den Menschen sie dazu bereit sein ließ. Diese zwölf Menschen trafen nun das erste Mal seit Äonen wieder zusammen und öffneten ein besonderes Tor. Diese Öffnung bewirkte, dass über sämtliche vorhandenen Tore, Kraftorte und Lichtarbeiter ein besonderer Schutz gelegt wurde, so dass deren Schwingungen nun nicht mehr verringert werden können. Vielleicht, liebe Lichtarbeiter, ist euch schon aufgefallen, dass ihr keinen Schutz mehr anlegen müsst, wenn ihr in die Konsumhallen, Verzeihung Geschäfte, oder zu großen Menschenansammlungen geht.

Dieses war nötig, da es nun kein Weg mehr zurück in die niedrigen Schwingungen gibt. Hierzu möchte Sanandá einiges sagen, bevor ich mit den Erläuterungen zu den Toreigenschaften fortfahre:

„Liebe Menschen, hier spricht Sanandá, und ich möchte euch Kunde darüber geben, was im März und im April des Jahres 2005 geschehen ist, denn es muss alles dokumentiert und weitergegeben werden, damit die Menschen verstehen.

Zuerst möchte ich mit einem Irrtum aufräumen, der in der esoterischen Gemeinde umhergeistert. Es ist die Rede davon, dass ich wiederkommen werde, und diese Aussage hat einen gewissen Wahrheitsgehalt. Aber es geschieht nicht in der Form, dass ein neuer Messias auftaucht, dem ihr dann wieder hinterherlauft, um seine Worte zu hören, anstatt in eure eigene Kraft und Meisterschaft einzutauchen. Als ich auf Erden wandelte, legte ich einen Samen in alle Menschen, die zeitgleich inkarniert waren (nicht nur in die, die Christen wurden), und dieser Christussamen begann zu keimen und hatte nun 2000 Jahre Zeit, so anzuschwellen, dass er bereit ist, ans Licht zu treten. Damit will ich sagen, dass jeder von euch die Sanandá/Jesus-Energie im Herzen trägt, da das Christusgitternetz damals von den „Keimlingen" geschaffen und nun vor kurzem aktiviert wurde. Diese Aktivierung trägt dazu bei, dass die Pflanze nun ans Licht kommt. Also, jeder nun Inkarnierte kann mit einer gewissen Berechtigung sagen: Er ist Jesus/Sanandá. Ihr könnt euer Pendel oder den Tensor hernehmen und auf diese Weise bei jedem so auftretenden „Messias" (und es werden tatsächlich mehrere sein) prüfen, wie viele Prozente der Sanandá-Energie er mit sich trägt und dann selbst entscheiden, was ihr von ihm annehmt, und was nicht. Je geringer die Prozentzahl, desto geringer mein Anteil. Ihr werdet feststellen, dass niemand in meinem Namen öffentlich auftritt, der tatsächlich hundertprozentige Christusenergie im Herzen trägt! Es gibt eine Ausnahme, doch ist es kein Mann, und sie tritt nicht in meinem Namen auf, sondern unter dem ihren. Es ist Maria-Magdalena, meine Dualseele, einige kennen sie unter dem Namen Lady Nada. Aber auch sie ist kein Messias, sondern verbreitet nur wichtige Informationen.

Ihr erzählt in der christlichen Liturgie, dass Jesus die Menschen von Schuld befreit hat, doch was heißt das genau? ***Er hat Karma abgebaut!***

Als ich auf Erden wandelte, war mir erlaubt, 10% des Gruppenkarmas der Menschheit aufzulösen (Karma, das mit der Zerstörung des Planeten zusammenhängt), und mir wurde zusätzlich erlaubt, ein Energiefeld zu kreieren, das über die Jahrhunderte hinweg ermöglichen würde, weitere 30% des Karmas aufzulösen. Dieses Energiefeld war ein Speicher für diese 30%, und jedes Gebet, das mit christlichem Gedankengut verrichtet wurde, verringerte diese 30%. Und, meine Lieben, dieser Speicher ist jetzt leer. Es gibt noch Kollektivkarma, ja, und auch Einzelkarma, doch dieser spezielle Speicher ist leer, und jedes Gebet, das nun gesprochen wird, füllt diesen Speicher mit Liebesenergie. Dieser Speicher wird irgendwann „platzen“ und die Erde mit gewaltiger Energie überschütten, die den ganzen Rest des Karmas, das es bis dahin noch gibt, „aufsaugen“ wird.

Es ist also völlig sinnlos, die Kirche wegen der Dinge, die geschahen, zu bewerten, alles hat seinen Sinn, alles geschah aus guten Gründen. Deshalb muss es uns nicht gefallen. Auch mir gefällt da so einiges nicht, aber dennoch war alles gewollt.

Und nun noch einige Neuigkeiten, die von unglaublicher Wichtigkeit und sehr erfreulich sind.

Im März dieses Jahres (2005) nahmen einige Ereignisse ihren Lauf, deren Auswirkungen ihr direkt und indirekt bereits zu spüren bekommt. Von dem einen hat Kryon euch gerade berichtet.

Nun geht es erst einmal darum, dass seit einigen Jahren eine Substanz von Flugzeugen in die Atmosphäre geschüttet wurde, die dafür sorgen sollte, dass die Ozonlöcher sich wieder verschließen. Diese Substanz hatte jedoch die „Nebenwirkung“, dass sich eine dunkle Wolke aus Angst verstärkenden Schwingungen um die Erde legte. Diese Wolke machte es uns sehr schwer, die Lichtarbeiter zu erreichen, und sie mussten sehr große Mühen auf sich nehmen, um in Kontakt mit der Geistigen Welt bleiben zu können, oder gar erst in Kontakt zu kommen. Und auch wir mussten unsere Energien sehr verstärken, um zu ihnen hindurchzugelangen. Mitte März wurde nun ein Energieschild zwischen die Erde und der Höhe gelegt, der für die Ausschüttung dieser Substanz benutzt wurde. Erzengel Michael hatte durch seinen Channel Natara aufgefordert, hier etwas zu unternehmen, da diese Substanz niemandem wirklich dienlich war, nicht einmal denen, die dieses in Auftrag gaben. Auch sie wurden kontaminiert, obwohl sie dachten, sie wären geschützt. Nun legten zwei Menschen, die unter anderem sehr starke Schutzenergien repräsentieren, diesen Schutz um die Welt, der von zwei weiteren zu einem späteren Zeitpunkt verstärkt und einer ganzen Familie von Lichtarbeitern (vier Personen: zwei Erwachsene, zwei Kinder) noch etwas später verschlossen wurde. Das bedeutet, egal, wie viel da noch ausgeschüttet wird, diese Substanz wird durch den Schild nun in Wasser verwandelt, nicht durch eine chemische Reaktion, sondern durch Transformation! Das hat natürlich den Effekt, dass nichts mehr von der Substanz auf den Boden gelangt, aber es hat noch eine andere Wirkung: Das Wasser, das gebildet wird, wird auf einige Flächen fallen, die man Wüsten nennt, und die Wüsten werden keine mehr sein! Dieser Effekt wird für einige Jahre anhalten und mit zur generellen Klimaveränderung beitragen, und diese speziell ist wirklich von euch hausgemacht! Die vielen Flechten, die auf euren Bäumen auftauchten, kamen nicht vom Kerosin, sondern von dieser Substanz! Ihr werdet feststellen, dass die Flechten sich nun nicht mehr ausbreiten werden. Sie wieder von den Bäumen lösen, das müsst ihr noch tun, jedoch nicht mit chemischen Mitteln, sondern mit der liebevollen Aufforderung, sich wieder zurückzuziehen. Zu diesem Zweck wird ein Seminar organisiert werden, an dem alle diejenigen teilnehmen werden, die die dazu passenden Liebesschwingungen, sprich die Liebe zur Natur, entwickelt haben. (Fühlt ihr euch hier angesprochen, dann achtet auf die Bekanntgabe des Termins, der voraussichtlich im Jahre 2006 liegen wird.)

Nun bestand natürlich die Notwendigkeit, die dunkle Wolke unter dem Schild auch aufzulösen, und dies geschah am 6./7. April 2005. Einen Tag besuchte ich Maria Magdalena in einer Meditation und wir hoben gemeinsam die Schwingung des gesamten Sonnensystems so an, dass es sich nun in der Fünften Dimension (!) befindet. Natürlich sind noch Anteile in der dritten und vierten, aber andere (sogar ganze Planeten des Sonnensystems) sind sogar schon höher angesiedelt.

Am 6. April 2005 vereinigten sich alle Lichtarbeiter (das kann sich durch sehr starke Müdigkeit (Energieabzug!) und Fresssucht (notwendige Erdung!) bemerkbar gemacht haben). Auch konnten in dieser Nacht viele kaum schlafen und nutzten, wie sie dachten, die Zeit zur Meditation. Es war die Zeit der Vereinigung aller Lichtarbeiter (!) (gleichgültig, ob sie das nun wussten, oder nicht), und zwar zwischen 1.00 Uhr und 4.00 Uhr in der Nacht, also eigentlich am 7. April 2005. In dieser Zeit fegte ein Staubsauger über die Erde und saugte die durch Gebete in Bewegung geratene Dunkelheit auf, und Maria Magdalena führte diese Energien durch ihren Körper und wandelte sie in Licht um. Diese Energie wurde dazu verwendet, um am 2. Mai 2005, um 2.50 Uhr(!), ein weiteres Tor der Achten Dimension zu öffnen. Dieses wurde von zwei Frauen erledigt, deren gemeinsame Energie die Berechtigung dafür erzeugt. Sie sind Teil der besonderen 12er Gruppe, die wir erwähnten.

„Welches Tor ist das nun schon wieder?“, werdet ihr fragen, und die Frage ist berechtigt: Das neue Tor ist das Erdäquivalent für das Halschakra. Es ist also ein Tor der Kommunikation, das da geöffnet wurde! Das Halschakra ist aber auch dafür zuständig, dass man sich mit karmischen Angelegenheiten befasst, und so wird eine Kommunikation innerhalb jedes Menschen stattfinden, die ihn verstärkt mit seinen karmischen, noch zu erledigenden Energien konfrontiert. Man könnte auch sagen, es wird ein Teilstrang in der 12-Strang-DNS aktiviert, der karmische Bilder, Muster, Verhaltens-, Gefühls- und Denkweisen an die Oberfläche spült.

Die Lichtarbeiter, die diesen Teil schon erledigt haben, können bereits ermessen, was das bedeutet, und das ist einer der Gründe dafür, warum nun so viele Heiler geweckt werden, denn sie werden gebraucht, sie werden gebraucht, sie werden gebraucht! Mit diesen Worten ergeht ein Weckruf an die Heiler, selbst wenn sie dieses nie lesen werden. Die Energie ist hiermit in die Materie gebracht.

Mit dem Harmonietor, das am 24. Dezember 2004 geöffnet wurde, ist die Zahl 9 verbunden. Mit dem Kommunikationstor die Zahl 5. Seid euch bewusst, dass an Tagen, an denen ihr vermehrt mit der 5 zu tun habt, karmische Angelegenheiten erledigt werden wollen, können, sogar müssen.

Nun zu einem anderem Datum, dem 18. März 2005. Auch dieser Tag hat enorme Bedeutung, denn auch da erfolgte ein besonderer Sprung in Richtung Aufstieg. Er hätte zur Folge haben können, dass ein ähnliches Ereignis geschieht, wie in Indonesien am 26. Dezember 2004, denn viele können in den höheren Schwingungen nicht existieren, weil sie noch zu viel Karma zu erledigen haben. Die Karmaenergie, die da ausgelebt werden sollte, betraf insbesondere Deutschland und seine Verwicklungen in Kriege und sollte ursprünglich dort ein Erdbeben auslösen, so dass das Karma schnell erledigt worden wäre. Doch Maria Magdalenas Mitgefühl war zu groß für die Menschen dort, und sie sagte sich immer wieder: Der Preis für den Aufstieg darf nicht zu hoch sein! Der Barmherzigkeit einer einzelnen Lichtarbeiterin habt ihr es also zu verdanken, dass hier Karmaenergie auf andere Weise als durch solch einen Ruck aufgelöst wurde und noch wird, denn sie nahm diese Energie auf sich und wird durch ihr Leben und Wirken diese Energie erlösen. Man könnte durchaus sagen, an diesem Tag starb auch Maria Magdalena am Kreuz, speziell für Deutschland, obwohl sie noch unter euch weilt. Doch war sie nicht ganz allein, denn noch einige andere Lichtarbeiter, die in den Tagen davor und am 18. März 2005 eine besondere Meditation durchführten, halfen ihr, dieses Kreuz auf sich zu nehmen und es zu tragen. Alle, die zu dieser Zeit mit dem Engelnamen „Muriel" (dem Namen des Harmonietorengels) meditierten, haben dabei geholfen, Deutschlands Schicksal zu verändern. Dieses waren insgesamt 41 Personen. Ihr alle seid Diener und Träger des göttlichen Bewusstseins und somit zu solchen Taten imstande, wie diese 41 Personen euch zeigen wollen und auch ich mit meinem Leben und Wirken damals zeigen wollte.

Ihr seht also an all dem, was ich euch erzählte, wie viel schon einige wenige Lichtarbeiter erreichen können. Und das sind nur die Dinge, die öffentlich gemacht werden. Die meiste Arbeit von Lichtarbeitern geschah und geschieht im Verborgenen und ohne jeglichen weltlichen Lohn. Das Faszinierende dabei ist, dass alle inkarnierten Menschen Lichtarbeiter sind! Sie sind nur aufgeteilt in die, die es wissen, und, die, die es nicht wissen. Was würde geschehen, wenn alle erwacht wären? Die Erde wäre (und das wird tatsächlich geschehen) ein Leuchtturm göttlicher Energien ohnegleichen, nicht nur für diese Galaxis, sondern für weit größere Räume, als ihr euch vorstellen könnt.

Dies war Sanandá, in großer Liebe und Freude darüber, euch all dieses kundtun zu dürfen."

Und nun weiter mit Kryons Botschaft:

Jedes Tor benötigt Schlüssel zur Öffnung, und zwar von beiden Seiten. Man kann sich das metaphorisch so vorstellen: Das Tor hat auf beiden Seiten Schlösser, und auf beiden Seiten steht mindestens einer, der den Schlüssel dazu in der Hand hält. Bei einer bestimmten Drehgeschwindigkeit stecken beide von jeder Seite den Schlüssel ins Schloss und drehen den Schlüssel um, so dass die eigentliche Tür des Tores sich auflöst und Energie von beiden Seiten her einfließt. Durch die Höhe der Schwingungen insgesamt ist eine Umwandlung der Energie nicht mehr nötig. Sie kann also einfach das Tor passieren, so wie du auch durch ein Tor gehen kannst.

Was ist das nun für ein Schlüssel, der dieses ermöglicht? Von der irdischen Seite ist es die Energie, die frei wird, wenn Menschen bewusst in ihren Spiritualisierungsprozess eintreten und verschiedene Maßnahmen ergreifen wie Meditieren, Seminare besuchen, usw.

Es gibt nun einige wenige irdische Toröffnungsspezialisten auf der Erde, die einzig und allein in der Lage sind, die Energie des Schlüssels zu halten und sie gezielt ins Schloss zu stecken. Es sind die zwölf bereits erwähnten und zwei weitere. Es gibt zwei Experten für die unteren sechs Dimensionen (dies sind die zusätzlichen zwei) und zwei weitere für die oberen sechs Dimensionen (die zur Gruppe der 12 gehören), wobei die Arbeit der ersten beiden sich langsam ihrem Ende nähert und die der anderen beiden gerade erst beginnt. Diese vier kanalisieren diese Energien durch ihre Körperchakren und können per Meditation die Energie fließen lassen, wohin sie fließen soll. Die anderen acht haben andere Fähigkeiten, die aber alle mit den Toren zu tun haben.

Meine Arbeit am Magnetgitter der Erde beinhaltet unter anderem die vorbereitenden Arbeiten, damit aus den Energiewirbeln Tore werden können. Ich benutze dabei zum Beispiel die Energien, die bei den Veranstaltungen mit Lee Caroll und meinen anderen Channels freigesetzt werden. Deshalb sind diese Veranstaltungen auch so wichtig und energiegeladen, denn alle, die dorthin kommen, bringen genau die Schwingung mit, die ich für den Torumbau benötige. Jeder hat eine Facette des Tores in seinem Gepäck, könnte man sagen. Versteht ihr nun, warum ich so viel Liebe in den Veranstaltungen zum Ausdruck bringe? Durch euch wird dieser Teil meiner Arbeit erst ermöglicht, und ich liebe diese Arbeit, weil ich ganz klar sehen kann, was sie bewirkt. Nun geschieht aber noch etwas Wunderbares, wenn der Schlüssel ins Schloss gesteckt und das Tor geöffnet wird: Es strömt einerseits besondere göttliche Energie zu euch, um euch bei der Transformation zu helfen, aber andererseits strömt auch Energie von eurer Seite her in unsere Richtung hindurch, die wiederum dabei hilft, unsere Schwingung weiter zu erhöhen, und damit wird noch qualifiziertere Arbeit durch uns möglich. Wie unten, so oben. Eure Schwingungserhöhung bringt auch unsere Schwingungserhöhung. Wir alles sind eins, wir alle bedingen einander!

Am 24. Dezember 2004 wurde nun das erste Tor geöffnet, wie wir an anderer Stelle ausführlich darlegen, und zwar eines der Achten Dimension, nicht der siebten, wie ihr in linearer Denkweise vielleicht glauben könntet . Das hat auch besondere Gründe, die hier nicht dargelegt werden sollen. Was wir jedoch deutlich machen wollen ist, dass dieses Tor, das Harmonietor, noch viele Nebentore benötigt, damit ein einheitliches Netzwerk die Erde überziehen kann und schließlich alle Einzeltore sich zu einem einzigen planetengroßen vereinigen. Jeder Mensch kann ein solches Nebentor in seinem Haus installieren.

Gebt mir durch folgende ***Meditation*** *die Erlaubnis dafür:*

Begebt euch an euren Meditationsplatz, stimmt euch auf meinen Namen ein, indem ihr ihn ständig in Gedanken wiederholt. Öffnet euer Kronenchakra und lasst aus einem Füllhorn über euch kupferfarbene Lichtenergie in euch einfließen, und das für ca. eine Stunde. Damit dreht ihr den Schlüssel für das persönliche Harmonietor eures Hauses um. Das wird nur dadurch möglich, weil das große Harmonietor nun geöffnet ist. Und es werden noch mehr Toröffnungen geschehen, wie wir nach und nach enthüllen werden.

Auch die Chakren der Menschen entwickeln sich nach und nach zu Toren, und was das alles für Veränderungen mit sich bringt, wird eine wunderbare Überraschung für euch werden.

Dieses war Kryon.

Hier endete die ursprüngliche Mail, doch setzte Kryon seine Torerläuterungen in einer weiteren fort, die hier nun aufgeführt wird:

Hier spricht Kryon, und ich möchte noch gerne erklären, was ein Tor eigentlich ist. Unter dem Stichwort Toröffnung habt ihr schon etwas davon gehört, nämlich dass es ein Gebilde ist, durch das Energien ein- und ausströmen können. Es ist ein magnetisches Gebilde, wird von Magnetkraft zusammengehalten, könnte man sagen. Aufrecht erhalten wird diese magnetische Kraft durch die Gebete und Meditationen der Menschen. Je mehr also gebetet und meditiert wird, umso größer wird ein Tor. Gleichzeitig wird es aber auch von Farbe bzw. der Energie, die durch Farbe symbolisiert wird, strukturiert. Das Harmonietor, von dem oben die Rede ist, ist im Kern kupferfarben, doch der Halo ist magentafarben, weil das Harmonietor und auch das Harmoniechakra der Menschen magentafarben ist. Die Erdchakren und Körperchakren der Menschen sind hier farb- und energiekompatibel, könnte man sagen. Je mehr Menschen also ihr Leben durch die Spiritualisierung in Harmonie bringen, desto größer wird das Tor, desto intensiver und leuchtender wird seine Farbe. Solange es noch ein Wirbel war, war das Harmonietor eher flach, wie ein Eishockeypuck von der Form her. Doch nun stieg die Energie so an, dass es zu einer Kugel umgeformt werden konnte und somit eine Torqualität annahm. Feinstoffliche Tore sind also kugelförmig, und zwar immer! Nur die Kugelform kann die große Vibrationsgeschwindigkeit halten! Wollt ihr euch also bewusst mit dem Harmonietor verbinden, könnt ihr es euch in euren Gebeten und Meditationen als kupferfarbene Energiekugel mit einem magentafarbenen Halo vorstellen.

Das gleiche gilt für die Tore, die ihr in euren Häusern etabliert.

Nun hat ein Tor im Inneren einen Kern, eine Linse könnte man sagen, wobei auch diese kugelförmig ist. Sie „kondensiert" die einströmende Energie genauso wie die ausströmende, kompensiert sie also so, dass sie für die jeweilige Seite lenkbar wird. Und genau hierfür benötigt man eine steuernde Intelligenz, und das ist eine der Aufgaben der Lenker göttlicher Strahlen. Sie benutzen die Kondensationspunkte (das Innere von Toren) auf „ihren" Strahlen, um die Energien gezielt lenken zu können. Im Falle des Harmonietores ist es Jesus/Sanandá. Es besteht also ein großer Unterschied zu den transformierenden Wirbeln und den Kondensationskernen im Inneren der Tore.

Dieser Intelligenz steht ein ganzes Heer an Engelwesenheiten zur Seite, die von einem „Oberhaupt" gelenkt werden. Bei Sanandá ist es Muriel, der Engel des Herzens, der gleichzeitig mit dem Harmonietor „geboren" wurde. Als Engel des Herzens arbeitet er auch für die Herzchakren der Menschen. Er hilft, die Mauern abzubauen, wenn die Farben eines Menschen signalisieren, dass er bereit dafür ist, so dass auch das Herz eines jeden Menschen einst weit offen für die Liebe stehen wird.

Dieses war Kryon.

Das erste Tor, das in einem Chakra der Menschen gebildet wird, liefert die Energien dafür, dass sich auf jeder Chakraschicht letztlich zwölf Tore öffnen können. Und da wir ja nur die Chakren des Ätherkörpers betrachten, kannst du dir, liebe Leserin und lieber Leser, vorstellen, dass es immer weiter und weiter geht, so dass es uns nie langweilig werden kann.

Ergänzung der obigen Mail von Kryon (12. April 2005)

Liebe Menschen, ich hatte erwähnt, dass jedes Chakra auch der Ausgang eines Wurmloches ist. Wo liegt nun der Unterschied zu einem Tor? Durch das Tor können all jene Energien passieren, die auf die Erde einströmen, heruntertransformiert von den verschiedenen Engelebenen. Ein Wurmloch nun ist eine Zusammenziehung des Raumes (und der Zeit!), sozusagen eine Abkürzung durch den Normalraum. Auch in den Wurmlöchern sind Linsen postiert, die dafür sorgen, dass die Energien heruntertransformiert werden, denn sie wären für euch sonst nicht erträglich, da die Quelle selbst die höchste Schwingung hält. Es ist ja die Quelle, die am anderen Ende des Wurmlochs Energie zu euch schickt. Da jedoch eine

Abkürzung genommen und damit der Zeit-Raum verkürzt wird, in dem diese Schwingungen in der „normalen" Materie verbleiben, hat die Energie eine andere Qualität. Sie ist aber nicht höher in der Schwingung, da ihr die ja nicht verarbeiten könntet, aber dafür in der Intensität. Mit dem beschränkten Wortschatz eurer Sprache ist dieses nur schwer zu erklären. Jedenfalls erreicht euch durch das offene Wurmloch eine andere Kraft als über den normalen Weg. Diese andere Kraft unterstützt die Beschleunigung eures Prozesses. Jeder Erwachende fühlt die Eindringlichkeit, die Notwendigkeit der Eile. Warum das so ist, können wir noch nicht aufzeigen. Es wird bald ohnehin offensichtlich werden, doch von eurer Sicht her drängt die Zeit tatsächlich, und das hat nicht nur mit den voraussichtlichen Ereignissen des Jahres 2012/13 zu tun. Durch diese besondere Kraft, die aus den „Wurmlöchern" strömt, wird es überhaupt erst möglich, dass so viel Karma gleichzeitig aufgelöst und damit der Weg der Einzelseelen erheblich verkürzt wird. (Allerdings gibt es bisher nur extrem wenige, die ihre Chakren soweit beschleunigt haben, dass sie zu Wurmlöchern werden bzw. das Ende des Wurmlochs geöffnet werden darf. Hier ist noch extrem viel Einzelarbeit gefragt, die jedoch immer einfacher geht und immer schneller zu erledigen ist.)

Das heißt nun nicht, dass eure Zeit bald endet, jedenfalls nicht in dem Sinne einer großen Katastrophe oder einer großen Transformation, und dann ist die Erde nicht mehr..., nein, es bedeutet, dass innerhalb kürzester Zeit ein riesiger Evolutionsschritt getan wird, für den ursprünglich noch mehrere Jahrhunderte eingeplant waren. Eigentlich sollten die zwölf DNS-Stränge nach und nach innerhalb mehrerer Generationen geweckt werden und nicht alle zwölf bei einer großen Masse innerhalb eines einzigen Lebens, und dennoch geschieht genau dieses, und zwar jetzt, in diesem Moment!

In Liebe, Kryon.

Wir haben nun gehört, dass es eine Kundalinikraft gibt, die von unter her strömt, und eine, die von oben her strömt.

Treffen nun die beiden Energieströme in einem Chakra zusammen, bewirkt dieses, dass das Chakra wie eine Zielscheibe für mehr Energie wirkt. Kommen nun noch die „horizontalen" Torenergien und Wurmlöcher hinzu, kann sich jeder ausmalen, dass dieses große Wirkungen haben muss.

Die Energie, die durch die Chakren eingesaugt wird, ist natürlich überall um uns herum, aber durch den Drehimpuls wirken die Chakren tatsächlich wie Zielschieben auf dem Ätherkörper, zu der die Energie hingezogen und hingeleitet wird.

Zu jeder Beschleunigung eines Chakras gehört ein Initiationsvorgang. Nicht immer kann der Mensch diesen erkennen, aber jede Initiation ist eine Art Prüfung. Jede Geburt ist zum Beispiel ein Initiationsprozess, und zwar nicht nur für die Mutter. Nimmt der Vater aktiv daran teil, gilt das auch für ihn. Die Männer sind hiervon also keineswegs ausgeschlossen.

Nehmen wir an, der Impuls für die Erweckung der Schlangenkraft wurde gegeben. Nun erfährt das Wurzelchakra, in dem sie liegt, eine Beschleunigung, und mit der zunehmenden Beschleunigung bildet sich ein Halo aus „Lichtenergie", so dass das Chakra mehr und mehr einer Kugel ähnelt, aber noch keine ist. Es dehnt sich also in gewissem Sinne aus.

Diese für manche spürbare Drehbewegung verursacht einen Sog, durch den Energie aus dem Emotionalfeld gesaugt wird, der wiederum saugt Energie aus dem Mentalfeld und dieser aus dem Spiritualfeld, so wurde es bisher gelehrt. Nun haben wir jedoch erfahren, dass es noch mehr Felder als diese vier gibt, so dass das Energiesystem des Menschen eine Komplexität annimmt, die veranschaulicht, welche komplizierten Planungen hinter der Schaffung eines menschlichen Körpers gestanden haben müssen. Dieses kann kaum noch mit „Zufall" erklärt werden. Es schalten sich also nach und nach auch die anderen Energiefelder ein bzw. entfalten eine größere Aktivität als bisher.

Die eintreffende Energie beschleunigt nun die Drehung noch mehr. Bei einer Ausdehnung, die im Radius höchstens die Länge betragen kann, die die Spitze des längsten Fingers bis zur ersten Linie, an der das Handgelenk abknickt, bildet, ist das Chakra nicht mehr in der Lage, noch mehr Energie aufzunehmen, daher fließt diese jetzt durch den Kanal, mit dem das Chakra an der Sushumna angeschlossen ist, wieder zurück. Da dieser untere Bereich nun völlig „unter Strom" steht, kann die Energie nur noch nach oben fließen und gelangt auf diese Weise zum nächsten Chakra.

Es ist tatsächlich so, dass diese feinstofflichen Energien erstaunlicherweise den physikalischen Gesetzen gehorchen, und mit der Physik ist es auch ganz gut zu erklären. Die Rotation, also Drehung des Chakras, erzeugt Fliehkräfte. Stellen wir uns ein trommelförmiges Karussell vor, in dem die Menschen an die Wand gedrückt werden, wenn es sich dreht. In diesem Karussell ist nun eine verschlossene Tür. Ist die Kraft der Drehung groß genug, bricht der Riegel dieser verschlossenen Tür, denn an dieser Stelle ist die Schwachstelle des Karussells und die Fliehkräfte konzentrieren sich nun auf den Punkt, an dem sich eine Lücke gebildet hat, und strömen mit aller Macht dort hinaus. Die Energie strömt nun zum nächsten „Karussell", also zum nächsten Chakra, und das Spiel geht von neuem los, mit dem Unterschied, dass sich die Schwingung der Energie auf dem Weg zum nächsten Chakra ändert, denn durch jedes Chakra werden nur die Energien gesaugt, die dieser Energiewirbel auch verarbeiten kann und die zu ihm passen. So geht es weiter, bis hin zum Kronenchakra. Die nun einströmenden Energien sind „feiner" als die vorhandenen und wirken wie ein frischer Wind im Energiesystem.

Der Aufstieg der Kundalini wird dadurch erschwert, dass sich im Laufe eines Lebens (oder, vielmehr, sehr vieler Leben) Blockaden bilden, die erst aufgelöst werden müssen. Man könnte sie, um bei unserem Bild zu bleiben, Müll in Form von Erfahrungen aus Menschenleben vor der Ausgangstüre des Karussells nennen, der erst beiseite geräumt werden muss. Räumt man ihn beiseite, muss man sich unwillkürlich noch einmal damit beschäftigen, indem man ihn sozusagen anpackt, und dabei überlegt, woher er wohl stammen mag, was er gebracht hat und ob man ihn noch benötigt. Schließlich legst du ihn beiseite, weil du ihn nicht mehr brauchst, und in diesem Moment wird die Energie umgewandelt und findet ihren Verwendungszweck.

Je mehr wir den Körper (genau genommen alle Körper) reinigen (also auch hier Müll wegräumen), desto leichter wird der Prozess und desto schneller verläuft er. Der Aufstieg der Kundalini ist somit eine körperliche und geistige Reinigung. Je mehr wir verschmutzt sind, desto länger dauert es, und je weniger wir uns mit dem Müll beschäftigen, desto anstrengender wird es. Den physischen Körper kann man reinigen, indem man die Gifte ausschwemmt. Den Geist reinigt man, indem man sich mit den auftauchenden Themen beschäftigt, sie aber auch wieder loslässt. Hierbei ist es wichtig, im Hier und Jetzt zu leben, die Vergangenheit irgendwann als erledigt zu betrachten, sie loszulassen und die Zukunft einfach geschehen zu lassen.

Da die Chakren von zwölf Schichten umgeben sind, geht dieses eine ganze Weile so. Etwa bei der Durchdringung der sechsten Schicht, von außen gerechnet (dabei sollte dir klar sein, dass dies alles nur Metaphern und die Schichten nicht wirklich voneinander getrennt sind), wird die Geschwindigkeit der Chakren zu hoch, als dass sie Scheiben bleiben könnten, und die Kugelform entsteht. Diese dreht sich nun nicht direkt, sondern vibriert mehr, was höhere Schwingungen zulässt als die Drehung. Aber auch wenn alle zwölf Schichten durchdrungen sind, bist du nicht etwa „fertig“. Die Spiritualisierung setzt sich immer weiter fort. Was nun passiert ist, dass die Chakren sich nach und nach zu Toren entwickeln und dann zu den Ausgangs- und Eintrittspforten von Wurmlöchern, von denen Kryon ja schon erzählte.

Die Auflösung aller zwölf dicken Schichten um die Chakren ist ein riesiger Schritt, um die eigene Göttlichkeit wieder anzunehmen, und bringt auch entsprechende Fähigkeiten mit sich. Nur bei entsprechender geistiger Reife dürfen dann die nächsten Schritte eingeleitet werden. Da wir schon sehr viele Leben hier hatten und unsere Erfahrungen mit Macht und Machtmissbrauch gemacht haben, ist hier auf der Erde tatsächlich eine riesige Meisterklasse versammelt, die ihre letzten Prüfungen zur Meisterschaft ablegt, um dann selbstständig arbeiten zu können, wie es bei einem Meister ja der Fall ist.

Sehen wir uns anhand der Funktionsweise und Aufgaben der Chakren nun an, welche Themen bei der Auflösung der Schichten auftauchen können.

Die Chakren sind zunächst rund und liegen flach wie Pfannkuchen auf dem Ätherkörper auf. Sie besitzen einen Kanal, der den Pfannkuchen sozusagen zu einem Trichter formt. Diese Trichter sind mit der Wirbelsäule verbunden, an der auch die Sushumna liegt.

Diese Energiekanäle sind bei einem nicht erweckten Menschen in etwa so wie Landstraßen angelegt. Steigt jedoch die Kundalini auf und gleichzeitig die göttliche Energie (Prana) herab (es ist ein wechselseitiger Prozess), werden diese Landstraßen zu mehrspurigen Autobahnen ausgebaut, und das kann recht starke Auswirkungen haben.

Man findet in der Literatur immer wieder die Angaben, dass bei Mann und Frau die Chakren sich entgegengesetzt drehen. Es gibt aber auch Menschen, die dieses für Unsinn halten. Wir wissen nun, dass die Chakren sich zu Kugeln umformen, und Kugeln können sich in alle Richtungen drehen, und daher kommt die Verwirrung hierüber. Die Rechts- und Linksdrehungen verlieren damit ihre Bedeutungen, denn ab einem gewissen Stadium vibrieren sie ohnehin nur noch, die Yin-Yang-Haftigkeit hebt sich somit auf.

Jedes Chakra hat eine Frequenz, mit der es resoniert, die sich in Farbe und/oder Ton ausdrücken kann. Das bedeutet, dass man mit bestimmten Farben und Tönen die Chakren stimulieren kann. In einigen Büchern wird gesagt, dass die stimulierende Farbe des Chakras nicht dessen eigentliche Farbe ist, da Hellsichtige diese Farben dort kaum wahrnehmen. Da Hellsichtige unterschiedliche Begabungen und auch unterschiedliche Bewusstseinsstufen haben, dringen sie unterschiedlich tief mit ihrer Wahrnehmung in die Aura und die Chakren ein, und daher kommen die Unterschiede in den Angaben. Es ist wohl auch so, dass in den meisten Chakren so viele Blockaden sitzen, dass die eigentliche Farbe nicht mehr erkennbar ist. Werden diese Farben sozusagen freigelegt, kommen bei den vorderen Chakren die Farben des Regenbogens zum Vorschein, der schon immer als Brücke zum Göttlichen angesehen wurde und wird. Das ist der Grund, warum meine Bücher den Regenbogen im Titel haben, denn er symbolisiert sowohl im Außen als auch im Inneren die Verbindung nach oben. Die Menschen bilden (mit Hilfe der Chakren) den unteren Teil des Regenbogens.

Und genau das ist der Lichtkörperprozess: Ein Brückenbau zum göttlichen Teil unseres Selbst oder zum „Höheren Selbst".

Durch diesen Vorgang erkennen wir immer klarer, dass wir nicht von Gott getrennt, sondern Teil des Ganzen, also Teil des göttlichen Ausdrucks, sind. Was nichts damit zu tun hat, sich über andere zu stellen, denn die Göttlichkeit ist ja nicht nur im Erwachenden, sondern in Allem-was-ist, also auch in den nicht erwachten Mitmenschen. Es gibt hier keinen Grund für Übermut und auch keinen für Hochmut, beides wird dir nur neue Lernlektionen auferlegen.

Mit Hilfe der Farben lassen sich die Blockaden in den Chakren beseitigen, wie du anhand der Meditationen immer wieder erkennen kannst.

Eine grundsätzliche Einteilung der zwölf Chakren ist, dass die Chakren an der Vorderseite des Körpers mehr das Oberbewusstsein spiegeln und die Rückseite das Unterbewusste. Über die Rückseite haben wir auch Verbindung zur Geistigen Welt. Die Rückseite ermöglicht uns einen Zugang zum Unbewussten, wo all das steckt, was wir uns nicht ansehen wollen und daher „wegpacken". Dort sind alle unterdrückten Gefühle und Träume vorhanden und können reaktiviert werden. Auf der Rückseite steckt also auch all das, was uns Angst macht, und Ängste haben wir so viele, dass man kaum weiß, wo man anfangen soll, wenn man sie ablegen will. Da hilft der Kundaliniprozess, denn der präsentiert uns unsere Ängste schön der Reihe nach, viele auf einmal, oder in großen Abständen, je nachdem, wie viel die betreffende Person verträgt. Cyndi Dale drückt das so aus: „Öffnen wir die Chakrarückseiten, so ist es, als befreiten wir einen wilden Tiger, der jahrelang eingesperrt war."[1]

Chakren sind also so etwas wie feinstoffliche Sinnesorgane, die über die Energie nicht nur Informationen aus der Umgebung aufnehmen, sondern auch abgeben, und somit die Umgebung beeinflussen können. Kommt also der Kundaliniprozess in Gang, werden wir mit sehr vielen Informationen versorgt. Informationen sind Wissen, und Wissen ist Macht...

Das 12-Chakrensystem und die Lenker der 12 Strahlen

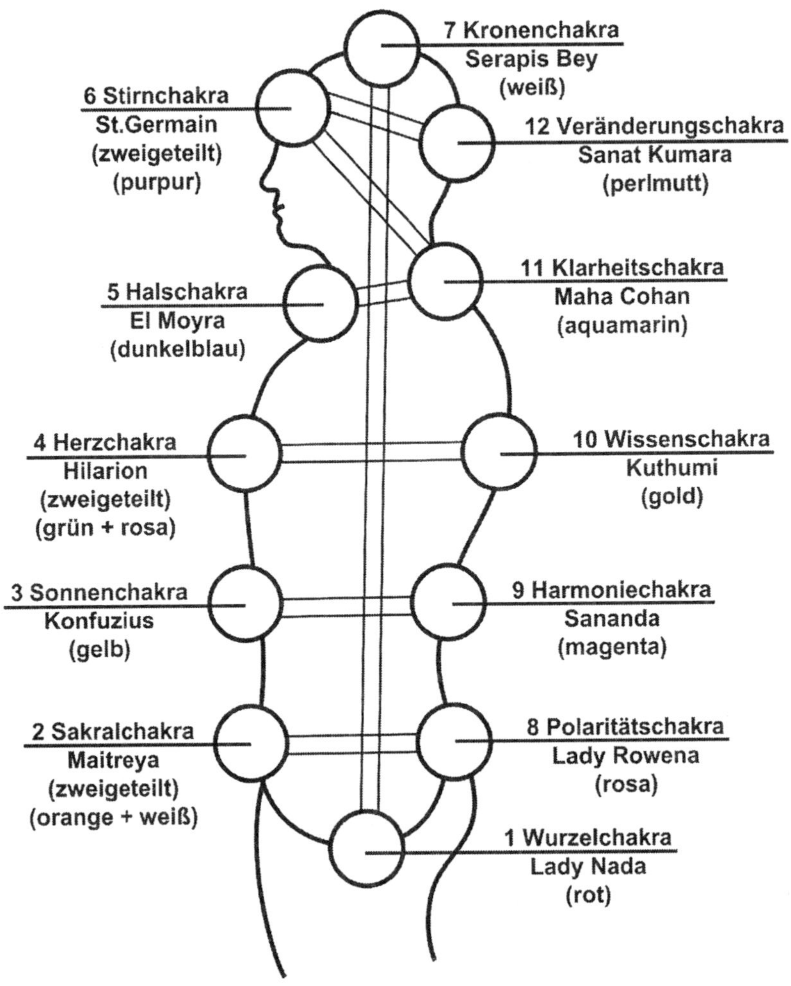

Das Wurzelchakra

Das Wurzelchakra dreht sich eher gemächlich und liegt auf der Höhe des Schambeins. Jedes Mal, wenn wir zum Beispiel auf einer Wiese sitzen, also in der Natur sind, sind wir mit ihr über das Wurzelchakra verbunden. Dazu muss man nicht einmal meditieren. Wir sitzen zwar viel, aber nur wenig draußen. Das ist einer der Gründe, warum wir den Kontakt zur Natur verloren haben und als Folge mit ihr so umspringen, als wären wir nicht Teil von ihr, sondern über sie erhaben.

Steigt die Kundalinienergie aus dem Wurzelchakra auf, wird die 12-Strang-DNS aktiviert, und zwar deren zwei physische Stränge, die uns bekannt sind. Die anderen zehn liegen im feinstofflichen Bereich und sind daher nicht sichtbar. Doch sie sind da und entscheidend für den Aufbau des Lichtkörpers. Und auch sie werden nach und nach aktiviert.

Will man konzentrierte Erdenergie aufnehmen, und das ist für den Spiritualisierungsprozess sehr hilfreich, ist der *Oleg Lohnes Revitaler* unglaublich wirkungsvoll. Das ist eine Matte mit vielen winzigen ganzen, halben und Viertelpyramiden, die diese Energie sammeln und konzentriert über die Pyramidenspitzen wieder abgeben. Sie wurde von Oleg Lohnes, einem Ukrainer, der in Deutschland lebt, entwickelt. Auch wenn man gravierende gesundheitliche Probleme hat, ist diese Matte enorm hilfreich, denn zum einen baut sie darauf auf, dass durch den Druck auf die Lymphe Blut und damit Sauerstoff in Zellen des Körpers gepumpt werden, die vielleicht schon seit Jahren unterversorgt waren, und der andere Aspekt ist eben der energetische. (Bezugsquelle: hinten im Buch)

Jedes Chakra beeinflusst die Bereiche in seiner unmittelbaren Umgebung. Bei Blockaden kann sich das in Schmerzen ausdrücken.

Das erste Chakra wird geprägt durch unsere Erlebnisse in der Familie. Cyndi Dale schreibt in dem bereits genannten Buch: „Von dieser frühkindlichen Programmierung hängt die Stärke unseres Überlebenswillens ab. In diesem Chakra sind die ersten Erfahrungen unseres Lebens ebenso gespeichert wie unsere Urinstinkte.“ Da es im Spiritualisierungsprozess auch um frühere Leben geht, sind also im Wurzelchakra auch all die Erfahrungen von früher gespeichert, die in diesem Leben erlöst werden sollen. Hat man also extreme Erlebnisse in der Kindheit eines früheren Lebens erfahren, so können diese noch gespeichert sein, sofern sie nicht in einem anderen Leben bereits erlöst wurden. Hier wird nun der Grund für die Vielschichtigkeit der Chakren deutlich und auch, warum sie so viele Blockaden vorweisen können. Hast du vielleicht ein Gelübde abgelegt, das ein bestimmtes Chakra betrifft, so wird es dort auch gespeichert, und du nimmst es in jedes Leben mit, bis du dich selbst wieder davon entbindest. Der Schwur ewiger Treue einem anderen Menschen gegenüber wird im Sakralchakra abgelegt, was dazu führen kann, dass du mit keinem Partner in diesem Leben die sexuelle Erfüllung leben kannst, weil du durch deinen Schwur an jemand anderen gebunden bist. Daher wurde im ersten Band eine Meditation vorgestellt, die dich von allen früheren Verpflichtungen entbindet, denn nur dann kannst du wirklich frei werden. Ein Schwur an eine Institution wird im Wurzelchakra abgelegt, und so kann es sein, dass du mit dem Hier und Jetzt Probleme hast, die dich nicht wirklich Fuß fassen lassen.

Du siehst also, viele Schwierigkeiten in diesem Leben hängen unmittelbar, und nicht nur mittelbar, mit früheren Leben zusammen.

Das Thema des Wurzelchakras ist der körperliche Wille zum Sein. Da wir auf der Erde leben, hängt dieses direkt mit unserer Verbindung zu unserem Planeten zusammen. Mit diesem Chakra kann man sich daher erden, wenn man das Gefühl hat, den Boden unter den Füßen zu verlieren. Ohne dieses Chakra könnte der Mensch auf Erden nicht existieren. Ein Mensch mit einem voll entwickelten Wurzelchakra fühlt sich wohl auf der Erde und liebt sie. Dieser Mensch pflegt seinen Körper und kümmert sich um ihn, weil er weiß, dass der Leib sein Gefährt auf dieser Welt ist. Dieser Mensch gibt dem Körper nur die Nahrung, die er verträgt, und beseitigt alle Gifte, falls welche vorhanden sind. Basisprobleme wie Essen, Trinken, Schlafen, Wachen stellen für diesen Menschen kein Problem dar, weil er weiß, dass er von der Erde getragen wird. So sollte es bei allen Menschen sein, doch ist das heute nur selten der Fall. Sehr viele Krankheiten resultieren daraus, – vor allem Krankheiten im Bereich der Nieren, die für die Entgiftung sorgen. Funktioniert die Entgiftung nicht, stauen sich die Gifte im Körper, Krankheiten und Übergewicht sind die Folge.

Das Wurzelchakra ist laut indischer Lehre in vier Bereiche oder auch Kammern aufgeteilt und schwingt auf der niedrigsten Ebene von allen Chakren. Je mehr Kammern ein Chakra aufweist, umso mehr Blockaden können sich darin bilden, und umso mehr müssen auch wieder aufgelöst werden. Ruft man sich nun noch ins Gedächtnis, dass auch diese Kammern ihre zwölf Schichten aufweisen, kann man sich vorstellen, dass all das nicht in einigen Monaten bewältigt werden kann, sondern Jahre dauert. Eine Ausnahme bildet der Einsatz der Gnade, die in unserer Zeit eine große Rolle spielt, denn sonst wäre die Beschleunigung, die wir heute beobachten können, in diesem Tempo gar nicht möglich.

Zum Wurzelchakra gehört die Farbe Rot bis Erdbraun. Chakren können jedoch die verschiedensten Farben enthalten. Das kommt ganz darauf an, welche Erfahrungen die betreffende Seele gemacht hat. Mit der zugeordneten Farbe lässt sich jedoch ein Chakra stimulieren und damit von Blockaden schneller und problemloser befreien. Da zum Wurzelchakra (gemeinsam mit dem Sakralchakra) auch die Sexualität gehört, ist die stimulierende Farbe, die sich im Begriff „Rotlichtmilieu" spiegelt, verständlich.

Zum Wurzelchakra gehört die Sinnempfindung Riechen, die uns Durchsetzungskraft und Beständigkeit verleiht. Der Aufbau einer Existenz und die Gründung einer Familie gehören zu diesem Chakra. Im Wurzelchakra liegen die Kundalinikraft und die Enden der Energiekanäle Pingala und Ida. Hier ist der Beginn. Und hier liegt auch der Beginn des Wunsches, die Erde so zu gestalten, dass sie für alle lebenswert ist. Wird das Wurzelchakra „geklärt" bzw. geheilt, wird die Verbindung mit der Erde wieder enger, und wir fangen an, uns dafür einzusetzen, dass alle Schäden, die wir durch unsere technisierte Art zu leben angerichtet haben, wieder gut gemacht werden. Jeder Einzelne hat die Macht und Kraft dazu, und auch die Pflicht, denn ohne die Erde könnten wir hier nicht existieren. Das müssen sich allerdings noch viel mehr Menschen klar machen.

Ist das Wurzelchakra gestört, geht das Denken und Handeln nur um materielle Dinge und um sinnliche Reize und Genüsse. Dass hier heutzutage im Großen eine Störung vorliegt, ist kaum zu übersehen. Wir suchen fast alle Erfahrungen im Außen, anstatt nach innen zu gehen, wo ein reichhaltiger Schatz darauf wartet, geborgen zu werden.

Kann jemand nicht loslassen, so zeigt sich das zum Beispiel in Übergewicht und Verstopfung, was typisch für ein gestörtes Wurzelchakra ist. Überhaupt zeigen sich Störungen eines Chakras im umliegenden Bereich des Körpers als Krankheitssymptome. In die Natur zu gehen, ist noch die beste Therapie, um hier zu heilen.

Das Wurzelchakra ist eng mit Sexualität und damit auch eng mit dem Sexualchakra bzw. Sakralchakra verbunden. Das liegt auch nahe, denn in diesem Bereich spielt sich der körperliche Akt ab. Das Wurzelchakra hat eine enge Verbindung zur Haut (Ätherkörper), weshalb Streicheln auch so stimulierend wirkt. Hautprobleme haben also immer mit dem Sein auf der Erde zu tun.

Hier meldete sich der Engel Muriel:

Liebe Menschen, eure Haut dient der Abgrenzung nach außen hin. Sie ist also einer der Gründe für das Gefühl des Getrenntseins. Es war notwendig, diese Begrenzung zu schaffen, um zum Beispiel all die sinnlichen Erfahrungen, die über die Haut ablaufen, zu ermöglichen. Im Spiritualisierungsprozess wird sie zu einem der wichtigsten Organe, um die Energien, die wir aus der Geistigen Welt schicken bzw. Energien generell, wahrzunehmen. Seid ihr beispielsweise an einem Kraftort, so erfolgt das Erspüren der dortigen Schwingungen über die Haare.

Die Haut wird damit zu einem Instrument, das die Verbindung zu Allem-was-ist erspüren kann. Sie dient also sowohl der Trennung, als auch der Wiedervereinigung. Das ist auch der Grund, warum wir uns zum Thema Haare immer wieder äußern, denn sie sind ja in der Haut verankert und signalisieren mit ihrem Aufrichten, dass ein Energiewechsel stattgefunden hat, dass also etwas auf euch einströmt, was einen Moment vorher noch nicht da gewesen ist. Bitte achtet wieder vermehrt auf dieses Signal, denn solange wir noch nicht direkt mit euch sprechen können, erfolgt unsere Kommunikation über diesen indirekten Weg. Das gilt nicht nur für heute, sondern schon immer. Nur dürft ihr heute erfahren, was diese Kommunikation bedeutet, und darin liegt der große Unterschied zu früheren Zeiten. In esoterischen Schulen weiß man das längst, aber dieses Wissen darf nun allgemein werden. Das muss es sogar, um allen verständlich zu machen, was mit ihnen persönlich und auch allgemein zurzeit geschieht.

In Liebe, Muriel.

Hier wollte der Engel Oriel noch etwas ergänzen:

Liebe Menschen, ich bin ein Mitarbeiter auf dem Sektor der Klarheit. Daher ist es auch meine Aufgabe, für Klarheit zu sorgen, und genau darum geht es bei unseren Signalen für euch: um Klarheit. Wenn sich also eure Kopf- und/oder Körperhaare aufrichten, dann haltet einen Moment inne und überlegt, was ihr gerade gesagt oder gedacht habt, denn dann war der Gedanke so wichtig, dass wir ihn einfach bestätigen mussten, weil er für Klarheit und Struktur in eurem Leben sorgt. Vielleicht weist er darauf hin, wohin euch euer Weg führt? Denkt über den Gedankengang nach und analysiert ihn. Wenn wir uns melden, hat das immer gute Gründe.

Wir haben das schon im ersten Band erwähnt, aber weil es so wichtig ist, wiederholen wir es noch einmal.

„Wie können wir diese Kommunikation in Gang bringen?“, fragt sich vielleicht der eine oder andere: Es muss Bewegung in die Haare kommen, denn größere Beweglichkeit bedeutet größere Durchlässigkeit für Informationen. Das gilt für die Energiefelder und Chakren genauso wie für die Haare. Wendet ihr die Yin-Yang-Bürstweise (siehe Kapitel Reinigung) in Kombination mit unserer Heilmeditation an, dann schwemmt ihr die Giftstoffe, die sich im Haarboden ansammeln, aus, wie dieses Channel in einem späteren Kapitel ausführt. Der gesundheitliche Aspekt für den Kopf, ja für den ganzen Körper, ist nicht zu verachten. Für uns noch viel wichtiger ist jedoch, dass durch steigende Sauberkeit in eurem Körper, und damit auch in eurem Geist, die Erreichbarkeit von euch zunimmt. Das heißt also, je mehr ihr Giftstoffe ausscheidet, desto eher und direkter können wir mit euch kommunizieren. Zunächst über Körpersignale, aber dann auch über Energien, die ihr in Worte übersetzen könnt, so dass ein Dialog entstehen kann. Dieser Dialog zwischen Materie und Geistiger Welt wird euch in größere Dimensionen eures Da-seins führen und den Blickwinkel dessen, was ihr seid, immer mehr erweitern.

Unter Körpersignalen verstehen wir auch einen kurzen Schmerz in irgendeinem Bereich. Oft seid ihr durch die Unbeweglichkeit eures Panzers um euch herum von uns nur durch solch ein unangenehmes Mittel erreichbar, da ihr auf Subtileres nicht reagiert, auf Schmerz jedoch schon. Taucht also ein unerwarteter Schmerz auf, der nichts mit irgendeiner vorhandenen Krankheit zu tun hat, dann achtet doch bitte darauf, wo er sich befindet und welches Thema gerade berührt wurde, denn beides hat miteinander zu tun. Es handelt sich dann um etwas, das ein aufzulösendes Lebensthema gestreift hat, und auch hier sind dann Innehalten und Analyse gefragt. Auf diese Weise könnt ihr die Stelle niedriger Schwingung auflösen, selbst dann, wenn ihr keinen Zugang zu den karmischen Geschehnissen dahinter über die Angelina-Meditation habt. Hier arbeitet ein gutes Stück Gnade. Die Bewusstmachung der Lebensthemen sorgt also für Auflösung und damit für Schwingungserhöhung, und damit wiederum für Reinigung, und diese wiederum für mehr Klarheit durch die Freigabe von verschlüsseltem Wissen, angesammelt in Äonen! Es mag eine Weile dauern, bis dieses Wissen sich bemerkbar macht, und dennoch ist der Zugang dazu vorhanden. Vielleicht zeigt es sich erst in Verbindung mit anderem freigegebenen Wissen, und so ist hier ständige Analyse für eine Zeit lang notwendig. „Wie“, so werdet ihr vielleicht fragen, „kann ich diese Analyse vornehmen?", und wir geben euch einen Hinweis: Nehmt die Engelnamen, die wir euch für die zwölf Chakren gegeben haben, und meditiert mit ihnen durch ständige Namenswiederholung, sendet dann diese Namensenergie in die schmerzende Gegend, und das betreffende Thema wird euch bewusst werden, so das ihr euch damit auseinandersetzen könnt. Das ist nur eine von vielen Möglichkeiten. Da aber jeder Geist ein wenig anders strukturiert ist, geben wir euch mehrere dieser Möglichkeiten, so dass jeder „seine" Methode für den Klärungsprozess herausfinden kann.

Das war in Liebe Oriel.

Lieber Oriel, ich wünschte, ich hätte die gerade erwähnte Methode schon früher gekannt, damit hätte ich mir einiges erspart. Da aber nichts ohne Grund geschieht, musste ich wohl auf meine Art durch meine Klärung hindurch.

Themen, um die es zum Beispiel geht, wenn im Unterleib starke Schmerzen auftauchen, können sexueller Missbrauch in allen Spielarten sein, denn dieser wird sowohl hier als auch im zweiten Chakra gespeichert. Auch Blockaden, die aber mit dem sinnlichen Menschen zu tun haben, finden sich hier und müssen auch hier gelöst werden.

Zusammenfassend könnte man sagen: Das Wurzelchakra drückt aus: „Ich bin hier."

Das Sexualchakra oder Sakralchakra

Das Sexualchakra liegt unterhalb des Nabels. Es ist eigentlich zweigeteilt, weshalb sich hier auch unterschiedliche esoterische Schulen bildeten. Diese zwei Teile liegen nebeneinander. Im Zuge des Neuen Zeitalters erhalten viele Menschen die Möglichkeit, diese beiden Teile zu vereinen, dafür müssen sie aber in ihrem Prozess der Beseitigung von Blockaden schon sehr weit fortgeschritten sein. Erfolgt diese Verschmelzung, rutscht das Chakra wieder dorthin, wo es hingehört, nämlich hinter den Nabel.

Die miteinander verschmolzenen Chakren (also auch das Herz- und das Stirnchakra) sehen übrigens wie das Yin-Yang-Zeichen aus. Sie haben also in ihren Hälften jeweils einen „Mittelpunkt" bzw. einen Fokus, der Energien der anderen Hälfte enthält.

Knoten sind keine Chakren, sondern Barrieren, die verhindern sollen, dass die Kundalini vor einem gewissen Reife- und Klärungsprozess zu weit aufsteigt. Gleichzeitig haben sie auch die Funktion, zu verhindern, dass die Verschmelzung der geteilten Chakren zu früh erfolgt. Auch diese Knoten haben zwölf Schichten, so dass mit der Lösung der ersten Schicht der gesamte Knoten noch lange nicht verschwunden ist. Sie liegen sowohl vor dem Sakralchakra, dem Herzchakra, als auch dem Stirnchakra.

Der wichtigste Punkt im Bereich des Bauches ist der Nabel, der schon immer und in allen Kulturen als eine Art Zentrum angesehen wurde. Schon ein Kind im Mutterleib wird über den Nabel mit der Mutter verbunden und erhält darüber nicht nur die stoffliche (Nahrungs-)Energie, sondern auch feinstoffliche. Das zeigt die Wichtigkeit und eigentliche Lage des sakralen Chakras an. Es wird tatsächlich auch Nabelchakra genannt, obwohl im gleichen Atemzug in der Literatur ausgesagt wird, dass es eben nicht hinter dem Nabel liegt, weil es erst jetzt wieder dorthin zurückkehren darf. Dabei sind allein 72.000 der Nadis mit dem Nabel verbunden.

Der Nabel ist als einziges Teil des Körpers (im Normalfall) trichterförmig gebaut, so dass schon seine Form andeutet, wie zentral und heilig (!) dieser Punkt ist. Hier fließt ein Hauptstrom der Lebensenergie in den Körper! Er wird als Sitz des „Brahma“ angesehen.

Außerdem findet sich im Nabel der Grundton eines Menschen. Jeder Mensch strahlt eine ihm eigene Melodie aus, die von einem Grundton ausgeht und um den sich das Lied seines Lebens windet. Es wird zum Lied der Schöpfung, wenn er bis hierher gekommen ist.

Hat jemand seinen Klärungsprozess so weit vorangetrieben, dass alle zwölf Schichten um das Sakralchakra aufgelöst wurden, öffnet sich hier das Tor zur vollen Schöpferkraft. Damit wird er vollständig Schöpfer seines eigenen Lebens!

Künstler haben hier schon mehr Schichten aufgelöst als andere, weshalb sie auch Neues schaffen können.

Sakral bedeutet heilig, und das ist dieses Chakra auch, denn für Frauen ist dieses der Bereich ihrer Schöpferkraft, ihr Kraftzentrum. So ist es vielleicht kein Wunder, dass die weibliche Sexualität negiert, eingeschränkt und gar gefürchtet wurde. Diese Kraft erwacht jedoch in diesem Zeitalter zu neuem Bewusstsein, und zwar sowohl in den Frauen als auch in den Männern. Es kann jedoch sein, dass sie falsch ausgelegt wird (aus Unkenntnis) und zu unkontrolliertem Sexualverhalten führt. Der Drang kann unglaublich stark sein. Ist jemand in dieser Situation, sollte er versuchen, diese Kraft nach oben zu ziehen, also mit dem Bewusstsein in diesen Bereich einzutauchen und die Energie in die oberen Chakren führen. Der Effekt ist, dass der Drang verringert und die Sexualenergie für die „höhere" Entwicklung der Persönlichkeit verwendet wird, wozu sie unter anderem eigentlich dient.

Hierzu möchten die Anasasi etwas sagen:

Liebe Menschen, ihr seid euch schon seit langem bewusst, dass in diesem Bereich eine unglaubliche Macht verborgen liegt, denn über dieses Zentrum seid ihr mit der göttlichen Schöpferkraft verbunden. Von dem Augenblick an, in dem die besondere Pforte, von der wir weiter oben berichteten, sich öffnet, ist euch buchstäblich alles möglich, was ihr euch in diesem Leben vornehmt. Diese Kraft habt ihr bisher nur bis zu einem gewissen Prozentsatz genutzt, und vieles von diesem Anteil verpufft, weil ihr durch wahllosen Verkehr diese Energie verschwendet. Das hatte bisher seinen Sinn und sollte so sein, doch auch hier verändert sich nun etwas. Treffen die richtigen Menschen aufeinander, kreieren sie mit ihrem sexuellen Beisammensein eine besondere Kraft, eine Energie, die dem Aufstieg ihrer selbst und der ganzen Erde dient. Dementsprechend wählerisch solltet ihr ab heute sein. Mit jedem Menschen, mit dem ihr sexuell verkehrt, seid ihr noch neun Monate lang verbunden. Wollt ihr das denn, mit jedem Einzelnen? Oft nicht, nicht wahr? Wir möchten euch daher eine Meditation mitgeben, die alle Verbindungen zu den Sexualpartnern löscht. Das gilt übrigens auch für die aus früheren Leben. Der Sinn ist, euch freizumachen von Banden, die euch nichts mehr nützen.

Für diese Meditation nehmt euch einen ruhigen Abend vor und führt sie gleich im Bett aus, denn sie wird euch sehr ermüden, da ihr dabei anstrengende energetische Arbeit durchführt. Ihr könnt dann gleich danach schlafen.

Die sexuelle Energie ist die Kundalinienergie, sie ist es, die diese Kraft nach oben treibt. Die Sexualkraft ist die Schöpferkraft von Allem-was-ist. Sie ist daher auch in allen zwölf körperlichen Chakren vorhanden, und wenn ihr Verkehr mit jemandem habt, setzt sich ein Echo der Blockaden fest, die der andere Mensch mit sich herumträgt. Daher führt das Folgende für alle zwölf Chakren durch.

Meditation

Visualisiert einen hellblauen Strahl von oben kommend, der euch für einige Minuten völlig einhüllt. Konzentriert euch auf die Bewusste Atmung. Atmet nun diese hellblaue Energie 12-mal in das Wurzelchakra ein. Lasst den Atem bewusst strömen. Nun atmet ihr diese Farbe in das Sakralchakra ein. Nur hier dehnt sich diese blaue Energie so weit aus, dass sie wieder euren ganzen Körper einhüllt. Nun atmet ihr die hellblaue Farbe 12-mal in das Sonnenchakra, 12-mal in das Herzchakra, 12-mal in das Halschakra, 12-mal in das Stirnchakra, 12-mal in das Kronenchakra, 12-mal in das Veränderungschakra, 12-mal in das Klarheitschakra, 12-mal in das Wissenschakra, 12-mal in das Harmoniechakra und 12-mal in das Polaritätschakra. Treten dabei irgendwo Schmerzen auf, notiert sie euch und führt bei einer anderen Gelegenheit die Angelina-Meditation durch, denn dann gibt es dort etwas, was nicht gleich durch Gnade erlöst werden kann, sondern erst noch angesehen werden muss, bevor die Schwingung erhöht werden darf.

Durch diese Meditation werdet ihr frei von allen Banden, die euch noch irgendwo festhalten und nichts mit Liebe, sehr wohl aber mit Sexualität zu tun haben. Außerdem bewirkt sie, dass die schöpferische Kraft nicht mehr so eingeengt wird, was wiederum zu einer Beschleunigung der Chakren führt, und zwar aller!

In großer Liebe, die Anasasi.

Im Sakralchakra spiegelt sich der ständige Schöpfungsakt wider. Man könnte es als den Motor der Kundalinikraft bezeichnen. Hilarion und Erzengel Michael bezeichnen es sogar als den Motor der Schöpfung. Hier kumuliert sich auch die transformierende Energie. Diese Transformation zeigt sich bei jedem Jugendlichen, wenn sich der Körper von einem Kind in den eines Erwachsenen verwandelt. Und diese Transformation ist es auch, die den Spiritualisierungsprozess bewirkt. Ist dieser Motor auf Dauer in einem „höheren Gang", so beschert uns das ein viel längeres Leben, als wir es derzeit für möglich halten. Wie lange das sein kann, zeigt sich in den Aufzeichnungen der Bibel. Dort wurden den ersten Generationen noch Lebensspannen von über 900 Jahren nachgesagt, und das stimmte. Es war kein Fehler in der Übersetzung! Man stempelt unsere Altvorderen hier als Idioten ab, die Monate und Jahre nicht auseinander halten konnten. Doch das konnten sie! Verfolge doch mal die Altersangaben der ersten Menschen über Methusalem (nicht Methusalix!), bis hin zum neuen Testament. Du wirst eine ständig abnehmende Zahl feststellen. Wobei wir heute nicht einmal die 120 Jahre erreichen, die uns laut Bibel zugesagt werden. Die Kundalini schlief regelrecht ein bzw. wurde absichtlich gedrosselt. Doch, wie gesagt, das war geplant, denn so konnte das Karmaspiel viel schneller und intensiver ablaufen. Durch kürzere Lebensspannen konnte man öfter neu beginnen und neue Erfahrungen sammeln. Um dieses möglich zu machen, wurde um das Sexualchakra eine „Mauer gebaut", die verhindern sollte, dass die eigentliche Kraft bis nach oben zum Kronenchakra drang. Das gilt besonders für die Frauen. Sie schränkten ihre Kraft hier besonders ein. Hin und wieder werden Frauen geboren, die nur eine sehr niedrige Mauer um ihr Sakralchakra haben, und sie werden dann oft als sexbesessen oder schlimmer betitelt, nur weil sie die Kraft dort auch ausleben. Diese Kraft kann jedoch weit besser genutzt werden, als „nur" Orgasmen hinterherzujagen.

Genau genommen steigt durch den Orgasmus diese Energie bis hin zum Kronenchakra und öffnet es für einen Augenblick, und die dadurch einfließende Ekstase ist nichts anderes als die Energie der Quelle, denn die ist Ekstase. Möchtest du von dieser Ekstase mehr haben, als nur hin und wieder beim Sex, so ist der Spiritualisierungsprozess der Weg dorthin, nämlich zu immerwährendem Glücksempfinden. Bis dahin ist es jedoch ein weiter Weg, und er ist steinig! Er ist jedoch jetzt für viele gangbar, weil sich viele alte Seelen nun ihrem Reifegrad dafür nähern.

Die Sexualität wird in einigen Kulturen von der Spiritualität getrennt bzw. sogar ganz negiert, weil diese Kraft der Spiritualisierung dienen soll. Dies schließt jedoch nicht aus, dass man (mit oder ohne Partner) die Sexualität leben kann. Im Gegenteil, man kann diese Kraft dazu nutzen, sich und den Partner in der geistigen Entwicklung voranzubringen. Das indische Tantra zeigt dies eindrucksvoll. In unserer Zeit soll eine alltägliche Spiritualität Einzug halten, und dazu gehört die „richtige“ Nutzung der Sexualkraft. Wer seinen Partner also in der geistigen Entwicklung „mitziehen“ will, kann dies auf diese Weise tun. Aber bitte redet miteinander. Dies soll ja keine Manipulation werden!

Besonders interessant wird das alles, wenn Dualseelen aufeinandertreffen, und dies geschieht in dieser besonderen Zeit immer häufiger, weil sie das stärkste Liebesfeld erzeugen, das man sich vorstellen kann. Im nächsten Buch werde ich zwölf tantrische „Rituale der völligen Hingabe“ vorstellen, die mit Mantren und Yantren (Zeichnungen) arbeiten. Diese Rituale führen dazu, dass die zwei Hälften der Dualseelen wieder „einschnappen“, also perfekt aneinander passen werden.

Wie stellt man nun fest, dass man seine Dualseele gefunden hat? Das wichtigste Kriterium ist, dass man fühlen kann, wenn es dem anderen schlecht geht. Dualseelen haben eine besondere Verbindung über die zwölf Chakren. Man könnte sagen, dass jeder eine Hälfte eines jeden Chakras mit sich führt, die ursprünglich eine Einheit waren. Schmerzen im Herzchakra können daher darauf hindeuten, dass der Partner gerade Schweres durchmacht.

Wie der Name Dualseele schon sagt, kamen wir als Einheit und dennoch als Paar aus der Quelle, nämlich mit dem „kleinen“ Unterschied in der energetischen Struktur. Diese Einheit teilte sich, um unterschiedliche Wege zu gehen und nahm dabei aber sowohl männliche als auch weibliche Anteile mit. Betrachtet man karmische Leben, so wird eine Vorliebe für ein bestimmtes Geschlecht deutlich werden, und dieses ist dann die jeweilige Hälfte des Duals. (Mehr über Dualseelen in meinem nächsten Buch, nämlich dann, wenn schon mehr Paare dieser Art zusammengefunden haben.)

Nur durch ein völlig spirituell ausgerichtetes Leben und dementsprechend vielen Anstrengungen und eventuell auch Leid konnten früher Einzelpersonen die göttliche Gnade der Aktivierung erhalten, und diese wurden zu unseren Heiligen, Yogis, Gurus und auch Religionsstiftern (in der

Regel Männer). Sie waren auch nötig, um in Zeiten der Dunkelheit zumindest an einigen Stellen der Erde das Licht hochzuhalten. Wären sie nicht gewesen, wir hätten uns schon lange selbst (wieder) vernichtet.

In der heutigen Zeit nun wird die Kundalini befreit, und damit auch nach und nach alle Mauern um das Sexualchakra eingerissen. Diese Mauern haben aber nichts mit den Knoten zu tun. Diese existieren noch zusätzlich. Die wahre sexuelle Befreiung geschieht erst jetzt, in diesem Moment! Während des Lichtkörperprozesses kann es jedoch dazu kommen, dass die sexuelle Lust erst einmal völlig einschläft, denn diese Energie wird zunächst für wichtigere Dinge, nämlich die Transformation, gebraucht.

Hast du diese zölibatsähnliche Phase durchlaufen, sind viele Blockaden abgebaut, und du kannst das erste Mal seit vielen Leben wirklich frei deine Sexualität leben. Sie nimmt damit auch eine völlig andere Qualität an. Da wir in dieser Phase völlig offen sind, nehmen wir die Energien eines jeden Sexualpartners in unsere Aura auf. Das galt allerdings auch schon vorher, nur hatte es da nicht solch gravierende Wirkungen. Eine sorgfältige Auswahl und zahlenmäßige Beschränkung ist hier tatsächlich sehr sinnvoll.

Auch ohne die „Mauer" sind im Bereich des Sexualchakras zahlreiche Blockaden möglich, einfach durch unsere Erfahrungen. Das Chakra ist in sechs Bereiche aufgegliedert, und daher kommt der Ausdruck „Sex", und natürlich auch deshalb, weil die sechs auch eine sinnliche Zahl ist. Jeder der sechs Bereiche ist eigentlich ein kleiner Energiewirbel für sich. Das gilt für alle Chakrenteilbereiche.

Kompliziert wird es erst, wenn man sich vor Augen führt, dass das Sakralchakra genau genommen aus zwei Teilchakren mit den sechs „Kammern" besteht. Es wurde geteilt, um Machtlosigkeit und Einschränkung in der Schöpferkraft möglich zu machen, also um Erfahrungen zu kreieren, die ohne die Teilung nicht möglich gewesen wären. Durch die Teilung konnten Energien gestaut werden, die eine hohe Schwingung verursachen, wenn sie irgendwann wieder freigelassen werden. Solche Staus können durch Missbrauchsthemen entstanden sein. Und zwar alle Spielarten, die es da so gibt. Hier waren die Menschen sehr erfindungsreich, leider, möchte man auf der einen Seite sagen, doch ist man in der glücklichen Lage, diese Staus aufzulösen, so findet man heraus, dass es nicht leider, sondern Gott sei Dank heißen muss. Bis zu solch einer Einsicht sind jedoch viele bewusstseinserweiternde Schritte nötig, und dafür benötigt jeder Informationen, und diese bekommst du jetzt, in diesem Augenblick!

Die Stimulierungsfarbe für dein offensichtliches Geschlecht ist Orange. Für deinen gegengeschlechtlichen Teil dagegen neutrales Weiß.

Das Sexualchakra, das in einer Linie mit den anderen Vorderseitenchakren liegt, ist ein primäres Chakra. Es hat mit der Bestimmung des Geschlechts und der Geschlechtlichkeit zu tun. Das andere, das oft Milzchakra genannt wird, ist das Ausgleichschakra hierfür, nämlich für den gegengeschlechtlichen Anteil, den jeder in sich trägt. Also die Frau ihre männlichen Anteile, und der Mann die weiblichen. Um „heil", also ganz, zu werden, wirst du Schritt für Schritt so geführt, dass du deine männlichen und weiblichen Anteile zumindest so weit miteinander verschmelzen und vereinbaren kannst, wie das in einem nicht androgynen Körper überhaupt möglich ist. Ein kleines Ungleichgewicht bleibt dadurch natürlich erhalten, und das ist auch richtig und gut so.

Hier möchten die Anasasi etwas beisteuern:

Liebe menschliche Wesen, eure Menschlichkeit beruht zum großen Teil auf der Trennung des Sakralchakras, also der Trennung in Geschlechter. Die meisten eurer Gefühle und Erfahrungen beruhen darauf. Wie hätte euer Leben wohl als androgynes Wesen auf der Erde ausgesehen? Es wäre ärmer an Erfahrungen gewesen, sowohl in körperlicher als auch in emotionaler Hinsicht, nicht wahr? Der physische Körper wurde nach und nach so entwickelt, dass er eine Vielfalt an Erfahrungen in der Materie ermöglichen konnte. Dazu gehört auch diese Trennung, die nicht erst in der Materie vorgenommen wurde, sondern schon eher. Aber in der Dichtigkeit der Dritten Dimension konnte die Trennung optimal erlebt werden, und dafür wurde die Dualität geschaffen. Die Dualität besteht natürlich aus mehr als das, aber die Geschlechtertrennung ist die Grundlage, auf der die anderen Dualitäten auf eurer Welt beruhen. Es gibt noch einige andere Welten, auf denen dieses so ausgelebt wird, aber es gibt auch Welten, wo es eine Trennung in drei Geschlechter gibt, was die Suche nach passenden Partnern noch etwas komplizierter macht. So gesehen habt ihr es doch richtig gut, oder? Ihr selbst verkompliziert dieses, und das war auch völlig in Ordnung so und wird für viele auch noch eine Weile so in Ordnung bleiben. Aber es gibt immer mehr, die sich darüber hinaus entwickeln können, weil sie bereits im Abschlussexamen stehen. Ihr möchtet vielleicht wissen, wie viele das sein werden, und wir möchten an dieser Stelle das erste

Mal eine Zahl nennen, die euch vielleicht erstaunen wird. Das Potenzial ist groß, so dass bis zum Jahre 20012/13 ca. 30 Millionen Menschen ihre beiden Sakralchakren wieder zu einem einzigen verschmolzen und somit ihr volles Schöpfertum angenommen haben werden. Wir haben euch bereits vom Motor der Schöpfung erzählt, der im Jahre 2006 in eine höhere Gangart geschaltet wird. Im Jahre 2004 wurde er von der ersten Person vom Leerlauf in den ersten Gang geschaltet. Dann gab es 111 Personen, die den Motor in den zweiten Gang einlegten. Dieses wird ungefähr (es steht ja nichts endgültig fest) bis zum Juni 2006 geschehen sein. Wie beim Automotor auch, wächst mit jedem höheren Gang auch die Geschwindigkeit der Fortbewegung, und das könnt ihr alle deutlich spüren, denn die Zeit scheint immer mehr davonzulaufen. Doch was geschieht dann? Die 111, die wir im ersten Band schon erwähnten, haben zweifellos eine große Rolle gespielt, denn sie mussten ihren Klärungsvorgang im Eiltempo erledigen, um zur richtigen Zeit bereit zu sein, und sie haben es getan. Nun stellt euch jedoch 30 Millionen Menschen vor, die auf diesem Level auf der Erde existieren. Dass das weitreichende Folgen haben wird, könnt ihr sehen, nicht wahr? Bis dahin sind aber noch einige Zwischenstufen, „Gänge“, einzulegen. „Der wievielte Gang wird im Jahre 2012/13 eingelegt?“, werdet ihr fragen. Nun, das steht bisher noch nicht eindeutig fest. Ihr bestimmt, wo es lang und wie schnell es vonstatten geht. Jeder, der dieses liest, ist daran beteiligt, aber auch jeder, der auf andere Weise seine Schwingung erhöht. Wege dafür gibt es viele.

In Liebe, eure Anasasi.

Die Vereinigung der beiden Sakralchakren hat orgasmusähnlichen Charakter. Es ist dabei ein Vibrieren im Sakralchakra zu spüren.

Dabei fällt mir ein, dass ein Bekannter in einem SF-Club einmal eine Science-Fiction-Story schrieb, bei der Raumschiffe durch Orgasmus-Energie angetrieben wurden. Eine verrückte Idee? Stark genug wäre diese Kraft! Hier liegt die Schöpfung für neues Leben, die Schöpfung neuer Ideen, die weibliche Kraft der Kreativität, die Schöpfung unserer Wirklichkeit! Wird diese Kraft in allen Menschen wieder voll aktiviert, so wird diese Welt neu gestaltet und wirklich schneller fortbewegt werden, wenn auch nicht im räumlichen Sinne!

Ist dieses Chakra zum einen durch die „im rechten Winkel“ einströmende kosmische Energie und zum anderen durch die von oben einströmende goldene und von unten einströmende rote Kundalini voll aktiviert, fließt ein intensiver Strom durch die Sushumna und durch die anderen Kanäle, bis hin zum Kronenchakra und öffnet dieses und auch alle anderen Chakren auf ihrem Weg. Weil durch diese Kraft alle anderen spirituellen Zentren geöffnet werden können, spielte sie bei allen Kulturen, die damit arbeiteten (zum Beispiel die indische oder ägyptische), eine so große Rolle. Über die tantrischen Stellungen versucht man ganz bewusst, diese Energien nach oben zu leiten, wobei bei der Durchführung gar nicht auf einen Höhepunkt hingearbeitet wird, denn dann erfolgt eine Entladung, und das Ganze ist vorbei. Ziel ist es vielmehr, alle Chakren auf dem Weg nach oben zu aktivieren und zu reinigen. Menschen, die das erlebt haben, erzählen davon, dass sie dabei sozusagen aus dem Kronenchakra hinauskatapultiert wurden und ekstatisch das göttliche Sein kosteten, bevor sie später wieder in ihren Körper zurückkehrten. Besonders intensiv wird diese Erfahrung, wenn beide Partner entsprechend ähnlich entwickelt sind und sich ganz aufeinander einlassen können. Hat ein Partner eine Blockade, so ruft das ein entsprechendes Echo im gleichen Chakra des Partners hervor. Ist die Kundalini also erweckt, sollte man sehr vorsichtig sein, mit wem man Sex hat, denn alles hat Auswirkungen, alles ist Austausch von Energie.

Diesem Chakra sind das Wasser und das Schmecken zugeordnet. Der Einflussbereich sind natürlich die Sexualorgane, die Nieren und der gesamte untere Bereich, also auch die Beine. Die zwischenmenschlichen Beziehungen, vor allem zum anderen Geschlecht, werden durch die Art der Funktion des Sexualchakras bestimmt.

Die Farbe, durch die man das Sexualchakra stimulieren kann, ist Orange. Hat also jemand Probleme in diesem Bereich, so soll er sich viel mit dieser Farbe umgeben, oder sie in Form von Nahrung zu sich nehmen. Will man romantische Stimmung erzeugen, so sind die Farben Rot und Orange ausschlaggebend, weshalb das Kaminfeuer (beide Farben enthalten) auch eine so wichtige Rolle in der Romantik spielt.

Das zweite Chakra ist zuständig für die Spannkraft und die Vitalität des Körpers. Das erste und zweite Chakra regulieren gemeinsam den Fortpflanzungstrieb.

Die Schwingung des zweiten Chakras ist wiederum höher als die vom Wurzelchakra, die Frequenz etwas feiner als die des ersten Chakras.

Störungen dieses Chakras zeigen sich in den umliegenden Bereichen, also hier hauptsächlich mit Geschlechtskrankheiten, Blasenschwäche, Impotenz, Nierenerkrankungen, usw.

Drunvalo Melchizedek, der in seinen beiden Bänden *Blume des Lebens* auch auf den Aufstieg der Kundalini eingeht (hier heißt er Mer-Ka-Ba-Prozess), zeigt auf, wie man die Sexualkraft dazu bringt, beim Orgasmus nicht verschleudert zu werden, sondern eine sinnvolle Verwendung zu finden. Dass dieses den Orgasmus noch sehr steigert, deutet er nur an, indem er sagt, wenn man es erst einmal so gelernt hat, wie er es beschreibt, man es nicht mehr anders machen will.

In der indischen Tradition wird den Männern beigebracht, nicht zu ejakulieren, sondern die Energie nach oben zu bringen. Die ägyptische Methode, die Drunvalo aufzeigt, hat einen völlig anderen Ansatzpunkt, doch der Effekt ist ähnlich, denn es findet eine Energieverwendung zur Weiterentwicklung der Spiritualität statt, was gleichzeitig einen lebensverlängernden Effekt haben soll.

Im März 2006 setzte sich eine Wesenheit mit mir in Verbindung, die nun eine neue Art der Verwendung dieser Energie vorschlägt. Das Ziel ist das gleiche, nämlich die Verwendung dieser Energie für den Lichtkörperprozess, also für die Durchlichtung. Die Wesenheit nennt sich Telor und ist unter anderem dafür zuständig, die Seelenfamilien wieder zu vereinen. Hier nun, was er uns mitzuteilen hat:

„Geehrte Menschen, hier spricht Telor, und ich bin ein Wächter über den Aufstieg, eingesetzt von euch, und zwar zur Zeit des Buddah. Er rief mich, um die nun immer schneller werdende Schwingungssteigerung zu überwachen und zu koordinieren wo und wann Geschehnisse unterstützt werden sollen. Es gibt zwölf solche Wächter. Wir behalten alles im Auge, behalten den Überblick. Wir sind so etwas wie Navigatoren. In einem anderen Buch dieses Channels werden wir uns ausführlicher darüber äußern. Heute geht es darum, euch aufzuzeigen, wie ihr die orgastische Energie der Neuen Zeit, angepasst für euch selbst und eure Partner, nutzen könnt.

Gleichgültig, wie oder mit wem ihr die orgastische Energie hervorgerufen habt, wenn ihr sie sich ausdehnen fühlt, dann tut bitte folgendes: Stellt sie euch als orange-goldene Energieblase vor, die im Sakralchaka eingeschlossen ist. Öffnet ganz bewusst die verschlossene Tür und lasst die Energie hoch in das Sonnenchakra im Solarplexus hochsteigen und dann lin das Herzchakra und von dort aus sich zu einer so großen Blase ausdehnen, die euren ganzen physischen Körper einschließt. Weitet diese Blase nun auf den oder die Partner aus, so dass alle eingeschlossen sind, und verbleibt nun in dieser Ekstase, bis sie von alleine abflaut.

Wenn ihr auf diese Weise die Energie der Liebe benutzt, wird euer Körper durchlichtet, das heißt, hinderliche Blockaden nach und nach im Energiesystem schmerzlos entfernt. Dies erspart euch einen Leidensweg. Dies funktioniert auch, wenn ihr alleine seid, ist also nicht von einem Partner abhängig. Nutzt diese wunderbare Energie der Transformation so oft es für euch stimmig ist. Der Aufstieg muss nicht unter Verzicht der sexuellen Ekstase erfolgen. Ganz im Gegenteil. Ab einem bestimmten Zeitpunkt wird genau diese Energie benötigt, um weiterzukommen, sonst bleibt man „hängen". Dies war Telor, mit unendlicher Liebe für euch und eure großartige Arbeit.

Um die Energie auf diese Weise aus dem Herzchakra auszuweiten, darf ein Tor geöffnet werden, das aus guten Gründen noch verschlossen ist, bisher verschlossen war. Bist du bis hierher geführt worden, hast du nun die Erlaubnis, dieses Tor zu öffnen, und zwar mit folgender Meditation:

Meditation

Begib dich an deinen Meditationsplatz. Nimm einen Amethyst in die linke Hand (Amethyste haben Toröffnungseigenschaften). Benutze die Mantren „Muriel" (der Engel des Herzens), „Mala" (der Name eines Toröffnungssteins in meinem Haus) und „Thoth" (Thoth war es, der Druvalo M. die obige Methode verriet und auch überwacht, wer das Tor öffnen darf) und wiederhole sie ständig, und zwar für exakt 60 Minuten. Nicht weniger, aber auch nicht mehr. Dies hat mit der Qualität der Zahl Sechs zu tun.

Was geschieht nun, wenn du dieses Tor geöffnet hast und du die Sexualkraft das erste Mal, und auch alle weiteren Male, durch dieses Tor schickst? Wie Drunvalo ausführt, fließt sie durch eine energetische Röhre über den Kopf hinweg im Rücken wieder in den Körper hinein. Dabei werden Minichakren des Körpers aktiviert und wieder Wissen freigegeben, das sonst verschlossen geblieben wäre. Das gilt auch für den Eintrittsort der Energie, denn sie fließt in das Wissenschakra, was Drunvalo M. vielleicht noch nicht wusste. Dies ermöglicht den weiteren Zugang zu Informationen aus all deinen Leben. Diese Aktivierung der Minichakren kannst du eventuell schon während des Fließens spüren. Bist du in der Lage, deine Chakren zu fühlen, erwartet dich am Morgen danach eine angenehme Überraschung, denn es werden mehrere Chakren fühlbar sein, die beschleunigt wurden. Die Beschleunigung führt wiederum zu weiterer Spiritualisierung, also zur Konfrontation mit Themen, die aufzulösen sind, und mit der Auflösung geht eine Schwingungserhöhung einher, mit der Schwingungserhöhung erhältst du wiederum Zugang zu unvermutetem Wissen, usw.

Dazu ist es gar nicht nötig, dass du einen Partner hast. Wenn es Zeit für die Freigabe bestimmter Informationen ist, steigt die Höhepunktenergie fast von alleine nach oben, und du kannst sie auf die beschriebene Weise nutzen. Mit Partner kommt natürlich ein wenig mehr Spaß in die Sache.

Zusammenfassend könnte man sagen, das Sakralchakra drückt aus: „Ich will hier bleiben."

Das Solarplexuschakra oder Sonnenchakra

Das dritte Chakra, ich nenne es das Sonnenchakra, sitzt zwischen dem Nabel und der Brustmitte und ist verbunden mit dem Sonnengeflecht. Diesem Chakra ist der Sinn des Sehens zugeordnet. Hier sind wir mit der Außenwelt verbunden. Es sammelt Informationen und gibt sie an das Sonnengeflecht weiter. Haben wir ein ungutes Gefühl im Bauch, so liegt es daran, dass wir zwar Informationen erhalten, der Verstand sie jedoch nicht auswerten kann. Vorahnungen fühlt man hier. Dabei zieht sich das Chakra zusammen, und das ist fast schmerzhaft spürbar. Die eine Hälfte der Gefühlsknoten des Emotionalfeldes ist im Sonnenchakra verankert, die andere im Sakralchakra. Hier ist sozusagen die zentrale Sammelstelle der Gefühle und unser Kraft- und Machtzentrum. In ihm sind Urteile, Meinungen und Überzeugungen gespeichert. Es hat viel mit unserem Selbstwertgefühl zu tun. Dieses Zentrum ist das Kraftzentrum der Männer.

Im dritten Chakra nehmen wir die Kraft der Sonne auf. Als ich 2002 im Sommer entspannt auf der Terrasse lag, aktivierte sich mein Sonnenchakra und nahm sehr viel Energie auf. Die Folge war allerdings, dass ich in der Größe eines Fünfmarkstücks eine Verbrennung auf der Haut hatte, denn ich war im Bikini.

Dieses Zentrum sorgt dafür, dass wir die Welt gemäß den eigenen Wünschen manipulieren. Lebt man es zu sehr aus, wird man machtbesessen. Im positiven Sinne sitzen hier der Leistungswille und die Durchsetzungskraft. Dieses Chakra ist die nächste Ebene, die befriedigt werden will, wenn die Grundbedürfnisse der ersten beiden erledigt sind. Man sucht sich hiermit seinen Platz in der Welt.

Das dritte Chakra ist nun schon in zehn Unterchakren aufgeteilt, und die Farbe, die mit ihm assoziiert wird, ist Sonnengelb. Dieses Chakra schwingt nun schon deutlich höher und schneller als das erste, und auch höher als das zweite. Dieses Chakra ist stark mit den Gefühlen des Menschen verbunden. Schwingt dieses Chakra ohne Blockaden, ist der Mensch im Einklang mit seinen Gefühlen und lässt sie zu. Er unterdrückt sie nicht. Er versteht und akzeptiert auch die Gefühle anderer, daher resultiert seine Anziehungskraft und Stärke. Hier findet sich die natürliche Macht. Wendet man sie richtig an, nämlich zum Wohle aller Menschen, arbeitet man auch zum eigenen Wohl. Heute ist das leider selten der Fall. Dafür ist es oft so, dass die Emotionen unterdrückt werden, und das führt wieder zu Blockaden in den Schwingungen. Ein einziges gestörtes Chakra hat Auswirkungen auf alle anderen, da alles zusammenhängt und zusammengehört.

Das Sonnenchakra steht mit der Verdauung und den Verdauungsorganen in Verbindung. Störungen im dritten Chakra zeigen sich in der Bauchspeicheldrüse, in der Leber, der Galle und dem Magen. „Mir ist eine Laus über die Leber gelaufen" oder „die Galle läuft mir über" sind typische Sätze aus dem Sprachgebrauch, der übrigens oft genau definiert, was mit dem Körper nicht stimmt. „Mir graut vor etwas", zeigt sich zum Beispiel auch in grauen Haaren, usw. Auch Übergewicht hat hier seinen Ursprung. Es ist eine Form des Schutzes, der Schutzbedürftigkeit, und damit verbunden natürlich Angst.

Krebs ist übrigens ein Zeichen abgespeicherter, nicht gelöster Konflikte. Je nachdem, wo der Krebs vorkommt, sind dort die entsprechenden Emotionen und Konfliktlösungen zu suchen. Das entsprechende Chakra kann bearbeitet werden, um den Energiestau dort zu beseitigen.

Zusammenfassend könnte man zu diesem Chakra sagen: „Ich suche mir meinen Platz."

Das Herzchakra

Das vierte Chakra ist das Herzchakra. Das Herzchakra liegt nicht über dem Herzen, wie man vielleicht vermuten könnte, sondern auf einer Linie mit den anderen in der Brustmitte. Oft wird es auch etwas in Richtung zum Herzen versetzt dargestellt, weil es natürlich Auswirkungen auf das Herz hat und dort tatsächlich auch noch ein Chakra liegt, doch gehört es nicht zum 12er Hauptsystem. Zum Herzchakra gehört der Tastsinn. Vor dem Herzchakra liegt einer der „Knoten", die ich schon erwähnte. Erst wenn die kumulierte Energie der unteren drei Chakren aufsteigt, kann dieser Knoten gelöst werden, und dann erst wird das Herzchakra von der Kundalini „bearbeitet". Auch das Herzchakra ist zweigeteilt, was oft zu Darstellungen eines zusätzlichen Chakras zwischen Herz- und Sonnenchakra führte, denn sie liegen untereinander, räumlich gesehen. Das obere ist für die persönliche Liebe „zuständig", das untere für die bedingungslose Liebe, und genau dieses Chakra gewinnt nun immer mehr an Bedeutung, denn die Spiritualisierung ist eine Steigerung der Liebesfähigkeit, die soweit geht, bis die gesamte Schöpfung angenommen und geliebt werden kann, und zwar genauso, wie sie ist, und nicht, wie sie war oder sein wird.

Das fängt natürlich mit dem eigenen Körper und der Liebe zu sich selbst an. Bedingungslos heißt, ohne jede Erwartung das Sein anzunehmen, in all den Ausdrucksformen, in denen es sich zeigen möchte. Erst wenn man sich dahingehend entwickelt hat (wie gesagt, ist es eigentlich kein Entwickeln, sondern ein Wiedererinnern dessen, was ist), ist eine Verschmelzung beider Hälften zulässig. Die übliche Darstellung des Herzens deutet diese Zweiteilung und die Verschmelzung sogar an. In Symbolen steckt eine tiefe Wahrheit, die oft auch noch mehrere Schichten aufweist. Im Regenbogenzeitalter haben viele Menschen die große Chance und Reife, ihre beiden Herzchakren wieder miteinander zu verschmelzen, denn sie haben ihren Inkarnationszyklus beendet und alle Erfahrungen gemacht, die sie machen wollten.

Ein bedingungsloses Annehmen bedeutet auch, das zu akzeptieren, ja sogar zu lieben, was wir an unserer Welt kritisieren und damit verbesserungswürdig finden, im Vertrauen darauf, dass hinter allem ein tiefer und somit höherer Sinn steckt, den wir durch unseren zu engen Blickwinkel nicht überschauen können. Man kann es auch als Vertrauen in Gott bezeichnen. Alles, was dich stört, spiegelt etwas, eine Resonanz in deinem Inneren, seien das nun Eigenschaften an einem anderen Menschen oder die Zustände in der Welt. Daher sind diese Spiegelungen phantastische Möglichkeiten, den Müll aus deinem Inneren zu entfernen, und wenn du damit fertig bist bzw. das Gröbste entfernt hast, weißt du, was deine Lebensaufgabe ist, und indem du sie annimmst und erfüllst, trägst du dazu bei, den Müll in der Welt zu entfernen, auch wenn du „nur“ Schuhe für einen neuen Gang fertigst oder persönlich Stoffe färbst, was auf den ersten Blick nichts mit den Zuständen auf der Welt zu tun haben mag, und diese dennoch verbessern wird.

Um etwas verändern zu können, müssen wir uns selbst ändern, ganz persönlich. Auf den Wurzeln des alten Gesellschaftssystems kann dann ein neues aufgebaut werden, eines, das nicht die Umwelt schädigt, das jedem Einzelnen die nötigen Freiheiten lässt und was der Dinge mehr sind, die wir ändern wollen. Findet also jeder seine persönliche(n) Aufgabe(n), dann fügen sich nach und nach die einzelnen Puzzleteile zu genau diesem neuen Gesellschaftssystem zusammen. Es muss also nicht jeder ausziehen und die Welt verbessern, aber es kann jeder nach innen sehen und überlegen, was veränderbar ist.

Um Erfahrungen der Dunkelheit machen zu können, wurde um jedes

Herzchakra noch zusätzlich zum Knoten eine „Mauer" gelegt, und darum wurde es auch geteilt, in eines, das für bedingte Liebe, und eines, das für bedingungslose Liebe steht. Nur dadurch war es möglich, Lieblosigkeit zu erfahren. Hätte keiner der Menschen solch eine Mauer gehabt, würden wir in einer Welt erfüllt von Liebe und nicht von Wut und Zorn leben. Die Erde wird von der Geistigen Welt auch als die „Welt des Herzens" bezeichnet, weil hier Herzqualitäten erlernt werden sollen, während wir von der universellen Liebe abgeschnitten sind bzw. in der Illusion davon leben. Diese Trennung darf nun wieder rückgängig gemacht werden, und damit wird die Liebe auf der Welt nun ständig gesteigert, was immer beim Einzelnen anfängt, sich aber dann anhäuft und genau die Veränderung bringt, die wir als notwendig ansehen.

Diese Mauer wurde bei allen Menschen entfernt, und so ist auch die große Zahl an Herzerkrankungen erklärlich, die sich in den letzten Jahren unerwartet steigerte. Solche Krankheiten haben immer mit dem Gefühl Liebe oder dem Mangel daran zu tun und sollten dahingehend betrachtet werden.

Jedes Herzchakra hat zwölf „Kammern" und jede davon wieder ihre zwölf dicken Schichten, und somit wird immer mehr deutlich, warum die Lichtarbeit in erster Linie Arbeit an sich selbst ist und auch entsprechend anstrengend sein kann. Es ist Arbeit, die nach außen zunächst keine große Wirkung zeigt, und im Verborgenen, unbesehen und unbewertet von anderen, geschieht und dennoch nach und nach auch ihre Wirkung im Außen zeigen wird, ja sogar muss.

Liebevolle Hingabe und Mitgefühl sind die charakteristischen Züge des Herzchakras. Sehen wir uns einen wundervollen Sonnenuntergang an, „geht uns das Herz auf". Das ist durchaus wörtlich gemeint. Im Gegensatz zur landläufigen Meinung gehört die Farbe Rot nicht zum Herzchakra, sondern mehr zum körperlichen Ausdruck von Liebe, also zum Wurzelchakra. Die Farbe Grün benutzt man, wenn man die persönliche Liebesfähigkeit steigern, und Rosa, wenn man die bedingungslose Liebe mehr ins Leben integrieren will.

Jedes Chakra hat ein rundes Zentrum, das die Eingangsöffnung des Schlauches bildet, der an der Wirbelsäule endet. Dieses Zentrum hat wieder eigene Qualitäten und könnte als so etwas wie das Auge im Wirbelsturm bezeichnet werden, denn dort herrschen mehr Ruhe und Durchgangsmöglichkeiten als in den einzelnen Kammern. Im Auge eines Chakras können sich keine Blockaden festsetzen, und so wird sichergestellt, dass dieses immer ein Mindestmaß an Bewegung durchführen kann, denn wenn ein Chakra stillsteht, verliert der Mensch die Grundlage seiner irdischen Existenz, nämlich Energien, die zur Minimalversorgung benötigt werden. In jedem Chakra herrscht also so etwas wie eine Polarität zwischen Ruhe und Bewegung.

Ich möchte es an einem Bild verdeutlichen: Die Drehbewegung wird eingeschränkt, wenn ein „Fels" in der Brandung liegt, gegen den die Sturmenergie anbrandet. In vielen Leben haben sich viele Felsen gebildet, die betrachtet und wieder aufgelöst werden wollen, und jeder „Fels", der verschwindet, ermöglicht der Sturmenergie, ungehindert zu „brausen", sie wird also nicht mehr gebremst. Somit ist der Klärungsprozess zunächst keine Beschleunigung des Wirbelsturms zu einer Geschwindigkeit, die vorher nicht vorhanden war, sondern ein Beseitigen der Hindernisse, die ihn von seiner Ursprungsgeschwindigkeit abhält.

Jeder aufgelöste „Fels" wiederum birgt jedoch eine Energie, die in den Sturm „eingespeist" wird, und somit ist mehr vorhanden als vorher, und das bringt den Sturm letztlich doch zum Wachsen. Das Wachstum liegt also in den Felsen der gemachten Erfahrungen, die eine Zusatzenergie kreieren, die Wachstum nach „außen", also eine Ausdehnung, bringt. Dies alles sind natürlich wieder nur Metaphern, um zu veranschaulichen, was geschieht.

Die Felsen sind Erfahrungen aller Art. Die angenehmen gehen einfach in den Sturm über, ohne Felsen zu bilden, da jeder Sturm, also jedes Chakra, für Aspekte der Liebe steht. Die Felsen sind jedoch Erfahrungen der Lieblosigkeit und stauen somit die Liebe auf, kehren von einem bestimmten Blickwinkel aus gesehen die Liebe also ins Gegenteil, in die Lieblosigkeit. Die Liebe kann dann nicht mehr fließen, sondern wird als Felsen festgehalten. In dem Moment, in dem du erkennst, dass auch diese Felsen nur aufgestaute Liebe sind, kann der Stau sich lösen, und damit verschwindet der Felsen, und die aufgestaute Energie geht in den Sturm über, und zwar mit einem einzigen Schwung, so dass hierin die Steigerung der Energie, das Wachstum, liegt.

Gibt es keine Hindernisse mehr, kann durch das Auge eines Chakras eine besondere Energie fließen, das Chakra wird zum Tor dieser Energie, denn da es nun keine Hindernisse mehr für diese Energie gibt, kann sie ungehindert hindurch. Verwirbelungen dieser Energie, also Felsen im Sturm, hätten katastrophale Folgen, und so ist um das Auge eines Chakras eine „Membran" gelegt, die in dem Moment aufgelöst wird, in dem der letzte Felsen beseitigt wurde. Die Energie des letzten Felsens lässt die Membran verschwinden, und das Tor ist in beide Richtungen geöffnet. Lange vorher hatte sich das Chakra von einer drehenden Scheibe in eine vibrierende Kugel verwandelt, deren Mittelpunkt nun dieses Tor bildet. Diese Membran war nicht völlig undurchlässig, sondern wirkte wie ein Filter, ein Schleier, wenn du so willst, so dass die Ursprungsenergie, die hindurchwollte, gefiltert wurde. Fällt diese Membran weg, fließt die ursprüngliche Quellenergie durch das Chakraauge in den Menschen. Er lebt also im göttlichen Strom, könnte man sagen, und zwar fließt genau die Energie, die zu jedem Chakra hundertprozentig passt. Ins Wurzelchakra fließt Stärke. In das Sakralchakra Schöpferkraft. In das Sonnenchakra Macht. In das Herzchakra die göttliche Liebe, in das Halschakra die Energie der optimalen Kommunikation. In das Stirnchakra die hundertprozentige Erkenntnisfähigkeit. Ins Kronenchakra das Gefühl der hundertprozentigen Verbindung. Ins Veränderungschakra die Fähigkeit, alle notwendigen Veränderungen auch an- und vornehmen zu können. Ins Klarheitsschakra (in Verbindung mit dem Stirnchakra) die vollständige Klarheit dessen, was geschieht, geschah und geschehen muss. Ins Wissenschakra die Erlaubnis, alle (nicht nur einige) feinstofflichen Kristalle zu aktivieren, die unser Wissen, angesammelt in Äonen, freigibt. Ins Harmoniechakra fließt die Harmonie, in der die Quelle selbst sich befindet, und ins Polaritätschakra die Energie jenseits der Polarität, also die der Einheit.

Ein Mensch mit einem großen Herzen ist eigentlich jemand, dessen Herzchakra völlig offen ist. Da das so selten ist, fällt es dann natürlich auf. Jemand mit einem großen Herzen liebt alles und jeden, ohne Vorbehalte, eben bedingungslos. Jemand, der sein Herzchakra völlig geöffnet hat, erkennt, dass alles eine große Einheit, dass alles miteinander verwoben ist. Er sieht die goldenen Lichtfäden, die jeden Stein, jede Pflanze, jedes Tier und alle Menschen miteinander verknüpfen und kann daher niemanden mehr wegen seiner Religion, Hautfarbe oder Herkunft verurteilen, denn jeder hat seine Aufgabe und seinen Platz im Leben. Ein Mensch mit geöffnetem Herzen gibt nur noch, ohne eine Gegenleistung zu erwarten, und erhält sie dadurch mehrfach zurück.

Das Verliebtsein ist ein gegenseitiges innerliches Berühren, eine Öffnung des Herzchakras. Ist man verliebt, hat das Herzchakra eine rasend hohe Drehgeschwindigkeit, eine hohe Frequenz. Diese hohe Frequenz lässt die Freude, die Liebe überquellen, wie Jesus schon sagte:

„Selig sind die, deren Herzen überlaufen, denn diese Freude kommt von Gott."

Verliebte

- sehen die Welt mit einer rosaroten Brille (Rosa ist, genau wie Grün, eine Aktivierungsfarbe für das Herzchakra);
- erleben starke Freude, Euphorie und stecken damit ihre Umgebung an;
- sind „high" durch die Stärke der Frequenz und daher angst- und sorgenfrei;
- können an ihrem neuen Partner zunächst keine „Fehler" entdecken, sie sehen die Vollkommenheit, den Engel, der in diesem Menschen steckt, und schweben dadurch im siebten Himmel;
- könnten die ganze Welt umarmen;
- strahlen etwas ganz Besonderes aus, nämlich die bedingungslose Liebe;
- sind kaum zu ertragen optimistisch;
- stecken voller Energie, und sind somit unternehmungslustiger als andere;
- erleben einen Aufschwung in der Kreativität;
- öffnen sich fast vollständig dem anderen;
- erleben das Gefühl der Einheit, zu dem wir alle streben;
- quellen über von der Liebe Gottes und zeigen sie auf diese Weise;
- bekommen irgendwann Angst vor diesen starken Gefühlen und konnten daher diese hohe Frequenz bisher auf Dauer nicht halten.

Das liegt an der erwähnten Mauer, doch die wurde nun entfernt, und wenn die richtigen Menschen aufeinandertreffen (also Menschen, die ihre Dramen und die Angst hinter sich gelassen haben), ist nun eine dauerhafte Verliebtheit, eine dauerhafte Liebe, möglich. Obige Liste ist nicht komplett, sie stellt nur einen Auszug dar.

Ohne Liebe verkümmert der Mensch innerlich, und auch äußerlich. Nur Menschen ohne Liebe im Herzen können einen Krieg anfangen und so viel Leid verursachen, und da wir diese Erfahrungen machen wollten, wurde dafür gesorgt, dass es möglich wurde. Diese Abtrennung von der Liebe aufrechtzuerhalten, kostet sehr viel mehr Energie, als die Liebe (wieder) zuzulassen. Die Liebe, die jetzt für viele möglich ist, auch zuzulassen, kostet jedoch Mut, denn dieses vollständige Öffnen dem anderen gegenüber ohne Vorbehalte sind wir nicht mehr gewohnt, das müssen wir erst wieder üben.

Was geschieht, wenn zwei Menschen sich verlieben? Einer fängt an und fokussiert seine Aufmerksamkeit auf den anderen, dieser spürt den Energieschwall, der auf ihn gerichtet ist, und wenn der andere Partner in Resonanz ist mit dieser Energie, dann fühlt er sich dabei so wohl, dass er dann seinerseits Energie auf den anderen überträgt. Das ist ein ständiger wechselseitiger Prozess, der die beiden gegenseitig ihre Energie steigern lässt, die ein gemeinsames Feld kreiert, das sie dann auf die Umwelt ausstrahlen. Wären alle Menschen ständig verliebt, gäbe es keinerlei Mangelgefühle, und die Welt sähe ganz anders aus.

Bei Erwachten intensiviert sich dieser gegenseitige Energieaustausch noch, da sie höhere Frequenzen auf Dauer „halten" können. Entsprechend heftig können entsprechende Begegnungen ausfallen. Da Erwachte im Laufe ihrer Entwicklung nach und nach alles, was die Gefühle hemmt und einengt, geklärt haben, sind sie viel freier in ihrem Gefühlsausdruck. Darum ist es auch wichtig, sich vorher aus den Verstrickungen von abhängigen Beziehungen gelöst zu haben, nicht immer wird es allerdings so laufen.

Was ist eine abhängige Beziehung? Das ist eine, in der die Partner sich Energie rauben, anstatt sie sich gegenseitig zu schenken. Das ist in der Mehrzahl der Beziehungen der Fall, und nicht nur in den partnerschaftlichen!

Erwachte haben wieder Zugang zu ihrer eigenen göttlichen Energiequelle gefunden und sind nicht mehr auf die Energie anderer angewiesen, und daher können sie sich auch aus abhängigen Beziehungen lösen. Je mehr Erwachte es geben wird, umso mehr wird sich die gesellschaftliche Struktur ändern, denn alles, was in dieser Welt „schief" läuft, ist auf das Gefühl des Energiemangels zurückzuführen, das jedoch nur eine Illusion ist. Irgendwann haben wir uns von der göttlichen Quelle abgewandt und „sahen" dessen Energie nicht mehr, dennoch ist sie immer vorhanden, wir müssen uns ihr nur wieder zuwenden und hinsehen, dann erhalten wir auch wieder Zugang zu dieser Energie, und damit verschwindet das Gefühl des Mangels.

Die Gier nach Geld, nach starken Erlebnissen, nach Liebe, nach Drogen, usw. – alles ist auf dieses Mangelgefühl zurückzuführen. Schwindet dieses Gefühl, schwindet auch die Gier, und ohne die Gier können wir Utopia verwirklichen und wirklich eine schöne neue Welt kreieren.

Ich habe mich viel mit dem Fall der Engel beschäftigt, und als ich eines Nachts nach oben zu den Sternen blickte und mich in die Engel hineinfühlte, die von so hohen Dimensionen in die Dritte Dimension herabgestiegen waren (es war kein Sturz, es war ein freiwilliges Herabkommen), öffnete sich spontan das Herzchakra, denn ich konnte empfinden, wie sie sich gefühlt haben müssen, abgetrennt von der dauerhaften göttlichen Liebe, die ein ekstatisches Gefühl ist. Und jetzt, in dem Moment, in dem ich dieses schreibe, wird mir klar, warum ich das fühlen konnte:

Wir alle sind diese Engel, die herabgekommen sind, um zu lernen, um neue Erfahrungen zu machen, um herauszufinden, ob wir wieder zur Liebe Gottes zurückfinden, um festzustellen, ob wir uns daran erinnern können, warum wir hierher gekommen sind, und um zu erleben, dass wir die Liebe Gottes hier auf die Erde bringen und unseren Planeten damit in höhere Dimensionen heben können. Das ist der Sinn unseres Lebens hier!

Wir haben einen evolutionären Weg eingeschlagen, um durch die vielen Leben hindurch ständig höher zu schwingen, bis die kritische Masse erreicht ist, die es ermöglicht, den Aufstieg wieder zu beginnen, oder andersherum gesehen, die höheren Dimensionen durch das Entfalten der Liebe auf die Erde herabzuziehen. Darum wird dieser Planet der „Planet des Herzens“ und auch der „Planet der Schönheit“ genannt! Erkennt man erst einmal im tiefsten Inneren die Schönheit aller Dinge und auch aller Ereignisse (oh ja, aller!), dann empfindet man Liebe für alles, und man befindet sich somit in höheren Dimensionen, im „Siebten Himmel“, wenn man so will.

Die Kraft der Liebe zwischen zwei Menschen, die eine „höhere“ Form der Liebe gefunden haben, weil sie nicht mehr in einer abhängigen Beziehung stecken, gibt der Erde einen kräftigen Schubs nach oben. Deshalb ist die Spiritualität von heute nicht mehr, sich einsam in die Wälder zu verziehen und dort hoch vor sich hinzuschwingen (wer dieses möchte und sich dabei wohl fühlt, der soll es tun, es gibt Zeiten, wo das jeder einmal braucht), sondern die Herausforderung in dieser Zeit besteht auch darin, genau diese Art der Liebe zu finden und die Spiritualität im Alltag zu leben. Das geht jedoch nur, wenn du die Liebe zu dir selbst entwickeln konntest, und zwar so, wie du bist, und nicht so, wie du vielleicht nach deiner Klärung sein wirst. Die Kraft und das Licht erweckter Menschen sind schon außerordentlich hoch, doch die Kraft und Macht von zwei solcher Menschen, die sich vereinen, verdoppelt sich nicht, sondern potenziert sich!! Damit geben sie Schwung in die Sache!

Doch wenn du einen Partner hast, der sich nicht spirituell verhält, dann ehre ihn dafür, denn er ist deine Erdung. Er oder sie sorgt (mit) dafür, dass du deine Frequenzen nicht zu schnell erhöhst und somit keinen Schaden nimmst. Der Partner kann sich dann später entwickeln. Und immer hat er genau diese Entscheidung getroffen, oft, um dir die Möglichkeit zu geben, es jetzt zu tun, auch wenn er es nicht mit seinem Tagesbewusstsein weiß.

Als ich einmal Mitgefühl mit einer Hortensie hatte, weil sie kaum noch Blätter besaß, öffnete sich spontan mein Herzchakra, und ich schickte diese Liebe zu der Pflanze. Sie erhielt ihre Blätter zurück, jedoch fast nur auf der rechten Seite. Das ist die männliche, aktive Seite. Die weibliche passive Seite war bei mir anscheinend noch blockiert. Das hat sich inzwischen geändert, doch an diesem Erlebnis sieht man deutlich, dass die eigenen Chakren nicht nur auf den eigenen Körper einwirken, sondern auch auf die Umgebung, und ich meine damit die Energiezentren aller Menschen, nicht nur die derjenigen, die sich spirituell entwickeln. Über sie sind wir alle miteinander verbunden, ob uns das nun bewusst ist, oder nicht. Entwickelt sich daher ein einzelner Mensch, so hat das Auswirkung auf alle. Entwickeln sich viele, kommen die Dinge in Bewegung, und genau das geschieht gerade.

Die meisten Menschen leben ihr Leben nur in den ersten drei Chakren. Das heißt, sie sind mit purem materiellem Überleben beschäftigt: Nahrungs- und Wohnraumbeschaffung, Partnersuche, sexuelle Erlebnisse und Behauptung ihrer selbst. Mitgefühl hat hier wenig Raum, denn das ist eine Sache des Herzchakras. Aber, wie gesagt, das war auch so geplant, und man darf da niemandem einen Vorwurf machen. Doch die Zeit des Aufwachens ist gekommen, eine Gelegenheit wie selten!

Will man am Zustand der Welt etwas ändern, muss man bei sich und seinem Herzen anfangen. Man muss sozusagen erst einmal vor der eigenen Haustür kehren, bevor man sich um den restlichen Müll kümmern kann. Und kümmert man sich um den eigenen Müll, stellt man verwundert fest, dass auch die „fremden" Müllberge kleiner werden, weil wir eine Einheit bilden, heute mehr denn je, und das wird immer stärker sichtbar.

Das Herzchakra ist mit der Thymusdrüse (in der Brustmitte) verbunden, die den Wissenschaftlern nach wie vor Rätsel aufgibt, denn sie können einfach nicht herausfinden, wozu sie da ist. Schafft der Mensch den Sprung auf die Herzebene (und die ganze Rasse ist gerade dabei), aktiviert sich die Thymusdrüse, und sie verschafft dem Menschen besondere Fähigkeiten. Das Anlaufen der Thymusdrüse verhilft dem Menschen beispielsweise zur Verbesserung des Immunsystems, so dass er resistenter gegen Umwelteinflüsse, Krankheiten und Krankheitserreger wird.

Würde die Menschheit als Ganzes wirklich den Sprung auf die Herzebene schaffen, hätten wir das, was wir uns als das Paradies vorstellen und wären doch erst am Anfang einer Weiterentwicklung, denn wir würden erkennen, dass unser Planet und wir selbst Verkörperungen Gottes sind, – und entsprechend handeln.

Störungen im Herzchakra zeigen sich in Herzbeschwerden, Lungenbeschwerden, Rückenbeschwerden in Höhe des Herzens, Kreislaufstörungen und auf emotionaler Ebene in Trauer, Wut und Schmerz.

Alle Heiler stehen in Verbindung mit ihrem Herzchakra, denn von hier fließen die entsprechenden Energien des Mitgefühls. Heilung funktioniert jedoch nur mit Zustimmung des Höheren Selbst des Patienten, denn Krankheiten sollen ja eine Botschaft sein. Heiler geben daher auch „nur“ den Anstoß zur Selbstheilung, und die findet nur dann statt, wenn die entsprechende Lektion gelernt wurde oder die Gnade mit ins Spiel kommt.

Zusammenfassend könnte man sagen: „Ich liebe.“

Hier möchte die Geistige Welt etwas ergänzen:

Liebe Menschen, hier ist Sanat Kumara, und obwohl ich schon lange mit diesem Channel in Verbindung bin, ist es das erst Mal, dass ich mich in einem ihrer Werke äußere. „Warum ausgerechnet an dieser Stelle?“, werdet ihr vielleicht fragen, und ich verrate es euch:

Wie der eine oder andere vielleicht weiß, war ich über viele Äonen der Wächter dieser Welt und habe diesen Posten nun abgetreten an die buddhische Ebene, nicht an die Person Buddha direkt. Ich selbst „lebe“ nun auf der Venus, ruhe mich ein wenig von der Arbeit mit der Erde aus und gehe sozusagen wieder zur Schule, um meine eigene Weiterentwicklung voranzutreiben.

Die Erde ist so etwas wie das Herzstück dieses Sonnensystems, und auch deshalb wird sie der Planet des Herzens genannt. In erster Linie ist es jedoch so, dass die Erde der einzige Planet ist, auf dem das Herzchakra geteilt wurde. Oh, es gibt auch auf anderen Planeten Lieblosigkeit, doch hat sie mit anderen Gründen zu tun als bei euch, nämlich zum Beispiel mit dem Fehlen eines Emotionalkörpers. Die Teilung war auch notwendig, um die Felsen im Sturm zu kreieren, wie es dieses Channel ausgedrückt hat, um somit Energiereserven, die zu einem bestimmten Zeitpunkt gebraucht werden, freisetzen zu können. Es war ein hartes Stück Arbeit, der Erde dazu zu verhelfen, diese Felsen nun auch auflösen zu können. Die Menschen auf ihr waren so gut in der Bildung ständig neuer Felsen, dass der bewegliche Sturm in den Chakren fast völlig zum Erliegen gekommen wäre, weil sich eine fast undurchdringliche Barriere bilden wollte.

Als ich diese Entwicklung heraufziehen sah, rief ich sozusagen bei der Quelle an und bat um Hilfe, denn auch wir hier oben können nicht alles alleine schaffen und müssen, genau wie ihr, hin und wieder um Hilfe bitten. Das war eine harte Lektion, denn ich hatte angenommen, ich müsste es alleine schaffen und wollte es auch, und so wartete ich fast zu lange mit meinem Anruf nach oben. In dem Moment, in dem ich einsah, dass ich nicht alles alleine machen konnte, hatte ich es mir verdient, den Posten des Wächters ab einer bestimmten Schwingungshöhe abzutreten und erst einmal auszuruhen. Das konnte jedoch nicht geschehen, ohne dass ein Nachfolger herangebildet wurde, damit es auch weiterhin einen Wächter gibt, nur hat dieser Wächter andere Funktionen als ich. Er darf nicht mehr in der Weise eingreifen, wie ich es noch durfte, und muss das „Kind", die neue Sternenrasse, zwar ausbilden und sanft führen aber schließlich auch loslassen, damit es seinen eigenen Weg gehen kann. Dieses Loslassen ist etwas, was auch den irdischen Eltern schwer fällt, und uns hier „oben" ergeht es da nicht anders.

„Wer ist nun der Nachfolger, von dem ich spreche?", werdet ihr vielleicht fragen. Wie gesagt, erbat ich Hilfe von der Quelle, und diese schickte zwei Energien, die durch die Rasse der „El's" in die Materie eintraten (sie waren also anfangs Elohim) und sich dann immer weiter hinunter in die niedrigeren Dimensionen begaben, denn ihre Aufgabe sollte es sein, das dunkle System „von unten her" mit Licht zu bescheinen bzw. die Tore zur Quelle durch alle Zeiten hindurch offen zu halten. Am dunkelsten Punkt der menschlichen Geschichte öffnete sich also ein Tor, durch das diese beiden Energien eintreten konnten. Durch das Öffnen dieses Tores

fiel Licht in die Dunkelheit, und man könnte sagen, es gab so etwas wie eine Lichtexplosion, und diese Lichtexplosion öffnete Kanäle, rückwirkend in die Vergangenheit und vorwärts in die Zukunft. Es wurden sozusagen nachträglich Korrekturen angebracht. Die Geschichte selbst wurde nicht direkt verändert, aber es wurden Energien verankert, die es ermöglichten, Veränderungen in der Energiestruktur der menschlichen Energiefelder vorzunehmen. War vor der Lichtexplosion eine Entscheidung für Krieg ohne jede Skrupel getroffen worden, war es danach so, dass sich zumindest ein kleiner Zweifel regte. Versteht ihr den Unterschied? Die Geschichte selbst wurde also nicht verändert, doch das Bewusstsein dahinter erfuhr eine Veränderung, und da dieses nun schon so lange zurückliegt, von euch aus gesehen, haben sich die Veränderungen immer mehr „hochgeschaukelt", so dass ab einer bestimmten Schwingung das System kippen würde und die Menschen bereit sein würden, auch ihre Geschichte zu verändern, und genau in dieser „Kippbewegung" steckt ihr gerade. Das ist der Gleiswechsel, von dem Kryon immer wieder berichtet.

Die beiden Energien, die hier eingebracht wurden, waren die Gnade und die Hoffnung. Beide teilten sich in viele Einzelstücke auf, um an vielen Orten und Zeiten gleichzeitig arbeiten zu können. Überall, wo sie wirkten, wurde nur eine Winzigkeit verändert, doch diese winzigen Spuren werden nun nach und nach zusammengeführt, so dass sich hier Energien kumulieren können, die schließlich eine gewaltige Wirkung entfalten werden. Von der Gnade und der Hoffnung sind nun nur noch jeweils zwei Teile übrig, alle anderen haben sie wieder zu sich geholt. Nun müssen nur noch die jeweiligen zwei Hälften wieder zusammengeführt werden, und die dann ausströmende Energie wird nun nicht eine Explosion verursachen, die viele Teile fortschleudert, sondern es wird eine Vereinigungsenergie, eine Einheitsenergie abgestrahlt, die dazu führt, dass das Einheitsbewusstsein der Menschen um ein Vielfaches verstärkt wird. Das Bewusstsein der Gnade sind die beiden Menschen, die das neue Einheitsfeld kreierten, also das männliche und weibliche Christusbewusstsein und das Bewusstsein der Hoffnung, zwei Menschen, die ebenfalls ein Einheitsfeld kreieren werden, doch ist dies praktisch dann eine Schicht um die Gnade herum. Jedes Dualseelenpaar, das nun zusammen findet, bildet eine weitere Schicht, auf diese Weise wächst das Bewusstsein der Einheit. Es ist also nicht so wichtig, was die Gnade und die Hoffnung getan haben, sondern was du jetzt selbst tun kannst. (Wenn du das Gefühl hast, dass du in diesem Leben auf dein Dual stoßen darfst, so wende dich an die Autorin, sie wird weiterhelfen.)

Die Gnade und die Hoffnung werden sich wieder auf zwei Energien reduzieren, doch zunächst werden sie zu Viert auf der Erde wirken, um weitere Tore zu öffnen, und zwar solange, bis die Energie herrscht, in der sie sich wieder mit ihrer jeweils anderen Hälfte vereinen können, und dann wäre ihre Arbeit getan und sie dürften zur Quelle zurückkehren. Sie haben sich jedoch bereit erklärt, noch eine Weile Wächter über die Erde zu sein, mich also abzulösen, und zwar solange, bis sie wiederum ihre(n) Nachfolger herangebildet haben. Sie arbeiten dabei mit der buddhischen Energie, weshalb in einigen Schriften auch steht, Buddha habe mich abgelöst, was in gewisser Weise auch stimmt, aber in einem weiteren Blickwinkel auch wieder nicht.

Ich bleibe weiterhin eng mit der Erde verbunden, denn dazu habe ich hier zu viel Energie investiert, um sie einfach „ablegen" zu können, und arbeite auch noch mit ihr, indem ich die liebevolle Energie der Venus kanalisiere und als Hilfsenergien auf die Erde abstrahle. Ich bin der Lenker des perlmuttfarbenen Strahls, also der Energie, die alle Farben enthält. Im Moment wirkt aber die Herzensenergie verstärkt auf euch ein, weshalb auch so viele Heiler aufwachen, denn sie dienen auch dazu, die Trennung der Herzchakren wieder rückgängig zu machen, also die Felsen in allen Chakren aufzulösen, und nicht nur die in den Herzen der Menschen.

Dieses war Sanat Kumara, in großer Liebe und Erleichterung, dass die äonenlange Arbeit nun endlich ihre Früchte trägt.

Das waren sehr überraschende Eröffnungen, und ich danke Sanat Kumara dafür.

Das Halschakra

Das fünfte Chakra liegt zwei Fingerbreit oberhalb der Kehlgrube. Sein Wirkungsbereich sind daher der Hals-, Nacken- und Kieferbereich, auch die Ohren, die Sprechorgane usw.

Die Funktion des fünften Chakras liegt auf der Hand. Hier dreht sich alles um die Kommunikation und Inspiration, und zwar auf allen Ebenen der Existenz. Das kann mit der Sprache, Gestik, Mimik oder über die Musik, Malerei, Bildhauerei und Schriftstellerei geschehen. Über das Halschakra bringen wir alles zum Ausdruck, was in uns lebt, also auch die Gefühle, Wahrnehmungen und Einsichten. Hier kommunizieren wir mit der Außenwelt, aber auch mit der Innenwelt.

Die Stimme eines Menschen ist im Klang einzigartig, weshalb die Stimmmuster auch zur Identifizierung benutzt werden können. Anhand der Stimme ist unsere Stimmung erkennbar und auch, ob stimmig ist, was der Mensch sagt. Nach indischer Auffassung ist das wahre Wesen des Menschen in der Sprechstimme erkennbar. Der Bioakustiker und Musiker Alfred Frei-Yadav weist darauf hin, dass allein am Gaumendach beim Sprechen und Singen 84 Meridianpunkte mit der Zunge berührt und aktiviert werden, so wie gleichzeitig der direkt darüber liegende Hypothalamus*) angesprochen wird.

In der Stimme soll man sogar spezifische Begabungen, Veranlagungen, Verhaltensweise und mögliche Schwierigkeiten erkennen können. Sie ist somit ein Ausdruck der Persönlichkeitsstruktur. Dieses erkennt man beispielsweise am lateinischen Ausdruck „personare", denn das wird mit „hindurchklingen" übersetzt.

Das Halschakra stellt eine Brücke zwischen den unteren vier, mehr erdverbundenen, und den oberen, mehr geistigen Chakren her. Es dient also als Brücke zwischen unserem Denken und Fühlen. Es hat die Funktion des Selbstausdrucks und besitzt sechzehn Kammern oder Einzelchakren, das Zentrum natürlich nicht mitgerechnet.

Hier liegt auch der Sitz der Verantwortung. Um im Spiritualisierungsprozess voranzukommen, ist es unvermeidbar, die Verantwortung für sein Leben zu übernehmen. Dazu gehört auch die Akzeptanz, dass wirklich alles, was einem zustößt, selbst herbeigeführt ist, auch wenn man das im Tagesbewusstsein nicht mehr weiß und sich eher als Opfer denn als Täter fühlt. Dazu gehört jeder Knochenbruch genauso wie andere Unfälle oder sonstige Erfahrungen, die angenehm oder unangenehm sind, denn wir sind hier auf der Erde, um zu lernen, und so erstellen wir uns unsere Lernlektionen auf die vielfältigste Weise.

Dem Halschakra ist der Sinn des Hörens zugeordnet. Nur wer „richtig" hinhört, kann entsprechend „richtig" kommunizieren, sonst kommt nur Chaos heraus. Über dieses Chakra strahlt der Mensch stark nach außen, empfängt aber auch Botschaften aus seiner Umwelt, die nicht ausgesprochen werden, sondern auf energetischem Weg zu ihm gelangen. Es ist wie eine Sende- und Empfangsstation. Im Grunde gilt das für alle Chakren, doch für dieses ganz besonders. Natürlich empfangen wir immer

---

*Teil im Zwischengehirn, der für die Regelung des Hormonhaushalts zuständig ist. Er reguliert über das Hormonsystem z.B. den Schlaf, den Wasserhaushalt und die Körpertemperatur.

bewusste Botschaften. Ein Mensch mit entwickeltem fünften Chakra tut dieses aber ganz bewusst. Je besser die unteren vier Chakren schwingen, umso besser kann das fünfte arbeiten. Das Halschakra dient also der Kommunikation unter den Menschen, und zwar auf allen Ebenen, also den bewussten genauso wie den unbewussten.

Wir haben auch eine innere Stimme, nennen wir sie Intuition, die über das Halschakra versucht, zu Worte zu kommen. Man kann lernen, diese Stimme zu hören, indem man lernt, still zu werden. Man muss den Verstand, der unaufhörlich plappert, zur Ruhe bringen, nur dann kann man mit dem inneren Berater Kontakt aufnehmen. Wir identifizieren uns über das, was wir denken, und nicht über das, was wir fühlen. Beides sollte genutzt werden, aber in ausgeglichenem Maße. Der Verstand schreit die Intuition ständig nieder, so dass wir fast völlig verlernt haben, mit der weiblichen intuitiven, fühlenden Seite, die jeder von uns hat, umzugehen. Es ist eine Zeit angebrochen, wo beide Seiten erkannt und akzeptiert werden können und wollen. Die Menschen haben beide Arten des Lebens ausprobiert. Die rein weibliche, intuitive Gesellschaftsform, und die rein männliche, rationale Gesellschaftsform. Was wir heute benötigen, ist eine Ausgewogenheit beider Seiten, und somit eine neue Zivilisationsform. Jede Frau und jeder Mann kann beide Seiten in sich akzeptieren und integrieren, was eine große Veränderung im Zusammenleben der Geschlechter untereinander bewirken wird.

Probleme im Halschakra können in der Negierung der inneren oder äußeren Kommunikation liegen.

Alle Autoren, Redner und Sänger haben ein ausgeprägtes Halschakra, das zumindest in den äußeren Schichten von Blockaden befreit ist.

Zusammenfassend könnte man sagen: „Ich kommuniziere.“

Das Stirnchakra

Auch das Stirnchakra ist zweigeteilt, weshalb oft ein Unterschied zwischen ihm und dem Dritten Auge gemacht wird.

Erzengel Uriel möchte hierzu etwas anmerken:

Liebe Menschen, die Zeit ist nun reif, euch einiges über diese beide Chakren mitzuteilen, das noch nicht bzw. nur wenigen bekannt ist. Die Wahrnehmung geistiger Wesenheiten erfolgt über diese beiden Chakren, die eigentlich eins sind. Mit ihnen könnt ihr sie „sehen", sie „fühlen", und die Übersetzung der Kommunikation mit ihnen erfolgt ebenfalls hier. Mit Hilfe der Stirnchakren „schwimmt" ihr im Meer der Quelle, im Ozean des Wissens, in der Fülle paranormaler Fähigkeiten. Ein voll geöffnetes Halschakra ermöglicht die Telepathie, geschehen tut sie jedoch in der Stirn. Seid ihr telepathisch mit jemandem verbunden, egal ob es eine reine energetische Daseinsform oder ein materielles Wesen ist, könnt ihr das am Druck an der Stirn (Drittes Auge) erkennen, denn hier werden die einfließenden Energien übersetzt. Das gilt auch für die Lektüre spiritueller Literatur. Jedes Wort in gechannelten Büchern bündelt ein ganzes Energiepaket, das sich sozusagen dahinter verbirgt. Das Dritte Auge, also das Innere der beiden Stirnchakren, hält nun die Schlüssel bereit, diese Energiebündel „aufzuschnüren", sie also in ihre Einzelteile zu zerlegen. Ist diese Zerlegung erfolgt, wird der Energie der Weg zugewiesen, den sie nehmen soll. Einige der in den Energien enthaltenen Informationen betreffen vielleicht das Wurzelchakra, in dem sie etwas erledigen sollen, oder einen anderen Körperbereich. Das Dritte Auge weist den Informationen ihre Plätze zu, wo sie dann ihre Wirkung entfalten können. Jedes Wort hat also tief greifende Wirkung auf das gesamte Energiesystem des Menschen. Es wird mit Informationen versorgt, die die Arbeit der Kundalini unterstützen und auch teilweise lenken. Daher werdet ihr immer genau zu den Büchern (oder auch Seminaren oder vielleicht Freunden, die euch ein Stichwort geben) geleitet, die genau die Energien enthalten, die ihr gerade benötigt. Und genau aus diesem Grunde gibt es nun die Vielzahl an gechanneltem Material, denn es soll für jeden das Passende dabei sein und euch zum richtigen Zeitpunkt erreichen. Greift euch doch einmal irgendein Wort dieser Botschaft heraus und messt mit dem Pendel, wie viele Boviseinheiten dieses Wort enthält. Es ist ein Anhaltspunkt für euch, was da eigentlich geschieht, auch wenn die Boviseinheiten nicht wirklich die richtige Maßeinheit dafür sind. Im Regenbogenzeitalter kommt dem Dritten Auge und der anderen Hälfte des Stirnchakras eine immense Bedeutung zu, obwohl ihr euch als Menschheit erst auf die Herzebene hebt. Was geschieht wohl, wenn ihr die Stirnebene erreicht? Wunderbares, das können wir euch jetzt schon versprechen. Doch Wunderbares geschieht schon jetzt, und es drückt sich im Farbenspiel um euren Planeten herum aus.

Jedes Mal, wenn ein Mensch eurer Welt ein gechanneltes oder intuitiv entstandenes Buch liest, würden die Zeiger bei unseren „Messgeräten" bis zum Anschlag ausschlagen, wenn wir das auf technische Weise messen würden. Ihr verbindet euch mit einer Energie, die euch selbst in höhere Schwingung versetzt, und diese erhöhte Schwingung wird nach und nach in eure Zellen integriert; auch dazu dienen die Worte in den Büchern, Seminaren und Channelsitzungen. Worte sind übersetzte Energie, und Energie sind übersetzte Botschaften der Geistigen Welt, die euch alle Unterstützung in dieser wichtigen Zeit zukommen lässt, die ihr benötigt.

Dieses war Uriel.

Es gibt auch noch ein viertes und fünftes Auge, das jeweils oberhalb des Dritten liegt. Das vierte in der Stirnmitte, und das fünfte am Haaransatz. Es existiert auch ein drittes Ohr, nämlich auf dem Trommelfell des linken Ohres, und auch ein viertes im rechten Ohr. Juckt es dort stark, so schreit ein spiritueller Helfer ins Ohr und möchte dir etwas sagen. Lass doch einfach mal die Worte in deinem Kopf fließen, um zu hören, worum es geht. Das linke Ohr ist für Engel und andere Wesenheiten „zuständig", das rechte für das Höhere Selbst, und wenn dieses voll in dich integriert ist, für die Drachenenergien.

Das Dritte Auge ist das Zentrum der Transformation und Energieumwandlung! Und wie das kommt, haben wir gerade von Uriel gehört.

Dem sechsten Chakra (also den beiden Teilen gemeinsam) sind alle Sinneswahrnehmungen zugeordnet, auch die so genannten „Übersinne". Durch diese Energiewirbel erhält man Erkenntnisse über das Sein. Da hier alle Sinne angesprochen werden, sind auch Probleme mit den Augen, Ohren usw. auf diese Stirnchakren zurückzuführen. Die Hypophyse ist der ihr zugeordnete Gehirnbereich. Wird sie aktiviert, geschieht das durch eine Lichtexplosion im Kopf. Über die Hypophyse liegt eine Verbindung zu den hormonellen Funktionen vor.

Durch diese Stirnchakren empfangen, speichern und entsenden wir

Bilder, Symbole, Farben und Eindrücke, die die Realität repräsentieren. Hier kreieren wir unsere Realität. Jedes der beiden hat 91 Kammern oder Einzelchakren, und diese wiederum ihre zwölf Schichten.

Im sechsten Chakra liegen also der Sitz der höheren Geisteskräfte, das Erinnerungsvermögen, der Wille und die Kommandozentrale des Zentralnervensystems. Über das sechste Chakra kann man Gedanken manifestieren, die die Kraft haben, Wirklichkeit zu werden. Das könnte bis hin zum Auftauchen- und Verschwindenlassen oder auch nur zum Bewegen von Materie per Gedankenkraft reichen. Würden wir alle diese Fähigkeiten entwickeln, benötigten wir keine Technik mehr, um unsere Umwelt zu gestalten.

Öffnet man das Dritte Auge, lernt man, Eindrücke aus anderen Sphären wahrzunehmen und Wesen zu sehen, die normalerweise nicht sichtbar sind. Das Aurasehen funktioniert zum Beispiel auf diese Weise.

Hat man das sechste Chakra aktiviert (also mindestens eine der zwölf Schichten darum herum abgebaut), ist das bereits ein hoher Bewusstseinssprung für den Menschen, denn dieser Energiewirbel ist mit dem Höheren Selbst verbunden. Von ihm hörten wir schon, dass es unabhängig von Gedanken und Gefühlen, von Zeit und Raum die Lernerfahrungen bestimmt. Das Höhere Selbst behält den Überblick und ist nicht verstrickt in die Vorkommnisse des Lebens. Mit Hilfe des Stirnchakras oder, genauer gesagt, dem Dritten Auge, kann man sich mit dem Höheren Selbst beraten und so ein größeres Verständnis für sich selbst und seine Lage erhalten. Das geschieht über Visualisation. Sich im Inneren Bilder vorstellen, also das zulassen, was man gemeinhin Fantasie nennt, geschieht über das Dritte Auge. Hierzu ist ein wenig Übung nötig, doch kann das jeder lernen.

Fällt die erste Schicht um das Dritte Auge weg, fängt man an, sich an frühere Leben zu erinnern, aber so, als würden sie gerade ablaufen. Raum und Zeit sind nicht das, was man uns darüber erzählt hat. Ist man nicht darauf vorbereitet, können diese Bilder aus der Vergangenheit überwältigend sein, denn es sind meist keine Alltagsszenen, die vor dem Inneren Auge auftauchen. Man darf sich aber davon nicht überwältigen lassen, sondern muss versuchen, sie als neutraler Beobachter zu sehen. Oft versteht man dann viele heutige Verhaltensweisen besser. Man erkennt, dass alles einem bestimmten Zweck gedient hat und man gute Gründe für frühere Entscheidungen hatte. Dieses ist wichtig, im Auge zu behalten, um sich von den Erinnerungen nicht wegspülen zu lassen.

Im Grunde wissen wir nicht genau, ob es wirklich die eigenen Erinnerungen sind, oder ob das Wissen, an das man herankommt und das in den Genen gespeichert ist, vielleicht Erfahrungen eines Vorfahren sind. Das ganze Dasein ist spinnwebenähnlich miteinander vernetzt, auch über die Zeit- und Raumgrenzen hinweg. Über die „Spinnenfäden" erhalten wir Informationen. Und selbst wenn sie aus der DNS stammen, also einen Vorfahren betreffen, können wir selbst der Vorfahr gewesen sein. Bevor solche Erinnerungen hochsteigen können, muss der Mensch alte Verhaltensmuster, Gewohnheiten, und vor allem Ängste fallen lassen. Nur dann kann er auch damit fertig werden, und nur dann geschieht diese Öffnung.

Hier möchte Metatron etwas beisteuern:

Liebe Menschen, wie ihr nun schon erfahren habt, gibt es zwölf Energiefelder plus die Merkabah. Die Merkabah hat ihren Anker in dem Teil des Strinchakras, der nicht das Dritte Auge ist. Nennen wir diesen Teil nun Amethystchakra, weil durch die Verschmelzung beider Stirnchakren die jeweiligen Hälften, die auf gewisse Weise immer noch existieren, eine neue Arbeitsweise an den Tag legen. Das Amethystchakra arbeitet dann mit ähnlichen Energien wie ein Amethyst und nimmt auch dessen Farben an. Kristalle unterliegen einer großen Ordnung, und die Art der Ordnung wird durch die Art des Steines bestimmt. Ein Amethyst hat mit der Strukturierung des Aufstiegsprozesses zu tun, daher stehen Amethyste auch nur in Häusern, in denen das Potenzial besteht, dass jemand seinen Aufstieg bewusst beginnt. Das Amethystchakra wird zu einer erstaunlichen Größe ausgebaut, und das hat damit zu tun, dass es die Interaktionen mit der Merkabah, also dem Fahrzeug des Aufstiegs und der Reisen durch die Realitäten, koordinieren muss. Hierfür werden große Gehirnbereiche benötigt und daher Ebenen eures Gehirns aktiviert, von denen ihr noch keine Ahnung habt. Die Energien der Merkabah interagieren also direkt mit dem Amethystchakra, das heißt, die einfließende Energie verändert das Chakra, und die ausfließende Energie wirkt auf die Merkabah ein. Mein Name als Mantra ausgesprochen, unterstützt diesen Prozess, so dass ihr hier große Hilfe erhaltet.

Dieses war Metatron.

Mit dem Fallen des ersten Schleiers um das Amethystchakra wird das Verstehen und das Wissen des Menschen gefördert, ein Wissen, das nichts mit dem Schulwissen zu tun hat, sondern mit dem Sein. Warum heißt es Amethystchakra? Zum einen wegen der Farben, denn die Vielzahl der Lilatöne der Amethyste spiegelt auch die Vielfalt der Aktivierungsfarben für dieses Chakra wider. Amethyste verbinden uns mit unserem inneren Wissen und fördern die Erkenntnisfähigkeit, und genau die liegt im Amethystchakra. Öffnet sich dieses, fallen die Grenzen, die wir uns geistig, zeitlich und räumlich gesetzt haben. Selten leben wir im Jetzt. Viele leben in der Vergangenheit oder sind auf die Zukunft ausgerichtet und vergessen dabei, jetzt zu leben. Eigentlich sind wir ein multidimensionales Wesen, das sich aber nur im Schlaf von den Grenzen befreien und sich frei bewegen kann, da dann unser rationaler Verstand, der uns noch zusätzlich begrenzt, ausgeschaltet ist. Dieses multidimensionale Selbst wird nun freigelegt, und es kann durchaus vorkommen, dass man am helllichten Tag in anderen Dimensionen weilt.

In dieser besonderen Zeit geschieht nun auch eine Veränderung der Aufteilung einiger Chakren. Indem die ersten Schichten des Dritten Auges aufgelöst werden, fließen Energien herein, die den Aufbau der Kopfchakren verändern. Wie sieht dieser neue Aufbau dann aus? Sind bei allen drei Kopfchakren (das Veränderungschakra am Hinterkopf nicht mitgerechnet) die ersten sechs „Schichten" abgebaut, wandelt sich das System folgendermaßen um: Stellt euch eine Amethystkugel vor, die eine weiße „Kappe" trägt. Im rechten Winkel zum Mittelpunkt der weißen Kappe befindet sich eine indigoblaue kleine Kugel. Die weiße Kappe ist das Kronenchakra, das genau genommen aber ebenfalls kugelförmig in die Amethystkugel hineinragt, wobei die Amethystkugel das „äußere" Stirnchakra darstellt und den blauen Bereich, das Dritte Auge umfängt. Es liegt also ein hauchdünner Schleier in der Farbe Lila „über" dem Kronenchakra und auch über dem Dritten Auge, weil das Amethystchakra (und mit ihm die Merkabah) diese beiden einschließt. Diese drei bilden also, von außen gesehen, eine perfekte Kugel, die oben eine weiße und „vorne" eine indigoblaue Kugel integriert hat.

Das Veränderungschakra bildet gegenüber dem Dritten Auge eine perlmuttfarbene Kugel, ebenfalls innerhalb des Amethystchakras. Letzteres beginnt also, eine übergeordnete, integrierende und koordinierende Funktion auszuüben.

Das Übersetzungsmodul, also das Dritte Auge, macht die wenigsten Veränderungen durch, obwohl seine Speicherfähigkeiten stark erweitert wird. Im Dritten Auge sind feinstoffliche Kristalle eingebaut, die nun aktiviert werden. Kristalle können sehr viel mehr Informationen speichern als herkömmliche Speichereinheiten, weshalb sie ja auch in der Computerbranche Verwendung finden. Das gilt für die feinstofflichen Kristalle ebenfalls. Daher ist auch keine große Änderung in der Größe des Dritten Auges nötig, nur die Form ändert sich etwas, nämlich ebenfalls zur Kugelform. Die Größe des äußeren Stirnchakras ändert sich jedoch gewaltig, denn es müssen nun mit den steigenden Fähigkeiten sehr viel mehr Informationen ausgewertet werden, die zum Teil über das Dritte Auge hereinfließen, denn es werden nun auch mehr Informationen „hereingelassen", die sich mit interdimensionalen Konzepten befassen. Das gesamte Gehirn wird darin eingebunden, das heißt, dass das Amethystchakra in seiner Größe ständig wächst, bis es das gesamte Gehirn umfasst. Es werden also nun wesentlich mehr Bereiche des Gehirns bewusst genutzt als vorher. Die Natur schafft nichts Überflüssiges, die angeblich brach liegenden Gehirnteile wurden schon immer benutzt, nur hatte der Mensch keinen Zugang zu dem, was darin geschah, und das ändert sich jetzt gravierend!

Zusammenfassend könnte man sagen: „Ich sehe."

Das Kronenchakra

Das siebte Chakra ist das Kronenchakra, das sich am Scheitelpunkt des Kopfes befindet, in Verlängerung der Ohrenspitzen. Die oben genannte Pranaröhre führt hier hindurch. Da sich dieses Chakra oben am Kopf befindet, ist seine körperliche Zuordnung das Großhirn. Treffen nun die von oben und unten einfließenden Energien im Kronenchakra das erste Mal zusammen, ist der Weg bereitet, um alle Kanäle, alle Kammern und Schichten nach und nach von Blockaden zu befreien.

Hier befindet sich das mediale Zentrum für höheres Wissen. Das Grundprinzip des siebten Chakras ist das reine Sein. Hier wird das individuelle „Ich" mit dem göttlichen „Ich" vereinigt. Das Ego wird dabei transzendiert, das heißt, es wird so umgewandelt, dass es nicht mehr nur zum eigenen Besten handelt, sondern zum Besten aller, was die eigene Person ja automatisch mit einschließt.

Wird dieses Chakra weit geöffnet, spricht man davon, dass der Mensch erleuchtet wurde, denn nach dieser Vereinigung empfindet man einen tiefen Frieden und die Verbundenheit mit der Schöpfung. Man kann diese Verbindung auch direkt spüren, denn die Pranaröhre wird immer deutlicher und immer öfter an dieser Stelle fühlbar, was sich durch einen kühlen Hauch, einen leichten Druck oder ein Kribbeln an dieser Stelle bemerkbar macht.

Das Kronenchakra besteht aus fast tausend einzelnen Minichakren. Ich habe die Erfahrung gemacht, dass durch die Lektüre spiritueller Literatur einzelne dieser Minis in Bewegung kommen. Spürbar ist dieses oft an mehreren Stellen gleichzeitig, wenn auch vielleicht nur in Stecknadelkopfgröße. Das fühlt sich an, als ob an einer winzigen Stelle ein warmer oder kühler Lufthauch den Kopf berührt. Es können einzelne oder auch hunderte dieser Minichakren aktiviert sein, je nachdem, was man gerade liest, also welche Schlüssel in dir aktiviert werden. Was dann in den vielen Schichten des Geistes dadurch ausgelöst wird, bemerkt man erst mit der Zeit, wenn sich Blickwinkel, Gewohnheiten und Verhaltensweisen ändern. Es kann auch ein warmer energetischer Strom auf der linken Seite bemerkbar sein, oder einzelne, relativ große Kristalle sind spürbar, wie zum Beispiel direkt hinter dem linken oder rechten Augenwinkel.

Wir haben gehört, dass die Chakren von der Scheiben- auf die Kugelform übergehen, wenn die Geschwindigkeit für Drehungen zu hoch wird. Das Kronenchakra bildet hier die einzige Ausnahme, es ist von Anfang an eine Kugel. Der Halo, den ich schon erwähnt habe, bildet sich jedoch ebenfalls erst ab einer bestimmten Vibrationsschnelligkeit. Wenn dieses geschieht, taucht der so genannte Heiligenschein auf, den Hellsichtige dann wahrnehmen können.

Die Aktivierungsfarbe für das Kronenchakra ist Weiß. Oft wird sie mit Violett angegeben, was daran liegt, dass das Amethystchakra so groß wird, dass es das Kronenchakra an räumlichem Sein übertrifft und sozusagen fast verschluckt, und daher ist das Weiß kaum sichtbar, dennoch muss man hier trennen: Violett ist für das Amethystchakra, Indigo für das Dritte Auge und Weiß für das Kronenchakra. Diese Farbe ist gleichzeitig eine Reinigungsfarbe und kann bei allen Reinigungsvorgängen zur Unterstützung herangezogen werden.

Hier möchten die Anasasi, und speziell Kryon, etwas anmerken:

Liebe Menschen, die Wichtigkeit des Kronenchakras wurde schon vor langer Zeit erkannt, und doch wussten auch die alten esoterischen Schulen nicht alles darüber, weil bestimmtes Wissen erst mit einem gewissen Entwicklungsstand eröffnet werden durfte. Sie haben mit ihren Forschungen den Rand der Erkenntnisse erst gestreift. Wir möchten dieses nun etwas vertiefen.

Das gesamte Chakren- und Energiesystem des Menschen ist darauf angelegt, zumindest die Verbindung zur Quelle aufrechtzuerhalten. Es ist auch darauf angelegt, ab einer bestimmten Schwingungshöhe des Einzelnen, und auch ab einer Gesamtschwingungshöhe des menschlichen Massenbewusstseins, neue Aktivitäten zu entfalten. In früheren Zeiten war nur eine Öffnung bis zu ca. 60% möglich, und das hatte schon enorme Wirkungen – für den Einzelnen genauso wie für alle anderen. Diese 60% wurden lange Zeit für die maximal erreichbare Öffnung, also für 100%, gehalten, weil sie schon so enorme Wirkungen ausübte und dabei das Kronenchakra seinen Halo bildete.

Es erforderte größtmögliche Hingabe und immense Anstrengungen, diese Öffnung von 60% überhaupt zu erreichen und war nur einigen wenigen bestimmt. Es gab nur drei Menschen während eurer bekannten Geschichte, die eine tatsächliche 100%ige Öffnung erreicht haben, und sie arbeiteten unter besonderen Bedingungen und hatten eines speziellen Schutz gegen die Dichte der Materie um sich, da sie sonst nicht hätten leben können. Diese drei Menschen waren Jesus-Sanandá, Buddha und Djwahl Khul. Sie hatten besondere Aufgaben übernommen und daher eine Zellstruktur, die für ihre Zeit absolut einmalig war. Sie kamen bereits mit einer 12-Strang-DNS zur Welt und machten damit deren Erweckung in euch heute überhaupt erst möglich. Diese DNS wird nun bei vielen Menschen aktiviert. Jedem DNS-Strang ist auch ein Chakra im Ätherfeld, und auch jeweils ein Chakra in den anderen Feldern zugeordnet. Wir machen daher nun einen kleinen Exkurs in die 12-Strang DNS:

*Wie ihr schon gehört habt, ist das Klarheitsfeld auch dem Klarheitschakra zugeordnet, und zu dieser Einheit gehört die DNS-Schicht **„Urim ve Tumin“** (vierte Schicht), die Essenz des bisherigen Lebensausdrucks. Kryon führte in einem Channeling mit Lee Caroll aus, dass diese eine der bekannten materiellen Schichten darstellt.*

*Die zweite materielle Schicht ist in dieser Aufzählung Nr. 5 **„Aleph Etz Adonai“**, Göttlichkeit in deinem Leben. Diese Schicht gehört zum Halschakra und somit zum Kommunikationsfeld. Man könnte es auch so ausdrücken: Mit den DNS-Schichten vier und fünf wird all das dargestellt, was du in dieses Leben mitgebracht hast. Dazu gehören die körperlichen Merkmale, aber auch all das, was deine Göttlichkeit ausmacht, und dazu zählen alle vergangenen Leben und deren unaufgelöste Stellen niedriger Schwingung. In diesen beiden Schichten stecken also die Informationen für die vergangenen Leben, aber auch für die zukünftigen, die mit dem Erwachen nun nicht mehr realisiert werden müssen. Das ist der Grund dafür, warum die materielle DNS so viel „totes“ Material zu besitzen scheint, dem die Genetiker keinen sinnvollen Zweck zuordnen können. Dieser Zweck erwacht erst, wenn der Mensch erwacht, und bis zu einem gewissen Grade sind das nun alle. Diese beiden DNS-Schichten treten in Kommunikation mit dem Menschen (es sind ja auch die beiden Halschakren), das heißt, dass er mit allem Unerledigten konfrontiert wird, so dass es erledigt werden kann. Parallel dazu wird ihm aufgezeigt, wer er eigentlich ist, war und sein wird.*

Nun hat Kryon durch Lee Carroll noch andere Namen bekannt gegeben, und wir werden den bisher bekannten weitere Chakren, und damit die entsprechenden Felder, zuordnen:

***„Keter Etz Chayim“**, der Baum des Lebens, ist dem Wurzelchakra zugeordnet, und damit dem Ätherfeld. Es ist die Schicht, das Feld und das Chakra, das dafür zuständig ist, dass du dich auf der Erde einrichten und somit überleben kannst.*

***„Torah E`ser Sphirot“**, die Blaupause des Gesetzes, ist dem Herz-*

chakra, und damit dem Liebesfeld zugeordnet. Das oberste Gesetz der göttlichen Quelle ist das der Liebe. Liebe ist sozusagen der Stoff, aus dem alles erstellt wurde. Warum ist es ausgerechnet Liebe? Stell dir vor, du bist ein Autor und schaffst ein besonderes Buch. Du wirst dieses Buch lieben, weil es von dir geschaffen wurde, weil es ein Teil deiner Essenz repräsentiert, weil deine Energie darin steckt, und genauso ist es mit dem, was die göttliche Quelle erschafft.

Die Schicht ***„Ehyeh Asher Ehyeh"****, Ich-Bin-Das-Ich-Bin, ist dem Kronenchakra zugeordnet und gehört somit zum Spiritualfeld. Sie drückt aus, dass besagter Autor nicht außerhalb seines geschaffenen Buches steht, sondern mitten darin steckt, weil ja seine Energie darin fließt, und alles, was das Buch ausmacht, auch die Quelle des Buches, den Autor ausmacht. Er kann nichts erschaffen, was von außerhalb kommt, da es ein Außerhalb in dem Sinne nicht gibt, sondern alles kommt von diesem Autor, aus ihm selbst heraus. Also ist auch jede Figur, die in dem Buch vorkommen mag, ein Teil des Autors und spiegelt seine Eigenschaften, die gelebten genauso wie die ungelebten, die erkannten genauso wie die unerkannten wider.*

Die Schicht ***„Kadumah Elohim"****, offenbarte Göttlichkeit, wird dem Sakralchakra und somit dem Schöpferfeld zugeschrieben. Der Autor, um bei unserem Bild zu bleiben, schafft Figuren, die wiederum die Fähigkeit haben, Neues zu erschaffen, da diese ja auch die Eigenschaften des Autors sind. Da aber diese Figuren Neues schaffen und dieses dem Autor wiederum zufließt, da sie gegenseitig miteinander verbunden sind, könnte man sagen, dass ihm aus dem geschaffenen Buch eine Energie zufließt, die vorher nicht vorhanden war. Er schafft also aus sich selbst heraus ein Mehr an Energie, ohne eine Energiezufuhr von außen.*

Bleibt nun noch die Schicht ***„Netzach Merkava Eliyahn"****, Aufstieg und Aktivierung, die natürlich mit der Merkabah einhergeht. Diese Schicht, dieses Feld, hat eine Sonderstellung, und obwohl alle Schichten einander durchdringen und bedingen, ist dies hier in besonders starkem Maße der Fall, denn gewisse Bewegungen in den übrigen Schichten dürfen nur stattfinden, wenn von der Merkabahschicht die entsprechenden Impulse ausgesandt werden. Hierbei geht es um Ermächtigung, Ermächtigung, die nächsten Schritte tun zu dürfen, Ermächtigung, durch gewisse Tore der eigenen Identität hindurchschreiten zu dürfen um dort das Wissen abzuholen, das du dort gelagert hast. Es wurde dort gelagert für eine bestimmte Zeit, um dann angewandt zu werden. Diese Zeit ist jetzt!*

*Letztlich führt dies alles zu **„Vedonai Aleph“**, einem Leben in Göttlichkeit. Hier endet unser kleiner Exkurs, den wir in anderen Werken fortsetzen werden.*

All die Erleuchteten aus früheren Zeiten, und das gilt bis zum Jahre 1987, bewirkten also schon Großes mit ihren 60%. Was wird wohl geschehen, wenn es nun Menschen gibt, die eine 100% Öffnung erreichen können, und nicht nur die drei, die schon Erstaunliches bewirkt haben? In dieser besonderen Zeit ist dieses möglich, und zwar nicht nur durch Einzelne, sondern durch viele. Und es geschieht noch mehr.

Öffnung ist eigentlich nicht das richtige Wort, es ist mehr ein Abbau der Schichten. Wird das Kronenchakra in seiner normalen Form auf 100% „gefahren“ und dann Schicht um Schicht abgebaut, ändert sich das System an sich und zwar so, wie es vom Channel oben angegeben wurde. Nach der Auflösung der zwölften Schicht wird auch das Kronenchakra zu einem Tor, ein Tor, das in andere Dimensionen, gemeint sind hier Realitätsebenen, hineinreicht. Das beinhaltet, dass sich die Vibration des Chakras nun zu einer bisher ungeahnten Höhe hin entwickelt. Mit diesem Übergang, den nun nach und nach die ersten Menschen erreichen, fließt auch eine neue Art von Energie in das Kronenchakra und somit in das gesamte Energiesystem des Menschen. Diese andere Art von Energie macht den Kontakt zu vielen verschiedenen Existenzebenen möglich, so dass die Kommunikation mit dem Höheren Selbst, mit Engeln, mit bereits aufgestiegenen anderen Rassen, mit den Aufgestiegenen Meistern und noch anderen Wesenheiten möglich und zur Selbstverständlichkeit werden wird. Versteht uns bitte nicht falsch, dieser Kontakt besteht bei einigen auch schon vor Erreichen der 100%, doch nimmt dieser Kontakt dann andere Qualitäten an, vor allem, was die Vielfältigkeit betrifft.

So hat jedes Chakra für sich gesehen eine enorm große Bedeutung, aber jeweils auf seiner eigenen Ebene.

Eure Anasasi.

Da es hier um Schwingungen geht, die erhöht werden, muss immer eine Angleichung des gesamten Körpers erfolgen. Daher geht der ganze Entwicklungsprozess auch in Etappen vor sich. Die Energie, die ins menschliche System einfließt, entspricht immer dem Entwicklungsstand des Menschen und somit dem, was er auch vertragen kann.

Zusammenfassend könnte man sagen: „Ich bin."

Über die neuen fünf Chakren am Rücken wurden schon im ersten Band dieser Reihe einige Aussagen gemacht. Diese werden hier nun ergänzt.

Das Polaritätschakra

Dieses Chakra liegt auf der „Rückseite" des Sakralchakras, etwa zehn Zentimeter über dem Steißbein. Es korrespondiert mit den beiden Sakralchakren und hat auch eine Verbindung „hinunter" zum Wurzelchakra. Mit der Öffnung bzw. Beschleunigung des Polaritätschakras wird eine Energie generiert, die die Überwindung der männlichen und weiblichen Seite innerhalb eines Menschen möglich macht. Es trägt also dazu bei, dass die beiden Sakralchakren wieder zu einer Einheit zusammenfinden können. Damit geht eine Überwindung des „Schwarz-Weiß"-Denkens einher. Grundvoraussetzung hierfür ist die Entwicklung der bedingungslosen Liebe zu Allem-was-ist, auch zu dem, was meist als „negativ" bewertet wird.

Lady Rowena möchte ihre Anmerkungen zu diesem Thema aus dem ersten Band nun vervollständigen:

Liebe Menschen, an dieser Stelle möchte ich einige Ausführungen zum Thema „Bedingungslose Liebe" beitragen. Wie gelangt man dazu, alles in Liebe anzunehmen? Der erste Schritt ist, dich selbst genauso anzunehmen, wie du bist, mit allem, was deine Einzigartigkeit ausmacht, selbst das, was von dir oder anderen als „negativ" bewertet wird. Akzeptiere die dunklen Seiten genauso wie die lichten. Im Laufe deiner Betrachtungen zu früheren Leben wirst du feststellen, dass du jede Menge „dunkle" Erfahrungen erlebt und ausgeteilt und genau die wieder mitgebracht hast, damit du sie erlösen kannst. Das bringt dich dazu, das Konzept von Gut und Böse zu überdenken, denn du warst sehr oft beides in all den schimmernden Facetten, die die Erfahrungen auf der Erde annehmen können. Von den guten Erfahrungen wirst du nicht viel zu Gesicht bekommen, weil sie nicht „erlöst" werden müssen.

Akzeptiere auch deinen Körper genauso wie er ist, denn er ist nicht zufällig so, sondern wurde von dir für deine Lernprozesse so geschaffen. Er ist auch für den Fall genau passend gemacht, dass du in diesem Leben erwachst und somit die Möglichkeit besteht, dass du deine Lebensaufgabe(n) findest. Du wirst also feststellen, dass dein Körper genau zu dem passt, was du dir in diesem Leben vorgenommen hast. Sich darüber zu grämen ist also völlig sinnlos. Jemand, der Revolutionäres in der Landwirtschaft erreichen soll, wird auch einen Körper haben, der mit landwirtschaftlichen Arbeiten fertig werden kann. Jemand, dessen Aufgaben sich mehr im Kopf abspielen, braucht keinen Körper, der sehr anstrengenden körperlichen Arbeiten gewachsen ist. Du kannst also schon rein äußerlich erkennen, ob du derzeit das machst, was du eigentlich machen wolltest.

Schmerzen im Bereich des Polaritätschakras zeigen an, dass da sehr stark „gearbeitet" wird, dort jedoch noch Widerstände zu überwinden sind. Je mehr Schmerz sich dort zeigt, desto größer sind die zu überwindenden Widerstände. Was sind das für Widerstände, die dafür sorgen, dass du dich in der Überwindung der Polarität so schwer tust? Es sind natürlich gemachte Erfahrungen mit „bösen" Mächten, die sich dort als „Felsen im Sturm" manifestiert haben. Je schlimmer diese Erfahrungen waren, umso größer sind natürlich diese Felsen, und die Kundalinikraft hat große Mühe, sie aufzulösen. Nun gibt es ja um jedes Chakra eine Polaritässchicht, und nur im Polaritätschakra ist diese Schicht am dicksten. Jedes Chakra hat also einen Schwerpunkt, aber von allen anderen elf Chakren in etwa gleich großen Anteilen. Das heißt, wenn du im Polaritätschakra große Felsen aufgebaut hast, ist die Wahrscheinlichkeit groß, dass solche auch in den Polaritätsschichten der anderen Chakren sitzen. Das hat den Effekt, dass die Felsen dort ebenfalls aufgelöst werden müssen. Alle Felsen, die mit der Polarität zu tun haben, hängen energetisch zusammen, und so können alle Felsen im Polaritätschakra erst aufgelöst sein, wenn auch alle Felsen in den Polaritätsschichten aufgelöst sind. Die energetische Verbindung untereinander sorgt dafür, dass diese Schmerzen sich vielleicht sehr lange zeigen, ohne dass herkömmliche Behandlungsmethoden hier wirklich Linderung verschaffen, weil eben nicht nur das Chakra, sondern auch die anderen elf Schichten bearbeitet werden. Im Prinzip gilt das für jedes einzelne Chakra und für jede einzelne Schicht. Daher wurden euch ja auch die Engelnamen gegeben, mit deren Hilfe ihr in der Lage seid, diese Felsen aufzulösen. Für das Polaritätschakra wäre das dann Chanael. Hast du also akute Probleme in diesem Chakra, so nimm diesen Namen und meditiere mit ihm, so oft es dir deine Intuition eingibt, und so lange, bis keine Schmerzen mehr auftre-

ten. Du sorgst damit für frischen Wind in deinem Energiesystem, was für alle anderen Engelnamen natürlich ebenfalls gilt.

Diese Vorgänge im Polaritätschakra werden dich dafür sensibilisieren, auch andere genauso anzunehmen wie sie sind, denn für sie gilt ja das Gleiche. Alle Interaktionen mit ihnen sind Folgen früherer Ereignisse, die noch „ausvibriert" werden müssen. Anders ausgedrückt, es wird Karma erledigt.

Bedingungslos heißt also wirklich, dich und andere frei von jeder Bedingung und jeder Erwartung anzunehmen. Das ist der vielleicht schwierigste Teil im Spiritualisierungsprozess, denn es bedeutet, dich, egal was du tust, nicht mehr dafür zu beurteilen. Beobachte einmal, wie oft du sagst „Da habe ich wieder Mist gebaut", „Oh, ich Tollpatsch", oder Ähnliches. Wie oft sagst du zu dir: „Gut gemacht, weiter so."? Nicht sehr oft, nicht wahr? Erst wenn du in der Meisterschaft lebst, also den Tunnel der Spiritualisierung durchquert hast, bist du in der Lage, alles anzunehmen, was du tust, selbst wenn du wütend über jemanden geworden bist und ihm das gezeigt hast. In dem Moment hat der andere das auch gebraucht, verstehst du?

Bist du in der Bewertung und sagst, das war schlecht, dann beinhaltet das automatisch, anders wäre es besser gewesen, was wieder Polarität darstellt. Aber in der Dichte der Materie (auch wenn sie nun schon in der Fünften Dimension schwingt) hast du gar nicht den Überblick, was für dich oder einen anderen gut oder schlecht ist. Daher mache deinen Frieden mit allem, was du tust, mit allem, was in deinem Leben geschieht und geschehen ist, und versuche, die Botschaften dahinter zu entdecken. Frage dich: „Was soll(te) ich daraus lernen"? Und so kommst du in die Meisterschaft, nämlich indem du lernst, die Botschaften, die Lernlektionen hinter allem zu sehen. Das erfordert ein wenig Übung und die Bereitschaft zur Ehrlichkeit mit dir selbst.

Indem du über Dunkel und Hell hinauswächst, überwindest du die Polaritäten dieser Welt. Das heißt nicht, dass es sie nicht mehr geben wird, aber sie werden sich für dich anders darstellen. Du wirst einen anderen Blickwinkel einnehmen, und wenn dieses genügend Menschen schaffen, wird sich eine Änderung in der Polarität ergeben. Man könnte sagen, sie „schiebt" sich zusammen, sie wächst zusammen. Der Anfang hierfür ist gemacht, denn das Polaritätschakra ist bei allen Menschen nun etwas beschleunigt worden, und das wird Wirkung zeigen. Erst bei Einzelnen, dann bei vielen.

Dieses war Rowena.

Das Harmoniechakra

Hier spricht Sanandá, und mein Bedürfnis ist es, euch die Harmonie näherzubringen, denn dieses ist „meine“ Energie. Ich bin der Lenker des Strahls, der als Hauptenergie die Harmonie bringt, und so bin ich auch der Wächter über alle Harmonietore auf der Erde. Wie ihr aus dem ersten Band schon erfahren habt, wurde nun ein Tor der Harmonie geöffnet, das man der Achten Dimension zuordnen könnte, wenn es so etwas wie Dimensionen überhaupt gäbe. Aber um euch Konzepte näherzubringen, müssen wir von der Geistigen Welt in Kategorien denken, was normalerweise nicht der Fall ist. Daher sind auch die passenden Channels so wichtig, weil sie die „passenden“ Kategorien bzw. das passende Vokabular mitbringen oder doch erlernen können, und um Lernen geht es auch für alle anderen.

Warum wurde nun ein Harmonietor der Achten Dimension geöffnet, obwohl Dimension sechs und sieben noch verschlossen sind? Wie ihr schon aus der Zahlensymbolik erkennen könnt, beinhaltet die 8 das Unendlichkeitszeichen, und diese Energie, die nun hier hereinströmt, ist notwendig, um die Haromiechakren der Menschen zu öffnen bzw. zu beschleunigen. Dimension sechs und sieben beinhalten mehr vertiefende Energien für die „unteren“ Dimensionen, die achte jedoch beschleunigende, und diese Beschleunigung wird nun dringend gebraucht, da ihr schon so viel Energie freigesetzt habt, die geradezu eine Beschleunigung „verlangt“. Das Öffnen der Tore, und das gilt für die Chakratore im menschlichen Körper genauso wie für die Erdtore, lässt Energie einfließen, die euch in die Veränderung bringt. Der weltweite Ruf nach Veränderung wurde gehört und gab uns die Erlaubnis hierzu. Die Tore werden jedoch von zwei Seiten geöffnet, und das gilt für alle, auch für die Körperchakren. Das heißt, es geschieht nichts, was ihr nicht wollt, womit ihr nicht in Resonanz seid. Euer Bedürfnis nach Harmonie ist so stark geworden, dass wir und ihr nun gemeinsam gehandelt haben. Mein Wandeln als Jesus auf Erden legte den Grundstein für die Liebe, denn Harmonie ist nichts anderes als das anzunehmen, was ist, und dieses Annehmen ist nichts anderes als Liebe.

Ihr alle habt nun viele hundert Leben hinter euch gebracht, die nicht viel mit Harmonie zu tun hatten, jedenfalls „unter dem Strich“ gesehen, und davon habt ihr genug. Und wir von der „anderen Seite“ sind hoch erfreut, dass nun die Zeit anbricht, in der all die Arbeit, die von euch und uns in Äonen geleistet wurde, einen krönenden Abschluss findet. Das heißt nicht, dass nach diesem Leben auf Erden für euch oder uns alles vorbei ist. Nein! Es bedeutet, dass ihr eure Meisterschaft hier erringt und dann zu neuen Lernufern aufbrechen könnt, und für uns gilt das gleiche!

Auch unsere Energien haben sich nun seit wenigen Jahren verändert, wie ihr vielleicht bemerkt habt. So ist diese Sanandá-Botschaft von anderer Energie als die in anderen Büchern, weil auch wir gerade enorme Wachstumsschübe erleben, genau wie ihr auch, und so sind wir, genau wie ihr, in einem Aufwärtsstrudel der Veränderung. Ihr habt euren Teil für uns beigetragen, und wir tragen unseren für euch bei, und so ist es!

Dieses war Sanandá.

Das Wissenschakra

Hier spricht Kuthumi, und ich bin zuständig für das Wissenschakra. Was bedeutet Wissen eigentlich? Es ist das, was wir gelernt haben, nicht wahr? Jeder von euch ist reich an Wissen. Wissen darüber, was in dieser Realitätsebene geschieht, auf der persönlichen Seite genauso wie generell. „Wissen ist Macht, ich weiß nichts, macht nichts", war ein scherzhafter Spruch eines Kindes im Hause dieses Channels. Einerseits jagen die Menschen hinter den Nachrichten her, um zu „wissen", was in der Welt geschieht, weil sie dann über Macht verfügen. Andererseits verschließen sie sich aber dem, was nicht in den Nachrichten gezeigt wird, aber dennoch geschieht. Von diesen Dingen wollen sie nichts wissen, halten für Spinnerei, was da so in den spirituellen Büchern geschrieben steht. Für sie trifft dieser scherzhafte Spruch tatsächlich zu. Sie glauben, wenn sie Zeitung lesen und Nachrichten sehen, dann wissen sie, was geschieht, und dass sie nichts von der anderen Realität wissen wollen, macht ihnen nichts aus. Gesegnet sind sie, denn sie sind noch nicht bereit, aufzuwachen. Gesegnet sind auch die, die bereits aufwachen, und es werden immer mehr. Immer mehr Menschen möchten wissen, was jenseits der sichtbaren Realität ist, jenseits der offiziellen Nachrichten, sie wollen mehr. Sie fühlen mehr als sie wissen, dass da ein Mehr ist, ein Mehr an Wissen, das ihnen noch nicht zugänglich ist. Sie fühlen, dass sie das Recht haben, mehr zu wissen, und machen sich auf die Suche nach diesem Mehr, denn sie fühlen auch, wenn sie an dieses Mehrwissen herankommen, haben sie mehr Macht. Mehr Macht über sich selbst, mehr Einfluss darauf, was im eigenen Leben geschieht, denn Wissen bedeutet Einfluss nehmen. Nicht, indem man an-

dere manipuliert, nein, indem man sein eigenes Leben so verändert, dass keine Existenzängste mehr bestehen, dass man in der eigenen Kraft und Macht steht, dass das Leben auf der Erde zur reinen Freude wird.

Somit ist der Spiritualisierungsprozess ein Weg, die Lebensfreude wieder zu finden, und ein Schlüssel dazu liegt im Wissenschakra. Ich möchte euch daher eine Meditation mit auf den Weg geben, die euch zu eurem eigenen Wissen führt und die Türen öffnet zu dem, was ihr in vielen Leben gelernt habt, denn diese erlernten Fähigkeiten werden nun gebraucht. Hier und heute!

Meditation

Lieber Mensch, bitte begib dich an deinen Meditations- oder Entspannungsplatz. Mache es dir so bequem wie möglich, aber nicht so bequem, dass du dabei einschläfst. Also solltest du diese Meditation nicht unbedingt vor dem Schlafengehen durchführen. Bitte begib dich mit deinem Bewusstsein in dein Wissenschakra gegenüber dem Herzchakra auf deiner Rückseite. Stell dir dort eine goldene Blase vor. Betritt diese Blase. Dort findest du eine goldene Pyramide, die an einer Seite Stufen aufweist und an der Spitze eine riesige Perle, die in allen Farben schimmert. Gehe diese Stufen hinauf. Anfangs fällt es dir sehr schwer. Es ist sehr anstrengend, immer noch mehr Stufen emporzugehen. Doch was ist das? Da ist eine rote Stufe, und in dem Moment, in dem du sie betrittst, fällt dir der Aufstieg sehr viel leichter, dein Körper fühlt sich leichter an, und er scheint mit jeder weiteren Stufe immer leichter zu werden. Schließlich wirst du so leicht, dass du keine Bodenhaftung mehr hast und abhebst. Den Rest des Weges kannst du im Fluge zurücklegen, und du landest nun vor der riesigen Perle, die weit größer ist als du selbst. Du stellst fest, dass sie nicht massiv ist, sondern die Wände aus Energie bestehen. Du kannst hindurchsehen, und du siehst in der Mitte einen Sockel, auf dem ein Buch liegt. Du weißt genau: Dort muss ich hin, und daher betrittst du die Perle durch die Wände hindurch, eilst zu dem Podest. Auf dem Buch steht ein Name. Es ist dein Name, ein Name, den du in einer für dich wichtigen Inkarnation getragen hast, in der du besondere Arbeit verrichtet und enormes Wissen erworben hast. Präge dir diesen Namen gut ein, denn du kannst ihn als Meditationshilfe benutzen, um an das innere Wissen zu gelangen, das du in dieses Leben mitgebracht hast. Deine Neugier ist nun geweckt, und du schlägst das Buch auf. Du siehst Bilder dieses Lebens, Szenen, die damals wichtig waren. Wenn du umblätterst, wirst du andere Szenen sehen. Schau dir aber nur so viel an, wie du verkraften kannst, und komme lieber später noch einmal wieder, um mehr zu sehen, um mehr zu erfahren. Schließe das Buch wieder, verlasse die Perle und fliege nun zu deinem Ausgangspunkt zurück. Fühle in dich hinein. Allein indem du diesen „Aufstieg" gemacht hast, hast du deine Schwingung angehoben, und das geschieht erneut, wenn du sie wiederholst. Und dies gilt auch, wenn du (noch) keinen Namen und/oder Bilder sehen konntest

Diese Meditation ist ein Geschenk der Geistigen Welt, um euch rasch zu eurem Wissen zu führen. Ich bin der Lenker des Strahls der Fülle, der Fülle des Wissens genauso wie andere Fülle auch, und daher gehört es zu meinen Aufgaben, dir dazu zu verhelfen, an dein Wissen heranzukommen, was auch letztlich zur materiellen Fülle, um die die Menschen sich immer so gerne sorgen, führen wird, denn indem du dich wieder an das Erlernte erinnerst und diese Fähigkeiten auch nutzt, wirst du so hilfreich für andere, dass sie deine Dienste honorieren und du dein Auskommen haben wirst.

Das war Kuthumi, in Liebe und Fülle.

Das Klarheitschakra

Liebe Menschen, hier ist Maha Cohan, und ich möchte euch etwas Klarheit über das Klarheitschakra verschaffen. Vielen von euch ist bereits klar, dass sich etwas verändern muss und dieses bereits im Gange ist. Das ist der erste (bewusste) Schritt, sich Klarheit zu verschaffen über das, was vorgeht. Das gilt ganz besonders im persönlichen Leben, denn nur wer für sich selbst Klarheit schafft, kann mit klaren Vorstellungen darangehen, auch im Außen etwas zu verändern. Ihr wisst also, dass etwas geschehen muss und dass etwas geschieht. Aber wie sollt ihr das für euch persönlich realisieren?

Ihr habt für euch erkannt, dass ihr etwas verändern müsst und wollt dieses nun angehen. Ab diesem Zeitpunkt, liebe Menschen, komme ich ins Spiel, denn es haben euch bereits viele Schritte bis zu dieser Erkenntnis geführt, und nun gilt es, bewusste Schritte für den Pfad, der vor euch liegt, zu unternehmen. Ihr steht an einer Wegkreuzung, könnte man sagen. Das gilt auch für die Menschen, die bereits ein „spirituelles Leben" führen, denn auch hier ist nun Veränderung angesagt.

Damit ihr als Kollektiv einen Punkt erreichen konntet, an dem ihr eine Veränderung wünscht, musste eine bestimmte Art von Spiritualität von einer kritischen Masse entwickelt werden. Dazu gehörte unter anderem stundenlanges Meditieren, der Besuch von Workshops und Seminaren, die Arbeit mit Klangschalen, Meditationsmusik usw. Es war uns eine Freude zu sehen, wie diese Dinge ihre Wirkung entfalteten. Aber nun ist es an der Zeit, euch darüber klar zu werden, dass eine Veränderung geschehen ist. Die Gründe, warum ihr diese Dinge auf euch genommen habt, sind nun eingetreten, nämlich eine Schwingung zu kreieren, in der es vielen Menschen möglich sein wird, ihre eigene Spiritualität zu entdecken.

Es sind also neue Schritte auf einem neuen Weg möglich. Es gibt zwar Wegweiser an eurer Kreuzung, doch oft muss euch, Schritt für Schritt, klargemacht werden, dass es dort auch ein Schild gibt, auf dem steht: „Aufstieg", und darunter einen Pfeil, der die Richtung markiert. Und dass ihr den weiteren Hinweis auf dem Schild, der in eine andere Richtung führt, nicht überseht: Dort steht nämlich: „Der bequeme Weg". Ihr, liebe Menschen, seid gesegnet, welchen Weg ihr auch gehen werdet. Entscheidet ihr euch für den bequemen Weg, dann wählt ihr ein anderes Leben als das, in dem ihr die Unbequemlichkeiten eines steilen Aufstiegs auf euch nehmt. Seid gesegnet, wie ihr euch auch entscheidet. Wie gesagt, das gilt auch für die, die schon viele Jahre spirituell leben. Vielleicht gehörtet ihr zu den Wegbereitern und ihr habt euch den bequemeren Rest des Weges nun verdient. Vielleicht seid ihr auch bereits bequeme Wege gegangen, genau wie zahlreiche andere, die jetzt erst aufwachen und nichts von eurer Arbeit mitbekommen haben. Aus welcher Richtung auch immer ihr gekommen seid, genau jetzt liegt eine große Kreuzung vor euch, und es gilt, Entscheidungen zu treffen. Damit ihr klare Entscheidungen treffen könnt, gibt es viele winzige und einige größere Erkenntnisse, die euch betreffen. Zu diesen Erkenntnissen verhelfe ich euch, wenn ich euch zum Beispiel zu einem bestimmten Buch führe oder andere Hinweise für euch hinterlege. Meine Energie ist die der Hilfe für Entscheidungen, für klare Entscheidungen.

Seid ihr euch noch nicht klar darüber, wie es mit euch weitergehen soll, so biete ich euch als Entscheidungshilfe eine Meditation an.

Meditation

Begebt euch an euren Meditationsplatz. Habt ihr noch keinen, dann schafft ihn euch, denn dieser Platz wird mit eurer Energie aufgeladen, so dass ihr euch da selbst immer wieder Kraft verschaffen könnt, wenn sie euch einmal verlässt. Wälzt ihr ein Problem, für das ihr keine Lösung seht, setzt euch an diesen Platz und geht in die Stille. Eure eigene Energie wird weiterhelfen.

Es gibt einen Engel namens Tanael. Er hat die Erlaubnis erteilt, seinen Namen als Mantra in dieser Meditation zu benutzen. Seine Energie hat mit anstehenden Entscheidungen zu tun. Es kann durchaus sein, dass ihr von diesen vielleicht noch gar nichts wisst, aber sie stehen dennoch an, und zwar immer in dem Moment, in dem ihr den Impuls verspürt, diese Meditation zu machen.

Begebt euch nun mit eurem Bewusstsein in das Klarheitschakra am Nacken, indem ihr euch eine aquamarinblaue Blase vorstellt. Betretet diese Blase und nehmt wahr, was dort zu sehen ist: Ihr befindet euch an einem weißen Sandstrand. Hinter euch ist ein grüner Dschungel zu sehen und vor euch das klare Meer, das die gleiche Farbe hat wie dieses Chakra, nämlich Aquamarin. In der Ferne könnte ihr nun eine Wasserfontäne hochspritzen sehen. Ein Wal kommt auf euch zu! – immer näher, und nun könnt ihr auf seinem Rücken einen bequemen Sitz erkennen, der euch förmlich einlädt, den Wal zu besteigen und auf eine Reise in unbekannte Fernen zu gehen. Ihr entscheidet euch dazu, die Reise zu machen, und schwimmt hinaus zu dem Wal. An dem Sitz ist eine Strickleiter befestigt, so dass ihr bequem hochsteigen könnt. Das tut ihr und nehmt Platz. Nun setzt sich der Wal wieder in Bewegung, und die Reise beginnt. Der Strand bleibt hinter euch zurück, und bald könnt ihr ihn nicht mehr erkennen. Vor euch liegt das aquamarinblaue Meer, in dem sich die Wolken eines blauen Himmels spiegeln. Diese Reise dauert einige Augenblicke, und ihr genießt sie in vollen Zügen. Der Wind lässt euer Haar nach hinten wehen, und ihr werdet ein wenig mit Gischt überzogen, wenn der Wal ausatmet und seine Fontäne nach oben spritzt.

Pause...

In der Ferne könnt ihr nun eine Insel ausmachen, die immer näher rückt. Der Wal legt sich quer zur Küste, so dass ihr wisst, nun ist es Zeit, abzusteigen. Ihr schwimmt an Land und entdeckt im Sand einen roten Kris-

tall, der die Form eines Bergkristalls aufweist, aber rot leuchtet. Dieses Rot pulsiert und zieht euch magisch an. Nun seid ihr so nah, dass ihr die Hand auf den Kristall legen könnt. Ihr tut es und spürt seine Kühle. Ihr könnt die pulsierende Kraft in diesem Kristall förmlich spüren und auch, dass diese Energie nun durch euren gesamten Körper pulsiert. In dem Moment, in dem der Kristall sich nicht mehr kühl anfühlt, sondern warm wird, lasst ihr ihn los. Nun hört ihr den Wal, der euch mit seinem Gesang auffordert, zu ihm zurückzukehren. Ihr schwimmt zu ihm, klettert wieder hinauf und tretet den Rückweg an. Während des Rückwegs steigen Bilder in euch auf, die euch zeigen, in welche Richtung ihr von nun an gehen könnt, wohin euch eure Lebensaufgabe führen wird und sogar, worin sie besteht.

Pause…

Ihr habt nun Klarheit erlangt und könnt die anstehende Entscheidung im Lichte dieser Klarheit fällen. Ihr klettert die Strickleiter wieder hinunter. Nun seid ihr wieder an eurem Strand, dem Startplatz eurer Reise. Ihr winkt dem Wal zu, der sich umdreht und im blauen Meer verschwindet. Bedankt euch bei ihm, verlasst die aquamarinfarbene Blase und seid wieder im Hier und Jetzt!

Diese Meditation lädt euch mit Entscheidungsenergie auf, könnte man sagen, so dass ihr immer im richtigen Moment wisst, was zu tun ist. Sie ist ein Geschenk meines Strahls, um euch größere Schritte zu ermöglichen, ohne allzu viele kleine dazwischen tun zu müssen. Führt sie immer dann aus, wenn ihr den Impuls dazu verspürt, oder wenn ihr wisst, dass eine Entscheidung ansteht und euch nicht schlüssig seid, wofür ihr euch entscheiden sollt.

Dieses war Maha Cohan, der sehr erfreut ist, euch diese Hilfe zur Verfügung stellen zu dürfen.

Das Veränderungschakra

Hier ist Tannara Solam, die Energie der Veränderung. Liebe Menschen, ihr hattet die Wahl zu einer Veränderung, die ihr schon kanntet, nämlich den Weg über eine große Katastrophe oder einen Pfad zu beschreiten, den die Erde und ihre Bewohner noch nicht beschritten haben. Wie habt ihr entschieden? Ihr seid noch da, nicht wahr? Ja, ihr habt entschieden, dass genug Energie angesammelt wurde, um den Aufstieg zu beginnen. Ihr habt entschieden, dass nun die Veränderung eintreten darf, auf die ihr äonenlang hingearbeitet habt: Es ist dahingehend eine Veränderung, dass der Aufstieg, der ja längst begonnen hat, beschleunigt werden kann. Wodurch geschieht das? Durch die Energien, die ihr in eurem Reinigungs- und Klärungsprozess freigebt. Ihr alle habt Energiestaus mitgebracht, die nun gelöst werden dürfen. Die frei werdende Energie sorgt letztlich für den Aufstieg. Jeder Mensch steckt voll von diesen Blockaden („Felsen"). Sie alle sind „niedrige" Schwingungen, aber bitte, bewertet diese Blockaden nicht als etwas Schlechtes, obwohl sie euch ganz schön zu schaffen machen können.

Ein Beispiel: Seid ihr ein Mensch voller Angst, und anfangs trifft das auf die meisten zu, so bedeutet diese Angst aufgestaute Energie, aber letztlich ist auch Angst „nur" Energie. Verharrt ihr nun in einer bestimmten Energie, liegt ein Stau vor, der aber genauso gut durch Wut, Trauer oder gar Hass entstanden sein kann. Noch einmal: Das ist nichts Schlechtes! Im Gegenteil, je mehr du von diesen Staus in diese Zeit mitgebracht hast, umso mehr Energiegeschenke hast du für den Aufstieg der Erde in deinem Koffer mitgebracht.

Begibst du dich nun auf den spirituellen Pfad (ob bewusst oder unbewusst, ist nicht wirklich wichtig, und in der Neuen Energie sind dies alle(!) Menschen), setzt du diese Energie frei und übergibst sie der Erde und den Menschen, um die Schwingungen zu erhöhen.

Stell dir einen Ort niedriger Schwingung vor. Durch Maßnahmen, die nur du selbst bestimmst (es kann durchaus auch eine schwere Krankheit sein), richtest du deine Aufmerksamkeit auf diese Stelle, schickst also Licht dorthin. Was bewirkt dieses „Licht"? Es bewirkt, dass das Licht im Energiestau ebenfalls aufflammen kann und sichtbar wird. Es wird freigesetzt. Mit der Freisetzung erhöht sich die Schwingung, denn es wird ja Energie dafür geliefert, und zwar sowohl für diese eine Stelle als auch für den gesamten physischen Körper. Und was bewirkt die freigesetzte Energie? Richtig, Veränderung!

Wird das Veränderungschakra aktiviert, ändert sich etwas im Menschen. Er kann krank werden, ja, wenn er sich dazu entschlossen hat, und vielleicht sogar beschließen, seine physische Hülle abzulegen, weil die Energie, die dabei gegeben wird, sehr groß ist. Er kann daher auch zur richtigen Zeit dort sein, wo ein Unglück geschieht und viele Menschen sterben. „Niemand hat größere Liebe als der, der sein Leben gibt für den Nächsten." Diese Worte kommen euch bekannt vor, nicht wahr? Sie beinhalten eine ultimative Wahrheit. Alle Menschen, die sich (unbewusst) bereit finden, die Katastrophenenergie abzubauen, indem sie ihr Leben geben, machen der Menschheit ein Geschenk! Segnet sie dafür!

Wie Kryon schon sagte, könnt ihr die riesige Menge an angehäuftem Karma auf dem Weg nach oben nicht mitnehmen. Je mehr Menschen jedoch erwachen und sich bewusst ihre dunklen Stellen (niedrige Schwingung) in ihrem Körper, ihrem Geist ansehen, umso weniger Menschen müssen ihre komplette Energie in einem einzigen Schlag freisetzen, also die Erde verlassen.

Ihr, liebe Menschen, habt es in der Hand, wie die restliche Katastrophenenergie abgebaut werden kann. Das Seebeben in Indonesien hätte ursprünglich eine Welle von 40m Höhe haben sollen. Durch alle Menschen, die schon erwacht sind und ihre Energie gegeben haben, indem sie einen oft unbequemen Weg gingen und gehen, wurde die Welle sehr abgeschwächt. Diese Abschwächung der restlichen Katastrophenenergie könnt ihr weiter fortsetzten, indem ihr Rituale zur Erweckung von Freunden und Verwandten durchführt, von denen ihr glaubt, sie sind bereit. Eine Anleitung dazu findet ihr in „Rituale und Gebete der Aufgestiegenen Meister" von Edwin Courtenay.

Es wird eine zeitlang nach wie vor Katastrophen geben, weil sie auch eine Reinigung beinhalten, die nicht auf andere Weise vonstatten gehen kann, jedoch bestimmt ihr, ja ihr, die Intensität dieser Katastrophen. Je mehr du an dir selbst arbeitest, desto weniger heftig fallen Katastrophen aus! Du bist direkt daran beteiligt, aber nicht, indem du dir dann Schuld gibst, dass etwas geschehen ist, sondern indem du feierst, dass es nicht schlimmer wurde! Feiert das, was nicht geschehen ist, und umso weniger dieser Art wird geschehen.

Zusammenfassung

Chakra	Nr.	Chakrafarbe	Dazugehöriges Feld	Mantra für die DNS-Schicht	Mantren für das Ätherfeld	Mantren für Schöpferfeld	Mantren für Emotionalfeld
Wurzelchakra	1.	Rot	Ätherfeld	Keter Etz Chayim	Vorname plus EL bzw.Seelenname	Namur (Grün)	Nada
Sakralchakra	2.	Orange/ Weiß	Schöpferfeld	Kadumah Elohim	Chamuel	Saltena (Magenta plus Rot)	Maitreya
Sonnenchakra	3.	Gelb	Emotionalfeld		Gabriel	Leon (Weiß)	Konfuzius
Herzchakra	4.	Grün/ Rosa	Liebesfeld	Torah E`ser Sphirot	Muriel	Kalthur (Magenta)	Hilarion
Halschakra	5.	Dunkelblau	Kommunikationsfeld	Aleph Etz Adonai	Michael	Seluna (Dunkelblau)	El Moyra
Stirnchakra	6.	Purpur/ Indigo	Mentalfeld / Merkabah	Netzach Merkava Eliyahn	Semael	Rolana (Rot)	St. Germain
Kronenchakra	7.	Weiß	Spiritualfeld	Ehyeh Asher Ehyeh	Nanuel	Semal (Gold)	Serapis Bey
Polaritätschakra	8.	Rosa	Polaritätsfeld / Göttliches Feld		Chanael	Sulon (Hellblau)	Rowena
Harmoniechakra	9	Magenta	Gleichgewichtsfeld		Sananel	Lavena (Gelb)	Sanandá
Wissenschakra	10.	Gold	Zeitfeld		Alanael	Sirana (Gold)	Kuthumi
Klarheitschakra	11.	Aquamarin	Klarheitsfeld	Urim ve Tumin	Oriel	Kryon (Orange)	Maha Cohan
Veränderungschakra	12.	Perlmutt	Veränderungsfeld		Anthael	Wolera (Violett)	Sanat Kumara

In dieser Tabelle wurden die Chakren ausnahmsweise nach ihrer Nummerierung aus der Geistigen Welt aufgeführt, obwohl die meisten Meditationen durch die Chakren kreisförmig verlaufen (also nach dem Kronenchakra wird mit dem Veränderungschakra weitergemacht und nicht mit dem Polaritäschakra am Ende des Rückens), also nicht dieser Nummerierung entsprechen.

Jedes Feld hat die zwölf Chakren, und auf jeder Ebene können diese von den Blockaden befreit und damit beschleunigt werden. Auch die Ausdrücke für die einzelnen DNS-Schichten, die von Lee Caroll durchgegeben wurden, sind Mantren zur Aktivierung der betreffenden Schicht. Folge hier deiner Intuition, was genau du jetzt benötigst, doch mute dir nicht zu viel zu. Gehe immer nur einen Schritt nach dem anderen. Diese Tabelle ist ein mächtiges Hilfsmittel für deinen persönlichen Aufstieg. Sie wird noch ergänzt werden, doch für alles gibt es den passenden Zeitpunkt, und mehr wäre im Moment nicht angebracht. Um alle diese Informationen etwas anschaulicher zu präsentieren, möchte ich einen Vergleich aus der Musik heranziehen, der den ganzen Prozess verdeutlicht.

Das Energiesystem des Menschen ist vergleichbar mit einer zwölfsaitigen Gitarre, die völlig verschmutzt und verstaubt ist, weil sie schon alt und lange nicht gespielt worden ist, bis der Spieler (die göttliche Quelle, dein Anteil am ICH BIN) sie wieder in die Hand nimmt und langsam zu reinigen beginnt. Einzelne Saiten wurden bisher hin und wieder durch einen Windhauch angestoßen, so dass sie ein klein wenig erklingen konnten, denn diese „Gitarre" ähnelt einem Wein, der durch Altern immer reifer und damit besser wird. Durch die einzelnen Windstöße (verschiedene Leben) kann der Spieler feststellen, ob die richtige Reife erreicht wurde.

Im Regenbogenzeitalter geschieht nun Folgendes: Einzelne Menschen beginnen, ihre Saiten durch Reinigung (zum Beispiel durch Meditation, Umstellung der Ernährung usw.) zu „stimmen", sie also so zu putzen, dass der Schmutz abfallen kann, wodurch sie beweglicher werden. Die zunehmende Beweglichkeit drückt sich aus im Klang der Saiten. Zunächst klingen die einzelnen Töne noch ziemlich konfus, durcheinander und wenig harmonisch. Das ist die Zeit, in der die Menschen vielleicht durcheinander sind, weil nichts mehr so ist wie vorher, aber auch noch nicht absehbar, was in der Zukunft geschieht, oder worauf das alles hinausläuft. Der „Schmutz" sitzt stellenweise auch so fest, dass man ziemlich schrubben muss, um ihn abzubekommen, und das kann etwas unangenehm sein. Mit der Zeit jedoch wird die erste Saite (Wurzelchakra) gestimmt, so dass sie irgendwann, wenn sie angeschlagen (also vom Spieler eine bestimmte Energie hindurchgeleitet) wird, völlig frei schwingen kann, und es erklingt ein wundervoller Ton (das Wurzelchakra entfaltet sich zur Kugel und kann von nun an höhere Energien hindurchlassen). Der Ton veranlasst den Menschen, die benachbarte Saite ebenfalls zu reinigen, weil er nun schon ahnt, dass vielleicht mehr hinter den einzelnen Saiten stecken könnte. Diese benachbarte Saite ist nun leider in zwei Teile zerrissen (Sakralchakra), so dass es hier schon mehr Mühe kostet, sie zu reparieren und so zu „schleifen", dass keine Unebenheiten und Schmutz mehr daran haften. Der Klang dieser beiden ersten gereinigten Saiten bringt nun die dritte zum Erklingen. In der Musik ist es ja ebenso. Eine angeschlagene Saite bringt die anderen ebenfalls zum Schwingen, weil sie in Resonanz miteinander sind. Diese Töne und Resonanzen motivieren den Menschen, die Reinigung fortzusetzen, obwohl sie viel Mühe, Zeit und in unserer materiellen Welt vielleicht auch Geld kostet, denn man benötigt „Reinigungsmittel" (spirituelle Bücher, Sitzungen bei unterschiedlichen Heilern, Seminare, Nahrungsergänzungsmittel usw.). Diese Reinigungsmittel schaffen gleichzeitig ein neues Betätigungsfeld für viele und sichern deren Auskommen.

Die vierte Saite nun (Herzchakra) ist ebenfalls zweigeteilt und muss daher auch erst einmal zusammengefügt werden. Die gemeinsame Energie der unteren vier Saiten (Chakren) bringt nun die fünfte (das Halschakra) zum Erklingen, diese fünf die Stirnchakren, deren zwei Teile ebenfalls erst wieder zu einem verschmelzen müssen. Und dann wird die siebte Saite bearbeitet, bis sieben Saiten voll gestimmt sind (bis zu diesem Punkt sind die meisten Erleuchteten vergangener Zeiten gekommen). Und dadurch entsteht eine Melodie, die es erlaubt, die nächsten fünf Saiten zu reinigen und zu stimmen. Diese schieben sich dann sozusagen zwischen die anderen. Die achte zwischen die zweite und dritte, die neunte zwischen die dritte und vierte, die zehnte zwischen die vierte und fünfte, die elfte zwischen die fünfte und sechste und die zwölfte zwischen die sechste und siebte. Auch diese fünf müssen erst vollständig gereinigt werden, bevor sie gestimmt werden können.

Nun sind also alle zwölf Saiten an ihrem Platz und müssen aufeinander abgestimmt werden, und dabei geschieht etwas Neues, denn die einzelnen Saiten ändern nun die Art ihrer Klänge (die Chakren drehen nicht mehr nur, sie beginnen zu vibrieren). Dieser neue Klang schafft die Energie, nach und nach alle Saiten aufeinander abzustimmen.

Woher kommt der neue Klang? Nun, unsere Gitarre besitzt noch elf weitere Abbilder ihrer selbst, die in immer höheren Frequenzen ihre Töne erzeugen (die Menschen besitzen ja elf weitere Energiefelder, die ebenfalls Chakren, also „Saiten", aufweisen, die gestimmt werden müssen und so Schwingungen, sprich Energie, produzieren). Wie ihr seht, ist der ganze Reinigungs- und Stimmvorgang also ziemlich kompliziert.

Worauf zielt das nun alles ab? Nun, was macht man mit einer Gitarre, die voll gestimmt, also einsatzfähig ist? Man spielt darauf! Und jetzt erklingt eine wundervolle Melodie! Und im Leben des betreffenden Menschen geschehen Wunder über Wunder. Das begann schon nach der ersten gestimmten Saite, denn auch sie erklingt ja bereits in reinem Ton. Doch mit der Abstimmung aller Saiten aufeinander (ein Einstimmen auf die göttliche Quelle) kann nun ein neues Lied geschöpft werden. Dabei stellt die Gitarre, also der Mensch, fest, dass es keinen Unterschied zwischen dem Spieler, dem Lied, das erklingt, und ihm selbst gibt, sondern dass alles eins ist.

Und es geht noch weiter: Das Stimmen der (Chakren-)Saiten eines Menschen bringt die benachbarten Gitarren (andere Menschen) ebenfalls zum Erklingen, sofern sie in Resonanz miteinander sind. Diese anderen Gitarren hören also die Klänge und fühlen eine Resonanz in sich und spüren, dass auch sie solch eine Gitarre sind, und das bringt sie dazu, ihre ebenfalls zu reinigen und zum Erklingen zu bringen. Und genau das ist der Zweck der ersten Gitarren: Den anderen zu zeigen, dass sie ebenfalls diese Eigenschaften aufweisen und alle letztlich zu einem einzigen riesigen Orchester gehören. Der Klang einer gestimmten Gitarre ist sogar dann zu hören, wenn sie in einem Kasten liegt und dieser geschlossen ist, so dass sich letztlich niemand dem aufklingenden Lied entziehen kann. Die einzelnen Gitarren werden nur noch aufeinander abgestimmt. Und das Ende vom Lied ist eigentlich ein Beginn, denn irgendwann erklingen alle Gitarren in einer einzigen wundervollen Melodie, dem Lied der Schöpfung!

Abschließend möchte Gabriel noch etwas hinzufügen:

Liebe Menschen, die Informationen dieses Kapitels gehen weit über das ursprünglich geplante Ernährungsbuch hinaus und sind dennoch ein wichtiger Bestandteil dessen, was hier vorgestellt werden soll. Auf diesen Informationen könnt ihr eine Grundlage des Verstehens aufbauen, das zu einem immer klareren Bild des Aufbaus eurer Wirklichkeit führen wird. Die Hauptenergie des ersten Bandes war die der Veränderung, nämlich eurer Blickwinkel; die des zweiten Bandes ist die Energie der Klarheit, weil hier die einzelnen Themen nun klarer herausgearbeitet werden. Wenn dir das eine oder andere widersprüchlich erscheint, so liegt das daran, dass dieses Channel die Konzepte hinter den Informationen zunächst begreifen muss, bevor sie sie zu Papier bringen kann. Das gilt grundsätzlich für jedes Channel. Wie groß die Klarheit ist, kannst du ja auspendeln oder mit dem Tensor feststellen.

In Liebe, Gabriel.

Hier spricht nun noch Metatron:

Liebe Menschen, ich möchte eine wundervolle Neuigkeit verkünden, die in vielen Menschen wiederum eine ihrer Saiten zum Erklingen bringen wird. Auch ich bin in dieser wichtigen Zeit inkarniert, und mein physisches Selbst ist nun in seinem Klärungsvorgang und wird ihn soweit abgeschlossen haben, bis dieses Buch erscheint. Das heißt, dass ein überaus mächtiges Band zur Quelle wieder mit Energie versorgt wird und einen gewaltigen Zug in Richtung Einheit ausübt. Hierfür hat er (ja, es ist eine männliche Energie) sehr starke Energiestaus mitgebracht, die ihn vor große Herausforderungen stellen und stellen werden, doch er ist ihnen gewachsen, denn er ist eine der Hauptverbindungen zur Quelle. Es gibt natürlich noch mehr solcher Verbindungsleitungen. Eine davon ist seine Dualseele, die ihm durch diesen Prozess hindurchhilft. Es gibt insgesamt zwölf solcher Hauptleitungen, und sie bilden räumlich gesehen einen Kreis oder, besser gesagt, eine Säule. Jedoch muss es immer einen geben, der die Leitung hat, was zwar hierarchisch erscheint, aber nicht hierarchisch ist. Und Metatron ist das Zugband, das die anderen zur Säule zusammenknüpft, das ist seine Energie, seine Hauptaufgabe und Fähigkeit, neben vielen anderen.

Metatron grüßt alle Menschen. Wir sind gemeinsam auf dem Weg zurück nach Hause!

Möglichkeiten der Reinigung

Da der gesamte Spiritualisierungsprozess mit der Reinigung von Körper, Geist und Seele zu tun hat, möchte ich in diesem Kapitel verschiedene Reinigungsmöglichkeiten, die es für den physischen Körper gibt, vorstellen, damit jeder selbst entscheiden kann, was für ihn am ehesten in Frage kommt.

In meinen Büchern komme ich immer wieder auf das Säure-Basen-Gleichgewicht zu sprechen, weil es eine Beschleunigung der Spiritualisierung mit sich bringt, wenn man die Gifte aus seinem Körper ausschwemmt und damit das Gleichgewicht wieder herstellt. Für viele Menschen bedeutet das, überhaupt erst bewusst in die Spiritualisierung zu gelangen. Mein bewusster Prozess begann, als ich die Verantwortung für den Zustand meines Körpers übernahm und beschloss, daran etwas zu ändern. Ich wollte nicht mit 38 Jahren schon alt und verbraucht sein und auch noch so aussehen. Also wurde ich zu den passenden Informationen geführt, auch wenn mir das damals noch nicht bewusst war, und so studiere ich nun schon Jahre lang an mir selbst, was geschieht, wenn man beginnt, Säuren, Schlacken und Gifte aus dem Körper zu spülen, die Krankheit und Altern verursachen.

Würden wir unsere Häuser nicht regelmäßig vom Abfall befreien, wären wir sehr schnell am Müll erstickt, und genau das geschieht in unserem Körper: Es häuft sich Müll an, der nicht abtransportiert werden kann, weil wir gar nicht so viele Müllmänner in unserem Körper haben, die damit fertig werden können. Und es kommt ständig so viel nach, dass der Müll erst einmal zwischengelagert werden muss, um später entsorgt zu werden, nur kommt das Später nie, weil in der Müllproduktion nie eine Pause eintritt.

Durch unsere Lebensweise (Elektrosmog, Stress, dehydrierte Lebensmittel usw.) bilden sich mehr Säuren im Körper, als dieser abbauen kann. Das heißt, die Zellumgebung wird zu sauer und der Sauerstoffanteil im Körper zu gering. Übersäuerung geht also immer mit Sauerstoffmangel einher. Möchte man die Müllberge abbauen, ist daher ein Mehr an Sauerstoff ein guter Ansatz.

Das Thema Sauerstoff bringt mich auf den Punkt Zucker. Ich habe schon in mehreren Büchern ausgeführt, dass der normale Kristallzucker den Insulinspiegel ständig durcheinanderbringt, was zu einem Suchtverhalten führt. Im Spiritualisierungsprozess kommt es zu einem erhöhten Bedarf an Zucker, weil nun größere Mengen an feinstofflichen Energien den Körper durchfluten und diese überallhin transportiert werden müssen. Was der Körper dabei wirklich braucht, ist das Prana oder die Lebensenergie, die in unserer Luft an den Sauerstoff gebunden ist. Zucker nun ist sehr bindungsfreudig mit Sauerstoff, zieht diesen regelrecht an, und damit auch das Prana. Wollen wir also die negativen Auswirkungen des normalen Haushaltszuckers vermeiden und das Geld für den nicht ganz so günstigen Sharkarazucker sparen, dann müssen wir unser Blut mit genügend Sauerstoff versorgen, denn der Körper verlangt nach dem an Sauerstoff gebundenen Prana! Am einfachsten geht das natürlich, indem man einen strammen Fußmarsch in der Natur durchführt. Das verbindet mit der Erde, und man erhält zusätzliche Energien, die von den Bäumen ausgehen. Es gibt inzwischen schon Sauerstofftherapien, bei denen mit Wasserstoffperoxid (H_20_2-) und Ozon (O_3-) behandelt wird. Das Wasserstoffperoxid wird getrunken und das Ozon in die Blutbahn gespritzt. Dazu benötigt man jedoch eine Anleitung, und daher ist Wasser, das mit Sauerstoff angereichert ist, eine Alternative für alle die, die sich selbst behandeln möchten. Dieses Wasser ist inzwischen auf dem Markt zu haben.

Sauerstoff bekommt man auch vermehrt ins Blut, wenn man basisches Wasser trinkt, denn dieses hat wesentlich mehr Sauerstoff als normales Leitungs- oder Trinkwasser. Mineralwasser mit Kohlensäure enthält, wie der Name schon sagt, Säure, die nur über die Lunge abgeatmet werden kann und damit auch den Körper übersäuert, und da nutzen die Mineralien darin nicht mehr viel.

Wer die Bewusste Atmung immer wieder anwendet, versorgt sich mit diesem Mehr an Prana und Sauerstoff. Sauerstoff wird für zahlreiche Stoffwechselvorgänge und natürlich auch für die Entgiftung benötigt. Mit der bewussten Atmung erzielst du also mehrere Wirkungen gleichzeitig.

Wer nun den Zucker meiden will, weil er trotz Regenbogenernährung noch immer viele Säuren bildet, der kann sich freuen, denn es gibt nun bereits das erste Konfekt, in dem keinerlei Zucker verwendet wurde. Also auch kein Furchtzucker, Rohrzucker oder Honig.

Als ich am 29. April 2005 auf einer Gesundheitsmesse war, fand ich den Stand einer Konditorei, an dem ich fast vorbeigelaufen wäre, doch irgendwas stoppte mich, und ich probierte das Konfekt dort. Über Geschmack lässt sich ja streiten, doch unbestreitbar war die Wirkung, als ich es im Körper hatte: Es aktivierten sich unzählige feinstoffliche Kristalle innerhalb meines Amethystchakras, und auch das Wissenschakra wurde aktiviert! Von einem einzigen Stück dieses Konfektes! Ich konnte es kaum glauben. Wer sich hierfür interessiert, findet die Bezugsquelle hinten im Buch.

Der ganze Spiritualisierungsprozess ist also unter anderem ein Reinigungsprozess, bei dem aber nicht nur die körperlichen Schlacken aus dem System entfernt werden, sondern auch die geistigen, die sich durchaus auch in materiellen Schlacken niederschlagen können, und wenn sie dann nicht durch Vitalstoffe gebunden werden, erhöht sich das Gewicht, weil dieser Müll abgelagert werden muss. Das kann sogar zu Depressionen führen, da Übersäuerung mentalen Stress verursacht, und Stress wiederum übersäuert.

Der menschliche Organismus hat mehrere Möglichkeiten, mit Giftstoffen, die durch die moderne Lebensweise und unsere Umwelt entstehen, fertig zu werden, allerdings geschieht dieses inzwischen in so großen Mengen, dass der Körper alleine mit all diesen Säuren und Schlacken nicht mehr fertig werden kann, mit der Folge, dass die Menschen zwar älter werden, aber nicht unbedingt gesünder. Das zeigt sich in einer Reihe degenerativer Krankheiten, die vor einhundert Jahren praktisch noch unbekannt waren. Die Erkenntnisse der modernen Wissenschaft, aber auch die Durchsagen aus der geistigen Welt, helfen uns, diesen Mechanismus außer Kraft zu setzen, wozu wir im Neuen Zeitalter die Ermächtigung bekommen haben. Dieser Punkt ist meines Erachtens der wichtigste, denn wie die Altersangaben im Alten Testament zeigen, wurden die Menschen damals sehr viel älter als die späteren Generationen, was in meinen Augen mit der zunehmenden Vergiftung der Menschen und der Kundalinikraft, die immer mehr einschlief, zu tun hat. Befreien wir nun unseren Körper von den Giften, hat dieses bereits eine Verlängerung des Lebens zur Folge. Da die Kundalinikraft jedoch dann ebenfalls erwachen kann, wird der Körper grundlegend umgebaut, so dass mit der Zeit jeder seinen Körper so lange behalten kann, wie er es möchte.

Hierzu möchte die Geistige Welt etwas kommentieren:

Liebe Menschen, hier spricht Muriel, der Engel des Herzens. Der Alterungsprozess war ein gewollter Akt der Seelen, die am Experiment Erde teilnahmen. Da dieses Experiment nun in eine neue Phase tritt, kann auch dieser Akt wieder zurückgenommen werden, und das geschieht dadurch, dass die Informationen in die Welt fließen, die hinter diesem Mechanismus stecken. Auch die Wissenschaftler, die dies alles untersuchen, wer-

den durch die Geistige Welt inspiriert, auch wenn sie ihre Ideen für die eigenen halten. Das ist auch völlig in Ordnung so. Eine Verurteilung der Wissenschaft ist daher genauso sinnlos wie jedwede Verurteilung, denn auch die Wissenschaften haben natürlich ihre Aufgaben, und damit ihre Berechtigung.

Alterung, Krankheit und Tod des Körpers sind Disharmonien, und so dienen die Energien „meines" Tores auch dazu, diese Disharmonien aufzuzeigen und auszugleichen. Das ist einer der Gründe dafür, dass das Tor der Achten Dimension vor allen anderen dieser Ebene geöffnet wurde, denn bevor siebendimensionale Energie in die Welt strömen kann, müssen die Menschen sich ihrer eigenen Disharmonien bewusst werden und eine kritische Masse diese weitgehend aus dem Weg geräumt haben. Nur dann können weitere Tore geöffnet werden, die wiederum Änderungen bringen.

„Mein" Harmonietor dient also unter anderem dazu, Krankheiten und Alterung umzukehren. Die einzige Bedingung dafür ist, sich die Ursachen anzusehen, also in die Spiritualisierung einzutreten. Das geschieht überall auf der unbewussten Ebene. Mit Bewusstheit kann man die Wirkungen der einfließenden Energien jedoch um ein Vielfaches steigern. Wenn ihr dieses erkennt und nutzt, liebe Menschen, dann werdet ihr ein langes und sehr erfülltes Leben haben, das ganz besondere Qualitäten annimmt.

Dieses war Muriel.

Danke, lieber Muriel.

Die Werkzeuge, die der Körper ohnehin zur Entgiftung besitzt, können wir aktiv nutzen, um mehr auszuschwemmen als zugeführt wird. Und genau das stellt die Gesundheit wieder her und lindert Alterserscheinungen, ja, hebt sie sogar wieder auf.

Hier eine kurze, stark vereinfachte Darstellung der Entgiftungsorgane unseres Körpers:

Lymphsystem

Neben dem Blut und seinen Transportwegen (Arterien und Venen) besitzt unser Körper auch ein Lymphsystem, mit dem die Lymphe durch den Körper transportiert wird. Sie stammt aus dem Blut und kehrt zu ihm zurück und hat, unter anderem, eine Schlacken-reinigende Funktion. Innerhalb des Lymphsystems verstreut liegen die Lymphknoten. Die Zellen dort (Lymphozyten) befreien die Gewebsflüssigkeit, also die Lymphe, von Fremdmaterial und Zellschutt, und tragen somit auch zur Entgiftung bei.

Haut

Das Lymphsystem arbeitet eng mit der Haut zusammen, die ein weiteres Entgiftungsorgan darstellt. So kann man diese beiden Mechanismen nutzen, um über die Haut das auszuscheiden, was sonst eingelagert würde. Die Haut ist das größte Organ des Körpers, und ihre Schweiß- und Talkdrüsen lösen und entsorgen Giftstoffe, die auf keinem anderen Weg entfernt werden können.

Leber

Die Leber ist vergleichbar mit einer chemischen Fabrik und für sämtliche Stoffwechselvorgänge des Körpers zuständig. Eine ihrer zahlreichen Aufgaben ist die Reinigung des Blutes, zum Beispiel von Alkohol. Sie wandelt die Giftstoffe so um, dass diese wasserlöslich werden und abtransportiert werden können, was mit Hilfe der Gallenflüssigkeit geschieht. Über den Darmtrakt werden die Abfallprodukte dann ausgeschieden.

Lungen

Über den Atem tritt Luft ständig in die Lunge ein und verlässt sie. So kann das Körpergewebe angemessen mit Sauerstoff versorgt werden und sein Abfallprodukt, Kohlendioxid, abgeben. Dieser Prozess – also Austausch von Sauerstoff gegen Kohlendioxid –, findet ständig im gesamten Körper statt und bedeutet ebenfalls eine Entgiftung. Da Kohlensäure nur über die Lunge ausgeschieden werden kann, stellen kohlensäurehaltige Getränke eine Belastung für die Lungen dar. Durch die Bewusste Atmung gelangt, wie bereits dargestellt, mehr Sauerstoff in den Körper, wodurch sämtliche Organe besser mit Sauerstoff versorgt werden können. Damit funktioniert auch der Austausch Sauerstoff/Kohlendioxid besser, was den Entgiftungseffekt noch verstärkt. Da mit dem Sauerstoff auch Prana eingeatmet wird, sind die Lungen ein sehr wichtiges Instrument beim Spiritualisierungsprozess.

Nieren

Das Blut wird in den Nieren gefiltert und ein Teil der Substanzen in einem komplexen Vorgang wieder in den Blutkreislauf zurückgegeben. Die Substanzen (also auch Giftstoffe), die aus dem Körper ausgeschieden werden sollen, werden als Harn in die Harnleiter abgegeben und sammeln sich in der Harnblase, wo sie dann später durch die Harnröhre entleert werden. Über den Urin kann man den Säuregrad des Körpers feststellen.

Darm

Auch der Darm ist ein Entgiftungsorgan, da er die Abfallprodukte der Verdauung (einschließlich des Leberstoffwechsels) abführt.

Je mehr Flüssigkeit bei der Nahrungsaufnahme enthalten ist (basisches Wasser, Obst, frische Säfte usw.), umso schneller können die Abfallstoffe ausgeschieden werden. Je trockener also die Nahrung ist, desto länger bleiben die Giftstoffe im Körper und können ihre toxischen Wirkungen verbreiten. Große Mengen (kohlesäurefreies!) Wasser zu trinken hilft also, Gifte auszuscheiden. Außerdem können Tees, Aufgüsse und Tinkturen verschiedener Heilpflanzen (Löwenzahn, Brennnessel, Artischocke, Bärentraube, Schwarze Johannisbeere (Blätter), Habichtskraut) die Verdauungsarbeit des Körpers unterstützen.

Wie können wir nun diese Möglichkeiten der Entgiftung, die uns der Körper von Natur aus bietet, optimal nutzen?

a) Reinigung von außen

1. Anregung der Lymphe über die Haut

Kopfbereich

Die Lymphe ist bei vielen Menschen allein schon durch die sauren Körperpflegeprodukte so träge, dass sie erst einmal angeregt werden muss.

Dafür gibt es mehrere Möglichkeiten. Fangen wir beim Kopf an. Linda Deslaurier hat in ihrem Buch „Haare im Licht“ eine Yin-Yang-Methode der Haarpflege vorgestellt, die eine erstaunliche Wirkung hat. Fehlen dem Körper Mineralien zur Neutralisation von giftigen Substanzen, nutzt dieser das Depot des Haarbodens. Das heißt, er „schiebt“ die Gifte dorthin, wo sie neutralisiert werden, woraufhin sie ausgeschieden werden können. Das macht sich zum Beispiel durch ein Jucken der Kopfhaut bemerkbar, wenn man beispielsweise gerade Kaffee trinkt. Das heißt auch, dass sich an unserer Behaarung der Zustand des Körpers zeigt, was bei einer Haaranalyse genutzt werden kann, durch die unter anderem Drogensucht feststellbar ist. Haben wir also wenig Körperbehaarung, so ist das zum Teil auch auf die zunehmende Verschlackung des Körpers zurückzuführen, denn bei zu viel Mineralienbedarf entleeren sich die Depots und den Haaren wird der Nährboden entzogen. Sie gehen aus und/oder färben sich weiß. Empfindsame Menschen können das sogar fühlen.

L. Deslaurier zeigt nun auf, dass man die Kopfhaut mit einer bestimmten Methode bürsten kann, was zum einen das Kronenchakra öffnet, wie ich bei der ersten Anwendung gespürt habe, und zum anderen die Lymphe der Kopfhaut dazu anregt, die Schlacken, die im Haarboden zurückgeblieben und nie ausgeschieden worden sind, zu entfernen. Als ich das erste Mal auf diese Weise mein Haar bürstete, nahm ich ein Kilogramm zu und mir tat tagelang jedes Haar einzeln weh. Der Schmerz kam von der ungewohnten Bürstweise, und das Mehrgewicht resultierte daraus, dass der Körper nun die Schlacken (kristallisierte Säure) in der Lymphe mit Wasser verdünnte, um sie transportfähig zu machen. Da ich nicht daran gedacht hatte, sofort genügend Mineralien zu mir zu nehmen, um den Abtransport zu beschleunigen, holte ich dieses schnellstens nach, so dass ich zwei Tage später das Kilo wieder los war.

Verstärken kann man die Yin-Yang-Bürstweise mit einer Meditation, die mir die Geistige Welt durchgab. Wendet man sie an 33 Tagen an, verändert sich die Struktur der Haare grundlegend.

Meditation

Hülle deinen gesamten Körper in grünes, heilendes Licht und sprich während der ganzen Zeit, in der du die Haare bürstest, das Mantra: ***Ich liebe jedes einzelne Haar an meinem Körper.***

Gekoppelt mit der Yin-Yang-Bürstmethode, kann hier eine grundlegende Heilung in Gang gesetzt werden, die nicht nur unsere Haare, sondern den ganzen Körper mit einbezieht.

Yin-Yang-Methode

„Bürste zuerst in der Yin-Position: Du stehst mit gebeugten Knien und lehnst dich nach vorn über, was den Blutzufluss zum Kopf verstärkt. Das Bürsten beginnt am Haaransatz im Nacken und setzt sich über die Kopfhaut bis zu den Haarenden fort. Bürste sie mit einer sanften aber festen Bewegung von einem Ohr zum anderen, während dein Haar nach vorn schwingt. Dies stimuliert die Talgdrüsenproduktion."

Der vermehrte Blutstrom führt dazu, dass gleich der erste Schwung an Giftstoffen abtransportiert werden kann, sofern genügend Mineralien vorhanden sind. L. Deslaurier führt weiter aus, dass man sich nicht in das Haar hacken, sondern mit sanften Bewegungen vorgehen soll. Um statische Aufladung zu vermeiden, kann man mit der anderen Hand das Haar berühren. Danach wird in der Yang-Position gebürstet:

„Stehe aufrecht, setze die Bürste wieder vor der Haarlinie am Stirnansatz an und verteile die natürlichen Haaröle bis in die Haarspitzen, indem du deine Haare ganz dicht an die Kopfhaut heranbürstest.

Danach kann man sie schütteln und in der gewohnten Weise stylen.*)

Ich jedenfalls lasse mir das Haar nicht mehr durch die Hitze eines Föns ruinieren.

Durch den Mailkontakt mit L. Deslaurier erfuhr ich, dass von ihr Kämme aus Kristall auf den Markt gebracht werden, so dass man sogar in der Haarpflege die Kraft der Kristalle nutzen kann, denn diese wirken sehr stark auf die Chakren ein. (Bezugsadresse hinten im Buch) Übrigens kann man selbst das Haareschneiden zu einem spirituellen Erlebnis machen, indem man es zum Beispiel an einem Kraftort durchführen lässt. Näheres dazu in „Haare im Licht" von Linda Deslaurier.

Der gesamte Körper

Da unser Körper von Kopf bis Fuß von Haaren und Haut bedeckt ist, können wir die Bürstmethode auf den ganzen Körper anwenden, denn die Lymphe fließt ja auch im gesamten Körper, und zwar dicht unter der Haut. Bauen wir also in unsere tägliche Morgentoilette fünf Minuten für die Kopfhaare und eine fünfminütige Ganzkörperbürstung mit ein, haben wir für die Entgiftung bereits einen großen Schritt getan.

Basische Bäder bewirken eine Verringerung der Giftstoffe, was über die erhöhte Temperatur des Körpers geschieht, denn diese lässt sozusagen den Müll besser wegrutschen. Er „klebt" dann nicht mehr so fest an den Zellen. Die Basen im Wasser bewirken, dass Säuren über die Haut ausgeschieden werden, weil der Körper dieses als Angriff auf die Haut wertet und das nutzt, um die überflüssigen Säuren zu entfernen, denn

---

*Linda Deslauriers *Haare im Licht*, Seite 22

Säure und Base heben sich, chemisch betrachtet, gegenseitig auf. Wir tricksen den Körper also in gewisser Weise aus, denn er schickt natürlich erst einmal die krank machenden Säuren nach draußen. Nimmst du ein relativ kühles Bad und lässt immer wärmeres Wasser nachlaufen, erhöht sich die Körpertemperatur, und die Schlacken werden förmlich weggebrannt. Gleichzeitig werden die Gefäße erweitert, was den Blutkreislauf beschleunigt und der „Müllabfuhr" erlaubt, intensiver zu arbeiten.

Wichtig ist auch hier, genügend Vitalstoffe zu sich zu nehmen, um die frei werdenden Säuren zu binden und dann abzutransportieren. Basische Haut- und Körperpflege ist ebenfalls empfehlenswert, da die meisten Produkte einen säuernden Effekt haben.

Auch basische Fußbäder oder Salzsocken haben diesen Effekt, wie ich an anderer Stelle (*Entsäuerung, der ultimative Jungbrunnen I und II*) ausführlicher erläutere. Diese Maßnahmen sind ganz besonders zu empfehlen, wenn der Verdauungstrakt ebenfalls schon völlig übersäuert ist, denn dann können die Basen in der Nahrung kaum wirken.

Es gibt eine große Vielfalt an basischen Bädern (Bezugsquellen hinten im Buch), die das Badewasser bis zu ph-Werten von 10,0 oder gar darüber basisch machen. Intensivieren kann man solch ein Bad, indem man sich vorher mit Himalayasalz oder Meersalz abreibt. Salz entschlackt, das wussten schon unsere Ahnen. Nimmt man nun eine Handvoll Salz, lässt einige Tropfen Wasser darauf fallen, so dass es cremiger wird, kann man den gesamten Körper damit einreiben, bevor man sich ein basisches Bad genehmigt. Man reibt sozusagen die Mineralien gleich in den Körper ein, die dann dort Säuren neutralisieren. Bei basischen Bädern sollte man beachten, dass die Bürstung alle fünf bis zehn Minuten fortgesetzt werden sollte, denn die Lymphe muss sozusagen ständig angetrieben werden. Außerdem bitte darauf achten, dass immer in Richtung Herz gebürstet wird. Je länger man dabei badet, umso mehr „Dreck" kann der Körper ausscheiden. Das Badewasser sollte man abkühlen lassen, denn auch das regt die Lymphe an.

Ein selbst gemachtes Dampfbad wirkt hier ebenfalls Wunder. Einmal abgesehen davon, dass jede Sauna oder ein normales Dampfbad eine großartige Entgiftungsmöglichkeit darstellt (eine Meditation mit den Engelnamen der Chakraebenen in Verbindung mir einem Saunabesuch ist kaum zu schlagen, vor allem hat der Name Muriel starke Reinigungswirkung, aber auch die anderen Engelnamen (siehe Tabelle) haben ihre Wirkung), kann man dieses auch selbst zu Hause durchführen.

Das eigene Dampfbad kann (mit Hilfe eines Freundes) auf zweierlei Weise durchgeführt werden:

1. Ein körpergroßes Tuch nass machen, doch sollte es nicht mehr tropfen. Auf dieses Tuch legst du dich. Dann nimmst du drei mit heißem Wasser gefüllte Wärmflaschen, legst eine an die Füße, eine auf den Bauch und eine auf die Brust. Wenn sie zu heiß sind, wickle sie in ein Baumwolltuch, um Verbrennungen zu verhindern, und nun wird das nasse Tuch über dich geschlagen und du darin eingewickelt. Hier ist die Hilfe eines Freundes oder eines Familienmitgliedes gefordert. Drei Stunden genügen, um eine starke Reinigung zu ermöglichen, die sich in Verfärbungen des Tuches zeigen kann.
   Nimm genügend Mineralien, denn du wirst schwitzen, und um den „Dreck" aus dem Körper los zu werden benötigst du Bindemittel in Form von Mineralien und Spurenelementen, gekoppelt mit Vitaminen.

2. Nimm das körpergroße Tuch und tauche es in eine Salzsole ein, und führe dann alles durch wie oben beschrieben durch. Diese Methode hat den Vorteil, dass du kaum Mineralien extra nehmen musst und den Entschlackungsvorgang noch einmal intensivierst.

Es gibt eine ganze Reihe von Körperübungen, die das Entgiften unterstützen. Sehr wirkungsvoll ist das Ballengehen im Wasser, also Aquajogging. Auch hier wird wieder das Lymphsystem angeregt, denn das Wasser wirkt durch seine größere Dichte stärker auf die Haut ein als die Luft beim normalen Gehen. Eine Viertelstunde schnellen Gehens im Wasser ist genauso effektiv wie eine Stunde Ballengang in der Natur. Das Wechselspiel von kaltem und warmem Wasser trägt hier sehr zur Entgiftung bei, wie schon Pfarrer Kneipp wusste. Aber auch jeder Spaziergang in der Natur kann zur Entgiftung genutzt werden, indem man ihn per Ballengang durchführt.

Wer mehr über die Entgiftungskörperübungen wissen möchte, der kann mein Körperübungsprogramm im ersten Band nachlesen, das nebenbei einen starken Spiritualisierungseffekt hat. Wer normale Übungen durchführen will, findet in anderen Büchern dazu Anregung. Stichworte bei der Suche sind *Entgiftung*, *Entschlackung*, *Entsäuerung*.

Hervorragend für die Entgiftung im Allgemeinen ist Schwitzen, denn dadurch werden die Gifte über die Haut entsorgt. Für gesunde Menschen ist die Sauna eine Möglichkeit, doch bei der täglichen Arbeit das Schwitzen zuzulassen, ohne es mit Deodorants zu unterbinden, würde ebenfalls viel helfen. Wenn es bei manchen Arbeiten nicht auf deine Duftnote ankommt, weil du alleine bist, dann lasse die Schweißproduktion zu. Nimm genügend Mineralien, um die Giftstoffe zu binden.

Die Füße

Ebenfalls von außen wirken die Salzsocken. Hierbei stellt man mit Meersalz oder Himalayasalz eine Sole her, taucht Baumwollsocken darin ein, wringt diese aus, zieht sie an, darüber ein paar warme Wollsocken und lässt das Ganze über Nacht einwirken, was sich durch Juckreiz bemerkbar machen kann. Das gilt auch für die Bäder oder die Bürstungen, denn der Juckreiz zeigt an, dass Kristalle über die Poren ausgeschieden werden. Da die Socken über Nacht anbehalten werden, wird entsprechend lange entgiftet, und zwar solange, bis die Socken durch die Körperwärme getrocknet sind. Dies kann man mehrere Tage hintereinander machen, doch sollte man zwischendurch Pause machen, um dem Fußpilz keinen Nährboden zu liefern. Wobei der Fußpilz ja ebenfalls seelische Ursachen hat, wie „die Unfähigkeit, leichten Fußes voranzugehen" und „Enttäuschung, nicht akzeptiert zu werden" (aus: Louise Hay, *Heile deinen Körper*).

Gehst du auf den Ballengang über, so hast du eine ständige Entgiftungsmöglichkeit, die nie ausgeschaltet wird. Es erfordert allerdings über Wochen, vielleicht Monate, einiges an Disziplin, sich ständig daran zu erinnern, anders zu laufen, doch ist diese Umprogrammierung möglich und wirklich eine wundervolle Möglichkeit, sein Leben zu verlängern und seine Gesundheit zu verbessern. Wie mir die Geistige Welt mitteilte, wird beim Hackengang ein sehr unangenehmer Ton produziert, der bis in die höheren Dimensionen hineinreicht und dort großes Unbehagen verursacht. Eine Leserin teilte mir mit, sie fühlt sich unendlich geliebt, wenn sie in der Natur auf dem Ballen läuft. Das liegt daran, dass dann viele Wesenheiten um sie versammelt sind, um sich am Klang der neuen (alten) Schwingung zu erfreuen und deshalb entsprechend Liebe „rüberschicken". Mit dem Übergang auf diese andere Art des Gehens ist auch andere Fußbekleidung erforderlich, die von Peter Greb, dem Autor des Buches „Godo, mit dem Herzen gehen" im Sommer 2005 vorgestellt wurde.

Sehr effektiv und zeitsparend ist der Ballengang, wenn du ihn auf einem Trampolin machst. Also auf dem Ballen fünf Minuten lang springen ist so effektiv wie die fünfzehn Minuten Gehen im Wasser. Je intensiver du das betreibst, umso wirkungsvoller wird die Entgiftung.

In den Füßen, einschließlich der Unterschenkel, sitzt eine Säurepumpe, die durch den Fersengang außer Kraft gesetzt wurde und durch den Ballengang wieder in Gang kommt. Die Füße spielen also eine wichtige Rolle. Sie sind viel mehr als nur unsere Transportmittel, denn in ihnen spiegeln sich auch alle Organe des gesamten Körpers und auch alle zwölf Chakren wider, wobei die sechs Chakren der Vorderseite, einschließlich des Kronenchakras, auf der Unterseite des Fußes einen Bezugspunkt haben, und die rückwärtigen Chakren auf der Fußoberseite liegen. Trittst du nun mit dem Ballen auf, „triffst" du dabei genau das Stirnchakra, wobei dann nicht mehr das Hiersein betont wird, wie beim Fersengang, sondern die Erkenntnisfähigkeit „massiert" wird.

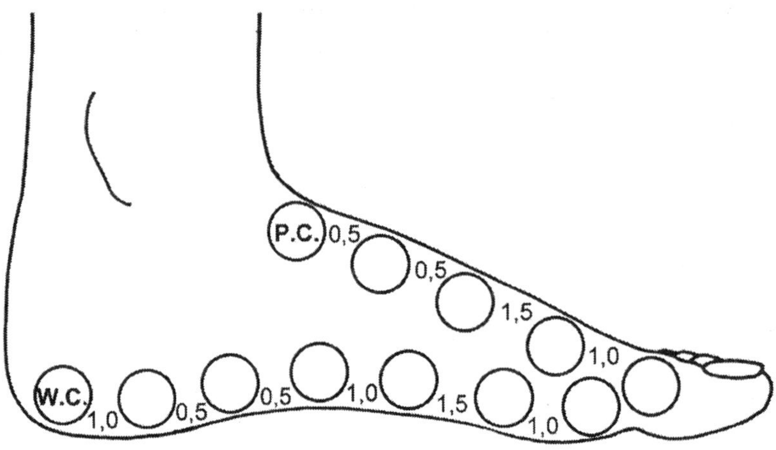

Massiert man nun mit leichtem Druck einen Chakrapunkt (und zwar an beiden Füßen gleichzeitig) und nimmt dazu den passenden Engelnamen als Meditationshilfe, wird das dazugehörige Chakra zur Reinigung angeregt und somit auch die komplette Schicht um jedes Chakra, das damit zusammenhängt. Für diese Maßnahme sind zwei Personen und viel Zeit (nämlich 144 Minuten!) notwendig: Derjenige, der gereinigt werden soll, führt folgende Meditation durch:

Meditation

Atme in jedes Chakra von unten nach oben, über den Kopf hinweg wieder nach unten, für zwölf Minuten hellblaues Licht ein und braunes Licht aus. Die Reihenfolge ist also: Wurzelchakra, Sakralchakra, Sonnenchakra, Herzchakra, Halschakra, Stirnchakra, Kronenchakra, Veränderungschakra, Klarheitschakra, Wissensschakra, Harmoniechakra, Polaritätschakra. Es werden also alle zwölf Chakren mit hellblauem Licht geflutet. Nimm dabei zwölf Steine deiner Wahl und wechsle bei jedem Chakra den Stein, so dass alle zwölf „dran" kommen.

Die zweite Person massiert die Fußchakren und nimmt die Engelnamen als Meditationshilfe, also den Vornamen plus EL (oder, wenn bekannt, den Seelennamen) für das Wurzelchakra, Chamuel für das Sakralchakra, Gabriel für das Sonnenchakra, Muriel für das Herzchakra, Michael für das Halschakra, Semael für das Stirnchakra, Nanuel für das Kronenchakra, Anthael für das Veränderungschakra, Oriel für das Klarheitschakra, Alanael für das Wissensschakra, Sanael („sana" heißt auf lateinisch übrigens „heile") für das Harmoniechakra und Chanael für das Polaritätschakra.

Hier möchte die geistige Welt noch etwas kommentieren:

Liebe Menschen, hier spricht Kryon vom Magnetischen Dienst. Ich möchte noch etwas ausführlicher auf die Bedeutung der Engelnamen eingehen, denn sie spielen eine zentrale Rolle bei der derzeitigen Aufstiegswelle. Die letzte „Welle" ist davongezogen und geht nun ihren eigenen Weg. Das merkt man daran, dass der Bedarf an Steinen, Seminaren usw. zurückzugehen scheint und in der Esoterik so etwas wie eine Flaute herrscht. Diese Flaute ist jedoch die Ruhe vor dem Sturm, denn alles, was bisher geschah, diente der Vorbereitung für die Zeit, die jetzt kommt, denn der Massenaufstieg findet bereits in diesem Moment statt. In der Fünften

Dimension schwingt der größte Teil der Erde bereits, doch ist damit ja nicht ein Ziel erreicht, sondern nur eine Station des Weges. Der Aufstieg setzt sich immer weiter fort, und nun auch immer schneller.

Die frühere Esoterikwelle war für einen relativ kleinen Kreis von Menschen, deren Energie und Engagement den Massenaufstieg erst möglich machten. Ihr alle habt ihnen viel zu verdanken. Was nun geschieht, ist eine generelle Spiritualisierung, also die Wiederherstellung der Verbindung zu Spirit. Zu diesem Zweck wurde eine Riege von Wesen „geweckt", die in der Lage sind, auf völlig andere Weise mit euch zu arbeiten. Sie sind zu einer Intensität in der Lage, die bisher nicht möglich war. Wer sind nun diese Leute? Nun, meine Lieben, es sind die Lenker aller Zwölf Göttlichen Hauptstrahlen, und auch aller Nebenstrahlen!! Sie hätten es nicht nötig, wiederzukommen, doch sie haben sich gemeinsam entschlossen, wieder in die Inkarnationskette einzutreten, um direkt bei euch zu sein in dieser außerordentlich wichtigen Zeit. So ganz nebenbei haben sie sich auch noch zusätzlich Lernlektionen kreiert, um ihr Bewusstsein noch mehr auszuweiten und euch noch besser helfen zu können. Von St. Germain sagt man zum Beispiel, er wäre unnahbar. Das wollte er nicht auf sich sitzen lassen, und so hat er sich harte Lektionen erarbeitet, um dieses aufzulösen. Von El Moyra sagt man, er wäre außerordentlich streng zu sich selbst und zu anderen, und so wollte er auch dieses auflösen, indem er die Nachgiebigkeit und Nachsicht als Lektion vertieft. Und so könnte man von jedem der Lenker berichten, doch ist dieses nicht gestattet. Sie sind nicht unbedingt in dem Geschlecht inkarniert, das aus gechannelten Büchern bekannt ist, und auch nicht alles, was von ihnen berichtet wird, ist wahr. Das liegt einfach daran, dass die Schleier noch nicht völlig durchlässig waren, als die Informationen durchgegeben wurden. Die generellen Informationen sind jedoch richtig.

Es wird ein spirituelles Zentrum rund um die Sanandá-Lichtsäule entstehen, die den Mittelpunkt des Harmonietores bildet. Dort werden die Strahlenlenker wirken und euch eure eigene Großartigkeit und Identität klarmachen. Was hat das alles nun mit den Engelnamen zu tun? Wir sagten euch, dass diese Namen heilige Mantren sind, und das ist wahr. Die betreffenden Engel arbeiten mit den Strahlenlenkern zusammen, das heißt, die Engelenergie wird durch die Strahlenlenker um ein Vielfaches verstärkt, so dass ihr also nicht einfach „nur" mit Engeln arbeitet bzw. meditiert (das allein hat ja schon große Wirkungen), sondern auch mit den Strahlenlenkern. Um ihr Ich auf der materiellen Ebene zu steuern, benöti-

gen sie ca. 10% ihrer Kapazität. Das ist relativ viel, weil sie hier bei euch außerordentlich wichtige Arbeit leisten. Die restlichen 90% werden für Tätigkeiten auf der feinstofflichen Ebene benötigt. Bei euch, liebe Menschen, sieht das Verhältnis 1:99 aus. Ihr seid also nur mit ca. einem Prozent hier auf der Erde, und das ist für die kommende Zeit ein bisschen wenig. Ihr dürft also nun mit einem größeren Anteil hier ankommen. Das hat zur Folge, dass ihr eure Lebensaufgabe finden und ausüben könnt, und dabei immer gut versorgt sein werdet. Und hierbei helfen euch die Meditationen mit den Engelnamen und auch alle anderen, die wir in diese Bücher hinein geben.

Ihr habt schon gehört, dass diese Engelnamen für das Zwölf-Chakrensystem des Ätherfeldes gelten. Nun gibt es aber noch mehr Felder, und mit zunehmender Reife werden wir für jedes Feld die entsprechenden Namensmantren bekannt geben, so dass die Entwicklung immer weitergehen kann und wird. Die Engelnamen beschleunigen aber zunächst einmal diese Felder, so dass Bewegung in euer ganzes Energiesystem kommt, und diese Bewegung ist auch notwendig, denn Ähnliches geschieht auch mit den Energiefeldern der Erde, und ihr solltet zumindest immer gleichauf damit sein oder vielleicht schon ein paar Schritte weiter, was eine Zugbewegung für die anderen kreiert. Natürlich gibt es auch zahlreiche andere Wege. Dieser ist nur einer davon, jedoch der kürzeste, und damit auch der intensivste. Es gilt immer: Jeder bekommt das Tempo, das er möchte und auch vertragen kann.

Bei der Bearbeitung dieses Buches stellten wir fest, dass die Farben der Erde insgesamt nun so strahlen, dass wir für drei weitere Felder die Mantren weitergeben können, siehe einerseits Tabelle nächste Seite, und andererseits wird nun noch für das Harmoniechakra ein Feld aufgezeigt, das wir bisher noch nicht angesprochen haben. Zum einen gehört zu diesem Chakra das Gleichgewichtsfeld, aber dort gibt es auch einen Anker für das „Feld der völligen Hingabe“. Es ist das Feld, das für Dualseelen zuständig ist, die sich wieder gefunden haben. Ein weiterer Ankerpunkt für dieses Feld ist natürlich das Herzchakra und ein weiterer das Sakralchakra in Verbindung mit dem Wurzelchakra, denn Dualseelen entwickeln eine besondere Form der Sexualität.

Zu den folgenden Mantren gehören auch noch tantrische Yantren und Rituale, die jedoch erst an anderer Stelle bekannt gegeben werden sollen, da sie erst zum Teil ihren Weg in die Materie gefunden haben. Hier nun die Mantren:

Wurzelchakra:	*Trajana*
Sakralchakra:	*Moraja*
Sonnenchakra:	*Herana*
Herzchakra:	*Larana*
Halschakra:	*Gaiala*
Stirnchakra:	*Olana*
Kronenchakra:	*Mirala*
Veränderungschakra:	*Anthara*
Klarheitschakra:	*Orala*
Wissenschakra:	*Gerana*
Harmoniechakra:	*Rosala*
Polaritätschakra:	*Ferena*

In Liebe, Kryon.

Danke, lieber Kryon.

Diese Mantren sollten idealerweise gemeinsam für eine bestimmte Zeit gesprochen werden. Sie geben auch der Sexualität eine besondere Note, haben aber natürlich noch andere Wirkungen.

An dieser Stelle bat mich Metatron eine Klammer aufzumachen:

(Liebe Freunde, das Thema Dualseelen bewegt viele Menschen, und das ist auch verständlich, denn ihr seid alle auf der Suche nach eurer anderen Hälfte. Doch lasst euch gesagt sein, dass ihr zunächst die andere Hälfte in euch integrieren, also eine Balance zwischen Yin und Yang in eurem Geist schaffen müsst, bevor ihr auf die Dualseele treffen dürft. Denn nur, wenn ihr ausbalanciert seid, könnt ihr die Wucht der Gefühle, die euch dann trifft, auch aushalten.

Daher möchten wir euch ein Mantra für diesen Ausgleich mit auf den Weg geben, und selbst wenn ihr nicht auf eure Dualseele treffen werdet, wird dieser Ausgleich ein enormer Gewinn für euch sein. Wie lautet nun dieses Mantra? Nun, und im Geiste hört mich dieses Channel lachen, denn es ist mein Name: Metatron. Wer auf dem Weg zurück zur Quelle schon weit vorangeschritten ist, braucht diese Ausbalancierung, und dafür bin ich unter anderem zuständig. Nur wer diese Balance gemeistert hat, kann eine gewisse Schwelle überschreiten, eine Hürde nehmen, wenn ihr so wollt. Was bedeutet diese Schwelle? Man könnte sagen, sie bedeutet Androgynität, obwohl es das nicht ganz trifft. Ihr müsst mit euch selbst völlig im Einklang und zufrieden sein, erst dann habt ihr einen Teil des Meistertitels „gewonnen", denn nur dann könnt ihr eine neue Art der Beziehung eingehen, eine Beziehung, die keine Abhängigkeit in der Form der bisherigen Partnerschaften schafft. Meisterschaft bedeutet Unabhängigkeit!

Und doch wird es bei Dualseelenpaaren eine Abhängigkeit geben, aber es ist nicht mehr eine Abhängigkeit von der Energie des anderen wie bisher, sondern eine Abhängigkeit davon, dass von nun an der Spiritualisierungsprozess (zumindest zum Teil) nur gemeinsam gemeistert werden kann, weil jeder Fähigkeiten mitbringt, die der andere benötigt.

Duale erkennen sich auf den ersten Blick, was nicht mit Liebe auf den ersten Blick verwechselt werden darf, obwohl das in den allermeisten Fällen damit einhergeht. Der erste Blickwechsel bei der ersten Begegnung ist ein Blick in die tiefsten Tiefen der Seele, nur Duale haben solch einen Zugang zu ihrer anderen Hälfte. Andere Menschen können eine bestimmte Barriere nicht durchdringen, Duale jedoch schon. Beim ersten Zusammentreffen wird ein Band zu jedem einzelnen Chakra geknöpft, ein Band, das nicht mehr zerreißen kann, obwohl es sich schon hin und wieder ausdehnt, sie sich also noch einmal entfernen. Insgesamt ist die Bewegung jedoch aufeinander zu, und das kann ziemlich heftig ausfallen, einfach deswegen, weil ihr euch schon so lange gesucht habt, äonenlang! Über dieses Thema werden wir noch einige Informationen durchgeben, doch soll es für jetzt genug sein!)

Fahren wir nun mit der Erläuterung für die Fußchakrenmeditaton fort:

Du kannst dir das Datum 19. April 2005 visualisieren, also einfach im Geiste vorstellen, und dich dadurch mit ihm verbinden. Warum gerade dieses Datum? An diesem Tag herrschte „Großreinemachen", könnte man sagen. Es regnete in Deutschland nicht nur intensiv, was eine Reinigung der Energiefelder mit sich brachte, sondern es waren sehr viele Putzengel damit beschäftigt, Schwingungen, die noch aus der Dritten und Vierten Dimension verblieben waren, aus Häusern zu entfernen. Das kann sich so geäußert haben, dass Alkoholiker plötzlich keinen Drang mehr nach Alkohol verspürten, da für sie der Zeitpunkt gekommen war, von der Sucht loszulassen. Du kannst an diesem Tag so krank gewesen sein, dass du erbrochen hast und/oder Durchfall hattest. Vielleicht erinnerst du dich an diesen Tag noch, eben weil es dir da nicht gut ging.

Mit diesem energetischen Putztag kannst du dich gedanklich verbinden und so die besondere Energie, die an diesem Tag herrschte, zu dir holen, egal, welches Datum gerade aktuell für dich ist. Durch jeden, der dieses tut, wird/wurde die Energie dieses Tages noch verstärkt (also vielleicht auch durch dich!), so dass diese Verstärkung auch wieder dir zugute kommt. Die Gesetze von Zeit und Raum funktionieren jenseits des Schleiers anders als bei uns hier „unten".

Was geschieht bei dieser Meditation nun? Zum einen natürlich Reinigung, aber es geschieht noch mehr. Diese Art der kombinierten Meditation führt dazu, dass das „Chakra der Egoüberwindung" aktiviert wird. Was heißt das? Das Ego ist nichts Schlechtes, sondern hilft dir, auf der Erde zu leben und dich einzurichten. Ein Egoist ist jemand, der nur an sich denkt. Die Auflösung des Egos bewirkt also nur eine Veränderung des Blickwinkels vom „Ich" zum „Wir". Es bewirkt, dass du dich nicht mehr getrennt von allem betrachtest, sondern als Teil eines Kollektivs, eines Kollektivs, das genau deine Hilfe, deine Talente, deine Fähigkeiten benötigt. Es bewirkt auch, dass du bereit bist, genau diese Fähigkeiten zum Nutzen aller auch anzuwenden. Der Effekt dabei ist, dass du ein glückliches, zufriedenes und nützliches Leben führst, das einen Zweck erfüllt und du nicht nur damit beschäftigt bist, zu überleben und dich durchzuschlagen, sondern tatsächlich weißt, weshalb du hier bist und schon so oft hier warst.

Nach dieser Meditation wird sich also dein Blickwinkel ändern, Schritt für Schritt.

Hier möchte die Geistige Welt etwas kommentieren:

Liebe Menschen, man könnte sagen, hier sprechen die Fußengel (eine Fußangel ist etwas anderes). Unsere gemeinsame Energie ist, von der Anordnung der Buchstaben her, die des Namens Rana. Wir sind also die Ranas. An uns könnt ihr euch bei allen Bein- und Fußproblemen wenden. Nehmt den Namen Rana als Meditationshilfe, damit die Gifte, die in den Beinen durch die Schwerkraft gestaut werden, besser abfließen können, und konzentriert euch in der Meditation auch auf das Bild des Abfließens der Gifte über die Füße. Durch diese Meditation werden wir gerufen und erkennen die Bereitschaft der Heilung, und damit haben wir die Erlaubnis zu helfen. Somit gehen wir an die Arbeit und beginnen, verklumpte Bereiche aufzuweichen und die Überreste abzutransportieren. Damit wird für Durchfluss gesorgt, und der Durchfluss sorgt wiederum für den Ab-

transport weiterer Abfallstoffe, und so kann sich dieses hochschaukeln, bis alles frei fließt.

Es gibt viele Ansatzpunkte für Gesundheit. Wer jedoch mit den Beinen Probleme hat, sollte als Notfallmaßnahme hier ansetzen. Liegt der Schwerpunkt des Problems zum Beispiel in den Knien, dann beginne hier und leite die Rana-Energie dorthin.

Kombinierst du das Ballengehen mit dieser Meditation, dann wird die Entgiftung verstärkt. Gehst du dann noch barfuß durch die Natur im Ballengang, so wird die Verstärkung potenziert, weil Mutter Erde ja sehr starke Energien bereitstellt, nur nehmt ihr davon heute sehr wenig auf. Sind die größten Giftmengen erst einmal entfernt, konzentriert sich die Entgiftung beim Ballengang auf das Stirnchakra, das heißt, Blockaden werden dort entfernt, was die Erkenntnisfähigkeit immens steigert.

Die Beine sind viel wichtiger, als ihr euch heutzutage klar macht. Natürlich sind sie erst einmal euer Transportmittel. Dann sitzt dort die erwähnte Säurepumpe, die durch die Rana-Meditation eine Verstärkung erfährt bzw. wieder in Gang gesetzt wird, was durch den Ballengang optimal unterstützt werden kann. In den Füßen sitzen aber auch die Kontaktpunkte für alle zwölf Chakren, wie ihr gerade gehört habt, und dies ermöglicht viele neue Heilmethoden. Von den ersten sieben Chakren war das ja bereits bekannt, und diese Erkenntnis wird ja auch schon lange genutzt. Doch kommen nun die fünf „neuen" hinzu, was die Heilmethoden erweitert.

Doch in den Beinen liegt auch symbolische Bedeutung. Probleme in den Beinen deuten auf einen Mangel an Standfestigkeit hin, was generell wieder mit dem Wurzelchakra zu tun hat. Das heißt, dass ihr euch auch auf dieses Chakra und die Beseitigung der Probleme darin konzentrieren müsst. Dazu gehört, das Leben auf der Erde, so wie es sich gerade für euch manifestiert, lieben zu lernen. Seid euch bewusst, dass ihr es ja auch kreiert, in den angenehmen Teilen genauso wie in den unangenehmen. Nehmt euch also nacheinander alle Situationen vor, mit denen ihr nicht im Einklang seid, und schließt Frieden mit ihnen. Auch wenn ihr es nicht gleich fühlen könnt, ändert sich etwas, wenn ihr dorthin Frieden, Segen für alle Beteiligten und Dank für die Lektion hineinschickt. Auf diese Weise knöpft euch jede Einzelheit, die euch an eurem Leben stört, vor und „bearbeitet" sie. Hierbei helfen wir euch wiederum. Das heißt, wenn ihr dieses angeht, nehmt den Namen „Rana" als Meditationshilfe, um in das Gefühl der Liebe für alles in eurem Leben zu kommen. Treten dabei Trauer, Hass, Angst, Wut oder sonst ein Gefühl auf, das ihr als unangenehm empfindet, geht trotzdem durch dieses Gefühl hindurch, lasst es zu! Es ist wichtig, dass ihr auch die Gefühle mit der jeweiligen Situation zulasst. Nur so kann man hindurchgehen und sie schließlich loslassen. Indem man etwas unterdrückt, wird gestaut, nicht gelöst. Alle Gefühle sind letztlich Energie. Versucht, das immer mehr in euer Bewusstsein zu integrieren.

In Liebe, eure Ranas.

Danke, liebe Fußengel. Ihr sorgt dafür, dass die Fußangeln, die wir uns selbst stellen, aus unserem Leben verschwinden können!

Eine weitere Möglichkeit der Entgiftung von außen (wobei das natürlich trotzdem auch von innen wirkt) sind die Kinotakara-Pflaster, die ich schon im ersten Band erwähnt habe. Ich wiederhole es jedoch, weil sie so effektiv, wenn auch sehr kostenintensiv sind. Diese Pflaster klebt man sich auf die Fußsohle, und zwar über Nacht. In ihnen ist eine Mineralien- und Pflanzenmischung enthalten, die die Gifte, Säure, Schlacken und Schwermetalle aus dem Körper lockt. Der Erfinder hat fünfzehn Jahre an dieser Mischung geforscht, und wenn du das Pflaster morgens herunternimmst (Vorsicht, es quillt über) und du siehst, was du an Schlamm mit dir herunterschleppst, bereust du das Geld (derzeitiger Stand: 10 Pflaster 48 Euro) auch nicht. Ich habe das über mehrere Wochen sehr intensiv durchgeführt, und Bekannte meinten nach einer Weile, dass meine grauen Haare zurückgehen. Natürlich führe ich noch andere Maßnahmen durch, aber gerade die Veränderung der Haare hat meiner Meinung nach damit zu tun. Zum damaligen Zeitpunkt kannte ich die Yin-Yang-Bürstmethode und die Heilmeditation dazu noch nicht.

Über die Füße kann man auch auf andere Weise Gifte aus dem Körper ziehen:

Eine liebe Freundin war mit den nächtlichen Salzsocken nicht besonders glücklich, also dachte sie sich eine andere Methode aus, die sie mir in einer Mail schilderte:

„Ich habe inzwischen eine Methode entwickelt, Salzsocken tagsüber – ohne nasse Füße – zu tragen! Du brauchst dazu nur ein paar Kleinigkeiten:

1. Ganz dünne „Tüten“ – gibt es am Obststand in jedem Supermarkt.
2. Haushaltspapier (die normalen Rollen, unbedruckt).
3. Elastische Fixierbinden (in den Drogeriemärkten für wenig Geld zu haben). Du brauchst aber nur eine, die du in der Hälfte zerschneidest – wir wollen ja keine Klumpfüße binden.

So, nun machen wir ein Sandwich, wie folgt:

Tüte unten (oberhalb der unteren Naht) auf einer Länge von ca. 6 oder 7 cm abschneiden (du hast dadurch die untere Hälfte, die, wenn sie nach außen fällt, – bei normaler Schuhgröße, deine Fußgröße ergibt. Ich habe so ca. 38/39). Ich vermute, die Tüten kann man auch fertig kaufen, wenn man will.

Auseinandergeklappt hinlegen. Haushaltspapier (für jeden Fuß eines) so knicken (3 x), und in die Folie legen. Mit Salzwasser befeuchten (so, dass das Papier gut durchfeuchtet ist, aber nicht alles überschwemmt wird). Dann den Fuß draufstellen und mit der Binde alles am Fuß fixieren (also einmal überall umwickeln). Vorsichtig Socken drüber ziehen. Fertig!

Vorteile:

- Du kannst deine normalen Schuhe anziehen, weil das Ganze nicht durchsuppt (und du ja nach außen trockenen Fußes gehst).
- Niemand sieht es.
- Keine Plastikpapiergeräusche.
- Du kannst es tagsüber tragen – niemand merkt etwas.
- Das Ganze ist intensiver – weil du (wenigstens ab und zu) läufst.“

Danke!

Inzwischen erreicht uns auch eine Erfindung aus Amerika, die ebenfalls die Schlacken aus den Füßen zieht. Hierbei handelt es sich um ein Elektrolyse-Fußbad. Man stellt seine Füße in warmes Wasser, etwas Salzsole wird hineingegeben, damit das Wasser besser leitfähig wird, und dann wird über eine Spirale Schwachstrom in das Wasser geleitet, so dass ein beständiger Elektronenfluss entsteht. Das Fußbadewasser wird also ionisiert. Diese Ionen treten in Resonanz zu den Körperflüssigkeiten, so dass Säuren, Schlacken und andere Schadstoffe ausgeschwemmt werden. Das Wasser färbt sich intensiv braun bis schwarz, was zum Teil auf die Teile, die aus der Spirale gelöst werden, zurückzuführen ist, aber auch zum Teil mit den Schlacken zu tun hat, die den Körper verlassen. Wer Näheres dazu wissen möchte, kann hinten im Buch nachschauen.

Als ich das auf einer Messe ausprobierte, öffnete sich mein Kronenchakra, was ganz eindeutig zeigt: Je mehr wir uns reinigen, desto besser kommen wir in Kontakt mit Spirit, in welcher Form auch immer. Das Gerät selbst ist ziemlich teuer und eher für Heiler und Therapeuten interessant. Eine Behandlung von ca. 30 Minuten Dauer kostet ca. 25,-- Euro. Eine Möglichkeit, dieses einmal auszuprobieren, gibt es in der Schlosspark-Klinik in 36129 Gersfeld/Rhön. Erkundige dich doch einmal, ob es so etwas nicht auch in deiner Nähe gibt. Diese Entgiftungsart ist wirklich äußerst effektiv.

Wenn ich mit meinen Besuchern hier damit arbeite, können sie diese Öffnung des Kronenchakras ebenfalls spüren, und oft erhalten sie dann auch eine besondere Energieübertragung, weil ich diese Reinigungsarbeit mit Mantren kombiniere.

An dieser Stelle meldeten sich wieder die Anasasi und teilten mir mit, sie hätten für die verschiedenen Reinigungsmöglichkeiten auch unterschiedliche Mantren, die sie nun durchgeben wollen:

„Liebe Menschen, jedwede Reinigungsmaßnahme kann potenziert werden, wenn man dabei mit Mantren arbeitet. Jedes Bad in der Badewanne oder auch jede Dusche reinigt das Energiefeld. Sprecht dabei das Mantra „Jesta", und die Reinigung vertieft sich bis in die Zellen. Das gilt auch, wenn ihr solch ein Fußbad macht und dabei das Mantra „Mistra" sprecht. Habt ihr diese Pflaster aufgeklebt, von denen es verschiedene Sorten gibt, so sprecht das Mantra „Sostra". Habt ihr Salzsocken über Nacht an, gilt das gleiche Mantra.

Liegt ihr in diesem Dampfbad aus Tüchern, so sprecht in Gedanken „Sistra". Seid ihr in der Sauna, gilt das gleiche Mantra. Lauft ihr im Ballengang in der Natur oder im Wasser, so sprecht „Mestra".

Wollt ihr euch generell reinigen, weil ihr großen Menschenmengen ausgesetzt wart, so sprecht „Vosta". Müsst ihr euch von Schlacken befreien und habt vielleicht Fieber, eine starke Menstruation oder Ähnliches, so sprecht „Solta".

Hier spricht Lamula, ein weißer Drache, der ein Spezialist für Mantren ist. Ihr könnt euch an mich wenden, wenn ihr für ein spezielles Problem ein besonderes Mantra benötigt.

In Liebe und Dankbarkeit für diese Arbeit, Lamula."

2. Die Wohnung

Eine weitere Möglichkeit der Reinigung ist die folgende, die auf den ersten Blick vielleicht nichts damit zu tun zu haben scheint. Doch möchte man im Inneren aufräumen, kann man das im Außen demonstrieren, indem man auch alles Überflüssige aus der Wohnung/dem Haus entfernt. Wir heben viel zu viel Krempel auf, in der Hoffnung, ihn irgendwann noch einmal gebrauchen zu können. Dahinter steht das Gefühl der Angst, nämlich Angst des Mangels, Angst davor, mit irgendetwas einmal nicht versorgt zu sein. Begibt man sich jedoch in den göttlichen Fluss, wird man immer genau das haben, was man gerade benötigt. Eine meiner ersten Maßnahmen in dieser Richtung war mein Arbeitszimmer. Ich nahm alle Bücher aus den Regalen, die ich ohnehin nicht mehr lesen würde, packte sie in Kartons und gab sie an ein Antiquariat. Genauso entrümpelte ich meine Schränke und Ordner. Nur das, was man gesetzlich aufzuheben verpflichtet ist, sollte man behalten, alles andere ist Ballast. Das gilt erst recht für alles, was sich im Keller stapelt und oft noch aus der Jugendzeit stammt. Gründliches Entrümpeln erdet zum einen, und schafft zum anderen Raum für Neues.

Ich entfernte drei volle Autoladungen aus meinem Keller, und hinterher wurde mir bewusst, wie viel Platz ich da eigentlich habe. Eine Woche dauerte diese Entrümpelung, aber danach fühlte ich mich „sauwohl", denn ich wusste, ich hatte damit den inneren Prozess, der sich über Jahre hingezogen hatte, innerhalb einer Woche sozusagen ins Außen gebracht.

Hier muss natürlich jeder selbst entscheiden, wovon er sich zum jetzigen Zeitpunkt trennen kann, und wovon nicht. Du wirst nicht glauben, was dieser Vorgang alles in dir in Bewegung setzt. Gegenstände aus Ex-Beziehungen, nun entsorgt, setzen auch Reinigungsvorgänge in deinem Körper in Gang, lassen Klumpen los, die noch irgendwo verhärtet und verkapselt waren. Befreie dich auch von allen elektrischen Geräten, die du nicht unbedingt benötigst, denn auch sie „strahlen" auf ihre Weise auf dich ein.

Dieser ganze Reinigungsvorgang kann auch bewirken, dass du Freundschaften beendest, die eigentlich schon lange beendet sind und nur noch aus Gewohnheit, Bequemlichkeit oder Angst vor den Konsequenzen aufrechterhalten werden.

b) Reinigung von innen

1. Fasten

Eine Pause von der ständigen Müllproduktion kann ein Fastentag sein. Diesen nutzt der Körper dann, um am größten Müllberg (das kann sich durchaus schon in einer Krankheit äußern) die ersten Schaufeln abzutragen. Je größer der Müllberg in unserem Körper ist, umso länger dauert es, bevor man merkt, dass da überhaupt etwas entfernt wird. Bleibt man aber mit „Geduld und Spucke dran", wird man nach und nach feststellen, dass sich etwas ändert, und zwar zum Positiven. Je weniger Gifte der Körper enthält, umso gesünder bist du, umso jünger wirkst du, und umso vitaler fühlst du dich. Aber, wie gesagt, das kann eine Weile dauern.

Um Müll zu entsorgen, ist Fasten eine Möglichkeit. Ein wöchentlicher oder monatlicher Fastentag kann da schon Wunder wirken. Wichtig ist hierbei jedoch, immer schon einen Tag vorher dem Körper ausreichend Mineralien zuzuführen. Am Fastentag selbst, und auch noch mindestens einen Tag danach, ebenfalls. Diese sorgen für die Bindung der Gifte, und Vitamine können dann für den Abtransport sorgen.

Führt man dem Körper mehr basenbildende Nahrung als säurebildende zu, verringert sich der Müllberg weiter, weil die Basen die „Müllmänner" sind, von denen ich eben sprach. Auch die Ernährung nach Farben bewirkt einen Abbau der Müllberge, weil die richtige Farbe zum richtigen Zeitpunkt mehr Müll abträgt als bildet und durch die Wellenlänge der einzelnen Farben zusätzlich eine ständige Schwingungserhöhung bewirkt. Durch dieses Wechselspiel – Schwingungserhöhung → Verringerung des Müllbergs → Schwingungserhöhung – gelangen wir vermehrt an unser altes Wissen, das nicht entwickelt, sondern nur wieder entdeckt werden muss, und damit auch an unsere Lebensaufgabe und die damit verbundenen beziehungsweise dafür nötigen Fähigkeiten.

Regelrechte Fastenkuren sind in den letzten Jahren wieder „in Mode gekommen", weil ihre Wirksamkeit sicht- und spürbar ist. Mein Vorschlag ist hier Saftfasten mit möglichst frisch gepressten Säften nach der Regenbogenernährung, weil man dadurch Fastenkrisen vermeidet und auch das Hungergefühl nicht so stark wird. Auch die Schwäche, die oft am dritten Tag zu spüren ist, wird deutlich abgemildert. Der geistige Aufschwung, von dem viele Fastende berichten, ist auch beim Saftfasten deutlich zu spüren.

Die Regenbogenfarben bewirken zudem eine verstärkte Reinigung der Chakren, so dass in dieser Fastenform viele Vorteile liegen. Nimmst du große Mengen an Vitalstoffen (Mineralien, Spurenelemente und Vitamine) zu dir, – und hier kannst du auspendeln oder kinesiologisch testen, was dein Körper benötigt –, kannst du die Fastenkrise völlig vermeiden.

In der Tabelle findest du ein Beispiel, wie eine Saftfastenkur aussehen könnte:

Uhrzeit	**Zu aktivierendes Chakra**	**Aktivierungs-farbe**	**Beispiel für Säfte**
Bis 8.30 Uhr	Wurzelchakra	Rot	Tomatensaft
8.00 Uhr bis 10.30 Uhr	Sakralchakra	Orange	Mohrrübensaft
10.00 Uhr bis 12.30 Uhr	Solarplexuschakra	Gelb	Zitronensaft
12.00 Uhr bis 14.30 Uhr	Herzchakra	Grün	Weizengrassaft
14.00 Uhr bis 16.30 Uhr	Halschakra	Blau	Holunderbeersaft
16.00 Uhr bis 18.30 Uhr	Stirnchakra bzw. 3. Auge	Purpur bis Violett	Rote-Bete-Saft
18,00 Uhr bis 20.30 Uhr	Kronenchakra	Weiß	Bananensaft
20.00 Uhr bis 22.30 Uhr	Polaritätschakra	Rosa	Erdbeermilch, hell
22.00 Uhr bis 00.30 Uhr	Harmoniechakra	Magenta	Erdbeermilch, dunkel
00.00 Uhr bis 02.30 Uhr	Wissensschakra	Gold	Ananassaft
02.00 Uhr bis 04.30 Uhr	Klarheitsschakra	Aquamarin	Wasser, „aufbereitet“ mit einem Aquamarinstein
04.00 Uhr bis 06.30 Uhr	Veränderungs-chakra	Perlmutt	Reismilch

Natürlich musst du nun nicht zu jedem Chakra etwas trinken, sondern nur dann, wenn du Hunger verspürst. Ich möchte nur der Vollständigkeit halber immer alle zwölf Chakren aufführen, weil es ja auch Menschen gibt, die nachts arbeiten oder aus anderen Gründen nachts wach sind.

Die Farbe Weiß ist neutral und kann grundsätzlich zu allen Mahlzeiten eingenommen werden. Das gleiche gilt für Gold. Gold hat aber noch eine Besonderheit: Da es derzeit kaum Lebensmittel in Aquamarin gibt, „springt" Gold als Aktivierungsfarbe für das Klarheitschakra ein. Das heißt, man kann goldene Lebensmittel essen, wenn Aquamarin gefordert wäre. Alle goldgelben Backwaren zählen dazu. Außerdem ist Gold eine Farbe, die man generell für alle Chakren verwenden kann, doch hätte es wenig Sinn, über einen langen Zeitraum nur Weißes oder Goldenes zu essen, weil ja die einzelnen Chakren gesäubert und aktiviert werden sollen, und das gezielt und nicht nur allgemein.

Hierzu möchte sich die Geistige Welt äußern:

Liebe Menschen, hier spricht Kryon. Die Farbe Aquamarin ist ein wenig problematisch, weil es derzeit nicht viel Nahrung in euren Geschäften in dieser Farbe gibt. Uns ist dieser Mangel natürlich bewusst, und so wurde dem Gold, das auf euch einstrahlt, die komplette Energie des Aquamarin hinzugeben. Das bedeutet auch für unsere Arbeit hier, dass der göttliche goldene Strahl und der aquamarinfarbene auf einer gewissen Ebene „zusammengelegt" wurden. Wenn ihr euch einmal anseht, was diese Energien beinhalten, wird euch vielleicht klar werden, dass diese Zusammenlegung erhebliche Vorteile mit sich bringt, denn Gold ist ja die Farbe der Fülle und somit auch die der Wissensfülle. Kombiniert mit der Farbe der Klarheit erhaltet ihr eine Energie, die gleichzeitig Wissen und Klarheit schenkt und diese Eigenschaften aus euren Zellen „herausbefördert". Beide Strahlen liegen, von den Chakren her gesehen, ja nebeneinander, genauer gesagt untereinander, und haben nun eine zusätzliche Verbindung in eurem Energiesystem erhalten. Da sie mit ihren vorderen Chakren ebenfalls verbunden sind, gilt das für das Halschakra und das Herzchakra ebenfalls. Diese vier Chakren bilden also eine neue Einheit, das heißt: Liebe, Kommunikation, Klarheit und Wissen werden nun neu kombiniert und zu einer Energie vereinigt. Das hat große Bedeutung für die Zeit der Wandlung, die nun folgt, und die Wirkungen werden schon bald zu sehen sein.

In Liebe, Kryon.

Leider hat Kryon nicht verraten, wann diese Zusammenlegung stattfand, denn da ich Backwaren liebe und nicht von ihnen lassen kann, habe ich natürlich verschiedene Zeiten ausprobiert, um zu sehen, wohin sie gehören, und fand zu meinem Bedauern keinen Zeitpunkt, es sei denn, sie hatten die „richtige“ Farbe, also Blaubeerkuchen zur „blauen“ Zeit usw. Lange kann diese Zusammenlegung also noch nicht zurückliegen (heute ist der 24. April 2005). Die für mich (und für viele andere von euch sicher auch) sehr erfreuliche Mitteilung lautet also: Zwischen 14.00 Uhr und 16.30 Uhr, also der besten Kaffeezeit, kann man durch die Oppositionschakren bedingt (eigentlich wäre ja Blau „an der Reihe“) anstatt „blauen“ Kuchen auch goldgelbe Backwaren essen. Hier müssen wir uns also nicht sehr umstellen. Ich habe in den letzten Tagen schon mehrfach beobachtet, dass das stimmt, denn ich bekomme, wenn ich zum richtigen Zeitpunkt das Richtige esse, immer entsprechende Signale, indem sich meine Körperhaare aufstellen.

2. Gefühle

Gehst du den Reinigungsvorgang deines Körpers ernsthaft an, wirst du schnell feststellen, dass du auch mit den Gefühlen konfrontiert wirst, die dich vergiften, und somit beginnt auch eine Reinigung von innen. Das kann bedeuten, dass dein Körper an irgendeiner Stelle auf unerklärliche Weise schmerzt, weil dort etwas steckt, was du dir noch ansehen müsstest.

Wird dir ein Stau an Emotionen gezeigt, indem du mit übergroßen Ängsten, Wut, Hass usw. konfrontiert wirst, gibt es eine Notfallmeditation, die du anwenden kannst, um erst einmal zur Ruhe zu kommen.

Notfallmeditation

Setze dich bitte bequem hin, denn diese Meditation dauert eine Weile. Lass bitte im Hintergrund deiner Gedanken den Namen des Erzengels Gabriel wie ein Mantra laufen, immer wiederholen, immer wieder, während der ganzen Meditation. Nach etwa fünf Minuten bist du eingestimmt, wiederholst aber weiter den Namen Gabriel. Atme nun zwölfmal tief in alle zwölf Chakren ein. Durch diese tiefe Atmung wirst du darauf aufmerksam gemacht, in welchem Chakra der derzeit zu bearbeitende Energiestau liegt. Im Grunde ist es nicht wichtig, welche Energie da gerade gestaut ist, sondern nur, dass du diesen Stau beseitigst. Du wirst es daran bemerken, dass irgendein Körperteil zu schmerzen oder zu jucken beginnt oder sich sonst bemerkbar macht. Atme erst in alle zwölf Chakren ein, bevor du dir den nächsten Schritt vornimmst.

Sind es mehrere Stellen, dann merke sie dir, oder schreibe sie auf und merke dir auch, bei welchem Chakra die Schmerzen, oder das, was deine Aufmerksamkeit auf einen bestimmten Körperteil gelenkt hat, aufgetreten sind. Sieh nun auf der Zeichnung nach, oder vielleicht weißt du es ja auch auswendig, welche Aktivierungsfarbe für das zuständige Chakra nötig ist. Diese Farbe visualisierst du nun von oben herabkommend (bitte den zuständigen Lenker um Hilfe), und lenke diese Energie in die Stelle, die dir aufgefallen ist. Dort sitzt eine Energieblockade, ein Stau, ein Ort niedriger Schwingung, der erlöst werden will. Lass die Farbe so lange dorthin strahlen, bis du fühlst, dass es reicht. Wenn es mehrere Stellen waren, dann führe dieses für die anderen ebenfalls durch. Danke dann für alle Hilfe und fühle in dich hinein, fühle die Veränderung. Es ist möglich, dass du dieses für eine bestimmte Stelle mehrmals machen musst, bis die Irritation verschwindet, aber in der Regel wird einmal genügen.

Bearbeitest du die schmerzende Stelle oder das intensive Gefühl auf diese Weise, dann achte bitte auf die Bilder, die in dir hochsteigen. Es können auch Worte, eine Melodie oder sonst eine Wahrnehmung sein. Diese haben mit der Ursache für die niedrige Schwingung zu tun. Durch das Betrachten und Bearbeiten der Ursache darf die darin enthaltene Energie freigesetzt werden, was zu einer Schwingungserhöhung von dir und damit der ganzen Erde führt.

Diese Meditation ist ein Geschenk der Geistigen Welt und hat sehr viel mit Gnade zu tun.

Es dauert eine gewisse Zeit, bis sich eine Krankheit oder Unpässlichkeit manifestiert. Mit Hilfe dieser Meditation kann man sich also sogar ersparen, was in der Zukunft aufgetreten wäre. Man kehrt den Prozess der Materialisation um, weil es in der Neuen Energie nicht mehr nötig ist, sich alles anzusehen. Es genügt eine kritische Masse, und die reicht vollauf. Damit ist man gut beschäftigt! Durch die aktive Arbeit an deinem Lichtkörper beweist du ja schon, dass diese Gnade auch gerechtfertigt ist.

Nahrungsergänzungsstoffe einzunehmen kann in der Reinigungsphase sehr hilfreich und notwendig sein, denn durch die Freisetzung der Gifte muss ja auch für deren Abtransport gesorgt werden, und das geht nun mal nur über genügend Basen. Verlass dich darauf, dass du genau zu den Mitteln geführt wirst, die du gerade benötigst. Ich selbst habe mit den Schindele's Mineralien gute Erfahrungen gemacht. Sie waren nach Veröffentlichung meiner Säure-Basen-Bücher für ein Jahr verschwunden, doch nun sind sie in Reformhäusern wieder erhältlich. Hoffentlich bleibt das so. Es wird viel darüber veröffentlicht, dass organische Mineralien effektiver sind als anorganische. Die Schindele's sind anorganisch. Habe ich Zahnfleischbluten und esse viel Obst, sonst aber normal, geht es nicht weg. Nehme ich aber die Schindele's Mineralien, merke ich schon nach wenigen Tagen einen Rückgang der Blutung. Wie so oft, kann man sich wohl nicht auf Expertenmeinungen allein verlassen, sondern muss in Eigenverantwortung selbst herausfinden, was für den eigenen Körper wirksam und nötig ist. Es gibt eben keine für alle allgemein gültige Wirkungen, dafür ist unser Körper jeweils, trotz offensichtlicher Gemeinsamkeiten, wohl doch zu individuell.

In der Landwirtschaft gibt es Ansätze, mit Effektiven Mikroorganismen (EM) den Boden so zu verbessern, dass der Ertrag ohne giftige Spritzmittel gesteigert und gleichzeitig der Boden entgiftet wird. EM kann jedoch auch für die Entschlackung (Entgiftung des Körpers!) eingesetzt werden. Näheres dazu hinten im Buch.

Von innen heraus arbeitet natürlich auch die Regenbogenernährung, und so wollen wir diese nun näher beleuchten.

3. Die Regenbogenernährung

Eine wundervolle Möglichkeit, den Müll von innen her zu entsorgen, und zwar auf kostengünstige und äußerst effektive Weise, ist basisches Wasser zu trinken. Quellwasser hat meist viele Mineralien, aber selbst Leitungswasser hat sie. Sie müssen nur wieder aktiviert werden, was mit so genannten Wasser-Ionisierern erfolgen kann, die dafür sorgen, dass vorhandenen Stoffe aufgespalten und saure Mineralien von basischen getrennt werden. Dabei fällt Sauerstoff ab, so dass das basische Wasser noch zusätzlich mit Sauerstoff angereichert wird.

Eine der wichtigsten Nutzungsmethoden für die zwölf göttlichen Farbstrahlen überhaupt liegt in der Ernährung. Richten wir unsere Ernährung nach den Chakraaktivierungsfarben aus, unterstützen wir eine generelle Spiritualisierung, sowohl des Körpers als auch des Geistes. Die Seele kann nicht spiritualisiert werden, denn sie ist ja bereits ein Funken Spirits. Körper und Geist müssen das nur wieder entdecken, und dazu verhilft diese Lebensweise, die mehr als nur eine neue Ernährungsform ist, da sie von innen heraus reinigt, was vielerlei Effekte hat.

Hier meldeten sich die Anasasi:

Liebe Menschen, es gibt so viele Bücher über Ernährung, und alle gehen davon aus, dass es eine Lebensweise geben muss, die für alle gilt und für alle praktizierbar ist. Die einzige wahre Lebensweise ist jedoch die individuelle. Was heißt das? Es heißt, dass du dir selbst deine für dich passende Ernährungsform aussuchen darfst, ohne dich an irgendwelche Regeln halten zu müssen, denn andere können gar nicht wissen, was für dich gerade passend ist. Was dem einen gut tut, kann dem anderen schaden, und genau darum hat sich ja keine neue Ernährungsform durchgesetzt. Jeder Mensch hat individuelle Erfahrungen in diesem Leben gemacht, und noch in vielen Leben davor. In der Summe ergibt sich daraus ein Körper, den es kein zweites Mal geben kann, weil niemand genau die gleichen Erfahrungen in genau der gleichen Reihenfolge und Intensität erlebt hat. Das geht nicht einmal, wenn man nur ein einziges Leben betrachtet, und schon gar nicht bei mehreren hundert.

Du bist nicht „spiritueller", nur weil du zum Beispiel kein Fleisch isst. Das ist ein großer Irrtum, der in der esoterischen Szene umhergeistert. Hier ist noch viel Wertung im Spiel. Es ist sinnvoll, darauf zu verzichten, wenn du dich in der Reinigungsphase befindest, aber es ist kein Muss. Es gibt hier kein Muss. Es gibt nur immer den richtigen Augenblick für die richtige Entscheidung, und die ist einfach individuell. Askese und Verzicht waren notwendige Bestandteile des Erleuchtungsweges in niedrigerer Schwingung, weil man sonst keine höhere erreichen konnte. Doch seid ihr nun in der Fünften Dimension, und das heißt, dass die Schwingung schon generell sehr hoch ist. Jede Askese, und damit jeder Verzicht, bringt dir Erkenntnisse, bringt dir ein wenig „Erleuchtung", das ist unbestritten und unverändert. Dieser Verzicht braucht jedoch nun kein Verlust an Freude mehr zu sein, und das ist ein großer Unterschied. Kommst du zu dem Punkt, an dem du auf etwas, das dir wichtig ist, verzichten kannst, ohne ein Verlustgefühl zu empfinden, war es „richtig" und wichtig für dich, aber eben nur für dich, diese Entscheidung zu treffen. Das ist dann keine Askese, sondern Schwimmen im göttlichen Strom, denn zum Menschsein gehört einfach die Freude, und dabei natürlich auch die Freude am Genuss eines guten Essens.

Trotzdem wird es immer weniger Fleischesser geben, weil die hohen Schwingungen euch so empfindlich machen werden, dass ihr die Fleischenergie irgendwann nicht mehr ertragen könnt, und so wird es mit vielen anderen Dingen ebenfalls geschehen. Das ist nun unabänderlich geworden, nur das Tempo, in dem es geschieht, bestimmt ihr.

Wenn es keine allgemein gültige Regelung für alle gibt, warum geben wir euch dennoch die Empfehlung für eine bestimmte Art der Energiezufuhr? Das liegt daran, dass ihr nun in der Fünften Dimension schwingt, auch wenn das viele noch nicht mitbekommen haben. Diese hohen Schwingungen erfordern eine verstärkte Konfrontation mit den Lebensthemen. Diese Konfrontation erfolgt automatisch und immer schneller, weshalb ihr auch mit so vielen Erlebnissen wie in keiner Generation davor förmlich „bombardiert" werdet. Lässt du dich persönlich nun auf die Regenbogenernährung ein (gleichgültig, wie lange das für dich dauern mag), kann diese Konfrontation rascher durchlaufen werden, damit du auch schneller zu deinen Lebensaufgaben findest, und das wiederum verhilft dieser Welt zu der Veränderung, die so viele herbeisehnen. Dabei heißt das nicht, dass sich nun jeder auf diese Ernährung umstellen will und wird. Das ist nicht nötig und auch nicht angebracht, aber es werden so viele sein, dass wieder eine kritische Masse erreicht wird und diese wiederum den Wechsel auf ein weiteres Gleis in Richtung Quelle verursacht.

Manche werden sich nur einige Monate auf diese Art ernähren, andere wiederum Jahre. Das kommt darauf an, welches Tempo du dir selbst vorgibst. Irgendwann wirst du bemerken, dass du sie einfach nicht mehr brauchst und essen kannst, was du willst und wann du willst. Viele werden zu diesem Zeitpunkt entscheiden, dass sie gar nicht mehr zu essen brauchen, andere sehen das wieder anders. Wir bewerten keine deiner Entscheidungen, und du brauchst das auch nicht zu tun, denn diese sind immer richtig und im passenden Moment.

In Liebe, die Anasasi.

Danke, ihr Lieben. Ich finde, das sind gute Nachrichten!

Bei meinen jahrelangen Studien zum Säure-Basen-Gleichgewicht fiel mir immer wieder auf, dass in verschiedenen Büchern auch unterschiedliche Tabellen abgedruckt waren, was Säuren bildet und was Basen. Die Avocado wird in der einen als säurebildend bezeichnet, in der anderen als basenproduzierend. Was stimmt denn nun? Das fragte ich mich immer wieder. Doch erst als ich begann, direkt mit der Geistigen Welt zusammenzuarbeiten, kam ich durch deren Hinweise auf die Wirkungsweisen der Farben nach und nach dahinter. Würde man genau nachforschen, würde man vielleicht herausfinden, dass der eine Forscher die Avocado und ihre Wirkung auf den Körper morgens und der andere dieses mittags untersucht hat. Die Außenseite einer Avocado ist grün bis dunkelgrün. Ich probierte nun verschiedene Tageszeiten aus, und immer, wenn ich sie nicht mittags aß, konnte ich spüren, wie die Basendepots in meinen Haaren auf schmerzhafte Weise geleert wurden. Aß ich sie dagegen mittags, wie es für die grünen Lebensmitteln in der Regenbogenernährung empfohlen wird, spürte ich keinerlei Beschwerden, und die Messung des ph-Wertes im Urin ergab basische Werte!

Dieses möchte die Geistige Welt wiederum kommentieren:

Hier spricht Erzengel Gabriel, und wie vielleicht einige von euch wissen, nennt man mich den Boten Gottes, und so sind meine Botschaften auch Nachrichten praktisch direkt von der Quelle. Natürlich gilt das für alle, die hier zu Wort kommen, aber von mir ist dieses nun schon seit Jahrtausenden bekannt, und so hoffe ich, bin ich glaubwürdig für diejenigen, die sich streng an die Bibel halten.

Warum melde ich mich ausgerechnet an dieser Stelle?

Die Antwort ist ganz einfach: Es ist notwendig, zu den Farben der Nahrungsmittel etwas zu sagen. In der Wissenschaft wird immer deutlicher, dass die Farbstoffe eines jeden Lebensmittels eine Wirkung auf den Organismus haben, und zwar ausgesprochen positive, da nur in Verbindung mit den Farben die Vitamine, Mineralien und Spurenelemente optimal, also zu 100%, im Organismus verwertet werden können. Hierbei spielt jedoch der Zeitfaktor eine sehr große Rolle. Das ist das fehlende Element, das ihr noch sucht, liebe Ernährungswissenschaftler. Die blaue Farbe wirkt zum Beispiel zweifellos auch am frühen Morgen, wenn da vielleicht blaue Trauben verspeist werden. Richtet eure Studien doch bitte auf den Zeitablauf, wie er in diesem Buch vorgestellt wird, und seht, welche

Wirkung eintritt, wenn die Farbe Blau in der Zeit zwischen 14.00 Uhr bis 16.30 Uhr eingenommen wird. Die Farben der Lebensmittel sind keineswegs zufällig gewählt und haben nicht allein mit der Brechung des Lichtes zu tun, sondern auch mit dem spirituellen Entwicklungsstand der Menschheit. Goethe hatte ganz Recht, als er postulierte, dass die Urmenschen nur Hell und Dunkel bzw. Schwarz und Weiß unterscheiden konnten. Je bewusster sie wurden, je mehr sie also den Sinn des Lebens hinterfragten, desto bunter wurde die Welt für sie. Als die Schwingung der Liebe von Jesus/Sanandá installiert wurde, erzählt eine Legende bei euch, soll die Farbe Violett im Regenbogen aufgetaucht sein. Das stimmt nicht ganz. Die Farbe war schon immer da, nur konntet ihr sie erst ab diesem Zeitpunkt sehen. Das ist die gleiche Aussage, nur unter einem anderen Blickwinkel, nicht wahr?

Sieht man sich diese alte Darstellung eines Regenbogens an, so wird deutlich, dass hier nur vier (!) Farben dargestellt wurden. Unsere Vorfahren waren weder blind, noch konnten sie nicht bis sechs (sechs Farben hat der Regenbogen, Weiß ist nicht darin) zählen. Anscheinend gab es tatsächlich eine Zeit, in der nur vier Farben zu sehen waren.

Diese Entwicklung ist noch lange nicht abgeschlossen. Da ihr nun in eine neue Phase eintretet, wird sich auch das Farbspektrum der Menschen erweitern. Das heißt, sie werden weitere Farben im Regenbogen entdecken, und zwar dann, wenn wieder eine kritische Masse von Menschen den dafür notwendigen spirituellen Schwingungsstand erreicht hat. Wann wird das sein? Nun, das hängt ganz von euch ab, oder nicht? Hier gibt es keinen genauen Zeitpunkt, denn dann würde die Zukunft ja unabänderlich feststehen, und das ist nicht der Fall. Allerdings stehen einige Eckpunkte der Zukunft fest, wenn man so will, ein grober Rahmen, innerhalb dessen ihr euch frei entwickeln könnt. Der Rahmen ist äußerst weit gesteckt, und mit jedem Wechsel auf ein neues Gleis wird er weiter. Ja, weiter, nicht enger!

Eine 100% optimale Wirkung einer „gegessenen" Farbe wird also zum richtigen Zeitpunkt erreicht. Die Farben wirken auch bei nicht natürlichen Lebensmitteln, dann allerdings nicht zu 100%. Diese Wirkung wird nur bei der Nahrung erreicht, die die Natur bzw. die Gottquelle zur Verfügung gestellt hat. Die Welt wächst immer mehr zusammen, und das soll auch so sein. Seht euch einmal in euren Läden um, welche bunten Speisen aus anderen Ländern euch schon erreichen. Ihr werdet feststellen, dass von allen zwölf Farben, die die Chakren stimulieren, schon viele vorhanden sind, und wenn ihr das weltweite Angebot betrachten könnt, gibt es auch genügend Abwechslung für den Speiseplan. Das gilt im Moment noch nicht, doch wird es bald Märkte geben, auf denen die Nahrung nach Farben sortiert ist. Fehlt von einer Farbe genügend Auswahl, so wird der Ruf danach laut werden, und wenn die Nachfrage da ist, wird das Nachgefragte auch angeboten werden, auch wenn manche Speisen aus sehr entlegenen Winkeln der Erde geholt werden müssen. So funktioniert euer System, nicht wahr? Wie viele Menschen könnten alleine dadurch ihr gesichertes Auskommen haben, indem sie die Welt mit all dieser Farbenvielfalt versorgen! Es gibt so viele neue Märkte, so viele Erwerbsmöglichkeiten, von denen ihr im Moment nur träumen könnt. Doch Träume werden wahr, wenn man daran glaubt und, durch den Glauben beflügelt, zur Tat schreitet.

Das war Gabriel, in großer Erwartung dessen, was ihr innerhalb eures Rahmens alles bewerkstelligen werdet!

Ich danke Erzengel Gabriel für diese Ausführungen.

Es gilt: Je unnatürlicher die Nahrung, desto mehr sinkt die Prozentzahl der effektiven Wirkung, und je weniger sie dem gegebenen Farbrahmen entspricht, desto mehr rutscht der Wert weiter in den Keller.

Hier ist noch einmal die Tabelle mit den Uhrzeiten, die ihr beim Kapitel „Fasten“ schon kennen gelernt habt. Jedes Chakra hat ein Komplementärchakra, wie man zum Beispiel in Klashatra Govindas „Chakra Praxisbuch“ nachlesen kann. Solange ich nur von sieben Chakren wusste, ging ich davon aus, dass die Regenbogenernährung auch so funktionieren müsste, dass man die Komplementärfarbe als Ersatz für die passende nehmen kann, wenn man eben die richtige gerade aus irgendeinem Grunde nicht zur Hand hat. Erst als ich vom Zwölf-Chakrensystem erfuhr, verstand ich, warum alle meine Versuche mit den Komplementärchakren scheiterten. Es gibt unter den Chakren verschiedene energetische Verbindungen. Das Wurzelchakra ist mit dem Sakralchakra für bestimmte Funktionen verbunden, und das Komplementärchakra zum Sakralchakra wäre das Stirnchakra. Das heißt, dass es auf bestimmten Ebenen immer einen Austausch gibt. Für die Regenbogenernährung gilt jedoch, dass immer das gegenüberliegende Chakra als Ersatz genommen werden kann. Das heißt, wenn du zwischen 18.00 Uhr und 20.30 etwas Weißes essen möchtest, hast aber nichts zur Hand, dann „funktionieren“ auch zum Beispiel Erdbeeren, weil das Wurzelchakra dem Kronenchakra „gegenüber“ liegt.

Zeitraum der Einnahme der Mahlzeit:	**Zu aktivieren-des Chakra**	**Aktivierungs-farbe:**	**Gegenüberlie-gendes Chakra**
6.00 Uhr bis 8.30 Uhr	Wurzelchakra	Rot	Kronenchakra
8.00 Uhr bis 10.30 Uhr	Sakralchakra	Orange (+ Weiß für die gegen-geschlechtliche Hälfte)	Polaritätschakra
10.00 Uhr bis 12.30 Uhr	Sonnenchakra	Gelb	Harmoniechakra
12.00 Uhr bis 14.30 Uhr	Herzchakra	Grün für persön-liche Liebe Rosa für bedin-gungslose Liebe	Wissensschakra
14.00 Uhr bis 16.30 Uhr	Halschakra	Blau	Klarheitschakra
16.00 Uhr bis 18.30 Uhr	Stirnchakra	Indigo für das Dritte Auge Alle Lilatöne für das Amethyst-chakra	Veränderungs-chakra
18.00 Uhr bis 20.30 Uhr	Kronenchakra	Weiß	Wurzelchakra
20.00 Uhr bis 22.30 Uhr	Polaritätschakra	Rosa	Sakralchakra
22.00 Uhr bis 00.30 Uhr	Harmoniechakra	Magenta	Sonnenchakra
00.00 Uhr bis 02.30 Uhr	Wissenschakra	Gold	Herzchakra
02.00 Uhr bis 04.30 Uhr	Klarheitschakra	Aquamarin	Halschakra
06.00 Uhr bis 06.30 Uhr	Veränderungs-chakra	Perlmutt	Stirnchakra

Natürlich isst der Mensch nicht zwölfmal am Tag, und kaum in der Nacht. Doch gibt es genügend Menschen, die auch nachts arbeiten, und so wird alles komplett aufgeführt.

Nimmst du also um 18.00 Uhr die Erdbeeren als Ersatz für die Farbe Weiß, so liegt die Wirkung immerhin noch bei ca. 90%. Die gegenüberliegenden Chakren haben also eine sehr enge Verbindung zueinander, aber eine andere, als die von K. Govinda aufgeführten Komplementärchakren. Wenn wir schon bei Prozentzahlen sind, so sind die Komplementärchakren zu 80% miteinander verbunden, also immer noch sehr eng, aber nicht mehr genug, um für die Regenbogenernährung wirksam zu sein, da man sonst genauso durcheinander essen könnte wie sonst auch. Generell gilt jedoch, dass die „richtige" Farbe zum richtigen Zeitpunkt überwiegen und man nicht zu sehr mischen sollte. Wenn man jedoch schon kombiniert, so eben idealerweise mit dem gegenüberliegenden Chakra, und eventuell noch mit dem danebenliegenden, da es zwischen zwei Chakren jeweils eine Überschneidungszeit von einer halben Stunde gibt. Möchtest du also zum Beispiel Gelb und Grün kombinieren, dann iss die entsprechende Mahlzeit innerhalb der Überschneidungszeit, was zwischen 12.00 Uhr und 12.30 Uhr wäre.

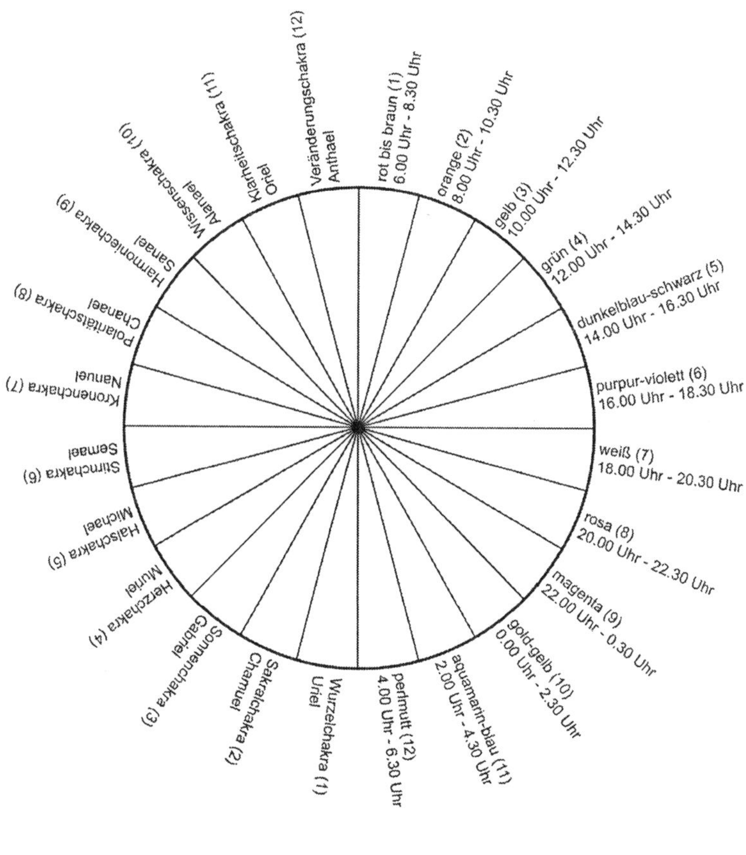

Diese Chakrauhr wurde entwickelt, damit du deine Nahrungsmittel auch selbst testen kannst, da ich natürlich nicht alles in den Tabellen aufführen und speziell für dich vielleicht auch manches anders sein kann als für andere. Außerdem hast du dadurch alle Farben und Zeiten auf einen Blick.

Hier meldeten sich Muriel und Gabriel gemeinsam zu Wort:

Liebe Menschen, alle Chakren hängen irgendwo miteinander zusammen. Es gibt so viele Ebenen, dass wir sie hier unmöglich alle beleuchten können, doch einige Details sind in diesem Zusammenhang doch wichtig.

Wir haben euch schon von den zwölf Feldern erzählt, und jedes der zwölf Felder hat ja wiederum zwölf Chakren, die alle miteinander interagieren. Die Komplementärchakren (Kronenchakra + Wurzelchakra, Stirnchakra + Sakralchakra, Halschakra + Sonnenchakra und das Herzchakra, das ohne Komplement ist) arbeiten im Ätherfeld, also dem Feld des Wurzelchakras, weshalb sie für die Erforscher der Spiritualität auch relativ leicht erkennbar waren. Die „gegenüber" liegenden Chakren, nennen wir sie Oppositionschakren, arbeiten nun im Spiritualfeld, das zwar auch schon bis zu einem gewissen Teil erforscht wurde, doch diese Funktion wurde noch nicht erkannt, da sie erst um das Jahr 2000 „eingeschaltet", also aktiviert wurde. Sie war zwar vorher auch schon wirksam, aber nur für einen ausgesuchten Kreis von Menschen, nämlich diejenigen, die sich auf Grund von Gabriel Coussens Ausführungen zu dieser Ernährungsform entschlossen. Sie waren diejenigen, die es ermöglichten, das Morphogenetische Feld zu aktivieren, das hierfür kreiert wurde. Genau genommen haben Gabriel (!!) Coussens und seine Anhänger dieses Feld erst geschaffen, und nun wurde es für die breite Masse aktiviert. Unser Dank gilt ihnen allen. Wie euch vielleicht aufgefallen ist, haben Wurzel- und Kronenchakra eine Sonderrolle, da sie in allen zwölf Feldern die Primärchakren sind, nicht etwa das Kronenchakra allein! Stellt ihr euch das Zwölf-Chakrensystem als Kreisel vor, der sich in großer Geschwindigkeit dreht, ist der Drehpunkt am Boden die Erde und der obere Drehpunkt das Kronenchakra, und daher münden alle anderen Felder sozusagen in ihnen, denn auch sie drehen sich, auch sie benötigen Drehpunkte. Hierfür gibt es wissenschaftliche Namen, die diesem Channel jedoch nicht geläufig sind. Doch es wird auch so deutlich, was wir meinen.

Da das Regenbogenzeitalter das der Spiritualisierung ist, spielt das Spiritualfeld eine entsprechend große Rolle, und zwar alle Schichten darin. Über das Spiritualfeld werden auch die Energien, die sich hinter den Farben verbergen, in euch eingespeist, und das ist einer der Gründe, warum diese Ernährungsform so stark wirkt.

So wie es Oppositionschakren gibt, gibt es auch Oppositionsfelder. In diesem konkreten Fall hier ist das Spiritualfeld zum Ätherfeld oppositional. Daher bedeutet das hier, dass wir die Oppositionen der zwölf Chakren im Spiritualfeld sozusagen „herunterziehen", also Ätherfeld gegen Spiritualfeld „austauschen" und somit für die Regenbogenernährung nutzen können. Ihr könnt langsam erkennen, wie komplex das Energiesystem des Menschen ist, das so ganz „zufällig" entstanden ist.

Muriel und Gabriel, in Liebe.

Nun, durch diese Ausführungen wurde mir so einiges klar, und ich hoffe, dir geht es ähnlich.

Hier meldete sich nun noch Kryon zu Wort:

Liebe Menschen, die zwölf Farbenergien wirken zu den oben genannten Zeiten auf euch ein, egal, ob ihr wach seid oder nicht. Ihr verstärkt diese Wirkung, wenn ihr eine Kleinigkeit oder auch eine große Mahlzeit in der passenden Farbe zum richtigen Zeitpunkt esst. Und nun kommt das Interessante: Diese Wirkung kann noch einmal verstärkt werden, wenn ihr die Engelnamen, die wir euch gaben, zu den passenden Zeiten als Meditation verwendet. Natürlich schlagen wir nun nicht vor, dass ihr vierundzwanzig Stunden am Tag meditiert, doch wenn ihr gerade für eine Meditation Zeit habt (zum Beispiel während einer Autofahrt), dann seht nach, welcher Engel „zuständig" ist, und nehmt ihn zu Hilfe. Ihr könnt bei jeder Mahlzeit ebenfalls ein Engelmantra benutzen, was die Effektivität der Mahlzeit in eurem Körper erheblich erhöht. ***Die Farbwirkung wird damit verstärkt, das heißt auch, dass mehr Basen gebildet werden, was der Entgiftung zu Gute kommt.*** *Könnt ihr erkennen, dass im Grunde das ganze Leben eine Meditation ist, selbst wenn ihr unsere Vorschläge nicht annehmt?*

Alles, was in meditativer Schwingung getan wird, erfährt eine Stärkung, sei es nun das Essen oder andere Tätigkeiten. Da ihr immer weniger Schlaf brauchen werdet, könnt ihr, wenn ihr nachts wach seid, ebenfalls mit den Engelnamen meditieren. Ihr werdet immer zu den passenden Zeiten wach sein. Das heißt, wenn du gerade die Energie der Klarheit benötigst, wirst du zwischen 2.00 Uhr und 04.30 Uhr wach sein und dir über die Meditation Klarheit über ein anstehendes Problem verschaffen. Wenn du zu dieser Zeit wach bist, wirst du ohnehin an deinem Problem gedanklich arbeiten, und so kannst du dieses nun auf effektivere Weise tun, denn eine Wirkung dieser Meditation ist, dass das entsprechende Chakra angeregt wird und damit auch das dazugehörige Feld. Das kann zu Bildern in den Gedanken führen, die wiederum Erkenntnisse nach sich ziehen, die euch weiterbringen.

Früher musste man sehr viel fasten, um zu solchen Ergebnissen zu kommen. Ihr habt es da leichter: Ihr könnt essen und trotzdem nicht weniger schnell auf eurem Weg vorankommen als andere zu früheren Zeiten. Ja, die richtigen Farben zu den passenden Zeiten essen, ist sogar stärker in der Wirkung als die Askese, und in Verbindung mit den Engelnamen wird dieses noch einmal gesteigert, und zwar potenziert.

Grundsätzlich wird bei jeder Meditation, gleich welcher Art, ein Feld produziert, und zwar ein Feld, das genau die Energien in euer Energiesystem hineinlässt, auf die die Meditation ausgelegt ist. Meditierst du mit dem Wort „Liebe", werden starke Liebesschwingungen auf dich einwirken bzw. die vorhandenen zu dir durchgelassen. Meditierst du mit einem Gottesnamen, verbindest du dich über das entstandene Feld mit genau dieser Energie. Seid euch bitte auch darüber im Klaren, dass jedes Wort ein Mantra ist, also ein Feld erzeugt, das euch mit dem in Verbindung bringt, was in dem Wort schwingt. Benutzt du also viele Schimpfworte, so wirst du auch mit dem allgemeinen „Wutfeld", das durch die Menschen gemeinsam kreiert wird, verbunden, und deine Wut wird dadurch nicht gemildert, sondern du verharrst darin, oder sie steigert sich sogar. So funktionieren die Morphogenetischen Felder und die Interaktionen mit allen Wesenheiten, gleichgültig welcher Art. Das wirft ein interessantes Bild auf die zukünftige Interaktion mit nicht-menschlichen Wesen, die eine andere Sprache sprechen als ihr. Mit Hilfe von Meditationen, die das Kommunikationsfeld aktivieren, können hier Verbindungen geschaffen werden, also eine Kommunikation aufgebaut, die sonst nicht möglich wäre. Und es verhilft auch zu einer neuen Art der Kommunikation mit Menschen, deren Sprache du nicht sprichst. Nimmst du nun noch eine Meditation für das Klarheitschakra hinzu, können Missverständnisse, also Unklarheiten, ausgeschaltet werden.

Die ideale Tageszeit, um in Kommunikation mit der Geistigen Welt zu kommen, liegt zwischen 14.00 Uhr und 16.30 Uhr, weil da das Kommunikationsfeld am aktivsten ist, und zwischen 02.00 Uhr und 04.30 Uhr nachts, weil sich hier das Klarheitsfeld allgemein in schnellerer Drehung befindet. Nun wird langsam klar, warum die nächtlichen Meditationen so wirksam sind und warum eine Mittagspause mit Meditation deine Kommunikation in Gang bringt, und zwar sowohl mit Menschen als auch mit Nichtmenschen.

In Liebe, Kryon.

Danke, lieber Kryon, für diese Klarstellung.

Für mich überraschend, und doch auch wieder einer Logik folgend, meldeten sich am 6. März 2005 einige Engel bei mir, die sich die Alanas, die Ernährungsengel, nennen. Und hier ist, was sie uns mitteilen möchten:

Liebe Menschen, wie bei euch auch herrscht in der Geistigen Welt Arbeitsteilung, das heißt, es gibt verschiedene Zuständigkeitsbereiche, und so, wie es Engel gibt, die die „Liebespfeile" abschießen (ja, so etwas gibt es wirklich, wenn die Methode auch nicht so gewalttätig ist), gibt es auch Engel, die für die Ernährung zuständig sind. Das sind wir. Wir sind es, die den Menschen Impulse geben, ihre momentane Lebensweise zu überdenken, und wir sind es auch, die bei den Mahlzeiten anwesend sind. Wir freuen uns, wenn die Menschen daran denken, ihr Mahl zu segnen und dankbar dafür sind, genährt zu werden. Es macht einen großen Unterschied in der Wirksamkeit der Speisen aus.

Wir sind immer anwesend, wenn gespeist wird, gleichgültig, was es ist. Wir segnen eure Mahlzeiten, wenn ihr es nicht tut, und erfreuen uns daran, wenn es euch so richtig schmeckt, denn dann nehmen eure Energiefelder besondere Farben an.

Wie ihr euch vielleicht denken könnt, sind diese Farben unterschiedlich in der Intensität, je nachdem, was ihr gerade zu euch nehmt. Selbst bei Fleisch leuchtet ihr schön auf, weil ihr eure Energie erhöht. Leider hat Fleisch, langfristig gesehen, den Effekt, dass euch mehr Energie geraubt als gegeben wird. Aber, wie ihr ja schon gehört habt, hat auch das seinen Sinn.

Ihr habt auch davon gehört, dass der Fleischkonsum heute eine besondere Bedeutung hat, nämlich die der Kontrolle. Wie funktioniert das nun genau? Bist du in deinem Spiritualisierungsprozess und verspürst den Drang, Fleisch oder Wurst zu essen, so hat das den Effekt, dass von den zahlreichen Energien, die dich zurzeit umfluten, diejenigen abgebaut werden, die im Moment zu viel für dich wären. Deine Körperzellen müssen sich ja erst Schritt für Schritt an die Schwingungserhöhung gewöhnen. Um die träge Materie dazu zu bewegen, das auch zu tun, ist ein großer Energieschub notwendig, denn sie muss ja sozusagen von fast Null in Bewegung versetzt werden, muss also das Trägheitsmoment überwinden.

In dem Moment, wo Bewegung in die Sache kommt, müsste die Energiezufuhr gestoppt bzw. gedrosselt werden, und das geschieht auch. Da die Schwingungserhöhung jedoch ständig weitergeht, wirst du auch ständig in höhere Energien gehüllt, und die Drosselung wäre ineffektiv von unserer Seite her, weil wir kurz darauf wieder erhöhen müssten, dann wieder senken, dann wieder erhöhen. Diesen Rhythmus gibt es zwar, doch versuchen wir, so effektiv wie möglich zu arbeiten, und das heißt, dass schlicht und ergreifend dieser kontrollierende Vorgang oft schneller zu erreichen ist, wenn ihr von eurer Seite her die Energiezufuhr kontrolliert, und das geht am einfachsten über eure Ernährung.

Es kommt der Zeitpunkt, da sind eure Zellen so umgebaut, dass sie die ständige Schwingungserhöhung auch ohne Fleisch, Wurst oder sonstige tierische Produkte ertragen können, und dann könnt ihr den Fleischkonsum oder generell die tierischen Bestandteile gehen lassen, und das Gute ist: Da es genau der richtige Zeitpunkt ist, werdet ihr sie auch nicht vermissen. Ihr leidet also dann nicht unter Entzugserscheinungen oder dem Gefühl des Mangels. Begleitend könnt ihr die Meditation mit der Zelle durchführen, die anfangs vorgestellt wurde, und so wird die Schwingung aus eurem System entfernt, was auch dafür sorgt, dass kein Mangelgefühl entstehen kann.

Es gibt auch, oder gerade, in der Ernährung für alles den richtigen Zeitpunkt, und seid versichert, dass ihr in den schönsten Farben erstrahlt, egal, was ihr zu euch nehmt. Das liegt einfach daran, dass der wunderbare Geist, der in einem menschlichen Körper steckt, alle Strahlen verstärkt und diese Strahlkraft in dieser besonderen Zeit immer leuchtender wird.

Jeder einzelne Mensch hat alle existierenden Farben in seinem Energiefeld, und die Farben, die aus den rückwärtigen Chakren strömen, verstärken sich nun. Sie waren viele Äonen lang nur sehr latent zu sehen, einfach, weil euch die entsprechenden Energien nicht zur Verfügung standen. Das hat sich nun geändert. Doch ist es nicht nötig, die rückwärtigen

Chakren auch durch die Nahrung zu aktivieren, weil ihr dann auch nachts essen müsstet, und das ist nicht in eurem Sinne. Da diese Chakren ja mit den vorderen in Verbindung stehen, genügt tatsächlich die Ernährung nach den Regenbogenfarben (plus Weiß), denn diese harmonisiert das gesamte Energiefeld, einschließlich der rückwärtigen Chakren. Nachtarbeiter können es praktisch umgekehrt machen, denn alle gegenüberliegenden Chakren haben jeweils einen Kanal zueinander. (Wurzelchakra zum Kronenchakra, Sakralchakra zum Polaritätschakra, Sonnenchakra zum Harmoniechakra, Herzchakra zum Wissensschakra, Halschakra zum Klarheitschakra, Stirnchakra zum Veränderungschakra.)

Die Spiritualisierung hat auch den Effekt, dass ihr mit steigender (innerer) Sauberkeit eurer Körper immer weniger schlafen müsst, und dann kann sich schon mal Hunger einstellen. Dann wäre es allerdings ratsam, tatsächlich nach der „richtigen" Farbe – je nach Uhrzeit – zu sehen und sie zu euch zu nehmen. Ihr werdet immer weniger stoffliche Nahrung brauchen, weil mit der Aktivierung der 12-Strang-DNS auch die Fähigkeit wächst, „Licht" direkt zu verstoffwechseln. Doch wenn ihr Hunger habt und euch mit der Regenbogenernährung versorgt, unterstützt ihr euren Reinigungsvorgang optimal, und damit eure Spiritualisierung. Irgendwann werdet ihr auch das nicht mehr benötigen, weil ihr dann nur noch von „Licht und Liebe" leben könnt. Doch für die meisten Menschen wird das noch viele Jahre dauern. Viele werden auch nicht auf den Genuss des Essens verzichten wollen, und müssen das auch nicht. Essen erdet, verbindet also mit der Erde, und diese Verbindung solltet ihr stärken, nicht lösen, wenn ihr dazu beitragen wollt, die Erde so umzugestalten, dass sie für alle lebenswert ist und bleibt.

Erst wenn ihr eure Aufgabe hier beendet habt, wird sich der Wunsch manifestieren, die Verbindung zu lösen, um weitergehen zu können, und dann ist der richtige Moment, um sich auf die Lichtnahrung umzustellen. Das heißt nicht, dass ihr dann sofort verschwinden werdet, sondern es heißt nur, dass ihr einen weiteren Schritt in Richtung eures persönlichen Weges geht, der damit enden kann (nicht muss), dass ihr für andere nicht mehr sichtbar seid. Eure Aufgaben wenden sich dann weniger irdischen Dingen zu, und das ist gut und richtig so. Im Moment werden jedoch so viele wie möglich gebraucht, um auf der Erde all das in Ordnung zu bringen, was, wie ihr glaubt, getan werden muss.

Die Alanas grüßen euch, segnen euch und erfreuen sich an der Entwicklung der Menschheit.

Vielen Dank, ihr Alanas.

Die Regenbogenernährung unterstützt nun einerseits den Reinigungsprozess, andererseits erhöht sie kontinuierlich die Schwingungen des Körpers, und das geschieht über die Wellenlänge der Farben.

Die Farbe Rot hat den längsten Wellenbereich, schwingt dabei jedoch relativ langsam. Essen wir also zu Tagesbeginn etwas Rotes, begeben wir uns auf diese Wellenlänge. Orange schwingt schon etwas schneller, und der Wellenbereich wird dabei kürzer. Gelb schwingt noch „schneller“ als Orange, Grün wiederum schneller, Blau wieder schneller als Grün, Indigo schneller als Blau, Violett schneller als Indigo und Weiß integriert all diese Schwingungen.

So steigern wir also mit fortschreitendem Tag ständig unsere Schwingung, wenn wir uns nach den Regenbogenfarben richten, und haben abends ein höheres Schwingungsniveau als morgens. Und das ganz ohne Meditation. Im Grunde ist das Aufnehmen der richtigen Farbe zum richtigen Zeitpunkt bereits eine Meditation! Das ermöglicht der Geistigen Welt, in der Nacht leichter die nötigen Umbaumaßnahmen an unserem Körper vorzunehmen, und während an unserem Körper gearbeitet wird, geht unser Geist auf Schulung, um die Aufgaben, die wir wahrnehmen wollen, auch durchführen zu können.

Das bedeutet, dass wir morgens wiederum mit einer höheren Schwingung aufstehen als die, mit der wir zu Bett gegangen sind.

Die rote Nahrung am Morgen wird nun in diese Schwingung eingebracht und diese wiederum gesteigert, und so geht es kontinuierlich Tag für Tag fort. Indem wir ein kleines Ritual vollziehen, das uns Kryon beibrachte, nämlich die Worte zu sprechen: „Ich bringe dieses in meine Schwingung“, wird die Frequenz der Nahrung dem Körper schnell angepasst. Die Worte haben gleichzeitig den Effekt, dass die eventuellen Gifte in der Nahrung neutralisiert werden. Wie Kryon jedoch so treffend meint, sagt das aber noch nichts über den Nährwert der Nahrung aus.

Grundsätzlich ist natürlich die Öko-Rohkost als direkt kondensiertes Licht die Idealform der Ernährung. Unsere Körper sind jedoch oft an 100%ige Rohkost nicht gewöhnt, und, individuell gesehen, mag es sein, dass sich einige nie völlig darauf einstellen können und dieses auch gar nicht müssen. Den Rohkostanteil langsam erhöhen, so dass der Körper sich daran gewöhnen kann, ist jedoch bei jedem möglich.

Hierzu möchte die Geistige Welt etwas beitragen:

Liebe Menschen, hier spricht Kwan Yin, und die Ernährung ist sozusagen eines meiner Fachgebiete, das ich hier einbringen möchte. Im Laufe meines letzten Lebens wurden mir große Erkenntnisse über die Ernährung der Menschen zuteil, und ich möchte ein wenig davon an euch weitergeben.

In den spirituellen Kreisen herrschen, was die Idealnahrung angeht, sehr unterschiedliche Ansichten und große Verwirrung. Woher kommt das? Man möchte für alle Menschen gemeingültige Gesetze aufstellen, um den Weg für alle zurück ins Licht zu weisen. Das ist sehr löblich und zeigt von gutem Willen, und ist meist wirklich aufrichtig gut gemeint. Doch sollte jedem, der sich bewusst auf den spirituellen Pfad begibt, eines klar sein: Das, was für andere gilt, muss für ihn noch lange nicht gelten!

Das oberste Gesetz lautet hier: ***Höre auf deine Intuition, höre auf deine Intuition, höre auf deine Intuition!*** *Das ist ein Schlüsselsatz, der euch in die Tiefen eures Wissens führen und für euch ganz persönlich aufzeigen wird, was für dich, – ja, genau für dich! – immer im richtigen Moment die passende Nahrung ist.*

Die Regenbogenernährung soll kein Dogma werden oder sein. Sie ist für die Menschen gedacht, die erst einmal Harmonie in ihr Chakrensystem und somit in ihr Sein bringen wollen. Diese Art der Ernährung mag für einige Jahre oder Monate der Idealzustand für dich sein. Irgendwann kommt jedoch der Moment, wo du bemerkst: Nun ist es Zeit, weiterzugehen.

Doch für alle Stationen deines Weges gilt immer: Höre du auf deine Intuition, – immer!

Was genau bedeutet das? Das heißt, dass auch jemand, der noch immer Fleisch isst oder gar Alkohol trinkt, hochspirituell sein kann. Er benötigt das Fleisch dann, um überhaupt hier bleiben zu können (Erdung!) oder den Alkohol, der ebenfalls die Schwingung senkt. Mit anderen Worten: Die Geistige Welt verurteilt niemanden, wenn er Fleisch isst, und ihr solltet das auch nicht tun. Es mag sein, dass du persönlich irgendwann an den Punkt gelangst, an dem du weißt: Nun kann ich das Fleisch loslassen. An einer anderen Weggabelung weißt du: Nun kann ich auf Rohkost umstellen, oder du gehst vollständig auf Prananahrung über, oder du erkennst grundsätzlich, was deine Idealnahrung ist und stellst dich darauf um, egal, wie sie aussieht, und egal, was andere sagen oder denken. Und hier setzt eben der Irrtum vieler ein, nämlich eine Verurteilung, wenn jemand dieses oder jenes noch isst, sagt, denkt oder tut. Wer andere wegen einer Sache verurteilt, sollte in sich gehen und darüber nachdenken, warum er das tut, denn da ist noch eine Stelle in seinem Wesen, die betrachtet werden möchte.

In der Tat war es lange Zeit so, dass du die Verbindung nach oben nur aufnehmen konntest, wenn du die Erdung vernachlässigt, also unter anderem auch asketisch gelebt hast. Anders war die Erdenschwere für Erleuchtete nicht zu überwinden, und das galt auch noch zu meinen Zeiten. Erleuchtete in allen Religionen haben Wege gefunden, diese Schwere abzuschütteln, und ihre Erfahrungen könnt ihr für euch nutzen. Das heißt aber nicht, dass ihr noch alles so machen müsst wie jene in vergangenen Tagen, denn ihr lebt heute in einer anderen Energie, in einer, die die Erleuchtung vereinfacht und daher nicht mehr solch einen Leidensweg oder Askese bedeutet.

Im Gegenteil, ihr habt den großen Vorteil, dass der spirituelle Weg im Neuen Zeitalter mit sehr viel mehr Freude gegangen werden kann als zu früheren Zeiten und ihr euch daher ruhig etwas gönnen könnt, was euch Freude macht. War ein Erleuchteter damals jenseits einer bestimmten Schwelle, konnte er alles konsumieren, was er wollte, ohne dabei vergiftet oder in der Schwingung herabgezogen zu werden. Solche Menschen waren in der Lage, aus jedweder Nahrung das Licht herauszuziehen und den Rest basisch zu verstoffwechseln, so dass keine Verunreinigung mehr stattfand. Daran hat sich auch in der neuen Energie nichts geändert. Das heißt, wenn ihr eine bestimmte Schwingung erreicht habt, kann euch die materielle Nahrung nichts mehr anhaben, aber ihr braucht sie dann auch nicht mehr. Ihr könnt jedoch weiterhin essen, einfach weil es euch Freude bereitet. Und darin liegt ein Unterschied zur früheren Zeit, denn der Erleuchtete neigte dazu, das Essen aufzugeben und seinen Aufstieg zu vollziehen, wobei er durch die Erdenschwere (Dichte der Materie) den Körper nicht mitnehmen konnte.

In dieser Neuen Zeit jedoch dürft ihr euren Körper mitnehmen, da die Dichte der Erde sich immer mehr verringert. Da die Erde selbst ihren Aufstieg beschleunigt, müsst ihr euch auf ihr auch erden, um nicht „davongeschleudert“ zu werden. Das kann über Fleisch geschehen, muss aber nicht. Jeder wird das für ihn Passende finden. Es gibt auch Erdungsmeditationen, die für viele sinnvoller sind! „Warum?“, werdet ihr fragen, und ich sage es euch: Mit der zunehmenden Spiritualisierung entwickelt ihr die Fähigkeit, unterschiedliche Schwingungsarten unterscheiden zu lernen. Esst ihr nun ein Stück Fleisch mit dieser Empfindlichkeit, kann es sein, dass ihr die Todespein, das Gefühl des Eingesperrtseins usw. des Tieres spüren könnt, und euch wird ein sehr merkwürdiges und unangenehmes Gefühl beschleichen. Ihr werdet die Gefühle der Tiere nachvollziehen können, weil sie in euch ein Echo auslösen, und daher werdet ihr mit der Zeit von ganz alleine auf Fleisch verzichten wollen, können und dürfen.

Und das gilt für andere Dinge ebenfalls. Du wirst nicht mehr so sehr nach dem Materiellen streben, sondern dich nach anderen Werten umsehen. Das Außen wird für dich immer unwichtiger in dem Sinne werden, dass dir nach und nach klar wird, dass du dort nur einen Bruchteil dessen wahrnimmst, was wirklich geschieht. Automatisch wirst du mehr von den anderen Welten um dich herum sehen wollen, und ein Weg (von vielen) dorthin ist die Regenbogenernährung. Nimmst du nun von diesen anderen Welten um dich herum mehr wahr, auf welche Weise auch immer, wirst du sehr viel besser verstehen, was im Außen vor sich geht, und du kannst immer mehr in das Gefühl der Liebe eintreten, ein Gefühl der Liebe für alles, was geschieht, auch für das Unangenehme.

Das Sicherheitsdenken wird sich immer mehr auflösen, denn du weißt mit zunehmender Sicherheit, dass dir nichts, aber auch gar nichts, geschieht, was du nicht selbst kreiert hast, und dir nur das geschieht, was du auch benötigst. Damit werden sich eine völlig andere Denkweise und ein neues Gesellschaftssystem etablieren können, das dem Individuum mehr Freiheit zur Entwicklung lässt. Unnötige Zwänge und Vorschriften werden wegfallen, weil sie einfach nicht mehr nötig sind, wenn jeder Einzelne in die Eigenverantwortung zurückkehrt. Gerade die Deutschen, die sich mit Versicherungen und sonstigen Sicherheitsvorkehrungen umgeben wie mit einem Gartenzaun, werden hier die Welt in Erstaunen versetzen, wenn sie dieses System wieder umkehren. Aber um diese Umkehr zu bewirken, muss der Einzelne anfangen.

Außerordentlich wichtig ist, dass du dich bei allem, was du tust, liebst und nicht verurteilst, selbst wenn du einmal etwas isst oder trinkst, was deiner Meinung (oder der Meinung anderer) nach falsch ist. Genieße es, und zwar wirklich aus vollem Herzen, dann wird es dich auch nicht vergiften, und das ist das Geheimnis wirklich weit entwickelter Wesen: Sie können essen und trinken, was sie wollen, es schadet ihnen nicht mehr, weil sie das, was sie tun, in Liebe und Übereinstimmung mit der Quelle tun.

Das war Kwan Yin.

Und nun meldet sich jemand zu Wort, der bisher in keinem meiner Bücher aufgetaucht ist, und zwar Helios. Ich möchte jedoch zunächst kurz darauf eingehen, wie es dazu kam: Ich befand mich in einem kleinen Schwimmbad eines nahe gelegenen Hotels, machte dort Aquajogging (im Ballengang natürlich), führte dabei eine Meditation mit den Namen Michael und Muriel durch und dachte über Licht und Nahrung nach. Dabei blickte ich in die Sonne, und da ich mich in einem meditativen Zustand befand, konnte mir das Sonnenlicht auch nicht schaden (also bitte nicht nachmachen und mit bloßem Auge in die Sonne sehen!). Die Sonne bekam zunächst einen rosafarbenen Halo, und dann bemerkte ich, dass ich die Körnung der Sonnenoberfläche erkennen konnte, was ich sonst nur auf Fotos gesehen hatte. Ich hatte keine Brille auf (und das bei 9 und 7 Dioptrin) und konnte diese raue Oberfläche der Sonne wahrnehmen! Dann bemerkte ich, dass sich eine Querlinie bildete, die nach oben wanderte. Schließlich tauchte die Linie wieder auf und bildete das Symbol, das ich mit Hilfe der Rasterbrille im Sonnenlicht gesehen hatte. Es sah aus, als hätte die Sonne eine Nickelbrille ohne Bügel auf, so als hätte sie Augen! Ein wahrhaft erstaunlicher Anblick. Aber das war noch nicht alles. Das Symbol formte sich um zu einem noch helleren runden Fleck als das Sonnenlicht und wirkte für mich wie ein Tor. Nun ist mir klar, warum die Sonne immer mit Auge dargestellt wird! Unsere Vorfahren hatten bereits die Fähigkeit, auf diese Art zu sehen, und wir entwickeln sie nun wieder. Genau mit dieser Sichtweise haben die Sumerer festgestellt, wie unser Sonnensystem beschaffen ist, und dieses auf Rollsiegeln dargestellt.

Dieses Torauge wirkte dann, als ob sich eine Spirale darum herum bildete und wanderte zum rechten Rand der Sonne.

Mir wurde erst später klar: Helios, eine Wesenheit direkt aus der Zentralsonne, hatte sich auf diese Weise bei mir gemeldet, und hier kommt nun die Botschaft, die für uns alle gesendet wurde:

Liebe Menschen, indem dieses Channel am Tag zuvor ihren Seelennamen erfuhr, war sie nun bereit für die Kontaktaufnahme.

Warum meldet sich ausgerechnet an dieser Stelle eine Wesenheit aus der Zentralsonne?

Nun, in diesem Buch geht es um Nahrung, nicht wahr? Und alle Nahrung, egal welcher Form, ist verdichtetes Licht, und daher fallen Informationen darüber auch in meinen „Zuständigkeitsbereich“, könnte man sagen.

Ich möchte euch ein wenig von der Dimensionalität der Nahrung erzählen, damit ihr Verständnis dafür entwickelt. Wie gesagt, ist zunächst erst einmal alles, was ihr zu euch nehmt, verdichtetes Licht, wie auch euer Körper aus verdichtetem Licht (Materie!) besteht.

Je dichter das ist, was du zu dir nimmst, umso mehr verdichtet sich auch dein Körper. Je lichter deine Nahrung ausfällt, umso lichter wirst auch du, bzw. du erinnerst dich daran, dass du bereits Licht bist und immer warst! Es fällt Licht in deine Erinnerungen, und das ist es, was man Erleuchtung nennt.

Könnt ihr nun schon ein wenig ahnen, worauf meine Informationen hinauslaufen? Es bestand ein Plan für diese Welt (und auch für andere Welten!), ein Plan, der in den höchsten Ebenen in jeder Hinsicht bekannt war, je niedriger jedoch die Dimension, umso geringer die Information, also umso dichter der Schleier, wenn ihr so wollt. Nur so konnte der Plan, nämlich herauszufinden, ob die Schwingung des Universums auf schnellere Art gesteigert werden könnte als im herkömmlichen Tempo, auch funktionieren. Man könnte es mit einer Firma vergleichen. Die Firmenleitung weiß genau, was geschehen soll und wie es durchzuführen ist. Nun erfolgt Arbeitsteilung, um das Ganze effizient durchzuziehen. Daher erhalten verschiedene Abteilungen der Firma Teilpläne, der Plan splittet sich sozusagen auf, so dass diese Abteilungschefs schon nicht mehr das Ganze überblicken können, sondern nur für den Bereich zuständig sind, der ihrem Aufgabengebiet entspricht, ohne alle Einzelheiten des Gesamtplanes zu kennen, und so setzen sich die Arbeitsteilung der Firma und die Aufteilung der Detailarbeit bis in die untersten Ränge fort, deren Mitglieder nur noch ihre Arbeit tun, ohne von einem Gesamtplan auch nur zu wissen, da sie zu sehr mit den kleinsten Detailplänen beschäftigt sind. Interessant hierbei ist, dass die Planer selbst bis in die untersten Ränge „hinabsinken" und dabei immer weniger Zugang zu ihren eigenen Plänen haben.

Wie ihr euch vorstellen könnt, sind für einen derartig groß angelegten Plan unzählige Detailpläne nötig. Ein Teil des Großen Planes sah materielle Körper vor, doch die anfänglichen waren noch zu licht, um den Großen Plan vollständig durchführen zu können, und so wurden Detailpläne erstellt, um die Körper dichter zu bekommen. Man könnte auch sagen, die Schwingungen der Körper der ersten Zivilisationen auf der Erde waren noch sehr hoch. Und so wurden Szenarien entwickelt, die dazu führten, eine scheinbare Devolution (das Gegenteil von Evolution) in Gang zu setzen. Die geistigen Attribute wurden eingeschränkt, während gleichzeitig die Körper dichter wurden, bzw. wurde durch die zunehmende Dichte der Körper auch die Durchlässigkeit von Informationen erschwert. Unter anderem geschahen beide Effekte durch den Verzehr tierischer Nahrung, denn durch die entstehenden Säuren und Schlacken wurde der Geist vernebelt und der Körper insgesamt in dichter Schwingung gehalten. Wie die Einzelheiten der zivilisatorischen Entwicklung aussahen, wird in anderen Büchern enthüllt werden.

Ich sagte, es geschah eine scheinbare Devolution, und ich meine es auch so, denn alle Gaben, die die Samenbiologie euch zur Verfügung gestellt hat, sind nach wie vor vorhanden, sie schlummern in eurer 12-strangigen-DNS bis zu dem Zeitpunkt, an dem der Einzelne bereit ist, sie zu aktivieren. Das geschah äonenlang nur in Einzelfällen, und zwar immer dann, wenn eine Änderung notwendig war, wenn es also galt, einen Detailplan abzuschließen und den nächst „höheren" in Angriff zu nehmen.

Alle Erleuchteten eurer Welt hatten entsprechende Aufträge und viele teilaktivierte DNS-Stränge. Auch sie konnten nur Teilpläne einsehen, doch die waren schon gewaltig genug, so dass ihr Wissen eine Änderung herbeiführte. Erleuchtung bedeutet also, wieder mehr von den Plänen kennenzulernen, einen Aufstieg innerhalb der Firma zu machen, bis in die Firmenleitung hinein, aus der sie einst gekommen sind. Wenn alle zurückgekehrt sind, wird irgendwann ein neuer Plan erstellt werden, doch das ist eine andere Geschichte.

Eure Welt war eines Tages auf dem tiefsten Punkt angelangt, den eine Welt nur erreichen konnte, und von da an ging es wieder bergauf. Ab diesem Zeitpunkt durften die Erleuchteten auftreten, und mit jedem Erleuchteten kam eine Schwingungserhöhung für die ganze Welt in Gang. In der heutigen Zeit leben nun schon so viele Erleuchtete gleichzeitig wie nie zuvor, und so könnt ihr euch vorstellen, warum es nun so schnell mit den Änderungen auf der Erde vor sich geht. Das ist zumindest einer der Gründe dafür.

Ihr mögt euch fragen, was war denn nun dieser tiefste Punkt, von dem immer wieder hier die Rede ist, wann war das denn? Ist das nicht heute, oder der kalte Krieg, oder der zweite Weltkrieg gewesen? Oh nein, meine Lieben, der tiefste Punkt, an den eine Welt gelangen kann, ist, wenn sie sich selbst zerstört. Gemeint ist hier nicht das Auf und Ab von Zivilisationen, die oft auch mit großen Katastrophen einhergingen.

Nein, gemeint ist tatsächlich das Auseinanderreißen eurer Welt.

Lady Gaia hat dieses im ersten Band schon angedeutet. Die große Wunde, von der dort die Rede ist, ist die Schuld, diesen Planeten wirklich zerstört zu haben. Er war einst viel größer als er heute ist und nicht auf dieser Umlaufbahn. (In diesem Moment dämmert dem Channel so langsam, warum sie in den ersten Jahren ihres Erwachens Bücher über Prä-Astronautik (der neuere Begriff dafür lautet Paläo-Seti) und den Planeten auf der Fünften Bahn, nämlich dem heutigen Asteroidengürtel, schrieb. Sie wurde dadurch mit diesen Konzepten vertraut gemacht, so dass sie gut vorbereitet war auf die Informationen, die sie nun nach und nach weitergeben wird.) Die große Wunde betrifft also zum einen die tatsächliche physische Wunde auf Lady Gaia, nämlich die Stelle, wo der Abriss sich befindet. Sie hat natürlich auch dadurch eine Wunde in der „Seele", die der bewussten Heilung durch die Menschen bedarf.

Alle Menschen, die heute hier in so großer Zahl versammelt sind, haben auf irgendeine Weise dazu beigetragen, dass der Planet zerstört wurde, und tragen daher ebenfalls eine große Wunde in sich, die mit Schuld identifiziert wurde, und somit auch in die großen Weltreligionen einfloss. Doch liebe Menschen, seid euch dessen bewusst, was auch immer ihr an karmischen Bildern in dieser Angelegenheit in eurem Heilungsprozess zu sehen bekommt, – alles erfolgte nach einem Plan, an dem ihr selbst mitgearbeitet habt und für den ihr bereit wart, buchstäblich <u>alles</u> zu tun, weil ihr wusstet, welchem Endziel er diente. Denn auf der höchsten Ebene wart ihr alle im Planungsgremium versammelt und habt mitgeholfen, den Plan zu erstellen, auch wenn beim Absinken in die unteren Dimensionen die Erinnerung daran immer mehr verlorenging.

Und obwohl ihr heute noch relativ dichte Körper habt, seid ihr in verschiedener Hinsicht tatsächlich weiter entwickelt als die ursprüngliche Samenbiologie. Oh, sie hat euch große Gaben hinterlassen, die ihr in der DNS gespeichert habt, oh ja, denn diese Wesen waren hoch entwickelt. Aber ihr seid ja nicht mehr im Devolutionsprozess, sondern in der Evolution, und das heißt, ihr entwickelt zum einen die alten Gaben wieder. Aber da ihr ja Samen aus verschiedenen Quellen in euch tragt, verschmelzen diese Gaben nun zu einzigartigen neuen, die es sonst nirgendwo gibt. Auch das ist etwas, was Außerirdische an euch so faszinierend finden.

Ihr seid also auf manchen Ebenen nun schon weiter entwickelt als die Lichtwesen zu Beginn, auch wenn ihr euch das vielleicht noch nicht vorstellen könnt. Auf anderen Gebieten habt ihr natürlich noch viel nach-

zuholen, das sei auch ganz klar gesagt. Worauf ich hinaus will ist Folgendes: Es gibt keinen Grund, euch kleiner oder schwächer zu fühlen als irgendeine beliebige andere Rasse, auf welcher Dimension diese auch immer schwingen mag, eben weil ihr einen unglaublichen Schatz an Gaben mitbringt und durch die vielen Inkarnationen nach und nach gelernt habt, diese Gaben in reifer Weise anzuwenden. Es gibt also keinerlei Grund für mangelndes Selbst-Bewusstsein, aber auch nicht für Hochmut, denn ihr müsst erst noch vieles auf der Erde erledigen, bis ihr die Zivilisation aufbauen könnt, die eurer Natur entspricht. Doch diese Arbeiten sind alle längst im Gange, auch wenn es noch nicht offensichtlich ist.

Ihr seid nun auf einer Ebene angelangt, die es euch erlaubt, die größeren Teilpläne (nämlich die für eure Welt) einzusehen, was mit Channelings wie diesem geschieht.

Nun wieder zurück zur Nahrung. Es war also notwendig, tierische und sogar künstliche Nahrung zu entwickeln. Doch heute geschieht es nicht mehr, um euch in der niedrigsten Schwingung zu halten, sondern um den Aufstieg kontrolliert und nicht chaotisch ablaufen zu lassen. Was würde wohl geschehen, wenn alle Menschen gleichzeitig nur noch pflanzliche, ökologisch angebaute Nahrung oder gar nur „Licht" zu sich nehmen würden? Die Zivilisation würde zusammenbrechen, und das ist weder in eurem noch in unserem Sinne.

Die Art eurer Ernährung hat also mit Kontrolle zu tun, und zwar in der Hinsicht, dass jeder das Tempo erhalten kann, das er verträgt, also nicht manipulative Kontrolle, die ist nicht gemeint. Die Erweckung erfolgt ja auch in Wellen, und zwar genau aus diesen Gründen, und so sind alle Menschen in verschiedenen Stadien ihrer Erweckung, selbst wenn sie die Erde verlassen, bevor sie vollständig erwacht sind. Sie kommen dann als Kind der Neuen Zeit zurück.

Es gibt also Menschen, die können problemlos auf vegetarisch umstellen, andere wieder auf Rohkost und andere bleiben beim Fleisch (oder Alkohol usw.), und bei letzterem kann es durchaus deshalb so sein, weil sie ein Tempo vorlegen können, das sie ganz schnell durch die Gegend schweben lassen würde. Sie würden daher buchstäblich den Boden unter den Füßen verlieren und benötigen also die Erdung, um auf dem Teppich bleiben zu können. Dies soll nun kein Freibrief für die Schlächterei und die Massentierhaltung sein, sondern eine Erklärung dafür, dass viele sich einfach noch nicht umstellen können, selbst wenn sie es von ihrem Willen her wollen. Auch für sie wird der richtige Zeitpunkt der Umstellung kommen.

Es gibt zahllose Möglichkeiten für die Übergangszeit, bis niemand mehr Fleisch braucht, die Tiere so zu halten, damit sie ein glückliches Leben führen und glücklich sterben können und keine Angst- und Todesschwingungen mehr im Fleisch enthalten sind und auch keine anderen Gifte!

Das Bewusstsein, das sich in viele Tiergattungen aufgespaltet hat, hat sich einverstanden erklärt, dass für eine gewisse Zeit die Tiere gegessen werden. Da jedoch dieser Zeitraum begrenzt und dies tatsächlich für einen guten Zweck sein sollte, wurde dieses entsprechend durchgeführt.

Wie gesagt, mit steigendem Bewusstsein wird auch die Anzahl der Fleischesser immer mehr zurückgehen und diese Maßnahme dann irgendwann nicht mehr nötig sein. Und obwohl manche, die schon sehr spirituell sind, dieses nicht gerne hören und kaum glauben werden, wird das Aggressionspotenzial, das durch den Fleischgenuss ja ohne Frage ausgelebt wird, zum Ausvibrieren von karmischen Angelegenheiten auch noch eine ganze Weile benötigt.

Meine Bitte ist nur die: Geht mit den Tieren anders um als bisher. Sie haben etwas Besseres verdient, meint ihr nicht auch?

Die ideale Nahrung für alle Menschen auf lange Sicht gesehen ist tatsächlich das, was von hier durch eure Sonne hindurch viele Stunden lang mit Licht genährt wird, denn in diese Nahrung werden Informationen eingespeist, die in künstlicher Nahrung nicht und in gekochter Nahrung nur noch zum Teil enthalten sind. Für die meisten kommt also immer wieder ein Wendepunkt, an dem sie sich für eine neue Ernährungsweise entscheiden können, so dass sie stufenweise die Schwingungserhöhung, die ohnehin im Gange ist, unterstützen können.

„Was hat das alles nun mit der Regenbogenernährung zu tun?", werdet ihr vielleicht fragen, und meine Antwort ist die, die Kryon so gerne gibt, nämlich „Ja"! Aber ich werde doch ein wenig ins Detail gehen müssen, nicht wahr?

Ihr, liebe Menschen, habt gehört, dass die verschiedenen Farben unterschiedliche Wellenlängen und Geschwindigkeiten aufweisen. Ihr habt auch gehört, dass im Licht ein Symbol verborgen ist. Dieses Symbol ist so etwas wie ein Tor für Farben bzw. für die Energien, die durch die Farben symbolisiert werden. Das Licht prallt auf euer Magnetgitternetz, und eine der Aufgaben dieses Magnetfeldes ist es, das Licht, je nach Tageszeit, zu kanalisieren. Durch das Symbol gelangen die oben genannten Farben (und noch einige andere) hindurch, und zwar zu gleichen Anteilen. Die

Aufgabe des Magnetfeldes ist (unter anderem natürlich), verstärkt die passende Farbe für die passende Tageszeit hindurchzulassen. Das bedeutet, dass am Morgen größere Rotanteile auf den Boden treffen (um dich mit der Erde und deinem Leben hier erneut zu verbinden), am Vormittag dann die Orangeanteile verstärkt werden (um die Freude für den Tag zu wecken). Gegen Mittag erst Gelb – (Kraft, deiner Aufgabe nachzugehen) und dann Grün – (die Liebe in allem zu leben) und am frühen Nachmittag dann mehr Blautöne auftreffen. Das ist übrigens ein hervorragender Zeitraum, um Meditationen durchzuführen, da die Farbe der Kommunikation Blau ist. Außerdem würde es zu eurem Biorhythmus hervorragend passen, zu dieser Zeit (wieder) eine Mittagsruhe einzuführen, da der physische Körper zu dieser Zeit ohnehin ruhen möchte. Der späte Nachmittag gehört dann den Violettönen (sie führen die Erkenntnisse, die an diesem Tag gewonnen wurden, zusammen). Am Abend werden keine Farben verstärkt, daher ist die Summe der Farben, nämlich Weiß, für diese Zeit reserviert. Hier wäre es passend, ein Resümee des Tages zu ziehen, was auf energetischem Weg nämlich ohnehin geschieht. Genau genommen wäre es dann Zeit, schlafen zu gehen. Zumindest galt das lange Zeit. Durch eure Technik habt ihr diesen Rhythmus verändert. Ist euch schon einmal aufgefallen, dass ihr euch in der Zeit von 20.00 Uhr bis 22.30 Uhr, „der besten Sendezeit", intensiv mit der Polarität beschäftigt?

„Wie das?", werdet ihr fragen. Nun, seht euch doch die Filme, die da laufen, wenn die Menschen noch nicht im Bett sind, einmal an: Nur Polaritäten, und zwar hauptsächlich die zwischen Gut und Böse und Mann und Frau werden da behandelt. Selten seht ihr zu der Zeit wissenschaftliche Themen oder Tierfilme, nicht wahr? Würdet ihr zu dieser Zeit schon schlafen, würden sich eure Träume mit der Polarität beschäftigen. Ihr habt einen Weg gefunden, dieses im Tagesbewusstsein zu erledigen. Geht ihr dann schlafen, so sind die Hauptthemen in den Träumen die, die sich mit der Harmonie (bzw. dem Mangel daran) in eurem Inneren oder euren Beziehungen auseinandersetzen. Auch wenn ihr euch nicht daran erinnert, ist es dennoch so. Das geschieht wiederum zwischen 22.00 Uhr und 00.30 Uhr. Zwischen 00.00 Uhr und 02.30 Uhr wiederum beschäftigt ihr euch mit eurem Wissen und integriert es in ein Gesamtgefüge, zunächst einmal das, was ihr in diesem Leben gelernt habt, und dann durch die Spiritualisierung auch das aus anderen Leben. Natürlich könnt ihr zu dieser Zeit auch von anderen Dingen träumen. Es geht hier um Schwerpunkte, um Rhythmen, die ihr immer unterlaufen könnt. Das macht ihr am Tage ja

auch. Zwischen 02.00 Uhr und 04.30 Uhr geht es dann um Klarheiten, die ihr euch selbst vermittelt bzw. die auf eure Bitte hin von uns vermittelt werden. Hat man Klarheit gewonnen, so wächst auch der Wille zur Veränderung, was zwischen 04.00 Uhr und 06.30 Uhr geschieht. Leider setzt ihr die notwendigen Veränderungen dann im Tagesbewusstsein oft nicht um, weil ihr Angst vor der Veränderung entwickelt habt. Das ist auch kein Wunder, denn im Laufe der Geschichte gab es so viele Veränderungen, die oft nicht zu eurem Vorteil waren (zumindest scheint es oft so), dass ihr glaubt, jede Veränderung sei etwas Schlechtes. Dem ist jedoch nicht so. Nun sind wir wieder bei der Tageszeit und der Farbe Rot angelangt. Sie gäbe euch nun den Halt, die notwendigen Veränderungen in euer Leben einzubringen, doch hindert ihr euch oft selbst daran.

Das ist ein natürlicher Rhythmus, der schon immer galt. In der Neuen Zeit jedoch wird durch das Symbol im Sonnenlicht, das auch ein (Doppel-)Tor repräsentiert, die Energiezufuhr verstärkt, weshalb auch das Magnetgitter dem angepasst werden musste, wovon Kryon euch ja schon ausführlich berichtet hat. Das heißt, die Farbenergien treffen nun noch stärker auf die Erde und damit treten auch die dazu gehörigen Themen stärker in den Vordergrund. Das ist keine Willkür von „oben", sondern von euch so bestellt und beschlossen! Diesen natürlichen Rhythmus kann man mit der Regenbogenernährung ideal unterstützen, und somit wird der Spiritualisierungsprozess wiederum beschleunigt. Die eintreffenden Energien sind wesentlich höher als die eurer Körper. Da eines der universellen Gesetze das des Ausgleichs ist, sind eure Körper nun fieberhaft bemüht, diesen Schwingungsunterschied auszugleichen, und dies geht natürlich nur durch die Erhöhung der eigenen Schwingung.

Ernährst du dich nun eine Zeitlang mit den Regenbogenfarben, setzt du das Signal, dass du den Ausgleich bewusst anstrebst, und entsprechend wird mit dir gearbeitet werden. Hast du dich einen Tag so ernährt, wachst du morgens auf, und da ist noch immer ein Schwingungsunterschied vorhanden, und diese Diskrepanz lässt deinen Körper ständig weiter daran arbeiten, sie auszugleichen. Das ist der Antrieb, warum diese Ernährung funktioniert! Es mag etwas dauern, bis du einen Unterschied zu vorher spürst, doch du wirst ihn spüren. Es geht gar nicht anders!

Irgendwann wird sich der Mensch über diese erdgebundenen Rhythmen hinaus entwickeln, und er kann sich darüber hinwegsetzen, weil er sich dann den kosmischen Rhythmen anpasst. Doch das dauert bei den meisten noch eine ganze Zeit lang.

Der kosmische Mensch ist dann immer noch bemüht, Schwingungsunterschiede auszugleichen, und zwar so lange, bis er in der gleichen Schwingung wie die Quelle ist und dann darin aufgeht oder freiwillig wieder kehrtmacht, um anderen dabei zu helfen, ebenfalls zurückzufinden. Was das Ganze ein wenig kompliziert ist, dass ihr mit der Energie, die durch eure Bemühungen, Anschluss zu finden, freigesetzt wird (also die niedrigere Schwingung, die ihr aus eurem System entfernt), in der Summe die Schwingung des Ganzen ja ebenfalls erhöht. Es wächst. Das heißt, während du bemüht bist, deine Schwingungen zu erhöhen, erhöht sich die Schwingung von Allem-was-ist, und um diese Erhöhungsrate einzuholen, sind schon einige Anstrengungen und einiges an Tempo notwendig. Doch habt ihr alle die Fähigkeiten (und auch den Willen), die dafür notwendig sind, mitgebracht, und so wird der Zug der Menschheit eines Tages den Zug von Allem-was-ist einholen. Das, was gerade auf eurer Welt geschieht, ist, den Zug so zu beschleunigen, dass dieses möglich wird und ihr nicht mehr hinterherhinken müsst.

Dieses war Helios.

Nun kommt noch eine Mitteilung von Kwan Yin, die noch einiges klarstellen möchte.

Hier spricht noch einmal Kwan Yin, und man könnte mich als so etwas wie eine Ernährungsberaterin für dieses Channel nennen, denn ich helfe ihr bei der Erstellung und Vorstellung der neuen Ernährungsweise, die für das spirituelle Zeitalter nun angemessen ist.

Der Rahmen, den wir euch hier vorschlagen, wird für viele Menschen eine lange Zeit gelten, weil die optimale Beschleunigung der Chakren bei den meisten Menschen nicht schnell vor sich gehen kann. Das liegt einfach daran, dass mit der Ausrichtung auf diese Ernährung, und damit auf die Chakrafarben, verstärkt Lebensthemen auftauchen, die erst einmal bearbeitet werden müssen, und das erfordert Zeit. Diese Themen tauchen ohnehin auf, auch ohne diese Ernährung, doch mit ihrer Hilfe könnt ihr sie schneller erledigen.

Wie ihr euch sicher vorstellen könnt, habt ihr durch die vielen Leben in den unterschiedlichsten Epochen zahlreiche Erfahrungen gemacht, wovon die unangenehmen nach wie vor als niedrige Schwingung in eurem Körper gespeichert sind, soweit sie nicht schon erlöst wurden. Durch die Aktivierung bzw. Beschleunigung der Chakren durch die Regenbogenernährung, und generell die Arbeit mit den Farben und Engelnamen, wird sozusagen farbiges Licht in den Bereich der niedrigen Schwingung geworfen, und du wirst dir ansehen müssen, was dort zu sehen ist.

Es liegen viele, viele Schichten um jedes einzelne Chakra, so dass seine ursprüngliche Farbe kaum noch zu erkennen ist. Wird diese ursprüngliche Farbe jedoch in Form von Nahrung dem Organismus zum richtigen Zeitpunkt zugeführt, wird mit der Zeit eine Schicht nach der anderen abgetragen und die damit korrelierenden Körperstellen „bearbeitet". Das kann sich durchaus in Schmerzen oder einer Krankheit äußern, die jedoch meist mit der Zeit wieder vergehen. Sie sind umso schneller wieder verschwunden, je mehr du das Thema, das auftaucht, an dich heranlässt und du hindurchgehst. Latent vorhandene Krankheiten, die schon auf dem Weg in die Materialisation waren, kommen nun schneller als ursprünglich vorgesehen. So können durchaus Gichtanfälle bei 30jährigen auftreten. Das ist einer der Gründe für die vielen kranken Menschen. Eure Lebensweise ist nur der Auslöser, die Ursache liegt viel tiefer und weiter zurück.

Hast du dir mit Hilfe der Angelina-Meditation oder einer anderen Methode die Ursache angesehen, so kann die Krankheit bzw. der Schmerz wieder gehen. Da dieses jedoch Monate oder Jahre brauchte, um sich zu manifestieren, verliert bitte nicht die Geduld und verzweifelt nicht, wenn sie nicht nach Tagen wieder verschwindet. Oft sind noch Karmareste zu erledigen, und so hat auch dieses seinen Sinn und Zweck. Manchmal muss eine Krankheit auch bleiben, trotz aller Klärungsarbeit, weil durch die Krankheit große Öffnung geschieht und Lernlektionen auf dem Plan stehen.

Mit Hilfe der Regenbogenernährung und der damit einhergehenden Klärungsarbeit können auf der anderen Seite jedoch Krankheiten und Schmerzen verhindert werden, da Themen bearbeitet werden, noch bevor sie sich im Körper schmerzlich oder krankhaft manifestieren. Seht diese Ernährungsform nun bitte nicht als Ersatz für einen Arzt, Heiler oder Medikamente an. Sie hat lediglich unterstützende Funktion, die jedoch sehr wirksam ist.

Generell gesehen ist der Spiritualisierungsprozess auch eine Art Verjüngungskur, denn durch die Bearbeitung der niedrigen Schwingungen im Körper und ihre Beseitigung schwinden die Gründe für das Altern. Ein von allen niedrigen Schwingungen gereinigter physischer Körper kann so alt werden, wie die darin wohnende Seele es wünscht. Das wird nun wirklich auch für viele möglich, weil die Morphogenetischen Felder entsprechend angepasst werden. Das wird wiederum durch eine kritische Masse an Menschen erreicht, die auf diese Weise an sich arbeiten. Sie bereiten den Weg für die, die ihnen nachfolgen.

Dies alles unterstützt die Anwendung der Kraft der Farben, nicht nur in der Ernährung, sondern generell. Die Farben stellen Symbole für bestimmte Energien dar, und ihr alle habt die Macht und die Kraft und auch das Licht, um sie optimal zu nutzen. Ergreift bitte diese Chance. Das Ergebnis wird euch, euren Familien und auch dem großen Ganzen zugute kommen!

Dieses war Kwan Yin, die mit großer Freude im Herzen diese Arbeit verrichtet.

Und nun kam noch eine für mich überraschende Mitteilung, die mich ein wenig traurig stimmte, weil ich davon bisher nichts wusste.

Liebe Leserinnen und Leser, hier ist Lara, ein Delfinbewusstsein, das schon im ersten Band zu Worte kommen durfte. Warum melde ich mich in einem Buch, in dem es um das Thema Ernährung geht? Es ist ganz einfach: Ihr, liebe Menschen, esst Delfinfleisch (!), manche bewusst, manche unbewusst. Könnt ihr nun verstehen, warum ich mich melde?

Ich will hier keine Urteile abgeben, denn ihr wisst, dass alles einen Sinn hat, auch das. Selbst Delfine haben Karma abzuleisten, und das kann auf diese Weise geschehen. Viele von euch waren auch schon einmal Delfine. Das heißt, wenn ihr Delfinfleisch esst, ist es fast so, als ob ihr Menschenfleisch essen würdet! Der eine oder andere wird behaupten: Ich habe noch nie Delfinfleisch gegessen, das betrifft mich nicht. Aber da irrt ihr in den allermeisten Fällen. Habt ihr schon einmal überlegt, wie der Fang von Hochseefischen vorgeht? 90% der Tiere, die in den Netzen landen, sind „Abfall", werden also gar nicht verwertet, sterben aber trotzdem. Einen nicht unerheblichen Anteil davon bilden Delfine, und sogar Wale. Das Fleisch landet zum Teil in den Dosen oder Fischstäbchen, und das hat fast jeder schon einmal gegessen, nicht wahr? Also betrifft dieses Channeling doch auch dich!!

Warum zieht es Kinder wie Erwachsene so sehr zu den Delfinen? Weil sie spüren, dass viele von ihnen eine sehr hohe Schwingung haben. Warum zieht es dagegen die Delfine eher zu Kindern und nur zu manchen Erwachsenen? Weil auch sie spüren können… Sie können den Panzer aus Wut, Angst, Frustration, Hass usw. spüren. Manche Menschen wirken auf sie wie ein Vulkan kurz vor dem Ausbruch, und wer möchte sich solch einem Vulkan schon nähern? Das ist bei Kindern noch nicht so extrem der Fall, und daher gehen Delfine und Wale mehr auf diese zu, und darum werden nun die Cetaceen (Wale + Delfine) wieder für menschliche Zwecke eingespannt, und zwar therapeutisch. Dagegen ist grundsätzlich nichts einzuwenden. Wie ihr aus meiner früheren Botschaft entnehmen könnt, möchten wir helfen und mit euch zusammenarbeiten, aber auf freiwilliger Basis. Das heißt, wenn ihr unsere Hilfe für Heilung wollt, dann ruft uns, und wir kommen. Wir möchten nicht in Gefangenschaft leben und zu dieser Art der Arbeit gezwungen werden. Der Ansatz ist zwar richtig, aber die Art der Durchführung ist es nicht. Jetzt stellt euch einmal vor, Außerirdische würden erfahren, dass allein eure Gegenwart Heilung für ihre Kinder bedeuten würde. Sie greifen sich also irgendwen, stecken ihn in einen Käfig und erwarten nun, dass jeder, der den Gefangenen berührt, geheilt wird. Das Problem ist nur, dass er kein Heiler ist, sondern zum Beispiel ein Fernsehtechniker. Diese Berührung mag schon etwas bewirken, wenn der Fernsehtechniker eine hohe Schwingung hat, aber sie wäre viel effektiver, wenn der Gefangene auch Heiler wäre und vor allem willens, diese Heilung auch durchzuführen, nicht wahr?

Ahnt ihr schon, worauf ich hinaus will? Wir stellen uns die Zusammenarbeit folgendermaßen vor: Ein Mensch, der telepathisch mit uns kommunizieren kann (dafür muss er durch seinen Klärungsprozess hindurch), schildert uns die Problematik des Menschen, der zu ihm kommt. Es wird dann ein Treffen vereinbart, zu dem wir die Experten schicken können, die genau für das anstehende Problem die passende Therapie parat haben, weil sie dafür ausgebildet wurden. Könnt ihr den Unterschied sehen? Der Unterschied liegt also zum einen in der Qualität der Heilung, und darin, dass dieses freiwillig von unserer Seite aus geschieht und nicht, ich betone es noch einmal, nicht in Gefangenschaft! Die Verantwortlichen in den Therapiezentren, die im Aufbau sind, müssen hier umdenken! Dafür muss jedoch erst einmal eines gegründet werden, das vormacht, wie es geht, und die Experten dafür sind sowohl auf eurer Seite in Ausbildung als auch auf unserer. Sie werden in etwa dreizehn Jahren bereit sein, diese Art von Arbeit aufzunehmen. Bis dahin muss jedoch von beiden Seiten noch viel geschehen, und es wird geschehen!

In Liebe, Lara.

Zurzeit treffen bei mir nach und nach besondere Steine ein, die ganz besondere Energien und Mantren mitbringen. Nicht alle kann ich erwerben, weil die Mittel dafür begrenzt sind. Diese Steine übermitteln mir Botschaften, die ich in einem separaten Buch veröffentlichen werde. Einer der Steine, den ich nicht kaufen konnte, wollte unbedingt, dass seine Botschaft in dieses Buch aufgenommen wird, und wenn du dir den Inhalt ansiehst, verstehst du auch warum.

Hier also die Botschaft aus dem Mineralienreich:

Liebe Menschen, mein Name ist Salana, und ich bin eine ca. ein Meter große Amethystdruse. Ausnahmsweise wurde ich nicht von diesem Channel mit nach Hause genommen, denn 3580,-- Euro schüttelt man nicht so einfach aus dem Ärmel, aber ich konnte mich trotzdem mit ihr verbinden, dazu muss ich nicht bei ihr sein. Sie wurde dafür wieder einmal „durch die Gegend gejagt", wie sie es nennt, denn sie musste mich zumindest sehen. Ihr werdet euch fragen, was denn die Worte eines Steines in diesem Buch zu tun haben, und ich sage es euch:

Wie alles andere auch, werdet ihr von Energie (das heißt „Licht") genährt. Ihr nehmt in der Hauptsache Nahrungsenergie zu euch, also etwas, das euer Körper erst zerlegen muss, bevor er an die nährenden Stoffe herankommt. Welchen Wert das hat, was ihr euch zuführt, darauf möchte ich nicht näher eingehen. Aber ich möchte euch einige Eröffnungen machen. In diesem Buch geht es ja um die Regenbogenernährung, also um das Wecken des Bewusstseins, dass Farbenergien besondere Prozesse in eurem Körper auslösen. Farben sind Träger spezifischer Energien, die, je nach Farbton, auf das jeweilige Chakra einwirken. Dabei geht es nicht allein um die Farbe, die reflektiert wird, obwohl das schon ein guter Anhaltspunkt dafür ist, welche Energie gespeichert ist. Es geht aber auch um die Energien, die im Inneren enthalten sind, und die können sich von der äußeren Erscheinung unterscheiden. Dieses Channel hier hat zum Beispiel zu ihrer eigenen Überraschung feststellen müssen, dass die goldgelben Quarktaschen, die sie so gerne backt, nicht etwa das Wissenschakra oder das Sonnenchakra stimulieren, sondern das Klarheitsschakra. Also, der äußere Schein kann auch trügen. Daher ist es bei Zweifeln immer angebracht, mit Pendel, Tensor oder kinesiologisch nachzuprüfen, und dafür wurde die Chakra-Uhr in diesem Buch entwickelt. Es kommt auf die Zusammensetzung der einzelnen Bestandteile an, welches Endergebnis, also welche summarische Energie letztlich zustande kommt.

Es gibt nun mehrere Möglichkeiten, diese Farbenergien zu nutzen. Zum einen könnt ihr sie natürlich essen oder trinken. Dann könnt ihr sie am Körper tragen, oder über die Augen und Haut aufnehmen. Beim Essen oder Trinken müssen viele Vorgänge ablaufen, um an die Energie heranzukommen. Wir aus dem Mineralienreich möchten euch nun folgenden Vorschlag machen, der euch diese Vorgänge erspart: Wenn ihr die Farbenergien der Steine nutzt, müsst ihr nicht sieben Mal oder gar zwölf Mal am Tag essen oder trinken, um die Chakren optimal zu unterstützen. Die Chakren, die am Tag mit Energie gespeist werden, sind übrigens die „bewusste“ Seite im Menschen, und die der Nacht sind ja auf dem Rücken, also auf der „unbewussten“ Seite (die, die ihr ohne Spiegel nicht sehen könnt) des Körpers. (Als Spiegel dienen übrigens eure Mitmenschen!) Die Vorderseite hat also mit dem Tagesbewusstsein zu tun und die Rückseite mit dem Unbewussten. Durch die Bildung und Aktivierung der rückwärtigen Chakren werden durch die direkten Verbindungen nach vorne auch die unbewussten Themen ans Tageslicht gespült, so dass sie sichtbar werden und damit ins Bewusstsein treten. Mit dem, was dir bewusst ist, kannst und musst du dich dann beschäftigen, und so funktioniert die Spiritualisierung.

Da alle menschlichen Körper nun Schritt für Schritt so umgebaut werden, dass sie immer mehr Prana verstoffwechseln können, dürfen wir euch nun farbliches Prana liefern. Ja, wenn ihr die Farben der Mineralien nutzt, erhaltet ihr qualifizierteres Prana also solches, das nicht nur allgemein auf euch wirkt, sondern auch im Speziellen. Wenn ihr mit Steinen arbeitet, wird das Prana der Luft, das alle Farben enthält, „aufgespalten“, so ähnlich wie das Sonnenlicht, wenn es durch ein Prisma fällt. Die Farbe des Steins ist dann ein farbiges Prisma. Ihr wisst ja, dass die Haut ebenfalls atmet, nicht wahr? Habt ihr euch schon einmal gefragt, warum das eigentlich so ist? Einer der Gründe liegt genau in diesem Mechanismus. Wenn nun die Farbe Orange „dran“ wäre und ihr habt keine Zeit, etwas zu essen oder ihr wollt einfach nicht, dann könntet ihr zum Beispiel einen Orangencalcit in die linke Hand nehmen und darum bitten, von der Farbe des Steines genährt zu werden. Das dauert nur wenige Minuten. Folgt hier eurem Gefühl, wie viel ihr von der Energie benötigt. Eure Haut atmet dann sozusagen durch den Stein genau die Farbenergie ein, die der Stein repräsentiert. Ist seine Farbe nicht eindeutig, testet aus, welches Chakra am stärksten stimuliert wird.

Das Prana, das ohnehin durch eure Haut in den Körper gelangt, wird durch den Stein geleitet und dadurch „gefiltert", so dass nur die Farbenergie hindurchgelangt, die dem Stein entspricht. Das funktioniert deshalb am besten über die Hand, weil ihr auch Kontaktpunkte zu allen zwölf Hauptchakren in der Hand besitzt.

Bewegt ihr euch nackt durch die Natur, erhaltet ihr über die Haut viel mehr Lebensenergie als bekleidet. Warum sind die Badeurlaube wohl so erholsam? Das liegt mit daran.

Bedankt euch dann bei dem Stein und legt ihn wieder fort. Ihr werdet bemerken, dass ihr weniger Hunger verspürt, ihr also tatsächlich genährt wurdet. Auf diese Weise könnt ihr mit allen Farben arbeiten, und zwar zu allen Tages- und Nachtzeiten. Ein Stein kann auch nie „leer" werden im Gegensatz zu euren Töpfen, denn die Energie fließt durch ihn hindurch, und zwar immer und beständig.

Ein Amethyst, der die Farben zur Aktivierung des Amethystchakras enthält (Violetttöne) und oft gleichzeitig noch klare bis weiße Kristalle (Kronenchakra) besitzt, wirkt dann beispielsweise auf diese Bereiche ein und nährt hauptsächlich genau diesen Teil des Körpers, obwohl die Energie natürlich ebenfalls eine Wirkung auf das Ganze hat, da dieses ja ein Energiesystem ist.

Ihr entleert damit den Stein nicht, ihr nehmt ihm nichts weg, und so könnt ihr diese zusätzliche Anwendung zu allem anderen, was das Mineralienreich euch bietet, nun ebenfalls nutzen.

Sobald ihr mit einem anderen Bewusstsein an den Abbau der Mineralien herangeht, Näheres dazu in einem anderen Buch, werden auch bestimmte Steine das Licht der Welt erreichen, die auf ganz besonders effektive Weise euer gesamtes Energiesystem harmonisieren können, ohne dass ihr die karmischen Umstände der Blockaden ansehen müsst. Hier wirkt ein gutes Stück Gnade. Sie werden lebensgroß sein, so dass man sich hineinlegen kann, und tut man das unbekleidet, so steigert sich die Effektivität. Das Lösen von Blockaden hat natürlich automatisch mit dem Heilen von Krankheiten zu tun, entweder bevor oder nachdem sie ausgebrochen sind. Hier wird ein revolutionäres Umdenken stattfinden dürfen, denn die Menschheit erwacht zu ihrem wahren Potenzial. Wie ihr euch denken könnt, wird es einige Generationen dauern, bis alle Krankheiten beseitigt sind, und dann wird es eine neue Dimension der Arbeit mit dem Mineralienreich geben, von der wir jedoch an anderer Stelle sprechen wer-

den. Salana verabschiedet sich nun, doch ihr habt nicht das letzte Mal von mir gehört, liebe Menschen.

In Liebe, eine Abgesandte des Minerlienreiches.

Um euch allen Anhaltspunkte darüber zu geben, welche Nahrung welches Chakra aktiviert bzw. stimuliert, findest du nun einige Tabellen. Sie erheben keinen Anspruch auf Vollständigkeit, denn das ist aus meinem begrenzten Aktionsradius heraus kaum möglich. Sie sollen euch nur aufzeigen, in welche Richtung ihr denken müsst, wenn ihr euch zur Regenbogenernährung entschließt.

Grundsätzlich wird das Nahrungsmittel nach der Außenschale den Farben zugeordnet. Es gibt jedoch Ausnahmen und solche, wo es nicht eindeutig zu erkennen ist. Daher diese Tabellen als Hilfestellung.

Um Abwechslung in den Speiseplan zu bringen, kann man die Oppositionschakren heranziehen, das ist vor allem für Nachtarbeiter wichtig zu wissen.

Wurzelchakra: 1. Chakra (rot bis braun) 06.00 Uhr bis 08.30 Uhr (Oppositionschakra: Kronenchakra)

Obst, Trockenfrüchte + Getreide	Gemüse, Nüsse + Sonstiges
Äpfel mit Rot in der Schale (zum Beispiel Braeburn, Elstar, Idared, Gala Royal, Stark Delicious	Borretsch
Birnen mit Rot in der Schale (Birne Anjou)	Broccoli, roter
Cherimoya	Champignon, braun
Cranberry	Haselnüsse
Erdbeeren	Kartoffeln, rot, Sorte: Cherie
Granatapfel	Keimlinge, Sprossen
Hagebutten	Knollensellerie
Himbeeren	Linsen
Johannisbeeren, rot	Maronen
Johannisbrot (Karube)	Paprika, rot
Kirschen hell	Pepperoni
Kokosnuss	Rhabarber
Litschi (haarige und nicht haarige)	Radieschen
Mangostane	Rote Rüben
Maniok	Speiserotalgen
Nektarinen	Steinpilze
Pfirsiche	Tomaten, frisch und getrocknet (Cocktailtomaten, Flaschentomaten, „normale" Tomaten)
Salak	Topinambur (Erdartischocke), Wurzelknolle
Tamarillo (Baumtomate)	Yamswurzel
Tamarinde	Zwiebeln, rote
Wassermelone (innen rot)	
Weizenvollkornmehl	

Sakralchakra: 2. Chakra (orange) 08.00 Uhr bis 10-30 Uhr (Oppositionschakra: Polaritätschakra)

Obst, Trockenfrüchte + Getreide	Gemüse, Nüsse + Sonstiges
Aprikosen	Hokaidokürbis
Clementinen	Mohrrüben (Karotten)
Mandarinen	Paranusskerne
Orangen	Pfifferlinge
Pampelmuse (Star Ruby)	Süßkartoffel (außen eher orange)
Physalis	Tomaten (gelb-orange)
Sharonfrucht	
Zwergorange (Kumquat)	

Sonnenchakra: 3. Chakra (gelb) 10.00 Uhr bis 12.30 Uhr (Oppositionschakra: Harmoniechakra)

Obst, Trockenfrüchte + Getreide	Gemüse, Nüsse + Sonstiges
Ananas, getrocknet	Kartoffeln (Cilena, Linda, Serafina, Selma, festkochende)
Granadillas	Kartoffeln (vorwiegend festkochende: Agria, Berber, Christa, Granola, Quarta, Secura, Solara, Velox)
Honigmelone	Kartoffeln (mehlig kochende: Afra, Aula, Likaria)
Karambole (Sternfrucht, gelb)	Kürbis, gelb
Kiwi, innen gelb	Pepperoni
Kirschen, gelb	Schalotten
Marillen	
Mirabellen	
Pampelmuse, gelb	
Pflaumen, gelb	
Wassermelone (innen gelb)	
Zitronen	
Zuckermais	

Herzchakra: 4. Chakra (grün) 12.00 Uhr bis 14.30 Uhr (Oppositionschakra: Wissenschakra)

Obst, Trockenfrüchte + Getreide	**Gemüse, Nüsse + Sonstiges**
Äpfel (zum Beispiel Granny)	Artischocken
Avocado	Broccoli
Birne Abate	Bohnen, zum Beispiel Haricots Verts (extra feine Buschbohnen)
Feijoa	Chinakohl
Guave	Erbsen
Karambole (Sternfrucht grün)	Grüne Salate aller Sorten, Chicorée, Feldsalat, Eisbergsalat, grüner Salat, Salatherzen usw.
Kiwi (innen grün)	Grüne Kräuter, zum Beispiel Dill, Kresse, Mayoran, Melisse, Minze, Oregano, Schnittlauch, Schnittpetersilie, Thymian, Petersilie
Limequat	Grünkohl
Limetten	Gurken
Mango, grün	Karella (Bittergurke)
Maracuja	Kohlrabi
Renglo	Mangold
Trauben, grün	Oliven, grün
	Okra
	Paprika, grün
	Rosenkohl
	Ruccola
	Staudensellerie
	Spargel, grün
	Spinat
	Wirsing
	Zuckererbsen

Halschakra: 5. Chakra (dunkelblau bis schwarz)
14.00 Uhr bis 16.30 Uhr (Oppositionschakra: Klarheitschakra)

Obst, Trockenfrüchte + Getreide	Gemüse, Nüsse + Sonstiges
Borretsch	Trüffelkartoffel (blaue Kartoffel)
Brombeeren	Mais, blau
Heidelbeeren	Violett Nair (dunkelblaue bis schwarze Kartoffel)
Holunder	
Pflaumen, blau (frisch und getrocknet)	
Trauben, blau	

Stirnchakra: 6. Chakra (purpur bis violett)
16.00 Uhr bis 18.30 Uhr
(Oppositionschakra: Veränderungschakra)

Obst, Trockenfrüchte + Getreide	Gemüse, Nüsse + Sonstiges
Äpfel (Spartan, engl. Sorte)	Auberginen
Birne Backhams	Dunkelviolette Möhre (Purple Haze)
Datteln, frisch und getrocknet	Erdkohlrabi
Feigen, frisch	Kartoffeln, violett (König-Eduard-Kartoffel)
Johannisbeeren, dunkel	Meeresgemüse, purpur
Kirschen, dunkel	Oliven, dunkel
Pflaumen, purpur	Salate, deren Blätter ins Purpurne übergehen, zum Beispiel Rollo Rosso
Rote Obstbanane	Steckrüben
Rosinen und Sultaninen	Radiccio
Trauben, violett	Rotkohl (Blaukraut)
Weinbeeren, blau und getrocknet	Rote Bete
	Rote Bohnen
	Trüffel
	Vanilleschoten

Kronenchakra: 7. Chakra (weiß) 18.00 Uhr bis 20.30 Uhr (Oppositionschakra: Wurzelchara)

Obst, Trockenfrüchte + Getreide	Gemüse, Nüsse + Sonstiges
Baby-Banane, gelbe Zuckerbanane	Blumenkohl
Bananen, getrocknete Bananenchips	Champignon, weiß
Chayote (kürbisähnlich)	Ingwer
Chrentaismelone	Knoblauch
Kaktusfeige	Lauch
Kochbanane	Macadamia Nusskerne
Papaya	Meerrettich
Weizengrieß	Spargel, weiß
	Weiße Auberginen
	Weiße Bohnen
	Weißkohl
	Weißer Kürbis
	Weiße Zwiebeln

Polaritätschakra: 8. Chakra (rosa) 20.00 Uhr bis 22.30 Uhr (Oppositionschakra: Sakralchakra

Obst, Trockenfrüchte + Getreide	Gemüse, Nüsse + Sonstiges
Alle roten Beeren zusammen mit Sahne	Petersilienwurzel
Grünkern	
Sojamehl	

Harmoniechakra: 9. Chakra (magenta) 22.00 Uhr bis 00.30 Uhr (Oppositionschakra: Sonnenchakra

Obst, Trockenfrüchte + Getreide	Gemüse, Nüsse + Sonstiges
Pepino (Birnenmelone)	
Pitahaya, rot (Drachenfrucht)	
Weizenauszugsmehl	

Wissenschakra: 10. Chakra (gold) 00.00 Uhr bis 02.30 Uhr (Oppositionschakra: Herzchakra)

Obst, Trockenfrüchte + Getreide	Gemüse , Nüsse + Sonstiges
Ananas	Erdnüsse
Babaco (Frucht aus Andentälern)	Leinsamen
Babyananas	Sauerkraut
Granadillas	Walnüsse
Karambole (Sternfrucht gold-gelb)	Zwiebeln (goldene Schale)
Kiwi (innen gelb)	
Maismehl	
Pitahaya, gelb	

Klarheitschakra: 11. Chakra (aquamarin) 02.00 Uhr bis 04.30 Uhr (Oppositionschakra: Halschakra)

Obst, Trockenfrüchte + Getreide	Gemüse, Nüsse + Sonstiges
	Pistazienkerne
	Sesam

Veränderungschakra: 12. Chakra (perlmutt)
04.00 Uhr bis 05.30 Uhr (Oppositionschakra: Stirnchakra)

Obst, Trockenfrüchte + Getreide	Gemüse, Nüsse + Sonstiges
Cantalupmelone (außen grün, innen orange)	Sonnenblumenkerne
Dinkelgrieß	
Gaiamelone	
Gerste	
Perlfruchtmelone	
Zuckermelone (Piel de Sapo)	

Alle Chakren

Obst, Trockenfrüchte + Getreide	Gemüse, Nüsse + Sonstiges
Äpfel (Cox Orange, Golden Delicious, Jonagold) frisch und getrocknet	Austernpilze
Amaranth	Cashewkerne
Dinkelauszugsmehl	Honig aller Sorten
Dinkelvollkornmehl	Kürbiskerne
Durian (Stinkfrucht)	Mandeln
Feigen, getrocknet	Salatkernmix
Gelbe Mango	Shiitakepilze
Hafer	Süßkartoffel (außen violett)
Hirse	
Kokosnusswürfel, getrocknet	
Nashi-Birne	
Netzmelone	
Mango, getrocknet	
Melonen, getrocknet	
Orange-Flesh-Melone	
Quinoa	
Roggen	

Kein Chakra

Obst, Trockenfrüchte + Getreide	Gemüse, Nüsse + Sonstiges
Aprikosen, getrocknet	
Curuba (Passionsfruchart)	Schalotten
Cranberries, getrocknet	Pastinaken
Taro (Wasserbrotwurzel)	Zuckerrohr
Granatapfel	
Kiwano	
Mangos	
Passionsfrüchte	
Sojakerne geröstet	
Stachelbeeren	
Studentenfutter (Mischung aus getrocknetem Obst und Nüssen)	
Tropical Mix (Mischung aus verschiedenen getrockneten Früchten)	

Diese Tabellen beschränken sich auf Rohkost, weil man sonst nicht weiß, wo man die Grenze ziehen soll. Aber einige Hinweise auf gekochte Nahrung sollen hier noch eingefügt werden.

Nudeln aller Arten stimulieren kein Chakra, können aber als Beilage für bestimmte Farben (zum Beispiel Nudeln mit Bärlauchpesto) verwendet werden. Der normale weiße Reis stimuliert das Kronenchakra, während der Naturreis das Veränderungschakra aktiviert.

Alle Milchprodukte, die eine weiße Farbe haben, beeinflussen das Kronenchakra.

Goldgelber Käse wirkt sich auf alle Chakren aus.

Tofu wirkt auf das Wurzelchakra ein, während Sojamilch das Kronenchakra aktiviert. Das gilt auch für Sojakäse und „Hackfleisch nach Sojaart".

Corn Flakes wiederum „arbeiten" am Polaritätschakra.

Vollkornbrot wirkt sich auf das Wurzelchakra aus, die „hellen" Brötchen auf alle Chakren, das normale Graubrot ebenfalls. Schrotbrot hat keine Wirkung auf die Chakren, Weißbrot jedoch stimuliert das Kronenchakra. Zwieback wirkt sich auf das Harmoniechakra aus, Knäcke auf das Wurzelchakra.

Eier mit brauner Schale sind für das Frühstück, also das Wurzelchakra, gut und Eier mit weißer Schale für das Abendessen, also Kronenchakra.

Butter und Margarine wirken auf alle Chakren ein.

Weder der normale Haushaltszucker noch der Rohrzucker stimulieren ein bestimmtes Chakra, der Sharkarazucker jedoch das Kronenchakra.

Weder Kaffee, Getreidekaffee, grüner Tee noch Alkohol beschleunigen ein Chakra, der schwarze Tee jedoch das Veränderungschakra. Sowohl allgemeiner Kräutertee als auch der Basentee 49-Allerlei-Wohlfühltee von Queensland stimulieren alle Chakren, und da letzterer Basen bildet, reinigt er auch noch den Körper von Schlacken.

Erstaunlicherweise stimulieren süße Limonaden und Cola alle Chakren, da sie aber viele Säuren bilden, wird ihre Wirkung wieder aufgehoben.

Mineralwasser mit Kohlensäure hat keine beschleunigende Wirkung, Mineralwasser ohne jedoch wirkt sich auf alle Chakren aus.

Als ich die Geistige Welt danach fragte, warum die Unterteilung nicht mit der von Gabriel Coussens ursprünglich ausgearbeiteter übereinstimmt, wurde mir gesagt, dass sich seitdem viel verändert hat. Der Hauptgrund aber wäre der, dass die Erde nun in der Fünften Dimension wäre und da gälten andere Regeln.

Erzengel Gabriel möchte nun einige abschließende Bemerkungen hinzufügen:

Liebe Menschen, hier ist zum Abschluss noch einmal Gabriel. Ihr habt nun viele neue Informationen erhalten und auch Arbeitsmittel, um euren persönlichen Prozess zu gestalten. Mit jedem weiteren Buch dieses Channels (und der vielen anderen Channels) gibt es mehr Hilfen für euch. Die ersten Bücher werden in relativ kurzer Zeit geschrieben, weil diese Hilfsmittel dringend gebraucht werden.

Warum erzähle ich euch das? Wir möchten euch bewusst machen, dass für euch bestens gesorgt wird, dass jeder zum richtigen Zeitpunkt die passenden Antworten findet, die richtigen Energien erhält und den Weg einschlagen kann, der ihm die größte Freude bereitet.

Und auch wir leben in größter Freude, denn endlich, endlich ändert sich etwas: Der Zug in Richtung Aufstieg erfährt eine rasante Beschleunigung, und die Engel, die bis vor kurzem noch weinten, weil ihr es ihnen in ihrem Aufgabengebiet manchmal sehr schwer gemacht habt, hören auf zu weinen und schauen sich verwundert um. Ein zaghaftes Lächeln erscheint auf ihren Gesichtern, weil sie einen Ton hören können. Jeder einzelne Mensch, der sich intensiv mit sich selbst auseinandersetzt, sorgt dafür, dass das Lächeln auf den Gesichtern der Engel immer breiter wird und letztlich in einem dauerhaften Strahlen endet, weil der Ton, den sie hören, zu einem Lied wird, dem Lied der Neuschöpfung, – eine Neuschöpfung persönlicher Leben genauso wie die Neuschöpfung einer ganzen Gesellschaftsform.

Da die Erzengel einen größeren Überblick haben als andere Engel, könnt ihr auf meinem Gesicht bereits das Strahlen sehen, von dem ich spreche. Es war nie fort! Schließt für einen Moment die Augen und visualisiert mich in gelbe Farben gekleidet und gehüllt und seht das Stahlen der Liebe für euch, – einer Liebe, die ihr Menschen noch gesteigert habt. Wir lieben euch, wir lieben euch, wir lieben euch!

Das war in Liebe, Gabriel.

Im ersen Band wurde ausführlich vom Harmonietor gesprochen, das am 24. Dezember 2004 geöffnet wurde. Nun möchte Muriel, der Engel dieses Tores, das Wort an dich, liebe Leserin, lieber Leser, richten:

Liebe Menschen, die Kraft der Meditation haben zum Beispiel viele tausend Buddhisten bereits bewiesen, doch nun arbeiten auch Wissenschaftler daran, und die Ergebnisse ihrer Untersuchungen verblüffen sie selbst. Sie haben zum Beispiel festgestellt, dass in der Meditation die linke Gehirnhälfte sehr stark aktiv ist, und das könnt ihr in den Meditationen auch fühlen. Wenn zum Beispiel das Gefühl des fließenden Energiestroms aufkommt, so ist er oft auf der linken Seite. Das ist für die Wissenschaftler deshalb auch so verblüffend, weil ja die rechte Hirnhälfte eigentlich die intuitive, „weibliche", also zulassende Seite ist. Meditation ist ja in gewisser Weise ein Zulassen.

Warum ist es dann die Seite der Vernunft, des Verstandes, die in der Meditation so aktiv ist? Nun, weil es genau die Seite ist, die umgebaut wird, so dass insgesamt ein Gleichklang beider Hälften erreicht wird. Dieser Gleichklang steigert sowohl die Intuition als auch die Intelligenz, weil es diese Trennung der Funktionen nicht mehr gibt und sie nun harmonisch zusammenarbeiten. Der Balken zwischen den Hirnhälften wird wesentlich stärker, also „dicker", damit dieses auch funktionieren kann. Man könnte sagen, dass durch die Meditationspraxis neue neutrale Muster gebildet werden. Die alten lösen sich nicht auf, denn auf ihnen wird aufgebaut.

Ihr könnt euch das so vorstellen: Ihr habt ein Netz von Straßen in eurem Gehirn. Auf diesen bewährten Wegen seid ihr ständig unterwegs, denn sie funktionieren hervorragend! Wenn ihr nun in die Meditationspraxis einsteigt oder sie verändert, werden neue Stockwerke über den Straßen gebaut, und so müsst ihr nicht mehr nur die Straßen auf dem Boden benutzen, sondern könnt euch dreidimensional überall hinbewegen. So ähnlich wie mit den Schwebeautos in Science-Fiction-Filmen, die auch noch feste Bahnen einhalten müssen, aber den Raum über sich dazu gewonnen haben, und genau das geschieht durch die Meditation!

In diesen und andere Büchern wird viel Wert auf Meditation gelegt, weil damit eine völlige Umstrukturierung der Denkweise möglich ist, und genau das tut ihr, wenn ihr beispielsweise mit den Engelnamen meditiert, die euch gegeben wurden. Wohin geht diese Umstrukturierung? In die Liebe, in die Liebe zu Allem-was-ist, und ganz besonders zu euch selbst. Das ist euer Weg, und es ist auch unser Weg. Wenn ihr Meditationen an Kraft-

orten durchführt, und „mein“ Harmonietor ist natürlich solch ein Kraftort, dann verstärken sich die Energien eurer Meditationen um ein Vielfaches. Das bedeutet, dass ihr in eurem Prozess schneller vorankommen könnt, wenn ihr die Plätze von Mutter Erde, die sie ja dafür zur Verfügung stellt, auch nutzt. Es wird alles leichter für euch, wenn ihr all die Hilfe, die es gibt, auch in Anspruch nehmt. Wir warten darauf, wir warten auf euch.

In Liebe, Muriel.

☆☆☆

Mir bleibt nun nur noch zu sagen, dass ich allen, die an diesem Buch mitgeholfen haben, danke. Dieser Dank gilt meiner Familie, den geistigen Wesenheiten, den Verlagsmitarbeiter/Innen und der Familie Leurer (Birgit, Erwin, Tanja, Christine, Simone), die es übernommen haben, den folgenden Rezeptteil zu gestalten, indem sie alles zusammenstellten, kochten und dann auch noch gegessen haben, um zu sehen, wie die Wirkung ist. Sie stellten sich also als Versuchskaninchen zur Verfügung und halfen mir dabei, Zeit einzusparen, die ich schon für das nächste Buch dringend benötigte.

Danke, danke, danke.

Wer direkt mit mir und den Kraftorten arbeiten will, ist dazu herzlich eingeladen. Du kannst dich unter folgender Adresse mit mir in Verbindung setzen:

Postfach 1351
97756 Hammelburg
Email: regenbogenzeitalter@gmx.de

Patrizia Pfister

Teil II
Rezepte für die Regenbogenernährung

Abkürzungen

EL	Esslöffel
TL	Teelöffel
g	Gramm
kg	Kilogramm
l	Liter
ml	Milliliter
P	Päckchen

Die Mengenangaben der nachfolgenden Rezepte sind jeweils für vier Personen gedacht.

Rot (Wurzelchakra)

Schnelles Dinkelbrot

Zutaten:
400 g Dinkel
100 g Buchweizen oder Hanf
1 TL Vollmeersalz
2 EL Obstessig
100 g Tomatenmark
25 g Hefe
½ l warmes Wasser
je eine ¾ Tasse Leinsamen, Sesam und Sonnenblumenkerne

Zubereitung:
Dinkel und Buchweizen fein mahlen. Die Hefe in warmem Wasser auflösen. Alle Zutaten mit dem Rührgerät verrühren. Masse in eine gefettete Kastenform geben.
Backzeit: ca. 1 Stunde bei 220 Grad.

Kalte Himbeerkonfitüre

Zutaten:
4 leere Gläser à 250ml
500 g reife Himbeeren
2 EL Zitronensaft
500 g Gelierzucker 1 plus 1 von Südzucker

Zubereitung:
Die Himbeeren verlesen und mit einer Gabel leicht zerdrücken.
Anschließend die Beeren mit dem Zitronensaft in eine Schüssel der Küchenmaschine füllen.
Den Gelierzucker nach und nach zugeben und die Fruchtmasse bei kleinster Stufe 60 Minuten rühren, bis sie dicklich geworden ist.
Die Konfitüre in vorbereitete Gläser füllen und verschließen.

Frische Paprikasuppe

Zutaten:
400 g rote Paprikaschoten
100 g Zwiebeln
1 Knoblauchzehe
15 g Butter
1 TL Tomatenmark
1 EL Weizenmehl
1 Prise Zucker
½ gestrichenen TL Paprikapulver edelsüß
750 ml Gemüsebrühe
Salz, Cayennepfeffer
1 Spritzer Weißweinessig
75 g Crème fraîche
2 EL Petersilie fein gehackt

Zubereitung:
Paprika putzen, halbieren, entkernen und klein würfeln. Zwiebeln und Knoblauch abziehen und beides fein würfeln. Butter in einem Topf erhitzen, Paprika, Zwiebeln und Knoblauch darin glasig dünsten. Erst Tomatenmark einrühren, dann Mehl, Zucker und Paprikapulver hinzufügen und alles bei milder Hitze unter ständigem Rühren 2 Minuten weitergaren.
Gemüsebrühe angießen, alles 10 Minuten köcheln lassen und gelegentlich dabei umrühren. Suppe grob mit einem Stabmixer pürieren(Paprikastücke sollten erhalten bleiben) und mit Salz, Cayennepfeffer und Essig abschmecken. Kurz vor dem Servieren Crème fraîche einrühren und mit Petersilie abschmecken.

Makkaroni mit Gemüse

Zutaten:
400 g Makkaroni
2 Stangen Porree
250 g Kirschtomaten
2 rote Paprika
½ Bund Petersilie
125 g mittelalter Gouda
2 Eier
200 ml Sahne
Salz, Pfeffer

Zubereitung:
Makkaroni in kochendem Salzwasser ca. 15 Minuten garen. Inzwischen den Porree putzen, waschen und in dicke Ringe schneiden. 3 Minuten vor Ende der Garzeit zu den Makkaroni geben und mitgaren. Makkaroni und Porree abgießen und auf einem Sieb abtropfen lassen.
Die Kirschtomaten waschen und halbieren. Paprika halbieren, putzen und waschen. In feine Streifen schneiden. Petersilie abbrausen, trocken tupfen und fein hacken.
Backofen auf 200 Grad (Umluft 180 Grad, Gas Stufe 4) vorheizen.
Gouda mit Eiern, Sahne, Salz, Pfeffer verrühren.
Makkaroni mit Eiersahne, Porree, Tomaten, Paprika mischen und in eine Auflaufform verteilen. Ca. 30 Minuten backen.

Tomatensalat

Zutaten:
1 kg feste Tomaten
1 Zwiebel, Schnittlauch
4 EL Öl, 3 EL Essig
Salz, Zucker

Zubereitung:
Tomaten waschen und in gleichmäßige Scheiben schneiden. Mit Salatmarinade vermischen und ca. 1 Stunde durchziehen lassen.

Erdbeer-Dessert

Zutaten:
800 g Erdbeeren
50 g Puderzucker
4 EL Orangenlikör (ersatzweise Orangensaft)
2 Eiweiß
200 g Schlagsahne

Zubereitung:
Erdbeeren waschen, abzupfen und pürieren
1 EL Puderzucker und Orangenlikör oder -saft unterrühren. Die Hälfte des Pürees in Portionsgläser verteilen. Eiweiß sehr steif schlagen, restlichen Puderzucker unterschlagen. Sahne ebenfalls steif schlagen. Eischnee und Sahne mit dem Rest des Erdbeerpürees vermischen und auf dem Püree in den Gläsern verteilen. Nach Wunsch vor dem Servieren eine Stunde kühlen.

Himbeer-Joghurt-Kuchen

Zutaten Biskuitboden:
3 Eier
3 EL warmes Wasser
125 g Zucker
1 P Vanillezucker
125 g Mehl
1 TL Backpulver
1 Prise Salz

Zutaten Joghurt-Sahne:
3 Becher Sahne
3 Becher Joghurt
12 Blatt rote Gelatine
200 g Zucker
200 g Himbeeren

Zubereitung Biskuitboden:
Eier trennen, Eigelb mit 3 EL warmem Wasser, Salz und 2/3 des Zuckers sowie dem Vanillezucker schaumig schlagen. Eiweiß getrennt mit dem restlichen Zucker steif schlagen.
Mehl und Backpulver auf die Eigelbmasse sieben, Eischnee hinzufügen und vorsichtig unterziehen. Teig in eine gefettete Springform geben und im vorgeheizten Backofen E-Herd 200 Grad, Gas Stufe 4; Umluft 180 Grad 12 –15 Minuten backen.
Biskuit aus der Form nehmen und auskühlen lassen.

Zubereitung Creme:
Gelatine nach Packungsanweisung einweichen. Sahne steif schlagen. Joghurt und Zucker verrühren und löffelweise in die aufgelöste Gelatine geben. Sahne unter die abgekühlte Masse geben und unterrühren.

Tortenring um den Biskuitboden legen, mit Himbeeren belegen und Joghurt-Sahne-Creme einfüllen. Abkühlen lassen und verzieren.

Orange (Sakralchakra)

Nudelsalat

Zutaten:
250 g Nudeln (Gabelspaghetti)
200 g gelbe Rüben
1 gelbe Paprika
2 EL Mayonnaise
1 TL Senf
Salz, Pfeffer

Zubereitung:
Gelbe Rüben schälen, in Scheiben schneiden und mit den Nudeln in Salzwasser gar kochen. Gelbe Paprika waschen, in kleine Stücke schneiden und in die abgetropften Nudeln geben.
Mayonnaise, Senf, Salz und Pfeffer in die erkalteten Nudeln geben, umrühren und vor dem Verzehr ½ Stunde ziehen lassen.

Aprikosen-Joghurtcreme

Zutaten:
5 Blatt helle Gelatine
500 g Aprikosen
50g Zucker
3 Becher Naturjoghurt
2 P Vanillezucker
2 Eiweiß

Zubereitung:
Gelantine in kaltem Wasser einweichen. Die Aprikosen waschen, gut abtropfen lassen, einige zum Verzieren übrig lassen, den Rest mit Zucker pürieren.
Den Naturjoghurt zusammen mit dem Vanillezucker mit dem Schneebesen verrühren, Aprikosenmus unterrühren.
Die eingeweichte Gelantine im Wasserbad auflösen, unter die Creme rühren. Creme kaltstellen, bis sie zu gelieren beginnt.

Mit Eiweiß steif schlagen und vorsichtig unter die Creme ziehen.
Die Aprikosencreme in Dessertgläser füllen, kalt stellen, kurz vor dem Essen mit einem Sahnetupfer und den zurückgelassenen Aprikosen garnieren.

Hokkaido – Gnocchi

Zutaten:

1 kg Hokkaido
Wasser
1 kg Kartoffeln
ca. 200 g Mehl
Salz und Muskatnuss
5 Salbeiblätter
5 EL Olivenöl

Zubereitung:

Hokkaidos gut putzen, halbieren, aushöhlen und in Scheiben schneiden.
Die Scheiben bei 170 Grad im vorgeheizten Ofen ca. 30 Minuten garen.
Kartoffeln mit Schale in genügend Wasser ca. 30 Minuten weich kochen, schälen und pürieren. Zum Auskühlen die Masse auf eine Arbeitsfläche streichen (ca. 1 cm dick).
Hokkaido pürieren und auskühlen lassen, mit Kartoffeln vermengen, mit Salz und Muskatnuss abschmecken. Zu einem Teig kneten und dabei so viel Mehl zufügen, bis der Teig beim Kneten nicht mehr klebt.
Aus dem Teig kleine Rollen drehen und diese in kleine Gnocchi schneiden.
Die Gnocchi in sprudelnd kochendem Salzwasser kochen, bis sie an die Oberfläche steigen. Vorsichtig mit einem Schaumlöffel aus dem Wasser heben.
Öl und Salbeiblätter in einer Bratpfanne erhitzen und die Gnocchi kurz darin schwenken. Gleich servieren.

Tipp:

Hierzu passen geröstete Pinienkerne mit Parmesankäse und ein Salat aus gedünsteten Karotten.

Müsli mit Pfirsich

Zutaten:
5 EL Müsli
1 Joghurt
2 Pfirsichhälften
1 TL Honig

Zubereitung:
Müsli mit Joghurt und Honig vermischen, klein geschnittene Pfirsichstücke untermischen.

Gelbe Rübensuppe

Zutaten:
250 g Gelbe Rüben
2 Kartoffeln
1 l Gemüsebrühe
30 g Fett
2 EL Mehl
Salz, Pfeffer

Zutaten Eierstich:
2 Eier
4 EL Milch
Salz Pfeffer

Zubereitung:
Gelbe Rüben waschen, putzen und fein schneiden. Kartoffeln schälen, fein schneiden und in Fett andünsten, mit Gemüsebrühe aufgießen und 20 bis 30 Minuten kochen lassen.
In der Zwischenzeit Eierstich zubereiten.
Ganze Eier, Salz, Pfeffer und Milch gut verquirlen, in eine gebutterte Tasse geben und zugedeckt im Wasserbad bei schwacher Hitze fest werden lassen (Garzeit etwa 20 Minuten). Anschließend stürzen, in Würfel schneiden und in die gebundene Suppe geben.
Mit Salz und Pfeffer abschmecken.

Quark-Mandarinen-Kokoskuchen

Zutaten Teig:
200 g Margarine
200 g Zucker
1 P Vanillezucker
350 g Mehl
1 P Backpulver

Zutaten Belag:
750 g Magerquark
1 Becher Schmand
125 g Zucker
1 P Vanillezucker
2 Eier
1 P Vanillepudding
3 Dosen Mandarinen

Zutaten Streusel:
200 g Kokosflocken
125 g Margarine
100 g Zucker
etwas Mehl

Zubereitung:
Aus den Zutaten für den Teig einen Knetteig herstellen und auf einem mit Backpapier ausgelegten Backblech ausrollen.
Die Zutaten für den Belag miteinander verrühren und zum Schluss die klein geschnittenen Mandarinen unterheben und auf den Teig streichen.
Aus Kokosflocken, Margarine, Zucker und Mehl Streusel herstellen und gleichmäßig auf der Quarkmasse verteilen.
Bei 175 Grad ca. 30 Minuten im Umluftherd backen.

Quark-Strudel mit Vanillesoße

Zutaten:

250 g feines Weizenmehl Typ 405
1 EL Essig
1-2 ELÖl oder
20 g zerlassene Butter
1 Ei
bis 125 ml lauwarmes Wasser
Semmelbrösel
zum Bestreichen: Öl oder zerlassene Butter

Zutaten Füllung:

3 Eier
200 g Zucker
1 kg frischer Quark
4 EL Milch

Zubereitung:

Weizenmehl auf Brett sieben, Öl, Ei und lauwarmes Wasser in eine Mehlgrube geben und zu einem geschmeidigen Teig verarbeiten. Teig rasch und kräftig mit der Hand abschlagen, bis er Zungen wirft. Anschließend auf ein bemehltes Handtuch geben und mit einer heißen Schüssel abdecken.
Zwischenzeitlich Füllung zubereiten:
Alle Zutaten der Füllung miteinander mischen.
Den vorbereiteten Teig auf gleichmäßig bemehltem Tuch ausrollen und mit Semmelbrösel bestreuen. Dann mit flacher Hand hauchdünn ausziehen und die Quarkmasse darauf verteilen (Ränder frei lassen). Ränder einschlagen und locker zusammenrollen. Vorsichtig auf das gefettete Backblech gleiten lassen, so dass das Ende unten ist, und den Strudel mit Fett bestreichen.
Backtemperatur: 200 – 230°C
Backdauer: 50 – 60 Minuten

Gelb (Sonnenchakra)

Senfsuppe

Zutaten:
250 g Porree
2 EL Butter
2 EL Mehl
1 l Gemüsebrühe
250 g Crème fraîche
2 EL extrascharfer Senf
1 EL scharfer Senf
1 EL bayrischer Senf
Salz
2 TL Zucker
glatte Petersilie

Zubereitung:
Den Porree putzen, waschen und in Ringe schneiden. Die Butter in einem großen Topf erhitzen und 200 g Porreeringe darin andünsten. Das Mehl aufstäuben und die Brühe angießen. Suppe aufkochen und ca. 10 Minuten bei mittlerer Hitze köcheln. Dann Crème fraîche sowie die verschiedenen Sorten Senf einrühren. Mit Salz und Zucker pikant abschmecken.
Die Suppe mit frischen Porreestreifen sowie glatter Petersilie anrichten und servieren.

Avocadoaufstrich

Zutaten:
2 reife Avocados
50 g Doppelrahm-Frischkäse
1 TL Zitronensaft
1 kleine Zwiebel
1 Bund Petersilie
1 Knoblauchzehe
Salz, Pfeffer

Zubereitung:
Die Avocados halbieren und entsteinen. Das Fruchtfleisch mit einem Löffel aus der Schale lösen, mit der Gabel zerdrücken, das Mus und den Frischkäse mit Zitronensaft beträufeln. Die Zwiebel schälen, fein hacken und hinzufügen. Die Petersilie waschen, fein hacken und unterrühren. Den Knoblauch schälen und durch die Presse dazudrücken. Den Aufstrich mit Salz und Pfeffer abschmecken und zu Weißbrot servieren

Ananas-Muffins

Zutaten:
200 g Weizenmehl
2 TL Backpulver
150 g Ananas aus der Dose
1 Ei
150 g brauner Zucker
100 ml Öl
250 g Joghurt
1 EL Rum

Zubereitung:
Das Mehl mit dem Backpulver in eine Schüssel sieben und mit Kokosraspel sorgfältig vermischen. Ananas in kleine Stücke schneiden. Ei, Zucker, Öl, Joghurt und Rum gut verrühren. Die Ananasstückchen zerkleinern und untermischen. Zuletzt die Mehlmischung unterheben. Den Teig in ein Muffinblech füllen und bei 175 Grad 20 – 25 Minuten goldgelb backen.

Schwäbische Käsespätzle

Zutaten:
4 große Zwiebeln
1 – 2 EL Butterschmalz
300 g Emmentaler am Stück
1 – 2 EL Butter
800 g Spätzle

Zubereitung:
Zwiebeln abziehen, in Ringe schneiden. Schmalz erhitzen, die Zwiebelringe darin goldgelb braten. Auf Küchenpapier abtropfen lassen. Käse fein reiben. Butter in großer Pfanne erhitzen und die gekochten Spätzle darin kurz andünsten. Dann Käse zugeben und unter Rühren schmelzen lassen. Käsespätzle auf Tellern anrichten, Zwiebeln darüber geben und alles mit Pfeffer übermahlen.

Bayrische Creme

Zutaten:
4 Eigelb
100 g Zucker
500 ml Ananassaft
6 Blatt Gelatine
200 ml Sahne

Zubereitung:
Gelatine einweichen. In einem Topf Eidotter und Zucker schaumig rühren und mit Saft aufgießen, auf den Herd stellen, unter kräftigem Schlagen erhitzen (nicht kochen). Ausgedrückte Gelatine dazugeben, umrühren, in Schüssel umfüllen, erkalten lassen, geschlagene Sahne unterziehen, verzieren.

Grün (Herzchakra)

Vegetarischer Brotaufstrich

Zutaten:
2 Zwiebeln
125 g Butter
100 g Haferflocken
100 g Weizen
50 g Hefeflocken
500 ml Gemüsebrühe
2 TL Majoran
Salz, Pfeffer

Zubereitung:
Feingeschnittene Zwiebeln in Butter goldgelb dünsten. Haferflocken, Weizenschrot und Hefeflocken dazugeben. Gemüsebrühe unter Rühren aufgießen, quellen lassen. Mit Majoran, Salz und Pfeffer abschmecken

Kräuterbutter

Zutaten:
1 P Butter (Zimmertemperatur)
2 TL Kräutersalz
1 EL Schnittlauch und Petersilie (getrocknet oder gefroren)

Zubereitung:
Alles mit dem Mixer mischen und kühl stellen.

Erbsensuppe

Zutaten:
200 bis 250 g Erbsen
1 ½ l Wasser zum Einweichen
Wurzelwerk nach Belieben

Zutaten zur Einbrenne:
40 g Fett oder Räucherspeck
1 Zwiebel
20 g Mehl
Salz, Pfeffer

Zubereitung:
Erbsen waschen, über Nacht in reichlich kaltem Wasser einweichen.
Erbsen im Einweichwasser mit vorbereitetem Wurzelwerk weich einkochen.
Garzeit: 1 ½ Stunden.
Alles durch ein Sieb streichen. Einbrenne herstellen, mit Erbsensud aufgießen und etwa 5 – 10 Minuten kochen lassen und abschmecken.

Quiche

Zutaten Teig:
250 g Mehl
Salz
70 ml lauwarme Milch
20 g Hefe
30 g Fett
1 Ei

Zutaten Füllung:
1 kg Brokkoli, Lauch, Erbsen (Dose), Spinat oder grünen Paprika (je nach Geschmack)
3 Eier
250 ml Sahne, etwas Wasser
Salz, Pfeffer

Zubereitung:

Alle Zutaten für den Teig in eine Rührschüssel geben und mit den Knethaken kräftig rühren. **Achtung: lauwarme Milch!**

Den Teig mit einem frischen Geschirrtuch abdecken und an eine warme Stelle zum Gehen stellen.

In der Zwischenzeit die Springform einfetten und je nachdem, welches Gemüse man benutzen möchte, waschen und klein schneiden. Alles in eine Schüssel geben. Eier mit Sahne, Wasser und Gewürzen mit dem Schneebesen verquirlen

Den Hefeteig in die Form geben und mit den Händen einen Rand ziehen.

Das Gemüse hineingeben und die Eiersahne darübergeben.

35 – 45 Minuten backen bei 170 Grad Umluft (nicht vorgeheizt).

Rosenkohl-Salat

Zutaten:

1 P Rosenkohl (300 g)
1/8 l Gemüsebrühe
4 EL Essig
1 EL Senf
3 EL Öl
500 g Staudensellerie
2 EL Crème fraîche
Salz
50 g gehackte Haselnusskerne
2 EL frisch gehackte Petersilie

Zubereitung:

Den Rosenkohl nach Packungsaufschrift in der Gemüsebrühe bissfest garen. Mit der Brühe in eine Schüssel geben. Jeweils die Hälfte von Essig, Senf und Öl daruntermischen und ziehen lassen, bis der Sellerie vorbereitet ist. Den Sellerie putzen, waschen und in kleine Stücke schneiden. Die Sellerieblättchen hacken. Den Rest von Essig, Senf und Öl mit der Crème fraîche und Salz verrühren. Den Sellerie damit mischen. Beide Salate mit den Sellerieblättchen, den Nüssen und der Petersilie bestreuen.

Kiwiquark-Dessert

Zutaten:
75 g blütenzarte Haferflocken
400 g Naturjoghurt
250 g Magerquark
3 – 4 EL flüssiger Honig
6 Kiwis

Zubereitung:
Haferflocken in einer trockenen Pfanne unter Rühren leicht anrösten. Den Joghurt mit dem Quark und dem Honig gut verrühren und ¾ der Haferflocken zufügen. Die Kiwis schälen und in dünne Scheiben schneiden. Die Quarkmasse auf Tellern anrichten, mit den restlichen Haferflocken bestreuen und den Kiwischeiben garnieren.

Zucchini Kuchen

Zutaten:
300 g Zucchini
4 Eier
375 g Zucker
1 P Vanillinzucker
375 g Speiseöl
200 g Nüsse
½ EL Zimt
1 TL Kakao
450 g Mehl
1 ½ P Backpulver, 1 Prise Salz

Zubereitung:
Öl, Eier und Zucker zu einer cremigen Masse schlagen, gehobelte Zucchini hinzugeben. Mehl und Backpulver vorher vermischen und alle Zutaten miteinander verrühren.
Bei 180 Grad 35 – 40 Minuten in einer Rührkuchenform backen.
Oder bei 170 Grad 20 Minuten auf einem Blech backen und mit Schokoguss/Mandelplättchen verzieren.

Blau (Halschakra)

Waffeln mit Heidelbeeren

Zutaten:
150 g Butter
150 g Zucker
3 Eier
½ Zitronenschale oder 1 EL Zimt
1 EL Rum
150 g Mehl davon evtl. 50 g Stärkemehl
½ TL Backpulver
Puderzucker
1 Glas Heidelbeeren

Zubereitung:
Butter sehr schaumig rühren, Zucker im Wechsel mit Eiern unterrühren, Zitronenschale oder Zimt beifügen, Mehl und Stärke mit Backpulver gemischt und gesiebt unterrühren. Waffeln backen und mit Puderzucker bestreuen.
Dazu Heidelbeeren servieren.

Holundersuppe

Zutaten:
200 g reife Holunderbeeren
2 Äpfel
100 g Zucker
1 P Vanillezucker
1 l Wasser, etwas Stärke

Zubereitung:
Holunderbeeren waschen und von Stielen befreien, mit kaltem Wasser aufsetzen, etwa 10 Minuten gut durchkochen lassen. Danach Suppe durch ein Sieb drücken. Kleingeschnittene Apfelstückchen hineingeben, mit Zucker und Vanillezucker süßen. Etwa 5 Minuten köcheln lassen, mit Stärke andicken, eventuell Grießklößchen als Einlage.

Rotkohl mit Kartoffeltalern und Getreidefrikadellen

Zutaten:

1 Glas Rotkohl (720 ml)
1/8 l Apfelsaft
1 Beutel Glühwein-Gewürz
2 EL Preiselbeeren (Glas)
1 säuerlicher Apfel

750 g Kloßteig (halb & halb)
100 g Schinkenwürfel
1 Ei
2 EL Öl
Salz, Pfeffer, Muskat

Zubereitung:

Saft aufkochen und Glühwein-Gewürz darin ca. 5 Minuten ziehen lassen. Beutel entfernen. Kohl hinzugeben und zugedeckt ca. 20 Minuten garen. 1 EL Preiselbeeren einrühren.
Schinkenwürfel anbraten, mit Kloßteig, Ei, Salz, Pfeffer und Muskat würzen. 10 Taler formen und im heißen Öl pro Seite ca. 5 Minuten braten.
Alles anrichten, mit Apfelscheiben und restlichen Preiselbeeren garnieren.

Zutaten Frikadellen:

2 Tassen Wasser
1 TL Kräutersalz
1 Würfel Gemüsebrühe
1 Tasse 3-Korn-Grütze
1 Ei
4 EL Hefeflocken
2 EL Semmelbrösel
1 EL saure Sahne
1 TL Senf
1 gehackte Zwiebel
Curry, Kümmel, gehackte Kräuter, geraspelte gelbe Rüben und Käse

Zubereitung:

Wasser mit Kräutersalz und Gemüsebrühe zum Kochen bringen. Dann die 3-Korn-Grütze einrühren und ca. 3 Minuten kochen, bis über der Grütze kein Wasser mehr steht, und danach ca. ½ Stunde nachquellen lassen. Nach dem Quellen mit der Gabel auflockern und die restlichen Zutaten dazugeben. Kräftig mit Kräutersalz abschmecken! Mit nassen Händen formen und ausbacken.

Blaukrautsalat

Zutaten:

1 kg Blaukraut
Salz, Essig, Wasser
3 EL Öl
200 ml heiße Gemüse- oder Fleischbrühe
Salz, Pfeffer, eine Prise Zucker
Kräuter

Zubereitung:

Kraut putzen, Kopf halbieren, waschen, fein hobeln, Strunk entfernen, in kochendem Salz-Essig-Wasser kurz aufkochen lassen, abseihen, gut abtropfen lassen und mit heißer Gemüse oder Fleischbrühe anmachen.
Mit Salz, Pfeffer und Öl abschmecken. Etwa eine halbe Stunde durchziehen lassen.

Rotweinbirnen

Zutaten:

4 kleine Birnen (600 g)
400 ml Rotwein
2 – 3 EL Zitronensaft
100 g Zucker
1 Zimtstange
2 TL Speisestärke
1 EL Walnusskerne

Zubereitung:
Birnen schälen, halbieren, und entkernen. Wein, Zitronensaft, Zucker und Zimt aufkochen. Birnen darin zugedeckt bei schwacher Hitze 12 – 15 Minuten dünsten. Herausheben und Zimt entfernen. Stärke und etwas Wasser glatt rühren. Weinsud damit binden und abkühlen lassen. Nüsse hacken. Birnen fächerartig einschneiden, mit Soße anrichten und mit Nüssen bestreuen.

Zwetschgenblechkuchen

Zutaten:
500 g Mehl, Salz
125 ml Milch
30 g Hefe
50 g Fett
50 g Zucker
1 Ei
1 kg Zwetschgen
Rosinen

Zubereitung:
Milch in einem Topf oder in der Mikrowelle erwärmen. Alle Zutaten mit der Handrührmaschine mit Knethaken verkneten. Den Teig mit einem Tuch abdecken und gehen lassen. Hat sich die Menge deutlich vergrößert, gibt man den Teig auf ein mit Backpapier ausgelegtes Blech und rollt ihn gleichmäßig aus. Anschließend mit Zwetschgen belegen.
Im Ofen bei 180 Grad Umluft 40 – 50 Minuten backen.

Johannisbeermarmelade

Zutaten:
500 g rote Johannisbeeren
500 g schwarze Johannisbeeren
1 kg Gelierzucker

Zubereitung:
Früchte vom Stiel entfernen und kurz waschen. Mit dem Zucker unter Rühren zum Kochen bringen. So lange, bis Tropfen, auf einem kalten Teller gegeben, dicklich werden. Falls sich Schaum bildet, diesen abschöpfen. Sofort in saubere, heiß ausgespülte Gläser füllen und mit einem heißen Schraubdeckel luftdicht verschließen.

Violett (Stirnchakra)

Zarengelee

Zutaten:
¼ l Johannisbeersaft
125 ml Rotwein
50 g Zucker
6 Blatt weiße Gelatine
½ l Milch
½ P Vanillepuddingpulver

Zubereitung:
Johannisbeersaft und Wein mischen, mit Zucker abschmecken. Die eingeweichte, gequollene Gelatine auflösen, temperieren und zur Flüssigkeit geben. In Gläser verteilen (nur halb füllen) und stocken lassen. Aus Milch und Puddingpulver eine Vanillesoße bereiten und auf die steife Sülze gießen.

Johannisbeeraufstrich

Zutaten:
125 g rote Johannisbeeren
125 g schwarze Johannisbeeren
100 g Zucker

Zubereitung:
Die Johannisbeeren waschen, die Beeren mit einer Gabel von den Rispen streifen.
Die Beeren durch ein grobmaschiges Sieb streichen. Das Beerenmark mit dem Zucker in einen Mixer geben. Den Mixer auf höchster Stufe etwa 10 Minuten schlagen lassen, bis der Aufstrich zu gelieren beginnt. Den Fruchtaufstrich in kleine Gläser füllen. Er ist im Kühlschrank gut verschlossen bis zu zwei Wochen haltbar.

Borschtsch (Rote Bete Suppe)

Zutaten:
400 g rote Bete
50 g Butter
50 g Tomatenmark
Zucker
Saft von 1 Zitrone
1 kleine Zwiebel
300 g Weißkohl
2 l Brühe
2 EL saure Sahne
Salz, Pfeffer

Zubereitung:
Rote Bete waschen, abziehen und in kleine dünne Streifen schneiden.
In einem mittleren Topf die Butter erhitzen, rote Bete hineingeben, Zucker und Tomatenmark hinzufügen und mit Zitronensaft beträufeln. Zugedeckt bei mäßiger Hitze im eigenen Saft gardünsten. Inzwischen Weißkohl in kleine Stücke teilen und zugeben, mit der Fleischbrühe auffüllen, salzen und pfeffern. Bei mittlerer Hitze weich kochen. Mit saurer Sahne binden. Heiß servieren.

Rote-Bete-Salat

Zutaten:
400 g Rote Bete
2 Zwiebeln
3 EL Apfelessig
7 EL Öl
100 ml Gemüsebrühe
Salz, Pfeffer

Zubereitung:

Rote-Bete-Knollen in reichlich Salzwasser ca. 45 Minuten garen. Anschließend in kaltes Wasser legen, Schale abziehen.

Rote Bete in Scheiben schneiden, Zwiebeln abziehen, fein würfeln. Essig, Öl und Brühe zur roten Bete geben. Salat vorsichtig mischen, 30 Minuten ziehen lassen.

Mit Salz und Pfeffer abschmecken.

Streuselkuchen mit Heidelbeeren

Zutaten:

500 g + 300 g Mehl
30 g Hefe
1 Prise Salz
60 g + 125 g Zucker
125 g + 200 g Butter
¼ l Milch
2 TL Zimt
1 ½ kg Heidelbeeren
4 Zwieback
30 g geriebene Mandeln

Zubereitung:

Teig kneten aus 500 g Mehl, 30 g Hefe, Salz, 60 g Zucker, 125 g Butter und ¼ l lauwarmer Milch. Anschließend gehen lassen.

Streusel aus 200 g weicher Butter, 125 g Zucker, 300 g Mehl, Zimt und Salz mit den Fingern reiben.

Beeren verlesen, waschen, abtropfen lassen. Zwieback zerbröseln und mit Mandeln mischen.

Backblech einfetten, mit Hefeteig belegen. Nacheinander mit Bröseln und Beeren bedecken. Streusel darübergeben.

Kuchen bei 180 Grad Umluft 40 – 45 Minuten backen. Auskühlen lassen und frisch genießen.

Kalte Sauerkirschkonfitüre

Zutaten:
4 Gläser á 250ml
500 g Sauerkirschen
2 EL Zitronensaft
500 g Gelierzucker 1 plus 1 von Südzucker

Zubereitung:
Die Sauerkirschen entkernen und mit einer Gabel leicht zerdrücken.
Anschließend die Kirschen mit dem Zitronensaft in eine Schüssel der Küchenmaschine füllen.
Den Gelierzucker nach und nach zugeben und die Fruchtmasse bei kleinster Stufe 60 Minuten rühren, bis sie dicklich geworden ist.
Die Konfitüre in vorbereitete Gläser füllen und verschließen.

Sauerkirschauflauf

Zutaten:
¾ kg Sauerkirschen
80 g Zucker
125 ml Wasser

Zum Belegen:
50 g Mandeln
50 g Rosinen
2 EL Rum, Arrak oder Rahm

Auflaufmasse:
50 g Butter
100 g Zucker
3 Eier getrennt
Schale von ½ Zitrone gerieben
125 ml Milch
80 g Mehl

Zubereitung:
Sauerkirschen entsteinen. Vorbereitetes Obst in gebutterter Auflaufform schichten und mit Zucker bestreuen, mit geschälten, gestiftelten Mandeln belegen. Mit Rum, Arrak oder Rahm beträufeln und Auflaufmasse daraufgeben

Auflaufmasse:
Schaummasse anrühren aus Butter, Zucker und Eigelb. Geriebene Zitronenschale beifügen und abwechselnd gesiebtes Mehl mit Backpulver und Milch unterrühren. Zuletzt Eischnee unterziehen.
Bei 180 Grad eine ¾ – 1 Stunde backen.

Weiß (Kronenchakra)

Goldbrot*

Gold ist ein Geschenk der Götter an die Menschen. In vielen Kulturen wurde es als Heilmittel eingesetzt.
Hildegard von Bingen empfiehlt, jedes Jahr eine Goldkur zu machen und Samuel Hahneman setzt sein *Aurum Metallicum* gegen Depressionen, Arthrose und vieles mehr ein.

- Quinoa - das Gold der Inka - steht unter Quetzalcoatls persönlichem Schutz und enthält goldenen Lebenssaft. Die Inka schreiben dem Korn magische Kräfte zu und verwendeten es für ihre kultischen Handlungen.
- Amaranth - das heilige Korn der Inka - ein Motor für Gesundheit und Kraft.
- Dinkel - die Quintessenz allen Korns

Gold wirkt wie ein Katalysator. Dosiere nach deinem Gespür, zum Beispiel einen Keks pro Tag. Ein bis zweimal im Jahr als Kur.

Zutaten:
1 EL Quinoamehl
(wenn du es selbst mahlst, vorher gründlich waschen, wegen der Bitterstoffe, die darin enthalten sind)
1 EL Amaranthmehl
1 EL Dinkelmehl
1,2 g Feingold*

Zubereitung:
Alles zusammen mit 2 EL Wasser vermischen und sechs Kekse daraus formen.
Bei 140 Grad 10 Minuten backen.

---

* Rezept von Cornelia Seidel
* In einer Blechdose zusammen mit einem Apfel aufbewahren.

Als tägliches Frühstücksbrot

100 g Quinoamehl
100 g Amaranthmehl
300 g Dinkelmehl
30 g Hefe
150 g Butter
2 Eier
¼ l Milch
300 g Honig
100 g Quittenwürfel
100 g kandierter Ingwer in Würfel
100 g Apfel- und/oder Birnenwürfel
150 g gehobelte Mandeln

Das Mehl in eine Backschüssel geben, in die Mitte eine Vertiefung eindrücken, die zerbröckelte Hefe mit 1 TL Zucker hineingeben, mit lauwarmer Milch übergießen und mit wenig Mehl verrühren, so dass ein flüssiger Vorteig entsteht.
Zudecken, warmstellen, und den Vorteig 20 bis 30 Minuten gehenlassen.
Dann nach und nach das erwärmte, nicht flüssige Fett, Honig und die Eier hinzufügen. Kräftig durchkneten, bis sich der Teig vom Schüsselrand löst.
Danach die Früchte und Mandeln unterheben.
Den fertigen Teig in eine Kastenform legen und nochmals 20 bis 30 Minuten gehen lassen.
Bei 175 Grad 50 bis 60 Minuten backen.

Rezept für Quittenwürfel*

Die Quitten abreiben, waschen und zerkleinern. Das Kerngehäuse entfernen und zu Mus kochen. Das Mus fingerdick auf ein mit Backpapier ausgelegtes Backblech verteilen und bei 50 Grad im Ofen trocknen, dabei einmal wenden.

Dies kannst du auch mit Äpfeln oder Birnen machen, da es als Gummibärchen-Ersatz eine gesunde Alternative ist.

---

*siehe Bezugsquellennachweis

Weißwurst

Zutaten:

1 P Vega-Vita (200 g)
1,5 l Gemüsebrühe, kräftig gewürzt
5 EL Hefeflocken
1 Zwiebel
geriebene Schale von einer unbehandelten Zitrone
¼ TL weißer Pfeffer
½ Bund Petersilie
250 ml Wasser

Zubereitung:

Vega-Vita mit Hefeflocken mischen. Die Gemüsebrühe zum Kochen bringen.
Inzwischen die geschälte und grob gehackte Zwiebel pürieren, das Abgeriebene der Zitronenschale, Pfeffer und gehackte Petersilie zufügen und in einer Schüssel mit Wasser vermischen.
Die Vega-Hefeflocken-Mischung unterrühren und rasch zu einem Kloß formen.
Den Vega-Kloß in 1 cm dicke, längliche Streifen schneiden, zu einer Wurst rollen, in die kochende Gemüsebrühe geben und 20 Minuten ziehen lassen.
Beilage: Süßer Senf und Brezel.

Spargelcremesuppe

Zutaten:
250 g Champignons
1 kleine Zwiebel
30 g Fett
30 g Mehl
1 l Flüssigkeit
1 Prise Zucker
4 EL süßer Rahm
1 Eigelb
2 EL Weißwein
Salz

Zubereitung:
Frische Champignons putzen, waschen, feinblättrig schneiden und mit fein geschnittener Zwiebel glasig dünsten. Wenn Saft eingezogen ist, stauben, aufgießen, salzen und bei mäßiger Hitze 10 – 15 Minuten leise köcheln lassen. Mit Rahm und Eigelb legieren, mit Wein abschmecken, nicht mehr kochen lassen.

Mandelmilch (eine Person)

Zutaten:
Ca.10 Mandeln
1/8 l Wasser
Honig nach Belieben

Zubereitung:
Mandeln in warmem Wasser einweichen und enthäuten. Anschließend mit einem Mixer fein mahlen und mit Wasser und Honig nochmals 2 Minuten intensiv mixen. Die milchige Flüssigkeit mit einem feinen Sieb abseihen.

Türkisches Fladenbrot mit paniertem Schafskäse

Zutaten:
1 kg Mehl
1 Würfel Hefe
2 TL Zucker
2 TL Salz
200 ml Olivenöl
0,5 l lauwarmes Wasser

Zubereitung:
Hefeteig herstellen: Mehl und Salz in eine Schüssel geben, Hefe mit etwas Wasser und Zucker verrühren, Wasser mit Olivenöl verrühren und beides zu einem glatten Teig verarbeiten. Teig kurz ruhen lassen. Kleine Teigmengen ca. 1 cm dick ausrollen, auf ein mit Papier ausgelegtes Backblech legen, mit Öl bestreichen und mit Schwarzkümmel bestreuen.
Bei mittlerer Hitze 20 Minuten backen.

Schafskäse panieren und in der Pfanne knusprig braten.
Schmeckt mit Zaziki besonders gut.

Krautsalat

Zutaten:
1 kg Weißkraut
Salzwasser
Kümmel
40 g Speck

Zubereitung:
Wie unter Blaukrautsalat, statt Öl mit Speck.

Buttermilchkuchen

Zutaten:
3 Eier
300 g Zucker
1 P Vanillin-Zucker
300 g Mehl
1 P Backpulver
300 ml Buttermilch

Zubereitung:
Für den Teig Eier, Zucker und Vanillinzucker schaumig rühren. Nach und nach das Mehl mit dem Backpulver vermischt unterrühren und zum Schluss die Buttermilch dazugeben. Die Kastenform gut einfetten und mit Mehl bestreuen, den Teig hineingeben. Das Ganze dann bei 160 Grad Umluft (nicht vorgeheizt) 25 Minuten backen.
Kuchen aus der Form nehmen, erkalten lassen und eventuell mit Puderzucker bestreuen.

Bezugsquellen

Oleg Lohnes Revitaler
Gabriele Priebe
Springstillerstraße 22
D-98547 Viernau
Tel.: 0049-(0)36847-327 13
Fax: 0049-(0)36847-41 828
Email: info@gabriele-priebe.de

Konfekt ohne Zucker
Konditorei Andersen GmbH
Wandsbeker Marktstraße 153
D-22041 Hamburg
Tel.: 0049-(0)40-689 46 40
Fax: 0049-(0)40-689 46 440
E-Mail: post@andersen-hh.de
www.felices.de

Kamm aus Kristall
Tel. Deutschland: 0049-(0)40-525-70022
Email at: Linda@harigarden.com
www.hairgarden.com/gallery

Basische Bäder
Produkte zum Beispiel von Orgon oder von Basic World

Elektrolyse-Fußbad
Body Detox AG
Pflanzschulstraße 3
CH-8400 Winterthur
Tel.: 0041-(0)52-243 30 32
Fax: 0041-(0)52-243 17 39
Email: info@body-detox.com
www.body-detox.com

Effektive Mikroorganismen (EM)
EMIKO Handeslgesellschaft mbH
Unterer Dützhof
Vorgebirgsstraße 99
D-53913 Swisttal-Heimerzheim
Tel.: 0049-(0)2222-93 95 0
Fax: 0049-(0)2222-93 95 19
Email: info@emiko.de
www.emiko.de

Goldpulver und Quittenwürfel
St. Hildegard-Naturprodukte
Am Weinberg 23
A-4880 St. Georgen
Tel.: 0043 (0) 7667-81 31
Fax: 0043 (0) 7667-81 31 50
www.hildegardvonbingen.at
info@hildegardvonbingen.at

Patrizia Pfister

Das Regenbogenzeitalter – Die Menschheit erwacht

480 Seiten, Großformat, gebunden, mit Lesebändchen

ISBN 10: 3-934254-94-2
ISBN 13: 978-3-934254-94-7

Dieses Buch enthält eine Fülle brandneuer Informationen für das 21. Jahrhundert, die die Autorin durch die Vertreter und Lenker der 12 göttlichen Strahlen erhielt - (darunter El Morya, Lady Rowena, Serapis Bey, Hilarion, Mutter Maria, St. Germain, Maha Cohan, Sananda, Kuthumi), ebenso wie von Erzengel Michael, Metatron, KRYON u.a. zu den Vorgängen, die sich mit dem Begriff „Aufstieg" zusammenfassen lassen. Dazu gehören hochinteressante Durchsagen zu den fünf neuen Chakren und viele praktische Übungen und Anleitungen, wie sich der Lichtkörperprozess aktiv unterstützen lässt.

Das Regenbogenzeitalter ist ein Zeitalter der Farben und der Veränderung, das hier erstmalig detailliert beschrieben wird.

Dieses Buch richtet sich an jeden Menschen, der sich weiterentwickeln will.

Barbara Bessen

KRYON – Vertraue in Gott

240 Seiten, A5, broschiert

ISBN 10: 3-938489-22-7
ISBN 13: 978-3-938489-22-2

In seiner gewohnt humorvollen und eindringlichen Weise erklärt KRYON, wie wir es schaffen können, uns selbst immer besser zu erkennen und Kontakt zu unserem eigenen goldenen Engel, unserem Höheren Selbst, zu finden und das notwendige Vertrauen dafür zu entwickeln. Denn das Ziel – GOTT – liegt nicht im Außen, sondern in jedem von uns, da wir alle ein Teil von Gott sind. Weiterhin verrät KRYON, warum wir erwachenden und suchenden Menschen im deutschsprachigen Raum inkarniert sind, welche Aufgaben uns hier erwarten und wie wir sie umsetzen können.

Kerstin Simoné

Thoth – Projekt Menschheit

384 Seiten, A5, gebunden, mit Lesebändchen

ISBN 10: 3-938489-21-9
ISBN 13: 978-3-938489-21-5

In „Projekt Menschheit" erklärt Thoth, der als ägyptischer Gott der Weisheit bezeichnet wird und uns aus Atlantis als Lehrer bekannt ist, anschaulich die grundlegenden Strukturen innerhalb unseres Universums und ihr Wirken auf das Schicksal der Menschheit.

Er spricht u.a. über Die sieben Siegel und ihre Tore, die Schöpfergötter, die Quellexistenzebene, die Blume des Lebens, die Aktivierung des Schlüssels zum Wissen, die Polarlichter, die 12-Strang-DNS, aber auch eindringlich und dennoch immer liebevoll zum Thema Tierhaltung, Fleischverzehr, Impfungen, störende Elektrofelder, und gibt praktische Hinweise, wie wir die schädigenden Wirkungen all dieser Beeinflussungen unserer Göttlichkeit vermeiden bzw. ändern können.

Mit praktischen Übungen und Anrufungen.

Eva-Maria Ammon

Aufgestiegene Meister *bringen* Heilung für die Welt

176 Seiten, A5, broschiert

ISBN 10: 3-938489-19-7
ISBN 13: 978-3-938489-19-2

Eva-Maria Ammon dient seit mehr als 20 Jahren als Channel Medium der Großen Weißen Bruderschaft, und so ist auch dieses Arbeitsbuch gemeinsam mit den Aufgestiegenen Meistern Sanandá, St. Germain, Sanat Kumara, Lady Nada, Kwan Yin, El Morya sowie dem Erzengel Ezechiel entstanden. Nach intensiver Klärungsarbeit erfolgt eine Einweihung von St. Germain in die Violette Flamme des Aufstiegs, um dann im nächsten Schritt mit Lady Kwan Yin Karma erlösen zu dürfen – altes wie auch neues, das wir im Alltag immer wieder neu kreieren können.

Diese wunderschönen Botschaften und Übungen sind daher für viele Menschen eine praktische Hilfe auf dem spirituellen Weg.

Michael Grauer-Brecht

Interview mit Elyah

392 Seiten, A5, gebunden,
mit Lesebändchen

ISBN 10: 3-938489-27-8
ISBN 13: 978-3-938489-27-7

Elyah, eine Sternenwesenheit von Kassiopeia, gibt durch Michael Grauer-Brecht, mit dem sie vor einiger Zeit verschmolzen ist, nicht nur liebe- und humorvoll Antworten auf Fragen, die jeden Menschen bewegen, sondern bringt gleichzeitig Schwingungen in die Antworten, die sich mit der Energie des Lesenden verbinden und ihm so helfen, diese neue Sichtweise anzunehmen und im Alltag umzusetzen, denn dadurch bekommen wir Menschen die Chance, unsere Sicht zu verändern und das Sternenwesen zu erkennen, das wir letztendlich sind.

Claire Avalon

**Die zwölf göttlichen Strahlen
und die Priester aus Atlantis**

384 Seiten, Großformat, gebunden

ISBN 10: 3-934254-12-8
ISBN 13: 978-3-934254-12-1

Dieses umfangreiche, ausschließlich gechannelte Werk enthält hochinteressante Informationen über das Wirken der zwölf göttlichen Strahlen und macht uns mit dem neuen und doch alten Basiswissen aus Atlantis vertraut, das uns bisher nicht zur Verfügung stand. Wir lernen 84 atlantische Priester und Priesterinnen kennen, die von EL MORYA vorgestellt werden und dann selbst zu ihren speziellen Aufgaben sprechen. Ein wichtiges Buch, das auch viele Therapeuten, Heilpraktiker und Helfer der Menschheit erreichen möchte.